红花岗年鉴

HONGHUAGANG YEARBOOK

（2019）

《红花岗年鉴》编纂委员会　编

方志出版社
Publishing House of Local Records

图书在版编目（CIP）数据

红花岗年鉴. 2019 /《红花岗年鉴》编纂委员会编.
—北京：方志出版社，2021.3
ISBN 978-7-5144-4782-8

Ⅰ. ①红… Ⅱ. ①红… Ⅲ. ①区（城市）—遵义—2019—年鉴 Ⅳ. ①Z527.33

中国版本图书馆CIP数据核字（2021）第159452号

红花岗年鉴（2019）

编　　者：《红花岗年鉴》编纂委员会
责任编辑：张　颢
出 版 者：方志出版社
地址　北京市朝阳区潘家园东里 9 号（国家方志馆4层）
邮编　100021
网址　http://www.zgfzcb.cn
发　　行：方志出版社图书经销中心
电话（010）67110500
经　　销：各地新华书店
印　　刷：昆明鹰达印刷有限公司
开　　本：889 × 1194　1/16
印　　张：20.5
字　　数：689
版　　次：2021年3月第1版　2021年3月第1次印刷
印　　数：001 ~ 800册
ISBN 978-7-5144-4782-8　　定价：198.00元

《红花岗年鉴（2019）》编纂委员会

顾　　问　管礼伦

主　　任　游劲松

副 主 任　王　翙

《红花岗年鉴》编辑部

主　　编　董志毅

副 主 编　万域同　梁　浩　史晓波

执行主编　梁　浩

编　　辑　吴晓用　陈　琴

编辑说明

一、《红花岗年鉴（2019）》是以马克思列宁主义、毛泽东思想、邓小平理论、“三个代表”重要思想、科学发展观、习近平新时代中国特色社会主义思想为指导，坚持辩证唯物主义和历史唯物主义立场、观点和方法，系统反映红花岗区自然、政治、经济、文化、民生、社会状况的资料性文献，由《红花岗年鉴》编纂委员会主编，《红花岗年鉴》编辑部编辑。

二、《红花岗年鉴（2019）》主要收录2018年1月1日至2018年12月31日期间，红花岗区各行各业发展数据、工作实绩、重大事项、资料图片，书中除特别需要注明的时间节点外，条目前面不再标明年限。

三、年鉴收录数据因统计渠道、统计方法不同，存在一定差异。最终以统计部门数据为准。

四、全书设26个类目，分别是特载、大事记、红花岗概览、中共红花岗区委、区人民代表大会、区人民政府、政协红花岗区委员会、纪检监察、群众团体、法治、军事、经济管理、交通、工业、财政　税收、金融、邮政　通信、城乡建设与管理、商贸、教育、文化·旅游·体育·档案、卫生、社会生活、镇、街道、附录。类目下设分目，分目下设条目。

五、本年鉴图片由供稿单位及个人提供。

六、领导人名录以2018年12月31日前任命和选举为准。

《红花岗年鉴》编辑部

2020年8月28日

2018年，丁字口夜景（张赟　摄）

2018年，红军山（张赟　摄）

2018年，中华路俯瞰（张赟　摄）

2018年，湘江河夜景（张赟　摄）

2018年，遵义纪念公园（张赟　摄）

2018年3月6日，遵义市2018年第一次亿元重大项目集中开工仪式（红花岗区黔北魅力新天地二期）
（刘克俊　摄）

2018年6月，改造后的洛江河（区融媒体中心　提供）

2018年，在建中的凤新快线项目建设（区档案馆　摄）

2018年，遵义大道（区档案馆　摄）

2018年，深溪工业大道（区档案馆　摄）

2018年，拓宽后的银河西路（区档案馆　摄）

2018年，已建成的银山还房小区（区档案馆 摄）

2018年，祥龙御府（区档案馆 摄）

2018年，迎红水岸（区档案馆 摄）

2018年，万里湘江（区档案馆 摄）

2018年，金鼎山镇莲池坝区（张赟　摄）

2018年6月，金鼎山镇莲池坝区农民喜丰收
（金鼎山镇农服中心　提供）

2018年，海龙镇贡米村丰收景象（张赟　摄）

2018年，海龙镇贡米村丰收节（张赟　摄）

2018年，金鼎山镇后庄村蓝莓采摘（区融媒体中心　提供）

2018年3月，金鼎山镇“组组通”公路（区融媒体中心　提供）

2018年8月，金鼎山镇莲池坝区“莲藕+鱼+农旅”一体观光（金鼎山镇农服中心　提供）

2018年，金鼎山镇莲池坝区稻田（张赟　摄）

2018年12月，遵义羊肉粉旅游节（之一）（区供销社　提供）

2018年12月，遵义羊肉粉旅游节（之二）（区供销社　提供）

2018年5月，区供销社社员股金服务有限公司揭牌开业（区供销社　提供）

2018年9月，区供销社举办省供销社综合改革专项试点现场推进会（区供销社　提供）

2018年，区供销社召开海龙镇“三位一体”新型基层供销合作社示范社第一届社员代表大会（区供销社　提供）

2018年10月，广西壮族自治区供销社参观1935电商点（区供销社　提供）

2018年，区供销社乡村振兴战略示范基地——金鼎山镇莲池村（区供销社　提供）

2018年1月，在巷口镇开展“文化迎春·书香祝福”送春联活动（区文联　提供）

2018年9月15日，由市委宣传部、市创文办主办，南区创文办、忠庄街道协办的“四民社区·美丽城市”广场文化活动走进桃溪社区东欣彩虹城小区（忠庄街道办　提供）

2018年4月，“‘我们的节日·清明’艺暖心田 情满万家 放歌新时代 共筑中国梦”文艺演出（之一）
（区文体广电新闻出版局　提供）

2018年4月，“‘我们的节日·清明’艺暖心田 情满万家 放歌新时代 共筑中国梦”文艺演出（之二）
（区文体广电新闻出版局　提供）

2018年5月28日，“多彩贵州文化云”上线启动仪式

（区文体广电新闻出版局提供）

2018年4月，“文明行动进千家万户——书香遵义 全民阅读暨‘4·23’世界读书日”传承经典诵读会

（区图书馆　提供）

2018年6月15日，“中华端午诵·名城粽传情——遵义市2018年我们的节日·端午”主题活动

（区文体广电新闻出版局提供）

2018年11月16日，“颂党恩·唱改革”红花岗区庆祝改革开放40周年歌唱比赛

（区文体广电新闻出版局提供）

2018年7月25日，红花岗区承办全省第十届运动会自行车（山地）比赛（之一）

（区文体广电新闻出版局提供）

2018年7月25日，红花岗区承办全省第十届运动会自行车（山地）比赛（之二）

（区文体广电新闻出版局提供）

2018年，红花岗区口腔医院咨询服务台
（区口腔医院　提供）

2018年，红花岗区口腔医院中医馆
（区口腔医院　提供）

2018年9月21日，红花岗区人民医院挂牌新蒲新区喇叭镇卫生院为“医联体指导医院”（区人民医院　提供）

2018年5月11日，红花岗区人民医院呼吸与危重症医学科举行开科仪式
（区人民医院　提供）

2018年12月3日，老城小学学生张瑞凝参加全国红色故事大赛
（区教育局　提供）

2018年6月15日，老城小学学生社团红色文化艺术展演
（区教育局　提供）

2018年4月，遵义市第四初级中学学生参加FLL机器人训练
（区教育局　提供）

2018年7月14日，遵义市第五届青少年模型锦标赛暨2018年贵州省青少年模型锦标赛（遵义赛区）在遵义市第一高级中学举行（之一）（区教育局　提供）

2018年7月14日，遵义市第五届青少年模型锦标赛暨2018年贵州省青少年模型锦标赛（遵义赛区）在遵义市第一高级中学举行（之二）（区教育局　提供）

2018年10月18日，遵义市第二届特殊教育学生艺术节在务川县中职学校举行，遵义市启智学校《娃》《为你点赞》两个节目分别获一等奖和三等奖（区教育局　提供）

2018年4月12日，贵州省特殊教育改革实验区总结暨特殊教育第二期提升计划部署推进现场会分会场在遵义市召开，遵义市启智学校为现场观摩点（区教育局　提供）

2018年10月15日，红花岗区第三幼儿园幼儿烘焙课（区教育局　提供）

2018年7月，区第五小学（遵义市中华小学）2018年“博雅少年·志学礼”仪式（区教育局　提供）

目 录

区人民代表大会

区人民政府

政协红花岗区委员会

纪检监察

群众团体

法 治

军　事

经济管理

交 通

工 业

财政 税务

金 融

邮政 通信

城乡建设与管理

商 贸

教 育

社会生活

镇

街 道

附　录

特　载

统一思想　真抓实干
以昂扬斗志务实作风推动全区经济高质量发展

——2019年3月5日在区委四届五次全会第一次全体会议上的讲话

中共红花岗区委书记　管礼伦

这次会议的主要任务是，以习近平新时代中国特色社会主义思想为指导，贯彻习近平总书记支持民营经济发展的系列重要指示和全省民营经济发展大会精神，落实市委五届六次全会关于推动工业高质量发展的重大决策，研究部署全区工业经济、民营经济和2019年度经济工作，进一步动员全区上下统一思想、凝聚共识，担当作为、真抓实干，以更加饱满的热情、更加昂扬的斗志、更加务实的作风推动全区经济实现高质量发展。

区委以全委会的形式研究工业和民营经济发展，并邀请部分企业家参会，是要向全区上下传达三个信号：一是表明一种态度，区委、区政府将坚定不移扛起加快工业实体经济发展和民营经济健康发展的历史重任；二是营造一种氛围，在全社会营造“大抓工业、抓大工业”“支持民营企业、发展民营经济”的浓厚氛围；三是发出一个号召，号召企业家们放手大干快干，齐心协力推动全区工业和民营经济的快速发展，实现红花岗经济发展再上新台阶。

根据大会任务，我讲四点意见。

一、提高政治站位，领会精神实质，深刻认识工业和民营经济发展对推动经济高质量发展的意义

2019年是中华人民共和国成立70周年，是决胜全面建成小康社会、如期实现第一个百年奋斗目标的关键之年，更是脱贫攻坚的决战之年。从宏观发展大势来看，世界正面临百年未有之大变局，经济发展稳中有变、变中有忧，我国发展仍处于并长期处于重要战略机遇期。从区域发展态势来看，全省经济稳中向好，省委、省政府高位推动民营经济发展，市委、市政府大力推动工业高质量发展。从红花岗发展趋势来看，棚改路网持续推进，产业项目加速集聚，红花岗区正处于发展的战略机遇叠加期、优势潜能释放期、补齐短板关键期，全区上下要提高政治站位，准确把握推动发展的核心要义，全力以赴推进工业和民营经济发展壮大。

（一）要充分认识到发展工业对红花岗区的极端重要性

工业是实体经济的主体，是推动经济发展的基石，工业稳则经济稳，工业兴则经济兴。

从自身作用看，工业在国民经济中占据主导地位。一方面，工业为国民经济各部门提供先进技术装备，提供能源和原材料，生产出满足人们物质文化生活需要的各类消费品。另一方面，工业是国家财政收入的主要源泉，是国家经济自主、政治独立、国防现代化的根本保证，决定着国民经济现代化的速度、规模和水平。从地位和作用来看，决定了工业是国民经济的主导。

从经济发展规律看，工业是三次产业协调发展的核心和枢纽。这可以从三个方面来理解。第一方面，工业化是农业现代化的基本前提，农产品加工、转移农村劳动力、提升农业技术装备都要靠工业，没有工业的高度发展，农业现代化就难以实现。第二方面，工业发展是现代服务业发展的物质基础。生产性服务业主要是为工业服务的，工业不发达，物流、金融和科技等生产性服务业就会成为无源之水、无本之木。第三方面，发展工业可以促进就业、稳定就业，增加居民收入，壮大社会中等收入群体，拉动城乡消费，促进生活性服务业发展。因此，只有把工业发展好，三次产业协调发展才有基础，民生社会事业发展才有保障。

从区域竞争格局看，工业是红花岗区提升综合实力的必然选择。回顾红花岗现代工业历史进程，发端于清末，兴起于抗战时期，壮大于"三线建设"。大兴面粉厂、丝织厂、酒精厂开启了遵义现代工业的先河，长征厂、钛厂、碱厂、八五厂、八七厂和〇六一基地等，完成了那个特殊时代的历史使命，承载了一代遵义人的骄傲与辉煌。至1997 年"撤市设区"时，全区工业增加值达到15.67亿元，占全市增加值的29.3%，占全区地区生产总值的58.9%。"十二五"规划以来，红花岗工业发展步伐放缓，工业增加值下滑至全市第5位，被仁怀、播州、汇川、习水等县（市、区）超越。2018年，工业增加值129亿元（含新蒲新区），占全市工业增加值的11.6%，下滑了17.7个百分点；占全区地区生产总值的25.8%，下滑了33.1个百分点，工业支撑作用的减弱，在一定程度上影响了红花岗区的竞争力，经济总量被仁怀超越，增比进位被播州区超越。历史和实践证明，只有工业加快发展，才能稳步提升红花岗的综合实力。

（二）深刻认识发展民营经济对红花岗区的重大意义

发展民营经济，既是重大的经济问题、发展问题，也是重大的社会问题、政治问题。全区上下要深刻认识和把握发展民营经济的重大意义，切实增强发展民营经济的思想自觉和行动自觉。

发展民营经济是贯彻习近平新时代中国特色社会主义思想的重要内容。党的十八大以来，习近平总书记多次深入阐述民营经济发展最紧要、最现实的重大理论和实践问题，反复强调坚持"两个毫不动摇""三个没有变"（两个毫不动摇：毫不动摇地巩固和发展公有制经济；毫不动摇地鼓励、支持、引导非公有制经济发展。三个没有变：非公有制经济在我国经济社会发展中的地位和作用没有变；毫不动摇鼓励、支持、引导非公有制经济发展的方针政策没有变；致力于为非公有制经济发展营造良好环境和提供更多机会的方针政策没有变），明确指出"民营经济只能壮大、不能弱化，不仅不能'离场'，而且要走向更加广阔的舞台"，充分表明了党中央支持民营经济发展的坚定决心和鲜明态度，释放了强烈的政治信号、政策信号和工作信号。全省民营经济发展大会，明确提出实施政策落实、金融服务、降本减负、扩大民间投资、整治营商环境、领导干部联系服务企业等"六大专项行动"，强调要让民营经济有肥沃的"成长土壤"、充足的"阳光雨露"，让民营企业家备受尊重、让民营经济倍加壮大。全区上下要坚决贯彻中央精神和全省民营经济发展大会精神，在思想上补课、在工作中纠偏，坚定推动民营经济快速健康发展。

发展民营经济是增强地方经济发展活力的重要抓手。改革开放以来，我国民营企业蓬勃发展，民营经济从小到大、由弱变强，在稳定增长、促进创新、增加就业、改善民生等方面发挥了重要作用。在民营企业座谈会上，习近平总书记对民营经济的特征进行了"五六七八九"的深入分析，即民营经济贡献了50%以上的税收、60%以上的国内生产总值、70%以上的技术创新成果、80%以上的城镇劳动就业、90%以上的企业数量。从红花岗来看，民营经济同样为经济社会发展做出了重要贡献，2018年全区民营经济税收贡献率达42.7%，增加值占GDP总量的71.9%，市场主体占到全区总量的98%，吸纳了全区98.6%以上的新增就业，已经成为推动我区经济社会发展不可或缺的重要力量、创业就业的重要领域、财政税收的重要来源。全区上下要把发展壮大民营经济摆在突出位置，以更大力度、更高水平促进民营经济发展，为推动经济高质量发展装上新引擎、注入新动力。

发展民营经济是贯彻以人民为中心的发展思

想的具体体现。习近平总书记指出，人民对美好生活的向往就是我们的奋斗目标，高质量发展，就是能够很好满足人民日益增长的美好生活需要的发展，让人民充分就业、增收致富。实践证明，民营经济在吸纳新增城镇就业人员、农村剩余劳动力方面较好体现了“富民经济”的作用，哪个地方的民营经济发展好，事业就兴旺、百姓就富裕。与此同时，广大民营企业捐资助学献爱心、扶贫帮困见真情，用一腔爱心诠释并展现了红花岗民营企业家的社会责任。

（三）认真研判影响经济高质量发展的挑战

中央、全省经济工作会议和市委五届六次全会对当前的经济形势，作了深刻的分析判断，为我们准确把握形势和趋势提供了指导。从红花岗实际看，在趋势性力量和周期性因素叠加作用下，经济下行压力仍然较大，但是经济韧性强、潜力足、回旋余地大的基本面没有改变。发展充满了机遇和挑战，机遇大于挑战。

过去的一年，我们坚持稳中求进，注重项目支撑，打赢了增比进位翻身仗。主要经济指标取得新突破，经济总量迈上了500亿元新台阶，财政收入总量和质量呈现双增长，一般公共预算收入首次超过20亿元，地方税收收入占一般公共预算收入的84.8%，较2017年提高6.9个百分点。开工建设带动力强、发展后劲足的重大项目182个，完成固定资产投资215亿元，毛主席住居文旅综合体、官桃隧道、南溪大道等重点项目建设强力推进，增比进位在2017年基础上前进7位，位列城区方阵第九位。区林业局的2个指标、区税务局的2个指标、区农业农村局（区扶贫办）的5个指标全部实现保位进位，尤其是区农业农村局的财政专项扶贫资金使用率从末位上升至第一位。成绩来之不易，排名的进位、指标的提升，客观反映了各单位各部门分析研判的深度、推动工作的力度、对接协调的精细程度。全区上下要认真总结经验，实现2019年考核保位进位。

过去的一年，我们坚持以人为本，注重社会和谐，迈上了民生普惠新台阶。贫困村全部成功出列，顺利通过省际交叉验收，贫困发生率降至1.77%；积极探索城镇解困工作，累计解困2642户4587人，无房低保家庭全部入住安居保障房；“三房”工作加速推进，49个问题楼盘及经适房项目达到市级出列验收标准，交房33547套；新增城镇就业3万余人、新增义务教育阶段学位4600个，区级医院、乡镇卫生院等远程诊疗实现全覆盖，建成10个社区老年人日间照料中心；区委政法委年度考核排全市第一名，“扫黑除恶”破获9类案件86起，刑事打击318人；环保工作年度考核排名全市第一；禁毒工作变后进为先进，在全国禁毒海南会议上作交流发言；取缔丁字口轻工摊区、内环路“马路市场”，军嫂街夜市搬迁搬出了一片新天地。

过去的一年，我们坚持问题导向，注重整改落实，营造了干事创业好生态。我们先后经历了省委巡视、环保督察、禁毒工作等“大考”，每一场都是一场苦仗、硬仗，都是对我们政治站位、工作作风、执行能力的大检阅。我们不仅交出了合格答卷，而且在各项迎检之后不放松、不懈怠，继续保持迎考备考的姿态和作风，敬终如始，久久为功，有力促进了相关工作的大推进、大提升。

刚才，全会听取了区委常委会工作报告，书面审阅了区人大常委会党组、区政府党组、区政协党组、区纪委、区人武部党委、区法院党组和区检察院党组的工作报告。一年来，全区各党委（党组）牢固树立“四个意识”，坚定“四个自信”，坚决做到“两个维护”，区委常委会总揽全局，协调各方，认真履行了管党治党主体责任，集中精力抓方向、议大事、管全局，改革发展稳定取得了新成效；区人大常委会党组坚持党的领导、人民当家做主、依法治国有机统一，依法行使职责职权，为全区经济社会全面发展做出了积极贡献；区政府党组牢记为民宗旨，坚持依法行政，一心一意谋发展，聚精会神搞建设，努力克服经济下行压力，较好完成了全年经济社会发展主要目标任务；区政协党组始终坚持正确的政治方向，认真履行政治协商、民主监督、参政议政三大职能，为全区经济社会发展贡献了智慧和力量；区纪委切实落实监督责任，坚定不移推进全面从严治党向纵深推进、向基层延伸，持续整治“四风”，为全区发展提供了坚强的纪律和作风保证；区人武部党委坚决落实国防和军队改革各项要求，扎实有效地推进了民兵预备役建设和军民融合发展；区法院党组、区检察院党组坚持公正司法、严格执法，为全区经济社会发展提供了坚强的法治保障。

回顾一年来的工作，我们抓党建、强信念，抓环境、优作风，抓产业、兴园区，抓棚改、惠民生，我们走的每一步、做的每件事，始终沿着习近平新时代中国特色社会主义思想指引的康庄大道坚定前行，始终按照中央和省委、市委的重要要求狠抓落实。今天的红花岗，全区上下精诚团结，全区干部齐心协力，共同撑起了红花岗事业的一片蓝天。在此，我谨代表区委向全区广大干部群众，向所有关心支持红花岗发展的各界人士，特别是向不畏市场风雨、始终拼搏在市场一线、为全区经济社会发展做出重大贡献的民营企业和企业家们表示衷心的感谢和崇高的敬意！

在充分肯定成绩、认真总结经验的同时，我们必须清醒认识到，红花岗的发展还面临不少困难和挑战，突出表现在以下两个方面：一是新旧动能转换任务仍然艰巨。规上工业发展困难多，企业数量偏少（49家），低于汇川区（89家）和播州区（178家）；产业生态链条不全，不少企业“两头在外”；企业经营理念不新，产品科技含量不高，发展整体水平仍然不高；民营企业融资难、融资贵、成本高等问题还比较突出，部分企业微观运行情况不佳；实体经济项目招引落地成效不大，发展资金短缺，投资增速下滑趋势明显，一些在建项目进度步履维艰。二是发展环境还要加快改进提升。部分干部的作风和能力与高质量发展要求还不相适应，创新担当不足，“慵懒散”不同程度存在，发展环境还要进一步优化；部分党组织战斗堡垒作用不强，等等。

我们正处在船到中流浪更急、人到半山路更陡的时候，推进工业经济和民营经济高质量发展，机遇重大而不可失。全区上下必须以雄关漫道真如铁、而今迈步从头越的昂扬斗志，以不破楼兰终不还的坚定决心，以只争朝夕、奋发图强的精神状态，披荆斩棘，奋力前行！

二、勇于担当作为，精准施策发力，全力加快工业和民营经济高质量发展

做好新时代的工业和民营经济工作，必须坚持问题导向，实施重点突破，全面激发工业和民营经济的活力和创造力。

（一）实现经济高质量发展，工业经济要重整行装再出发

推动工业高质量发展是一项庞大的系统工程，必须点面结合、蹄急步稳。既要着眼全局、统筹推进，又要突出重点、抓住关键，以全局协调发展稳住“基本盘”，以重点突破冲出“低洼地”。

第一，要狠抓落实稳增长。近期要确保建成国家级高新技术产业开发区，远期要实现工业转型升级，建成1家50亿级、2家20亿级、5家10亿级规模企业和一批亿元级以上企业，确保工业对GDP贡献率30%以上。要想方设法盘活存量。深入挖掘企业发展潜力，支持发展有基础、产品有市场、产出有效益的企业，利用高新技术和先进适用技术延长产业链、扩大产能，实现满负荷生产运行。认真分析研究已停产、半停产企业，对近期能够盘活的企业，逐一梳理，对症下药，促进企业尽快恢复生产。对短期不能盘活的企业，要鼓励和引导通过资产重组、参股控股、合资合作等方式，盘活存量资产。要严格按照政策规定，积极稳妥处置“僵尸企业”“空壳公司”，盘活设备设施和土地等资源。要全力以赴培育增量。要以大企业为龙头、小微企业为基础、高新企业为导向，坚持“抓大不放小、抓强不放弱、抓轻不放重”，支持工业企业“微升小”“小升规”“规改股”“股上市”，形成“中小企业铺天盖地、大型企业顶天立地”的新局面。要认真研究区域重点产业和重点企业，积极引导我区工业企业与全市重点产业、重点企业协作配套，承接产品加工和零配件生产，强化与其产业链的连接。要千方百计补齐短板。主动回应企业诉求，全面加强产业园区水、电、路、气、电信和公共交通等基础设施建设。要下大力气帮助企业拓展市场，建立完善《红花岗区工业产品目录》，组织企业广泛参与市场拓展活动；在同等条件下，鼓励区内政府采购项目和政府性投资建设项目优先采购本区企业产品。

第二，要狠抓创新促转型。坚持以产业转型为主攻方向，转变发展方式、优化产业结构、推动集群发展，不断提升工业经济发展质量效益。要加快推动产业结构由中低端向中高端迈进。正确处理好新旧动能关系，认真研究《中国制

造 2025》《贵州省十大千亿级工业产业振兴行动方案》，以“千企改造”“千企引进”工程为抓手，全力推进高新技术产业发展，实施一批新兴产业项目，形成一批拳头产品。重视行业内企业强强联合，壮大一批本地行业领军企业，加快形成集群发展优势。要以提质增效为目标，支持重点企业进行技术改造，全面提升传统企业设计、工艺和管理水平，促进传统产业向价值链高端延伸。要加快推动工业布局从分散割裂向集群协作转变。产业集群是企业发展的重要组成形式和载体，对推动企业专业化分工协作、有效配置生产要素、降低生产经营成本、促进区域经济社会发展具有重要意义。要着力完善产业链条，发挥大企业大集团示范带动作用，每个行业扶持 2~3 家骨干企业，鼓励其将产业链上的中小企业纳入共同供应链管理、质量管理、标准管理、合作研发管理，建立稳定的供应、生产、销售协作关系，降低企业研发、生产、物流和管理成本，提高企业综合竞争力，逐步形成产业集群。要着力引进一批“强链、补链、扩链”的产业链配套企业，推动新能源汽车、医药健康、新材料三大主导产业要素集中化、规模化和专业化，形成纵向成链、横向成群、区域大循环和具有综合优势的产业集群。要加快推动发展方式从要素驱动向创新驱动转变。突出企业创新主体地位，鼓励和支持企业单独或联合企业、大专院校、科研单位建设技术中心、工程实验室、工程技术研究中心，构建联合开发、优势互补、成果共享、风险共担的产学研用协同创新机制，全面加强原始创新、集成创新和引进消化吸收再创新，力争建成一批省级、市级技术中心、重点实验室，对获得认定的高新技术企业、科技园、名牌产品等，要区别情况，给予5万~30万元不等的奖励。要引领企业走现代管理之路，引进一批高素质的职业经理人，建立现代人力资源管理体系，推动企业规范经营、资产保值增值，提高发展质量。要引领企业走开放发展之路，主动对接“一带一路”建设、长江经济带发展等国家重大战略，下好“先手棋”，扩大“朋友圈”，拓宽“大市场”。

第三，要狠抓投资增后劲。今天的投资结构就是明天的产业结构。要狠抓工业招商。招商引资是做大总量、提高质量、优化结构最直接、最有效的抓手，也是项目投资持续稳定增长的基础和源泉。要持续把工业项目特别是制造业项目的招商引资作为投资促进工作的重中之重，驰而不息地引进制造业大项目、好项目。要招大引强，坚持抓龙头抓配套，紧紧围绕产业链的配套、延伸和提质，把引进具有引领性和带动性的重大项目作为工业招商引资的首要目标，大力引进一批投资规模大、未来产出高、质量效益好的产业化项目。要狠抓工业投资和技改投资。要在工业投资和技改投资上下功夫，加快推进工业投资和技改投资十大项目进度，确保年度完成投资5.5亿元以上。要持续加大对高新技术产业等领域投资，确保工业投资和技改投资增速高于全社会固定资产投资增速，以项目竣工投产加快形成工业发展新的增长点。要着力完善基础设施，在高新区开通3条公交线路、架设2条10千伏线路，全面普及5G商用。要狠抓人力资源投资。广大企业家要高度重视技术人才培养，通过科研合作、技术入股与投资兴业等方式，培养引进一批先进制造业、高新技术产业急需的专业技术人才和管理人才。各职能部门要全面落实国家、省、市人才引进政策，以企业用工需求为导向，搭建校企联合办学平台，开展订单式培养，快速培养一批满足企业用工需求的技能型人才。要新建1000套职工公寓，有效缓解职工住房困难，逐步形成高端人才引得来、中坚骨干力量留得住、广大职工站得稳的良好人才发展生态。

（二）实现经济高质量发展，民营企业要凭势东风启新程

加快推动我区民营经济发展的基本遵循是，全面落实习近平总书记对民营经济发展的重要讲话、重要指示批示和全省民营经济发展大会精神，扎实开展“六大专项行动”（政策落实、金融服务、降本减负、扩大民间投资、整治营商环境、领导干部联系服务企业），坚定不移地支持民营经济健康快速发展。

第一，要树好“风向标”。信心比黄金更重要。要引导广大民营企业家对我国基本经济制度充满信心，深入学习、准确把握习近平总书记关于“两个毫不动摇”“三个没有变”等重要论述，旗帜鲜明地反对所谓“民营经济离场论”等怪论，让企业家吃下“定心丸”，安心谋发展。

要引导广大民营企业家对宏观发展大势充满信心，不仅要看到中国经济发展健康稳定的基本面没有改变，支撑高质量发展的生产要素条件没有改变，长期稳中向好的总体态势没有改变，更要看到贵州仍处于工业化和城镇化加快发展阶段，大力发展实体经济、农村产业革命如火如荼，大数据发展风生水起，“千企改造”“千企引进”“万企融合”和旅游业持续“井喷”，现代服务业快速成长，为民营经济大发展提供了广阔的舞台。要引导广大民营企业家对红花岗的美好前景充满信心，市委五届五次全会明确了“黔川渝接合部中心城市”发展定位，六次全会确立了工业高质量发展的重点任务，作为遵义市中心城区，红花岗正迎来建设项目更多、产业发展更快、投资力度更大、发展空间更广的历史时期。希望各位企业家把个人发展、企业发展和遵义发展、贵州发展紧密结合起来，让创业创新活力在红花岗充分涌流。

第二，要栽好“梧桐树”。营商环境是企业成长的阳光、雨露和土壤，要把创造一流的营商环境作为“头号工程”，努力让红花岗成为民营经济健康发展的沃土，新增市场主体7万家以上，确保民营经济增加值占地区生产总值的78%以上。要全力打造高效便捷的政务环境，坚持效率优先，全面推进“最多跑一次”改革，建立“一窗受理、集中审批”新模式，企业开办时间压缩到2.5日，项目审批等办结时限压缩一半以上。要帮助企业完善相关手续，对于因历史原因造成的企业手续错缺，要按照容错容缺机制抓紧完善，力争今年实现90%以上涉企审批事项“一次办成”。要全力打造平等竞争的市场环境，兼顾服务好现有企业和招大引强，把“非禁即入”真正落到实处，允许民间资本进入除国家明令禁止以外的所有领域，实现准入公平。坚持权利平等、机会平等、规则平等的原则，定期公开发布推介项目清单，在审批许可、经营运行、招投标、资源要素配置等方面消除各类隐性壁垒，促进平等竞争。要全力打造公平公正的法治环境，依法保护民营企业知识产权、经营权、财物权和名誉权，畅通民营企业维权通道。要规范涉企执法行为，在安监、环保等领域执法过程中要避免简单化，不搞“一刀切”。要坚决取缔无照经营，依法严厉打击假冒伪劣等扰乱市场经济的行为以及涉企犯罪等不法行为，引导民营企业增强社会责任感，规范管理，守法经营。

第三，要用好“政策包”。近期，中央密集出台了一系列针对性强的政策措施，特别是对银行的考核指标增加了一个比例控制，要求各大银行不低于三分之一的贷款要流向民营经济，中小银行三分之二的贷款要流向民营经济。省委、省政府也出台了《关于进一步促进民营经济发展的政策措施》，拿出了降低民营企业经营成本、缓解民营企业融资难题、全面放开民间投资限制等9个方面的措施，给予民营企业“真金白银”的支持。市、区在机构改革中成立了营商环境建设局，要以坚定意志和决心，牢牢把握优化投资营商环境的主要任务，充分发挥建设和监督职能，切实解决好“群众最反感、市场主体最困扰、制约发展最突出”的问题。要减轻民营企业经营成本，全面落实税收优惠、降低社保缴费名义费率等政策，确保企业社保缴费实际负担有实质性下降；稳妥处理企业未缴社保费等问题，严格按照省、市要求开展清缴工作。要缓解民营企业融资难，综合运用多种手段，帮助全区产业龙头、就业大户、战略性新兴行业等领域重点民营企业纾困解难。加大政策性担保力度，设立风险补偿专项资金，定期推荐民营企业向合作银行申请融资。对于因政府规划调整、政策变化造成企业合法权益受损的，要依法依规探索补偿救济机制。要广泛开展政策宣传解读，全面加强对支持民营经济发展各项政策措施的宣传和解读，切实提高民营企业及全社会的知晓率。

（三）实现经济高质量发展，党委、政府要牢记使命勇担当

习近平总书记强调，“把制造业高质量发展放到更加突出的位置，采取有力措施，推动先进制造业和现代服务业深度融合”。在这个方面，红花岗有条件、有基础，可以大有作为。贵绳集团是国内金属线材制品行业龙头企业，中铂硬质合金生产的齿型锯片是目前国内硬度最高的合金，天磁锰业拥有国内同行业最先进的生产设施和生产工艺，廖元和堂化风丹是“中华老字号”；巴斯巴、大地和、航锐航空、飞宇电子、容百锂电的生产研发能力强、科技专利多；还有思达集团、新雪域、遵义钛业、天蕴纺织、万胜药业、亿众纳米、赛德水泥等一批知名企业。这些企业是我们的工业和民营经济发展的中坚力量，是我们的宝贵财富。在推动经济高质量发展进程中，全区上下要着眼构建现代产业体系，坚持不懈抓产业项目、强实体经济、促转型升级，围着企业转、盯着项目干，倒排工期、挂图作战，努力为工业和民营经济发展营造良好环境。

第一，要集中优势资源推动工业经济快速发展。坚持强龙头、补链条、聚集群，着力抓创新、创品牌、拓市场，加快推动新旧动能转换。旗帜鲜明支持和服务一批工业企业做大做强，以"一企一策"扶持措施为抓手，全力推动贵绳集团产值突破50亿元，容百锂电产值突破20亿元，廖元和堂、万胜药业、飞宇电子等一批企业产值再上新台阶。旗帜鲜明支持和服务一批工业企业强链补链，招商引进新能源汽车电池、整车总成环节的重点企业，补齐产业链，确保巴斯巴核心零部件产值20亿元以上，大地和电机电控年产突破50万套，梅花汽车年度出厂3500辆以上。旗帜鲜明支持和服务一批工业企业转型升级，以千企改造为抓手，支持长岭特钢按国家产业政策发展特种钢产业，天磁锰业发展高纯低硒电解锰、硫酸锰产业，赛德水泥产值突破10亿元。大力支持锐旗威派、维讯光电等传统手机产业转型为新型智能终端产业，增强市场竞争力。旗帜鲜明支持和服务一批工业企业科技创新，通过落实一系列支持、扶持等政策措施，降低企业成本，鼓励企业加大研发投入，推动航锐航空产值突破10亿元，精立航太年产特种新型紧固件1500万件，中铂硬质合金成为全省硬质合金、粉末冶金研究生产中心。

第二，要集中力量推动民营经济突破性发展。坚持"强三优二"导向，大力实施产业升级行动，全面提升民营企业核心竞争力。旗帜鲜明支持和服务一批品牌民营企业发展壮大，以加强金融服务、强化基础设施配套等为重点，支持遵义国际商贸城、新雪域、遵义百盛、星力城等企业发展壮大，重塑老城、北京路、丁字口、万里路等商圈。旗帜鲜明支持和服务一批民营企业升级发展，以建立现代企业管理制度、强化人才引进为重点，推动通源汽车、指南针、爱唐科技等发展壮大企业总部；以优化布局、改造提升为重点，促使富华家居、富邦家装、新世纪建材城、天宇建材市场、恒鑫钢材市场等转型升级。旗帜鲜明支持和服务一批民营企业集聚发展，以落实要素保障、强化协调服务为重点，大力支持中通、圆通等品牌物流企业落户红花岗，建设城市配送中心和快递物流（电子商务）产业集聚区。旗帜鲜明支持和服务一批民营企业创新创业。大力实施中小企业"成长工程"，支持科技企业孵化器（众创空间）发展，支持和鼓励企业加大科技投入研发新产品，加快生产工艺和装备升级换代，形成自主知识产权品牌；滚动培育400户以上成长潜力较大的中小企业，促进卓大医药、新绿兴配送中心等企业入规入统。

第三，要抓好一揽子降本减负政策的落实。认真贯彻国家和省、市推出的系列降本减负政策措施，依法依规落实企业税费"减、缓、免"政策。财政部门要牵头实行区级涉企行政事业"零收费"，确保法定税率降到权限内最低水平。支持工业企业采取长期租赁、先租后让、租让结合、弹性年期出让方式使用工业用地。对符合产业政策、不改变工业用地用途、按程序提高容积率的，不再补交出让金。支持民营企业上市融资，在省、市奖励基础上，区级区别情况再奖励5万元至100万元。要继续加大简政放权力度，加强对权责清单和公共服务事项清单的动态管理，实现管理重心下移。实行行政审批全程监管，依法加强事前事中事后全程监管，以创新监管方式管出公平和秩序，释放市场活力和动力。

第四，要建立一个区级领导牵头的企业帮扶机制。区级领导每人挂帮联系2户以上民营企业，每年到联系企业开展调研不少于4次，要诚心诚意与企业面对面沟通情况，定期召开工作调度会，认真听取企业的呼声与诉求，加强协调调度，及时跟踪问效，实实在在地帮助企业解决实际困难。要着力优化高新区园区管理服务中心职能，组织开展好企业信息咨询、市场营销、投资融资、贷款担保、人员培训等联络服务工作，实现企业服务需求"进一扇门，办全部事"的目标。对企业反映的个性化问题，要认真研究提出具体的帮助和支持措施。

第五，要建立一个产业发展基金。要打破所

有制界限，通过整合各级财政资金、优化支出结构等方式，设立1亿元支持民营经济发展专项资金池，全面引导和带动民营企业做大做强。要按照市场化、专业化原则，以股权投资方式，对区内符合产业发展方向、创新商业模式、具有成长潜力的企业，制定具体奖励扶持措施，给予资金支持，帮助企业快速成长。

第六，要营造一个尊重企业家、厚待投资者的良好氛围。市场活力来自人，特别是来自企业家，来自企业家精神。我们要大力倡导和推行“理解企业家，尊重企业家，爱护企业家，支持企业家”的理念。要处理好“亲”“清”新型政商关系，领导干部与企业家要划清公私界限，“亲”则两利，“清”则相安。要用真心、用真力、出真招，营造重商亲商、安商富商的社会氛围。要大力弘扬企业家精神，发挥好工商联等组织的桥梁纽带作用，改进企业家参与涉企政策制定的方式，依法依规评选和表彰企业家，大力宣传优秀企业、企业家的先进事迹，不断增强广大企业家的使命感、责任感、荣誉感。

三、锁定年度目标，准确把握重点，奋力推动全区经济高质量发展再上新台阶

2019年的经济工作，就是要“好”字当头，实现高质量发展。总体思路：以习近平新时代中国特色社会主义思想为指导，全面贯彻落实党的十九大和十九届二中、三中全会精神，坚决落实中央、省委、市委决策部署，坚持稳中求进工作总基调和新发展理念，围绕“三区三高地”建设目标，以供给侧结构性改革为主线，在“巩固、增强、提升、畅通”上下功夫，持续打好“三大攻坚战”，统筹推进稳增长、促改革、调结构、惠民生、防风险各项工作，全力推动全区经济高质量发展，保持社会大局和谐稳定，不断增强人民群众获得感、幸福感、安全感。

主要预期目标：实现地区生产总值增长11%以上，财政收入增长10%以上，固定资产投资增长18%以上，社会消费品零售总额增长11.5%以上，城镇常住居民人均可支配收入、农村常住居民人均可支配收入均增长9%以上。

具体的工作任务，劲松今天下午还要作详细安排，大家要不折不扣落实，重点把握好四个方面。

（一）要坚持以项目建设为第一抓手

要聚焦项目建设，以项目引领发展、支撑发展、保障发展，确保有效投资的力度不减、速度不减，产业投资较快增长。一要研究政策争项目。近年来，国家、省、市经济调控的政策力度越来越大、越来越精准，在脱贫攻坚、乡村振兴、城市“双修”、实体经济等方面，都有含金量很足的政策措施。各单位要结合工作职责，加强政策研究，搞好精准对接，争取更多的专项资金投入。要科学谋划包装项目，加强项目库动态管理，确保一批重大产业项目、一批重大民生项目、一批重大城市建设项目进入省、市“盘子”，切实把政策措施变成项目投入。二要突出重点抓项目。2019年项目工作的重点，是经区委常委会和区“两会”审议通过的209个重点项目，其中的26个省级重点项目和25个市级重点项目是重中之重。要加快推进吾悦广场、忠庄片区棚户区改造、遵义巴斯巴有限公司自动化车间改造、红花岗区第一小学改扩建等一季度集中开工的47个项目，确保取得“开门红”。3月底，区委将召开项目推进大会，把各个项目拿出来比一比、晒一晒。三要加大力度推项目。要强化重大项目调度，区级包保领导要上心上手，要一竿子插到底解决项目存在的困难和问题，确保项目按时序进度推进。今年的项目考核办法已经区委常委会审议通过，各项目业主单位、建设单位、群工单位、要素保障单位要切实履职尽责。

（二）要坚持以招商引资为第一重点

今年招商工作的目标，是引进1家全国500强企业、3家高新企业和3家行业优强企业，引进产业项目30个以上。一要坚持高位招商。招商引资工作，我和区长是第一责任人，区委常委会、书记专题会和区政府常务会、区长办公会将经常研究招商引资工作，及时调度并解决困难和问题。区级领导要服从招商工作安排，要做到重点招商项目亲自洽谈、重要客商亲自接待、重大问题亲自解决。要把招商责任具体到各部门、各镇街，进一步细化工作目标、责任清单和时限要求，在全区真正形成“大招商”工作格局。二要突出重点招商。坚持以“招大引强”为方向，瞄准长三角、珠三角、成渝等重点区域和各类500强企业，紧紧围绕现有优势产业上下游配套企业进行重点招商，力争在工业三大主导产业、高新产业和现代服务业等产业上引进一批大项目、好项目。要大力创新运用专业招商、定向招商、链条招商、小分队招商等方式，在重点区域开展“代理招商”“委托招商”“以商招商”，组织和参与系列招商活动。三要强化服务招商。进一步增强精细化服务意识，认真解决具体工作中的“越位”“缺位”“错位”问题，主动做好“补位”，努力把服务做到细致、做成品牌，形成示范效应。要服务好已签约项目，确保项目落地快、供地快、建设快、投产快、见效快。近期，区委、区政府将召开全区招商行动大会，全面部署招商引资工作。

（三）要坚持以城市发展为第一要务

城市是汇聚人气、凝聚财气、集聚商气的平台，要坚持以人为核心推动城市升级发展，全面加快“三区三高地”建设步伐。一要持续推进棚改路网建设。加快推进万里路西片区、刘家湾、八七厂、向阳片区和会展新城等棚改项目，有序推进官桃隧道、东快线南段、新南快线北延伸段等道路建设。二要大力发展城市经济。区委四届二次全会作出了加快第三产业发展的决定，四次全会作出了加快推进城市建设发展“三区三高地”的决定，工作已部署，关键在落实。区委督查局要立即组织开展对两次全会落实情况的专项督查，促进明确的各项工作任务全部落地落细落实。三要创新推进城市经营。城市经营是市委长春书记提出的一个新课题，建平正在牵头组织开展调查研究工作，这是城市工作下一步的重点。

（四）要坚持以为民服务为第一职责

要聚焦人民向往，强力推进民生改善，让人民安居乐业、幸福生活。一要打赢“三大攻坚战”。防范化解重大风险攻坚战，主要有政治、经济、科技、社会、外部环境、党的建设和意识形态等领域的重大风险，重点是防控金融风险，要按照“坚定、可控、有序、适度”的基本方针，有力有序推进政府债务化解工作。精准脱贫攻坚战要围绕“决战之年”，既抓农村脱贫，又抓城镇解困，“春季攻势”行动计划已经区委常委会审议通过，要抓紧实施。污染防治攻坚战，要加快补齐城乡环保、环卫基础设施短板，做好迎接第二次中央环保督察的各项准备工作。二要办好一批民生实事。要坚持把就业工作摆在民生工作首位，多渠道开发就业岗位，做好创业带动就业工作。要落实好全区教育发展大会精神，把教育工作“1+4”政策文件落到实处。要组织召开全区卫生健康发展大会，系统研究群众看病难、看病贵的一揽子工作措施。要大力实施民生事业“暖心”“省心”“顺心”工程，《政府工作报告》明确的11件民生实事要不折不扣落实到位，让发展更有“温度”、幸福更有“质感”。三要持续加强和创新社会治理。要持续深化“平安红花岗”建设，扎实推进“扫黑除恶”专项斗争，依法打击非法活动，加大食品药品监管力度。要健全群众诉求表达机制，多元化解社会矛盾纠纷和信访积案，切实维护群众合法权益。要进一步强化重点行业、重点领域安全监管，严防各类安全事故发生，确保社会大局和谐稳定。

经济工作是区委的中心工作，全区上下必须服从区委的决策部署；经济工作是政府的核心工作，必须抓实抓细抓出成效；经济工作是全区各单位各部门各镇街的重点工作，必须明责知责、主动作为、勇于担当。总的工作要求是，一季度实现“开门红”，半年实现“时间过半、任务过半”，全年实现“保位进位”。今天下午，小莉要通报全区2018年度工作目标综合考核的结果，4个镇（街）和8个区直单位将代表全区各单位、各镇（街）向区长递交《2019年经济工作责任书》。大家要鼓足干劲、强化措施、狠抓落实。

四、加强组织领导，全面统筹协调，确保经济高质量发展各项任务落地落实

一分部署、九分落实。全区上下必须苦干实干，勇挑重担，敢啃硬骨头，以绝对忠诚的政治担当抓好工作落实。

第一，要强化党的领导。坚持党对经济工作的集中统一领导，是做好经济工作的根本保证。要强化政治建设，全区上下要切实增强“四个意识”，坚定“四个自信”，坚决做到“两个维护”，不折不扣落实中央和省委、市委、区委经济工作决策部署。要深学笃用习近平新时代中国特色社会主义思想，坚持把思想建设和制度建设结合起来，严格执行“三重一大”等制度。要激励担当作为，认真落实中央和省委《关于进一步激励广大干部新时代新担当新作为的意见》，大兴真抓实干之风，把讲党性、重实干、强执行的干部选出来、用起来，建设一支忠诚、干净、担当的干部队伍。要深入企业、项目一线，让工作在一线落实、问题在一线解决、成效在一线体现。要守住底线红线，坚持把纪律和规矩挺在前面，保持敬畏之心。要把敬畏纪律当成一种认识态度，把敬畏纪律看成一种界限、一种规范。要严守法律底线，带头信法、守法，依法行事、依法办事。要守住纪律底线，落实好主体责任、“一岗双责”，让铁纪发力、禁令得行、规矩生威。要守住道德底线，以本色做人，按角色做事，正确对待个人利益。

第二，要强化合力攻坚。全区上下要齐心协力谋发展，心无旁骛抓落实，形成推动经济高质量发展的强大合力。区级领导干部要靠前督战。工业和民营经济工作要分别成立由我和区长任组长的领导小组，领导小组的办公室分别下设在区工信局和区发改局，高位推动、统筹协调，切实形成工作合力，确保各项任务落到实处。区级领导干部要牢牢把推动工业和民营经济高质量发展抓在手上，严格落实挂帮重点企业、包保重点项目责任，深入一线解难题、办实事，一级做给一级看，一级带着一级干，形成上下联动、齐抓共管的工作局面。职能部门要合力作战。开启新征程，职能部门要履行好部门职责。区政府要认真履行抓工业经济、抓民营经济的主体责任，加强对全区经济的运行调度，及时梳理任务清单、细化责任分解，推动工作抓早抓快、抓细抓实。干部要能战善战。始终把工作当成学问做，在实践中培养专业精神、丰富专业知识、提高专业能力，真正做到懂行、内行、在行。

第三，要强化能力保障。围绕区委中心工作，弥补知识弱项、补齐能力短板，努力做到学以修身、学以增智、学以促干。要提高抓经济工作的能力。推动经济高质量发展，对全区干部抓经济工作的理念、视野、素养、能力提出了更高要求，各级干部特别是领导干部要认真研学习近平新时代中国特色社会主义经济思想，深入学习领会中央和省委、市委、区委对经济形势作出的重要判断、对经济工作作出的重大决策，努力成为抓项目、抓产业、抓治理的行家里手。要提高创造性贯彻落实的能力。坚持在干中学、在学中干，带着问题开展调查研究，带着问题借鉴学习发达地区经验，继续办好干部能力提升专题研修班，有计划地组织优秀年轻干部挂职锻炼，切实提升各级党员干部发展经济、推动改革、服务人民的本领。要提高容错纠错的能力。要按照新时代新担当新作为的要求，建立完善容错纠错机制，旗帜鲜明地支持鼓励干部放开手脚闯新路、放下顾虑谋发展。要坚持“三个区分开来”，落实“谁负责问责，谁考虑容错”，除违反廉洁底线外，启动问责程序时同步考虑“容错纠错”，彰显组织敢抓善管的力度、撑腰鼓劲的温度，以风清气正的政治生态汇聚红花岗发展的强大动能。

人勤春来早，奋斗正当时。让我们高举习近平新时代中国特色社会主义思想伟大旗帜，在市委的坚强领导下，与时间赛跑，用奋斗追梦，奋力在“黔川渝接合部中心城市”建设中当先锋走前列，以优异成绩迎接中华人民共和国成立70周年。

红花岗区人民政府工作报告

——2019年1月9日在红花岗区第五届人民代表大会第三次会议上

中共红花岗区委副书记、区长　游劲松

2018年工作回顾

2018年，区人民政府以习近平新时代中国特色社会主义思想为指导，在市委、市政府和区委的坚强领导下，在区人大、区政协的监督支持下，全面贯彻党的十九大和十九届二中、三中全会精神，深入学习贯彻习近平总书记在贵州省代表团重要讲话精神，按照市委五届五次、区委四届四次全会部署，坚持稳中求进工作总基调，坚守发展和生态两条底线，坚决打好“三大攻坚战”，深入实施“三大战略行动”[①]，与原南部新区深度融合，奋力在建设黔川渝接合部中心城市中当先锋走前列，着力打造“三区三高地”[②]，统筹做好稳增长、促改革、调结构、惠民生、防风险各项工作，全区经济稳中向好、社会和谐稳定。

回顾2018年，我们较好完成区五届人大二次会议确定的目标任务，2018年政府工作报告共涉及172项任务，目前已完成155项，完成率90%。由于当前经济形势和上级工作安排调整等原因，有17项未完成或部分未完成。如地区生产总值、固定资产投资、规模以上工业增加值等未达到年初预期目标。10件民生实事完成9件：6所公办幼儿园校舍建设和六中、九中、二十五中改扩建已完工。区中医院、区人民医院经开区新院已完成主体施工。城镇新增就业达到3万人，实现农村劳动力转移就业8040人。完成51条91.14千米“组组通”公路建设。湘江桥危桥加固并通车。农村安全饮水工程全部完工，惠及2.73万人。新华大沟水库完成大坝移民和蓄水验收。新（改）建103座公厕。巷口镇岩脚地质灾害点群众已搬离。正在推进1件实事：区新图书馆因纳入吾悦广场城市商业综合体规划，前期暂时停工，目前主体框架已建成，预计春节后可完工。

一年来，我们主要做了以下工作。

一、坚持稳中求进，着力推动区域经济稳步发展

面对经济下行和产业转型双重压力，我们坚持把促进实体经济健康稳定发展作为工作的重中之重。预计（下同）全年地区生产总值完成519.56亿元，同比（下同）增长7%；500万元以上固定资产投资增长19.2%；一般公共预算收入完成20.26亿元（不含新蒲新区），增长10.6%。服务业升级在望，社会消费品零售总额完成180亿元，增长10%。有效降低市场准入门槛，新增市场主体16519户、注册资本624.7亿元、从业人员11.37万人。建成线下实体网络零售服务平台，网络零售总额达6.5亿元，增长40.95%。65万平方米吾悦广场城市商业综合体启动建设。引进广州尚品天河打造精品商业中心，韩国CGV国际影城落户红花岗区。绿地会展新城一期进入征收阶段，新雪域西南农产品交易中心、西南遵义大康养孕育基地建设有序推进，建成东欣万象特色街区。全域旅游扎实开展，示范创建稳步推进。老鸦山红军战斗遗址保护及修复项目前期工作进展顺利，郑莫祠改造主体完工。成功创建深溪莲池湿地公园、百草园等4个AAA级景区。接待国内过夜游客234万人次、入境游客4700人次，旅游收入达370亿元。工业稳中转型，工业总产值达188亿元，规模以上工业增加值完成29亿元。高新区升建步伐加快，成功创建国家知识产权示范园区，新增高新技术企业11家，培育规上企业6家。深入推进

"双千工程"[③]，签约西密机电等13个项目，贵绳集团等3家企业启动搬迁。大力培育新能源汽车产业，推广应用新能源汽车2300辆，建成充换电站（桩）2400座，容百1.5万吨锂电项目顺利试产。加速推进军企融合，博文软件等4家企业完成军队供应商申请注册，航锐航空等6家企业进入产业发展基金项目库。推进国有企业社会职能剥离，接收乌江渡发电厂、遵义卷烟厂等5家企业"三供一业"[④]。加快大数据产业发展，引进贵州亿垒科技等5家大数据企业，电子信息制造业产值达21亿元。完成105家大数据与实体经济企业在线评估，融合巴斯巴智能制造等30个项目。农业不断做优，完成增加值36.98亿元，增长6.5%。编制乡村振兴规划，围绕"一长两短"[⑤]和"一村一品"，确立村庄产业发展方向。着力调整种植结构，调减玉米种植面积10992亩，新增水果、蔬菜种植面积各5000亩，非粮占比达98%。"公司+合作社+农户"模式不断完善，基本实现农民专业合作社行政村全覆盖，新增省级农业产业化龙头企业1家、市级"三位一体"新型基层供销合作社2家、农民专业合作社31家。深入推进供销社综合改革，规范建立社有资产管理委员会。有序推进12个村"三变"改革[⑥]试点工作。加快土地确权，颁证率达97.6%。大力实施耕地保护，新增耕地3150亩。省级农业科技示范园区挂牌，成功举办首届中国农民丰收节暨海龙土司贡米节。

二、坚持城乡融合，着力加快城市化建设步伐

旧城改造持续推进，征收房屋9855户，兑付资金35.28亿元。完成刘家湾、内环片区模拟征收，开展长征八厂、罗家坝等片区征收拆除扫尾工作，有序推进延安路东片区（一、二期）、中华南路东片区（一、二期）、万里路西片区等改造。征收零星棚户区房屋3476户，处置C、D级危房107栋。多途径推动还房安置，安置群众12394户。加快棚改还房建设，经开区棚户区（南宫山）、银山棚户区、凉水棚户区等改造项目建成交付。累计购买房源4337套，用于征收安置3970套。建成7603套保障性住房，超额完成省级下达任务，被评为省级保障性安居工程示范区。交通路网不断完善，统筹推进"832"项目[⑦]建设。银河路—共青大道改扩建基本完工，官桃隧道、新南大道等主干道建设有序推进，启动遵松公路改扩建，全面完成凤新快线征收任务，配合开展武汉路、蓉遵高速（遵仁段）征收工作。城市功能配套不断完善，老城纪念广场地下停车场投入使用，C级危房三期监测系统正式启用。加强信息基础设施建设，新建光缆7200千米。完成中心城区灯饰亮化、7条6.8千米小微循环路网改造和1.05万平方米破损道路修补，启动东欣大道垃圾中转库改造。忠庄河、洛江河等沿河公园建成开园，完成6条主次干道景观提升和15所学校小微花园建设工程。编制生态文明建设"增绿、复绿、护绿"总体规划。建成区绿化覆盖率达到41.95%，森林覆盖率提升至47.04%。行政村村庄规划编制实现全覆盖，编制23个特色村庄规划，后庄特色村庄（一期）建设基本完成，深溪示范小城镇、金鼎山和海龙特色小镇建设有序推进。全国文明城市创建成果持续巩固，长效常态机制不断健全。

三、坚持矛盾化解，着力解决历史遗留问题

主动担当作为，推动历史遗留旧账化解，切实保障群众合法利益。开展专项矛盾纠纷和信访问题排查17次，建立台账管理和包案化解责任机制。长征片区石佛路等10个项目，海尔大道、遵义大道等一批遗留多年问题得到妥善处置，安置群众1300余户。43个房开突出问题通过市级出列验收，开通26个产权办理通道，累计交付房屋24828套。坚持"一个专班、一个方案"，全力配合市级化解鼎诚家园等6个经适房项目突出问题处置。市容秩序混乱"顽疾"逐步消除，依法取缔丁字口轻工摊区、任家坳和内环路"马路市场"，完成军嫂街夜市搬迁，红军山凤凰山广场、湘滨公园等综合整治成效显著。大力化解企业改制矛盾，解决原丝织厂、原遵义砖厂等企业多年历史遗留问题，做好16家铁路专用线关停服务。丝钢路改扩建占地、土坝公寓留地安置等问题基本解决。蔬菜公司、金龙饮司、乳品公司胚胎移植、巷口红岩水库土地补偿、海龙水库失地农民养老保险等遗留问题逐步化解。

四、坚持攻坚克难，着力打好三大攻坚战

以问题为导向，精准聚焦、靶向发力，努力跨越决胜全面小康社会的重要关口。金融风险防控攻坚战稳步开展，严格落实政府性债务管理"七严禁"[⑧]，有效控制隐性债务规模，政府债务风险逐步化解。争取地方政府棚改专项债券8亿元，运用3P模式化解南体中心存量债务4.64亿元。完善区属投融资企业法人治理结构，加快向市场化、实体化转型。强化小额贷款公司、融资性担保公司监管，规范经营行为。加强各类交易场所、互联网金融等领域清理整顿，严厉打击非法集资等违法金融活动，立案81件。脱贫攻坚战强力推进，有序开展“春风行动”“夏秋攻势”和“1+5”专项治理[9]，年度脱贫1345人，超过市级下达任务120%，后庄村、大窝村实现脱贫摘帽。“一长两短”扶贫产业加快发展，带动5231人增收。大力开发村民自治补贴性“五员”岗位[10]，解决贫困劳动力就业154人。易地扶贫搬迁工作顺利完成，84户329人全部搬迁入住。教育医疗住房“三保障”加快落实。减免670名建档立卡贫困户学生学费39.18万元，发放1241名学生精准扶贫资助金285.21万元。实施“新农合”大病医疗救助补偿3639人次，发放补助款681.3万元。“三改”工程[11]加快推进，完成农村危房改造246户。发放农村低保金629.41万元，惠及困难群众2642人。污染防治攻坚战成效显著，空气质量优良率达97.8%，集中式饮用水源水质达标率稳定保持100%，地表水水质基本达到Ⅲ类水体要求。顺利通过中央环保督察“回头看”检查，扎实推进23项交办件问题整改，分别办理中央、省委环保督察交办信访投诉件190件和73件。投资49.83亿元，实施生态环保项目57个。完成饮用水源保护区居民搬迁313户，拆除房屋176栋78771平方米，覆土植绿面积6.6万平方米。扎实推进“治污治水・洁净家园”攻坚行动，实现农村垃圾收运全覆盖，建成饮用水源二级保护区14个村寨污水处理站。编制“一河一策”方案，综合推进洛江河、忠庄河等河流治理，深溪、坪桥污水处理厂投入运行，虾子河地埋式污水处理厂建成，完成海龙、巷口污水处理厂越域排放工程。全面启动第二次全国污染源普查，率先完成“五源”[12]清查建库。全面推行“河长制”管理，落实区、镇（街道）、村（居）三级河长责任制，实现见河长向见行动见成效转变。

五、坚持夯实民生基石，着力促进社会事业全面发展

城镇居民人均可支配收入34977元，增长9%；农村居民人均可支配收入14533元，增长9.4%。优先发展教育事业，投资11.78亿元实施72个新（改扩）建项目，义务教育阶段新增学位4600个，办学条件明显改善。深化教育体制机制改革，投入1.8亿元在全市率先实施教师薪酬制度改革。优质教育资源不断拓展，建成学前教育集团5个、义务教育集团8个、职业教育集团1个。中考成绩持续全市领跑，高考成绩稳中有升。深入贯彻落实基层医疗卫生能力“三年提升计划”，区级医院、乡镇卫生院等远程诊疗实现全覆盖。全面开展分级诊疗，实现双向转诊。全面落实健康扶贫医疗保障救助“一站式”结算、跨省异地就医即时结报。有效控制公立医院医疗费用不合理增长，药占比为24.7%。加大就业力度，城镇登记失业率控制在2.89%。加强城镇贫困群众救助，出台城镇特殊困难群体解困“八项政策”[13]，累计解困2642户4587人。深化“四民社区”[14]创建，建成10个社区老年人日间照料中心，启动社区办公阵地建设，全面提高村（居）干部补贴标准。扎实开展“扫黑除恶”专项斗争，建成“网上公安”办事平台，完成天网三期工程，治安警情持续下降。深入开展反恐防恐，“五张网”[15]新体系不断完善。禁毒成效显著，镇街阳光驿站全覆盖。丰富群众文化生活，组织公益性文化演出400余场。深入实施全民健身计划，开展体育赛事12次。竞技体育长足发展，连续两届夺得全市运动会团体总分第一。协助办好省十运会，荣获先进集体称号。深入推进安全生产“六级六覆盖”[16]网格化管理，及时排查化解安全隐患，事故起数、死亡人数实现“双降”。民族团结进步工作稳妥推进，宗教关系和谐示范区创建进一步深化。同时，统计、审计、档案、双拥、残疾人、红十字、国防教育、外事侨务、民兵预备役、关心下一代、老龄和妇女儿童等各项工作也得到全面推进。

六、坚持优化环境，着力提升服务能力

增强“四个意识”[17]，坚决做到“两个维护”[18]，修订完善《政府党组工作规则》《政府工作规则》《政府会议制度》。迎接国务院大督查，推动9个方面126项重点工作整改落实。高度重视省委第二轮巡视组反馈问题，完成“债务增长迅速”“擅自制定土政策”等20项整改销号。

严格落实“三重一大”制度[19]，出台政府投资项目建设办法，按照“信息公开、严格程序、比选择优、集体决策”原则，规范和推动全区重大工程重点项目建设。深化行政审批制度改革，取消12项行政许可，压缩行政权力事项42%，压缩行政审批时限54%以上。再次清理规范并公布区镇两级权责清单。“互联网+政务服务”向基层延伸，实现政务服务中心、便民服务站镇（街道）村（居）全覆盖。扎实开展营商环境整治“百日攻坚行动”，整改问题104个。自觉接受区人大及其常委会法律监督和区政协民主监督，累计办理人大代表建议意见118件，满意率为99.15%；办理政协委员提案167件，满意率为97.01%。

事成于和睦，力生于团结。在此，我代表区人民政府，向奋斗在各行各业、各条战线上的广大干部群众，向给予政府工作大力支持的人大代表、政协委员，向所有关心、支持、参与红花岗区建设和发展的社会各界人士表示衷心的感谢并致以崇高的敬意！

在总结成绩的同时，我们也清醒地认识到，我区经济社会发展仍面临不少困难和问题：一是经济增长缓慢，下行压力仍然较大，发展速度不快和质量不高的问题同时存在。二是债务总量大，防控债务风险压力较大，债务化解时间较长，经济金融风险隐患增加。三是历史欠账多，遗留问题错综复杂，完全解决难度大、耗时长。四是产业转型慢，“腾笼”任务艰巨，“换鸟”目标尚未实现。五是投资体量小，民间投资活力不强，投资增长支撑和后劲依然不足。六是少数干部法治意识、规矩意识不强，不想为、不会为、不敢为的现象依然突出。

我们一定正视发展中的困难，直面工作中的差距，采取坚决有力措施加以解决。

2019年工作的总体要求和主要任务

各位代表，2019年是中华人民共和国成立70周年，是决胜全面建成小康社会第一个百年奋斗目标的关键之年，我们要朝着党的十九大描绘的美好蓝图，一步一个脚印，踏踏实实干好各项工作。

2019年政府工作的总体要求是：高举中国特色社会主义伟大旗帜，以习近平新时代中国特色社会主义思想为指导，继续深入学习贯彻党的十九大精神和习近平总书记在贵州省代表团重要讲话精神，坚持稳中求进总基调，全面践行新发展理念，按照高质量发展要求，统筹推进“五位一体”[20]总体布局、协调推进“四个全面”[21]战略布局，坚持以供给侧结构性改革为主线，加快推进质量变革、效率变革、动力变革，在“巩固、增强、提升、畅通”上下功夫，主动适应经济发展新常态，继续打好“三大攻坚战”，大力弘扬新时代贵州精神，守好两条底线，强力推进“三大战略行动”，深入贯彻落实市委五届五次全会和区委四届四次全会决策部署，围绕建设“三区三高地”总体目标，凝心聚力，开拓进取，奋力在建设黔川渝接合部中心城市中当先锋走前列。

2019年经济社会发展主要预期目标是：地区生产总值增长11%（其中一产增长6.2%、二产增长10.5%、三产增长12%），500万元以上固定资产投资增长18%，规模以上工业增加值增长11%，社会消费品零售总额增长11.5%以上，财政总收入、一般公共预算收入分别增长10%，城镇常住居民人均可支配收入、农村常住居民人均可支配收入分别增长9 %以上。为实现以上目标，我们将重点抓好以下七个方面：

一、聚焦旧城改造，努力在城市建设上取得新突破

要加大基础设施“补短板”力度，加快推进城市更新，统筹好城市生产、生活、生态布局，为高质量发展腾出空间，全力建设现代都市核心区。

一是突出规划引领作用。尊重城市发展规律，严格遵照城市总规和详规，坚持一张蓝图绘到底。持续将“一核引领、两轮驱动、六带发力”[22]产业发展战略引向深入，配合完成《遵义市城市总体规划（2017—2035）》编制，积极推动忠庄片区规划和南郊水厂上移后片区规划，完成八七厂电厂片区城市设计、礼仪片区控规局部修改，启动礼仪片区B、C区域和外环路北片区、中片区的控制详细规划编制。完成深溪集镇规划设计、巷口溪水小镇修建性详细规划、金鼎特色小镇规划设计。根据规划要求，大力推动商业、市政、教育、文旅等配套服务设施更新，努力打造一批现代商业集聚区、特色商业消费区、高端居

住体验区、历史人文风貌区、教育医疗生活服务区、智慧城市应用示范区，推进各类要素资源加快集聚，实现城市经济发展转型升级。

二是突出棚户区改造补短板作用。聚焦关键领域和薄弱环节，以棚户区改造为契机，加大城市基础设施补短板力度。启动忠庄等5个片区棚户区改造[23]。加快内环等3个片区房屋征收兑付[24]，实现一批基础施工。有序推进长征八厂等11个片区[25]改造，促进主体完工一批。力争完成长征片区、舟水桥片区（A、B地块）、经开区四号棚户区等改造，实现部分交房入住。继续开展零星棚户区改造，强力推进C、D级危房处置。协助做好兰家堡等5个片区市级项目[26]征拆工作。统筹解决“三房”[27]问题，有效化解43个问题楼盘，妥善处置6个经适房。推动还房建设，完成渝黔铁路1号和2号还房、乐山棚户区1号还房。

三是突出路网畅通作用。完善辖区路网，加快形成“外联内畅”交通新格局。启动汤家湾道路、延安路延长线、凉水片区路网建设，完成6条城市小微循环路网改造，打通一批城市内循环道路。有序推进官桃隧道、东快线南段、新南快线北延伸段等道路建设，畅通新老城区连接。加快推进航新快线、新龙快线、桃溪南路、遵义大道延长线、忠深大道西延线、忠深二路西延线等道路建设，完成舟水桥棚户区路网建设，逐步实施新城区路网加密工程。配合做好遵仁高速、桃溪大道、武汉路、西安路等征地拆迁。实施城区交通疏堵工程，建成东联线卷烟厂人行天桥、外环路公交港湾中心。

二、聚焦产业升级，努力在融合发展上取得新突破

产业是城市的根基，我们要以新发展理念引领发展行动，坚持“强三优二”，推进产业化蛹成蝶转型升级，全力推动高质量发展，提升区域产业核心竞争力，建设城市经济引领区。

一是坚定不移发展城市服务业。立足黔川渝接合部中心城市服务业主中心发展定位，强化现代服务业发展主导地位和集聚辐射效应。统筹生产和生活性服务业、传统和新兴服务业，积极培育适应新时代发展的互联网物联网、健康养老、休闲娱乐、总部经济、创意设计及物流等产业。持续激发微观主体活力，确保新增市场主体8200家以上，新增限额以上商贸企业30家以上。加快推进吾悦广场、大雁湿地片区、东欣广场等商业城市综合体和黔北会展中心、遵义快递物流中心建设，促进星力城B馆开业。继续推进冷链电商一体化工程，启动遵义城市配送中心建设。加快住宿餐饮等传统服务业提档升级。继续做好国际商贸城、新雪域等专业批发市场的培育和扶持，引导苟家井等老旧市场商户有序转移入驻。研究制定棚户区改造区域的商业布局规划，启动商业招商。

二是坚定不移促进文旅融合。历史文化是城市的灵魂，我们要延续城市历史文脉，充分发挥文化资源禀赋优势，加快推进文旅融合，积极打造文化旅游升级版。严格落实《遵义历史文化名城保护规划（2017—2030年）》，打造“三山环抱、一江两城”[28]历史城区整体山水风貌格局。围绕建设全国著名红色文化旅游新高地，深入挖掘红色文化，以遵义会议会址为龙头，建设集城市休闲与红色旅游为一体的城市公园。完成红花岗剧院招商，打造经典历史舞台剧。启动老鸦山红军战斗遗址保护及修复项目建设，建成浙大西迁陈列馆，完成郑莫祠陈列布展。大力发展红色培训行业，按照“整合资源、做强产业、塑造品牌”思路，依托遵义会议干部学院等红色培训机构，做长产业链。深挖工业文化，加强药业园区中药材种植观光旅游区（百草园）宣传，促进“工业+旅游”融合发展。大力培育非物质文化品牌，深入挖掘通草堆画、川剧、汇集药堂、盆景制作、古法榨油等潜力，全力做好“2019国际盆景大会”红花岗区参观点各项工作。实施创A工程，积极配合遵义会议会址申报国家AAAAA级景区，创建拓路仕绳攀基地AAA级景区。

三是坚定不移推进工业产能升级。坚持立足基础、着眼未来，重点打造“五大产业”，加快升建国家高新区。大力发展新材料产业，依托贵绳集团、中铂硬质合金、天磁锰业、长岭特钢等龙头企业优势，推动高新区新材料产业链发展，建成以新型钢绳制造为战略性新兴产业的集聚群。大力发展健康医药产业，依托遵义市医药健康产业园，打造生物医药健康产业化基地，支持廖元和堂等企业壮大发展。大力发展新能源汽车产业，依托容百锂电、巴斯巴、梅花汽车核心企业引领优势，积极发展新能源汽车整车制造，加快推广应用并完善充电基础设施，构建新能源汽车全产业链。大力发展以军民融合为主的装备制造业，以遵义盈田工谷园，以航锐航空、精立航太等军工零部件企业为核心，突破航天测控技术、数据传输系统等关键应用技术，全力打造航空航天装备产业集群。依托维讯光电、鸿兴时代、圳通光电等优势企业，促进电子信息产业大力发展。启动5G网络建设，探索大数据在智慧城市建设中的推广应用。深入实施“双千工程”，培育7家规上企业、8家高新企业，推动赛德水泥、天津泰达发电项目建成投产，推进汇兴公司、林源医药等企业技改搬迁。

四是坚定不移实施乡村振兴战略。坚持农业农村优先发展，以实施乡村振兴为抓手，着力推进产业发展和人居环境改善，打造生态文明建设示范区。突出城乡融合发展，加快推进金巷公路、遵松公路改扩建、野里经苟坝至枫香旅游公路等建设。加速深溪示范小城镇建设，完成老街二期改造。推动巷口特色小镇招商，加快金鼎小镇、海龙小镇建设，启动西部三镇还房安置工程。配合做好南郊水厂搬迁，完善巷口集镇城市供水管网和污水收集处理设施。推进野里、五指山特色村庄建设，完成后庄村特色村庄建设项目（二期）。重点抓好农旅一体发展，支持金川农旅产业园、巷山农旅产业园、深溪荷园发展，深入推进红花岗区现代高效农业园、海龙生态农业示范园和金华生态农业园建设。巩固提升“莲池·新天地”AAA级景区建设，进一步挖掘文化内涵，促进乡村文旅融合。加速农业产业化发展，修订完善农村产业发展扶持政策，加大招商引资力度，推动“一村一品”打造，重点在远郊村发展特色产业。新增蔬菜、水果种植面积各3000亩，建设2000亩海龙贡米基地和巷口花卉种植交易中心。办好第二届中国农民丰收节。

三、聚焦三大攻坚，努力在强基固本上取得新突破

以打硬仗的决心、钉钉子的韧劲，尽锐出战、精准施策，全力以赴、跨越关口，为如期全面建成小康社会清障开路、奠定基础。

一是坚决打好金融风险防控攻坚战。着力化解债务风险，坚持尽力而为、量力而行，坚决避免盲目投资、重复建设，严格落实政府性债务“七严禁”，健全“借用还”一体化机制，完善预警机制，规范政府举债行为，严格控制增量，逐步消化存量，做到坚定、可控、有序、适度。加强财政绩效管理，坚持花钱必见效、无效必问责。着力化解金融风险。严厉打击非法集资等违法违规金融活动，强化互联网金融等薄弱环节监管。加大小额贷款公司、融资性担保公司的监督管理力度。

二是坚决打好精准脱贫攻坚战。“小康路上，不让一个困难群众掉队”，进入脱贫最后攻坚阶段，要把精准贯穿全过程，凝聚各方力量、压实各方责任、整合各方资源合力攻坚。充分运用脱贫质量大排查成果，补足“四场硬仗”[29]和人居环境等短板。精准推进到户产业和集中式产业扶贫，确保贫困家庭收入稳定达标。启动“三年200千米”新建（改造）农村道路计划，打通一批“断头路”、拓宽一批“产业路”、新建一批“脱贫路”。继续落实“五个三”后续扶持政策[30]，着力促进易地扶贫搬迁户就业增收，加快完善生产生活配套基础设施，确保搬迁群众安居乐业。深入开展农村安全饮水和老旧危房透风漏雨专项治理，全力消除农村危房安全隐患。继续加大教育扶贫力度，确保助学资助政策全覆盖。进一步完善四重医疗保障机制，从根本上有效遏制因病致贫、因病返贫现象。

三是坚决打好污染防治攻坚战。用最严格制度最严密法治保护生态环境，强化制度执行，让制度成为刚性约束和不可触碰的高压线。按照“党政同责、一岗双责”环保工作机制，全面巩固中央环保督察反馈问题整治成效，严格落实整改责任，认真做好迎接第二次中央环保督察准备工作。坚决打赢“蓝天保卫战”，启动空气质量攻坚行动，建立完善空气预警机制。加强工业企业稳定达标管控和规范建筑工地管理，加大道路扬尘、油烟及垃圾焚烧治理力度，确保空气清新。坚决打好碧水保卫战，推进西部三镇越域排放工程，加快饮用水源二级保护区和深溪村寨污水处理站建设。启动全区雨污分流工程，加快实施虾子河黑臭水体治理、忠庄监狱片区和新店子片区管网、深溪集镇雨污分流等工程建设，继续实施喇叭河、忠庄河、洛江河等中小河流综合治

理，全面做好水源保护。坚决推进净土保卫战，积极实施土壤面源污染防治，开展土壤污染详查工作，建立健全土壤污染防治体系，全面管控土壤环境风险。推进垃圾综合治理，加快生活垃圾分类收集、运输、处置管理体系建设，提高生活垃圾无害化处理水平，新建一座日处理500吨垃圾中转库。实施“清废行动”，依法对非法转移、倾倒固体废物及危险废物等环境违法行为实施精准打击。

四、聚焦城市治理，努力在提升品位上取得新突破

不断完善“党委领导、政府负责、社会协同、公众参与、法治保障”的社会治理体制，打造共建共治共享的社会治理新格局，全力建设黔北现代城市治理新高地。

一是加强市民思想道德建设。大力弘扬民族精神和时代精神，加强爱国主义、集体主义、社会主义教育，引导人们树立正确的历史观、民族观、国家观、文化观。深入实施公民道德建设工程，推进社会公德、职业道德、家庭美德、个人品德建设，激励人们向上向善、孝老爱亲，忠于祖国、忠于人民。弘扬科学精神，普及科学知识，开展移风易俗、弘扬时代新风行动，抵制腐朽落后文化侵蚀，涵养和净化社会风气。推进诚信建设和志愿服务制度化，强化社会责任意识、规则意识、奉献意识，形成重信守诺、互信互助的浓厚氛围。大力弘扬新时代贵州精神和“遵道行义·自强不息”遵义城市精神。以“红色义务宣讲团”为载体，以“新时代农民（市民）讲习所”为平台，大力开展红色义务宣讲。继续推进社会主义核心价值观主题公园（广场）建设，打造一批市区示范点。

二是强力推进“扫黑除恶”专项斗争。按照“涉及对象无禁区”要求，围绕“应打尽打、有黑扫黑、无黑除恶、无恶治乱保平安”总目标，深入开展“扫黑除恶”专项斗争三年行动，严厉打击群众反映最强烈、最深恶痛绝的各类黑恶势力违法犯罪，深挖黑恶势力保护伞。做好“部门联动、问题线索、发动群众”三个结合，加强联动配合，持续加大对重点地区、重点领域、重点行业线索的摸排力度，定期公布扫黑除恶成果，增强人民群众同黑恶势力作斗争的信心。加大对“三盗两抢一诈骗”、毒品犯罪等行为打击力度，加强对社区矫正人员、刑满释放人员等特殊人群网格化管理。继续实施“雪亮工程”，安装高清摄像头1500个。

三是强化社会综合治理。积极开展法治宣讲进机关、进企业、进农村、进校园等活动，增强市民法治意识。推进网上信访综合业务规范系统建设，全力化解一批信访积案。健全完善多元化矛盾纠纷化解机制，大力提高人民调解水平。不断提升基层治理能力，积极稳妥推进村居换届。健全劳动争议调解仲裁机制，积极落实欠薪预防制度。积极化解改制企业历史遗留问题，有效处置5家企业遗留问题。加大食品药品监管力度，全力保障食品药品安全。严厉打击非法活动。落实安全生产责任制，以打非治违为重点，进一步强化重点行业、重点领域安全监管，严防各类安全事故发生。

四是不断提升城市品位。围绕建设“山为屏、水为脉、山水城融合”城市目标，实施自然山体修复保护，奠定“以山为屏”的山地城市风貌基础，全力建设宜居宜业宜游生态区。继续实施“增绿、复绿、护绿”行动，拓展园林绿化空间，打造“高低错落、四季分明、四季开花、色彩斑斓”的山水城市，不断提高绿化质量和生态品味，为市民群众打造良好的城市风景线。持续深入开展森林保护“六个严禁”[31]执法专项行动，加大天然林、自然保护区保护力度，建立保护森林资源长效机制，确保森林资源安全。开展“互联网+全民义务植树”试点，积极打造全市示范基地。实施矿山覆土复绿工程等生态环保项目，完成东联线沿线生态修复和洛江河水生态修复。继续巩固全国文明城市创建成果，持续深化长效常态管理机制。深入推进城市环境综合整治，重点解决交通拥堵以及“停车难”“停车乱”等问题。

五、聚焦民生改善，努力在增进福祉上取得新突破

抓住人民群众最关心、最直接、最现实的利益问题，一件事情接着一件事情办，一年接着一年干，使人民群众获得感幸福感安全感更加充实、更有保障、更可持续。

一是实施“暖心”工程，推进教育优质均衡发展。秉持“发展再难不能影响教育所急，财力再弱不能影响教育所需”理念，严格落实“三个增长”㉜，全力建设黔川渝接合部教育强区。大力推进中心城区学校布局三年行动计划，实施优质教育资源“东扩南拓”工程，在东联线片区、八七厂电厂片区合理布局幼儿园、中小学。实施“三名”工程㉝，全面提高教学质量。深化教育体制机制改革，推进城乡一体化办学。提升高中阶段办学水平，启动一高中申报省级一类示范、二高中申报省级二类示范，职教中心力争成功申报省级示范性中职学校。实施初中教育“壮腰计划”，重点扶持5所初级中学。切实解决随迁子女入学矛盾，确保进城务工人员随迁子女就读公办学校比例不低于80%。大力发展民办教育，至少引进1所优质民办学校到我区办学。提升教育智能化水平，启动中国智慧试验区建设。继续开展教育环境净化行动，加强校外培训学校管理，建设体艺项目联盟，建设综合素质教育基地，促进学生全面持续发展。

二是实施“省心”工程，推进卫生健康大发展。牢固树立大卫生、大健康理念，深入推进医药卫生体制改革，全面提升基层医疗机构服务能力，解决群众“看病贵、看病难”的问题，全面落实大健康产业发展新一轮六项行动计划，积极开展地方病防治专项三年攻坚行动，以促健康、转模式、重保障为着力点，把以治病为中心转变到以人民健康为中心，为群众提供全方位全周期健康服务。完成区人民医院经开区新院、区中医院建设。启动区妇幼保健院、万里路社区卫生服务中心和疾控中心标准化建设。加快托管镇卫生院，逐步构建分级诊疗、有序就医的医疗服务体系，完善智能转诊、远程医疗系统建设。加快体育事业发展，推进全民健身计划，开展各种体育赛事11次以上。加快老龄事业和产业发展，完善以居家为基础、社区为依托、机构为补充、医养相结合的养老服务体系，充分发挥社区老年人日间照料中心作用，不断满足老年人多样化、多层次的养老服务需求。

三是实施“顺心”工程，健全社会保障体系。持续抓好城镇解困相关政策落实，深入实施“六项行动”㉞，打造典型示范社区，不断提升贫困群众解困内生动力。全面落实就业创业政策，积极引导返乡农民工、高校毕业生到非公企业就业，确保城镇新增就业3万人以上、农村劳动力转移就业8000人以上、扶持创业300户以上。进一步加强社会救助，抓好城乡低保提标。继续探索开展“一站式”医疗救助，提高救助效率和补助水平。积极开展被征地农民失地养老保险办理。深化“四民社区”建设内涵，提高基层社会治理水平。推进新农合减免补贴政策，扩大城乡居民最低生活保障范围。积极筹措匹配资金，整合各种资源，做好社区便民服务创新项目。健全农村留守儿童和妇女、老年人关爱服务体系，加强残疾人康复服务和就业培训服务，大力发展残疾人事业。同时，我们要同步推进统计、审计、档案、双拥、红十字、国防教育、外事侨务、民兵预备役、关心下一代等各项工作。

办好民生实事。一是实现农村1800人以上脱贫。二是建成坪桥等6家幼儿园㉟，启动13所学校㊱改扩建工程，新增学位2万个。三是加大卫生健康基础设施建设力度，新增病床1000张。四是交付6189套还房㊲。五是新建改造90座公厕，完成城区100条排污沟改造。六是完成10个社区办公阵地㊳建设，建成5家养老机构㊴，智慧社区便民服务系统实现全覆盖。七是完成50千米新建（改造）农村道路。八是完成3个村寨㊵“增绿、复绿、护绿”工程建设，整治土地2000亩。九是新（改扩建）3个饮水工程㊶，实现3.5万人饮水质量提升。十是完成40个农村污水处理点建设。十一是迁扩建7个基层政法阵地㊷。十二是缓解中心城区停车压力，建成2000个智慧停车位。

六、聚焦对外开放，努力在激发活力上取得新突破

坚持把对外开放作为高质量发展的关键一招，进一步加快开放步伐，不断优化营商环境，全力建设西南内陆开放新高地。

一是着力深化“放管服”改革。继续加快政务整合工作。推行电子营业执照，加强网上审批，促进市场准入和退出全程便利化。推进“互联网+政务服务”建设，加速网上服务平台深度融合，完善区、镇、村三级政务服务体系。继续创新审批方式，转变职能，推进部门权力、责任清单“两单融合”，实现权责一致。继续深化商事制度改革，全面推进企业“多证合一”“一照一码”“两深化”行政审批制度改革，深入开展

“集成套餐服务”和“减证便民”行动，全力推进“一窗”服务。

二是着力营造营商环境。全力支持民营经济发展，深入开展营商环境整治，着力打破各种“卷帘门”“玻璃门”“旋转门”，深入整治“三个不到位”[43]，千方百计降低各类营商成本，为民营企业打造公平竞争环境。实行重点民营企业领导挂帮制度，及时帮助民营企业解决发展中遇到的各种困难，让民营经济创新源泉充分涌流，让民营经济创造活力充分迸发。

三是着力加强招商引资。坚持“走出去”与“请进来”相结合、政府招商与社会招商联动、招商引资与招才引智齐抓，以“爱商、亲商、安商、扶商”为宗旨，结合棚户区改造，围绕文化旅游、现代物流、商贸服务等重点产业和长三角、珠三角、成渝等重点区域，大力开展资源招商、以商招商、精准招商，有计划、有针对性地开展组团招商活动，确保引进产业项目30个以上，力争引进1家500强企业、3家高新企业和3家龙头行业优强企业。

七、聚焦能力建设，努力在塑造形象上取得新突破

牢记全心全意为人民服务宗旨，坚持崇尚实干、追求卓越，进一步增强政府公信力和执行力，全力建设人民满意的服务型政府。

一是始终坚持对党忠诚。把对党绝对忠诚作为根本政治要求，坚决扛起全面从严治党的政治责任，坚决做到“两个维护”，切实增强“四个意识”，自觉在思想上政治上同以习近平同志为核心的党中央保持高度一致，坚决维护党中央权威，不折不扣地抓好中央、省委省政府、市委市政府和区委各项决策部署的贯彻落实，用实际行动诠释对党的绝对忠诚。

二是始终坚持以民为本。坚持以人民为中心的发展思想，践行宗旨意识、厚植群众基础、提升群众工作能力，主动顺应人民群众对美好生活的向往，全心全意为人民服务，着力解决好人民最关心、最直接、最现实的利益问题，用实干赢得群众的支持，以实绩回报人民的信任。

三是始终坚持担当作为。 直面问题不回避，主动作为勇担当，努力攻坚克难化解社会问题、激流勇进突破发展瓶颈、不畏艰险推动改革大业。切实增强政治担当、历史担当、责任担当，坚持主动整改巡视督查交办问题、认真化解遗留问题、自觉整治存在问题，敢于动真碰硬、敢于迎难而上，积极开拓创新，不断提升发现问题、分析问题、解决问题的水平，提升谋划发展、推动工作、攻坚克难的能力。

四是始终坚持依法行政。深入贯彻全面依法治国要求，尊崇法治、敬畏法律、依法办事。加大政务公开力度，严格执行重大行政决策程序、合法性审查、终身责任追究及倒查机制等制度。坚持科学决策、民主决策、依法决策，广泛听取各方面意见。依法接受区人大及其常委会法律监督，自觉接受区政协民主监督，主动接受社会和舆论监督，认真听取人大代表、政协委员、民主党派、工商联、无党派人士和各人民团体的意见。

五是始终坚持勤政廉政。认真落实党风廉政建设主体责任，严格贯彻落实中央八项规定精神，持之以恒反“四风”，始终保持廉洁本色。切实加强审计监督，扎牢“数据铁笼”和“制度铁笼”，坚持用制度管权、管钱、管人，筑牢拒腐防变的思想道德防线，做到干部清正、政府清廉、政治清明。

新的目标激励人心，新的任务艰巨光荣，使命重在担当，实干成就辉煌。让我们高举习近平新时代中国特色社会主义思想伟大旗帜，更加紧密团结在以习近平同志为核心的党中央周围，深入贯彻落实中央、省、市的决策部署，在区委的正确领导下，在区人大、区政协的监督支持下，不忘初心、牢记使命，开拓进取、真抓实干，奋力在建设黔川渝接合部中心城市中当先锋走前列，为建设“三区三高地”打下坚实基础，以优异成绩迎接中华人民共和国成立70周年。

注释

①三大战略行动：大扶贫、大数据、大生态。

②三区三高地：区委四届四次全会决定，要全力建设现代都市核心区、城市经济引领区、宜居宜业宜游生态区，全国著名红色文化旅游新高地、西南内陆开放新高地、黔北现代城市治理新

高地。

③双千工程：千企改造工程、千企引进工程。

④三供一业：供水、供电、供暖和物业管理。

⑤一长两短：每户贫困户有一个长线产业和两个短线产业覆盖，短线产业帮助贫困户如期稳定脱贫，长线产业帮助贫困户持续增收致富。

⑥“三变”改革：资源变资产、资金变股金、农民变股东。

⑦“832”项目：“8”即新南快线、新龙快线、南溪大道、官桃隧道、官井东路、棚户区改造、毛主席住居文化旅游综合体、纪念广场地下商场改为公共停车场8个自主项目；“3”即桃溪大道、西安路、武汉路3个协同项目；“2”即老城历史文化街区保护与开发、西三镇饮用水源地保护与开发2个调查研究项目。

⑧七严禁：严禁违法违规举债、严禁违法违规担保、严禁违法违规进行政府购买服务、严禁“名股实债”、严禁“三边”工程、严禁违规建设楼堂馆所、严禁政府性债务管理不作为。

⑨“1+5”专项治理：围绕《贵州省脱贫攻坚存在问题专项治理工作方案》和针对贫困人口漏评错评、贫困人口错退、农村危房改造不到位、扶贫资金使用不规范、扶贫领域腐败、不正之风出台的5个专项治理方案开展的整治工作。

⑩“五员”岗位：通过政府购买服务形式为建档立卡贫困劳动力开发的农村补贴性劳务岗位，包括护路员、护林员、环境监督保洁员、河湖巡查保洁员、治安安全联防员。

⑪“三改”工程：改厨、改厕、改圈。

⑫五源：工业源、农业源、入河排污口、生活源锅炉、集中污染处理设施。

⑬八项政策：重性精神病患者免费服药政策、城镇贫困群体医疗帮扶政策、城镇贫困儿童大病医治专项帮扶政策、城镇贫困妇女宫颈癌免费筛查政策、美沙酮门诊在治费用减免政策、城镇困难群体创业就业服务政策、城镇最低生活保障人员就业奖惩政策。

⑭四民社区：安民社区、便民社区、乐民社区、康民社区。

⑮五张网：基础保障、情报侦查、防范管控、宣传教育、应急处置。

⑯六级六覆盖：“六级”即省、市、县、乡（镇）、村、村民组，“六覆盖”即“党政同责”全覆盖、“一岗双责”全覆盖、“三个必须”全覆盖（管行业必须管安全，管业务必须管安全，管生产经营必须管安全）、政府主要负责人必须担任安委会主任全覆盖、安监部门定期向同级组织纪检部门通报安全生产情况全覆盖、组级安全生产联络员对本村民组安全工作宣传检查全覆盖。

⑰四个意识：政治意识、大局意识、核心意识、看齐意识。

⑱两个维护：坚决维护习近平总书记党中央的核心、全党的核心地位，坚决维护以习近平同志为核心的党中央权威和集中统一领导。

⑲“三重一大”制度：重大事项决策、重要干部任免、重要项目安排、大额资金的使用，必须经集体讨论做出决定的制度。

⑳五位一体：经济建设、政治建设、文化建设、社会建设、生态文明建设。

㉑四个全面：全面建成小康社会、全面深化改革、全面依法治国、全面从严治党。

㉒一核引领、两轮驱动、六带发力：“一核”即遵义会议会址、毛主席住居这一红色文化旅游核心；“两轮”即红花岗区、经开区两轮驱动；“六带”即楼宇经济集聚带、消费经济集聚带、流通经济集聚带、生产性服务业经济集聚带、生态经济集聚带和河滨经济带。

㉓5个片区棚户区改造：忠庄片区、中华南路东片区（三期）、南岭片区、护城村片区、坪桥片区。

㉔3个片区房屋征收兑付：内环片区、万里路西片区、刘家湾片区。

㉕11个片区：长征八厂片区、延安路东片区（一、二期）、中华南路东片区（一、二期）、迎红办二化厂、坪丰（一、二期）、镇隆片区、罗家坝片区、碧云峰片区、南岭片区、长征片区（民政段）、南宫山片区。

㉖5个片区市级项目：兰家堡片区、仁遵高速红花岗段片区、狮子桥片区、西安路片区、会展新城片区。

㉗三房：问题楼盘、征收安置还房、经

适房。

㉘三山环抱、一江两城："三山"即凤凰山、府后山、老鸦山，"一江"即湘江河，"两城"即老城和新城。

㉙四场硬仗：基础设施建设硬仗、易地扶贫搬迁硬仗、产业扶贫硬仗、教育医疗住房"三保障"硬仗。

㉚"五个三"后续扶持政策：盘活承包地、山林地、宅基地"三块土地"；统筹就业、就学、就医"三大问题"；衔接低保、医保、养老保险"三类保障"；建设经营性公司、小型农场、公共服务站"三个场所"；探索集体经营、社区服务管理、群众动员组织"三个机制"。

㉛六个严禁：严禁盗伐滥伐林木、严禁掘根剥皮等毁林活动、严禁非法采集野生植物、严禁烧荒野炊等容易引发林区火灾行为、严禁擅自破坏植被从事采石采砂取土等活动、严禁擅自改变林地用途造成生态系统逆向演替。

㉜三个增长：各级政府教育财政拨款的增长应高于财政经常性收入的增长，并使按在校学生人数平均的教育费用逐步增长，保证教师工资和学生平均公用经费逐步增长。

㉝"三名"工程：名校、名校长、名师。

㉞六项行动：就业解困行动、创业解困行动、教育解困行动、医疗解困行动、社会兜底解困行动、安居工程解困行动。

㉟6家幼儿园：红花岗区第二十幼儿园、红花岗区第二十一幼儿园、红花岗区第二十二幼儿园、深溪坪桥幼儿园、忠庄南岭幼儿园、南关金华幼儿园。

㊱13所学校：坪丰小学、坪丰中学、南关中学、银河小学（桃溪小学）分校、育新小学、银河小学、忠庄小学、第二十五中学、第一高级中学、第二十九中学、巷口镇沙坪小学、遵义市启智学校、遵义市新雨学校。

㊲6189套还房：碧云峰片区棚户区改造工程项目513套，乐山一号还房点406套，渝黔铁路还房一号小区468套，渝黔二号还房小区201套，舟水棚户区（舟水桥片区）改造工程项目1540套，南关办农民集中住房（二期）建设项目777套，经开区四号棚户区改造工程建设项目200套，坪桥片区棚户区改造工程340套，南宫山片区棚户区一期改造项目876套，深溪镇老街棚户区改造项目二期111套，镇隆还房小区757套。

㊳10个社区办公阵地：延安路街道建材路社区、锦江路社区，中华路街道环城社区，迎红街道富华社区，长征街道春天堡社区、民政社区，北京路街道环城路社区，舟水桥街道凉厅社区、南宫山社区、新店子社区。

㊴5家养老机构：金海巷中心敬老院，馨安康养护院新华桥分院，北京路街道、忠庄街道、南关街道辖区三家日间照料中心。

㊵3个村寨：巷口镇八卦村、巷口镇巷口村、海龙镇温泉村。

㊶3个饮水工程：金鼎山集镇供水改造工程、南关水厂建设工程、深溪集镇水厂改造及大窝水厂新建工程。

㊷7个政法阵地：迁建中华路派出所、新华路派出所、万里路派出所、忠庄派出所、南关法庭、扩建北京路派出所、巷口派出所。

㊸三个不到位：简政放权不到位、服务监管不到位、便捷服务不到位。

红花岗区人大常委会工作报告

——2019年1月9日在红花岗区第五次人民代表大会第三次会议上

区人大常委会主任　周远霞

2018年工作回顾

2018年，区人大常委会深入贯彻落实党的十九大精神，以习近平新时代中国特色社会主义思想为指引，坚持党的领导、人民当家做主和依法治国的有机统一，不忘初心、牢记使命，围绕中心、服务大局，充分发挥地方国家权力机关职能作用，切实履行宪法和法律赋予的职责，为全区改革发展稳定大局和民主法治建设做出了积极贡献。

一、牢牢把握政治站位，确保人大工作正确政治方向

党的领导是人民代表大会制度的本质要求和最大优势。常委会牢固树立“四个意识”，切实增强“四个自信”，在思想上、行动上始终与习近平同志为核心的党中央保持高度一致，以确保人大工作正确的政治方向。

始终保持政治定力。坚持用习近平新时代中国特色社会主义思想武装头脑、引领方向、指导实践。常委会专题学习党的十九大精神、新修订的《中华人民共和国宪法》，深入学习贯彻习近平总书记关于坚持和完善人民代表大会制度的重要思想，进一步坚定人民代表大会制度自信与理论自信。从宣传贯彻入手，组建宣讲团到基层一线、到代表中去宣讲十九大精神和党的路线方针政策，用实际行动把党的声音在全区各级人大组织和人大代表中传递好、落实好。

坚决落实全区一盘棋思想。始终把党的领导贯穿于人大工作的全过程、各方面，自觉维护区委统揽全局、协调各方的核心领导地位，确保我区人大工作与区委决策部署同向发力。在区委的领导下，顺利完成区监察委员会选举和任免，《遵义市红花岗区人民代表大会常务委员会讨论决定重大事项办法》的制定等重大改革任务。把人大工作的出发点落到区委要求的民生大事上来，聚焦脱贫攻坚、第三产业发展、棚户区改造等中心工作，综合运用会议审议、调研视察、执法检查和专题询问等方式，促进区委决策部署的贯彻落实。成立专门调研组，对全区工程项目执行区委“三重一大”制度落实情况进行调研，提出加强和改进项目建设的具体工作意见建议9条。坚持党的领导与严格依法办事、充分发扬民主有机统一，确保依法实现区委人事安排。依法任免国家机关工作人员64人次，组织13名新任命人员向宪法宣誓。

二、牢牢把握主基调，全力服务发展大局

常委会紧跟区委确定的发展主基调，坚持问题导向，结合人大职责履行，着力推动区委重大决策部署的落地见效。

依法审议决定经济运行中的重大事项。听取和审议区人民政府“十三五”规划纲要中期评估报告，针对纲要执行过程中存在的问题，集人大多方之智用心研判、冷静分析，对8项指标作出调整，提出了着力推进棚户区改造、大力实施乡村振兴战略、着力优化营商环境等5方面12条工作意见。审查和批准区人民政府提请的红花岗区2018年财政预算和政府性基金预算调整方案；听取和审议经济运行、计划和财政、审计等工作报告9个，确保对经济运行法定化指标的审查有规有矩。

依法审议和决定社会建设中的重大事项。审议通过《遵义市红花岗区法治宣传教育第七个五

年规划（2016—2020年）》，并作出决议；要求区人民政府以宣传法律知识、弘扬法治精神、推动法治实践为抓手，以工作理念、方式方法、载体阵地和体制机制创新为着力点，不断完善法治红花岗建设的目标要求和工作举措。适应区域发展需要，审议和批准了红花岗区乡镇行政区划调整议案。

三、牢牢把握履职主旋律，着力提升监督实效

开展法律监督和工作监督是人大的法定职责。一年来，常委会紧紧围绕区四次党代会作出的总体部署，坚持把改革发展稳定中的重大问题和关系人民群众切身利益的热点难点问题作为监督重点，以弘扬好人大服务人民群众的正能量。

强化法律监督。听取和审议《区人民法院关于贯彻执行〈中华人民共和国民法总则〉的报告》，针对法官民事案件自由裁量权尺度把握等人民群众关心的热点问题，提出了加强案件监督、确保同类型民事案件裁判尺度统一等5个方面的意见。开展《中华人民共和国消防法》执法检查，提出以消防安全能力建设为核心，着力提升消防安全“建、管、防、消”四个能力的意见建议5条。配合市人大开展了《中华人民共和国献血法》《中华人民共和国社会保险法》《中华人民共和国城乡规划法》等6部法律法规贯彻落实情况的执法检查；对《红花岗区特困人员救助供养实施办法》《红花岗区建设项目节水设施“三同时”管理办法》等12件规范性文件进行备案审查。坚持依法监督与处理信访案件相结合，完善督办机制，注重及时交办、转办并跟踪督促问题的落实，注重引导信访群众理性表达合理诉求。一年来，共受理来信来访44件，接待来访群众78人次。

强化民生领域监督。坚持民有所呼、我有所应，充分发挥人大民意机关的作用，切实加强民生监督，以实际行动维护最广大人民的根本利益。围绕幼有所育，对我区公办幼儿园建设情况进行调研，听取和审议区人民政府关于公办幼儿园建设情况的专题报告，提出推动学前教育又好又快发展的审议意见 5条。围绕住有所居，听取和审议区人民政府关于棚户区改造工作的报告，对资金使用、项目推进等工作进行跟踪监督。围绕安全和谐，对全区扫黑除恶、民族宗教工作开展视察调研并听取和审议相关专项工作报告，提出了加强扫黑除恶5个方面12条工作建议，提出了加强和改进民族宗教工作的意见建议5条。

强化对财政预算执行监督。启动预算联网监督系统，为预算审查监督常态化创造条件。对69个部门预算申报情况进行全面审查，加强了预算审查的深度和广度。高度重视审计结果的运用，对年度审计查出的问题进行跟踪检查。对2017年审计查出的41个问题，已全部督促整改。

强化生态文明建设监督。紧跟区委四届四次全会建设宜居宜业宜游生态区的重大决策部署，以执法检查、视察调研等形式，对海龙水库、虾子河等饮用水源地周边环境保护、污水处理、河长制落实情况等工作进行监督检查。听取和审议区人民政府关于环境保护、落实河长制工作情况的专题报告并开展询问，推动区人民政府及其职能部门围绕天蓝地绿水清目标，牢固树立生态红线意识，坚决打赢污染防治攻坚战。通过全区上下的努力，我区集中式饮用水源水质达标率稳定，区、镇、村三级河长体系全面建成。

强化干部作风监督。加强干部任后监督，对区人民政府组成部门主要负责人开展年度述职并进行满意度测评，促进人大任命干部依法履职。以营商环境百日专项整治行动为载体，组织和动员人大代表通过明察暗访、视察调研、走访企业、专题座谈等方式，查找和收集6个方面意见建议100余条，及时反馈区人民政府加以研究和解决，以进一步促进部门工作作风的转变。

四、牢牢把握主体作用，突出保障代表依法履职

人大代表是人民代表大会的主体。常委会坚持把充分发挥代表主体作用作为密切联系群众、提高常委会工作质效的重要抓手，完善保障机制，创新服务载体，不断提升代表工作水平。

深入开展“3451”代表行动计划。在全区各级人大组织和人大代表中全面启动“3451”脱贫攻坚·城镇解困代表行动计划。活动开展以来，有171名省、市、区、镇人大代表挂帮678户贫困户，开展走访贫困户和困难群众6202人次。宣讲团以坝坝会、座谈会、群众会、新时代农民（市民）讲习所等形式，深入宣讲党的十九大和省委十二届三次全会、市委五届五次全会精神，宣讲达120余场次。服务团165名代表收集社情民意286条，有68名人大代表出资318.3万元用于贫困村、贫困户发展生产和就业创业，有28名代表以不同方式为贫困群众送去慰问款物达12.3万元。在代表的带动下，共撬动2000余万元的社会资金和项目资金投入到脱贫攻坚和城镇解困中去。民生项目监督团以明察暗访、集中视察等方式，切实加强工作监督，进一步促进部门和干部作风的转变，以实际行动回答人民群众的呼应。“3451”行动的开展，为代表履职搭建了平台、明晰了目标、找到了载体，全区各级人大代表结合各自优势，用行动和效果践行了“人大代表为人民”的铮铮誓言。

充分保障代表依法履职。建立代表联络服务专门机构，全面启动代表联络站规范化建设，强化代表履职的服务保障。通过“请进来”“走出去”，举办专题讲座、培训班等方式，全年共培训代表200余人次，有效提高了人大代表的履职能力。邀请代表列席常委会会议、视察调研、专题询问45人次，推荐代表参与“一府两院”组织的活动32人次，扩大了代表的参与度，拓宽了代表知情知政的渠道。通过集中交办、常委会领导重点督办、听取办理情况报告、通报办理成效等举措，切实提高建议办理质量。区五届人大二次会议期间提交的118件代表建议，均得到较好办理，办复率100%，满意率99.15%。

五、牢牢把握新时代新要求，切实加强自身建设

常委会主动适应地方国家权力机关特点和人大组织架构特征，突出“工作机关”“代表机关”两个重点，全面加强自身建设，不断推动人大制度和人大工作与时俱进。

加强思想和意识形态建设。推进“两学一做”学习教育常态化制度化，切实把智慧和力量凝聚到贯彻中央和省、市、区委重大决策部署上来，聚焦到提升人大工作质效上来。加强履职能力建设。全年组织人大干部履职培训班2期，开展法律知识讲座5次，组织人大干部100余人次到外地考察学习，多渠道、多方式全面提升人大干部综合履职能力。加强制度建设。严格执行民主集中制，坚持集体行使职权、集体讨论决定问题，建立完善常委会党组议事规则、讨论决定重大事项、宪法宣誓等工作制度，进一步提高民主决策制度化、规范化水平。加强作风建设。按照区委统一安排，班子成员、机关党员干部积极参与精准扶贫、棚户区改造、城镇困难群体解困、问题楼盘处置等中心工作，到一线发力、到一线作为、到一线服务基层和联系群众。持续加强党风廉政建设，不断推动全面从严治党在人大机关向纵深发展。加强工作指导与区域协作。落实常委会组成人员联系镇（街）人大工作制度，注重镇（街）人大政策法规、工作程序、制度建设、履行职责等方面的指导；加强镇（街）人大干部队伍建设，为各镇人大配好配齐专职副主席。召开红花岗区与新蒲新区人大工作座谈会，探讨并构建了两区人大代表沟通联系与工作交流的工作机制。

各位代表，区人大常委会过去一年工作成绩的取得，是区委坚强领导的结果，是常委会组成人员和各位代表共同努力的结果，是“一府一委两院”协同工作的结果，是全区各级人大组织和广大人民群众大力支持的结果。在此，我谨代表区人大常委会，向所有关心和支持人大工作的各位同志、社会各界人士，表示崇高的敬意和衷心的感谢！

同时，我们也清醒地认识到，常委会工作同党的十九大提出的新要求和人民日益增长的新期盼还有一定差距，主要表现在：监督工作精准性、针对性还不强；视察调研的广度和深度还不够，代表联系群众制度的落实还不到位；对镇（街）人大工作的指导还有待进一步增强等。对此，我们将以改革创新精神，认真抓重点、补短板、强弱项，积极采取有效措施加以解决。

2019年工作安排

2019年是全面贯彻党的十九大精神的关键之年，是新中国成立70周年，也是决战脱贫攻坚、决胜同步小康、实施“十三五”规划至关重要的一年。常委会工作的总体要求是：以习近平新时代中国特色社会主义思想为指导，全面贯彻党的十九大精神，围绕区委四届四次全会的总部署和建设“三区三高地”的总目标，依法履行职责，主动担当作为，努力展现红花岗区各项事业发展新境界、开创人大工作新局面。

一、贯彻新思想，推动人大工作与时俱进

党的十八大以来形成的习近平总书记关于坚持和完善人民代表大会制度的重要思想，是习近平新时代中国特色社会主义思想的重要组成部分，也是我们做好新时代人大工作的根本遵循。我们要进一步增强“四个意识”，坚定制度自信，充分发挥地方人大的职能作用，推动人民代表大会制度和人大工作与时俱进、完善发展。要把坚持党的领导贯穿于工作始终，保证党的路线方针政策和区委决策部署全面贯彻和有效执行。要把人民当家做主贯穿于工作始终，切实利用好人民群众赋予的权力，守护好人民群众的根本利益。要把依法治国贯穿于工作始终，维护宪法权威，弘扬法治精神，努力为经济社会发展营造良好法治环境。

二、聚焦新任务，全力依法履行职责

围绕打好风险防控攻坚战，加强经济运行、政府债务风险防控监督；紧贴区委打造“三区三高地”的总部署，高度关注区域经济发展、第三产业发展等推进中的重点问题和重点项目；深入推进审计查出问题整改。围绕打好脱贫攻坚战，充分运用人大执法检查、专题询问等，对区人民政府脱贫攻坚工作过程和效果开展监督。围绕污染防治攻坚战，高度关注农村生态文明建设，对农村治污治水等工作开展监督。持续跟踪监督棚户区改造、教育医疗、文旅综合体建设、打黑除恶等工作推进和落实，努力使群众看到变化、见到成效。继续对区人大常委会任命的干部开展年度述职评议，认真抓好规范性文件备案审查和信访案件督办；切实加强法律实施的监督，促进严格执法，维护社会公平正义，努力让法治成为共同追求、共同遵循、共同信仰。

三、强化新举措，充分发挥代表主体作用

有序推进代表履职服务信息平台建设与应用，全面启动和完成基层人大代表联络站建设，实现镇、街人大代表联络站全覆盖。深入开展人大代表助力脱贫攻坚·城镇解困“3451”行动，引导代表当好经济社会发展的参与者、推动者、监督者。切实加强代表培训与管理，结合实际制定我区人大代表履职管理办法。坚持完善“双联系”制度、代表履职绩效评价制度、议案建议办理考核制度，切实保障代表依法行权、主动行权、高效行权。

四、展现新作为，持续提升依法履职水平

深入学习贯彻习近平关于坚持和完善人民代表大会制度的重要思想，用新的指导思想武装头脑、统领人大工作。坚持把政治建设摆在首位、落在实处，把作风建设抓在平常、严在日常，把廉政建设记在心头、扛在肩上。从严从实加强人大干部队伍教育管理，不断提升人大代表、人大干部政治素质和履职能力。稳步推进人大机关信息化建设，为常委会依法履职提供优质高效服务。切实增强与镇街人大的沟通联系和协作配合，不断提升全区人大工作整体水平。

新思想引领新航向，新时代开启新征程。让我们更加紧密地团结在以习近平同志为核心的党中央周围，在区委的坚强领导下，高举旗帜，牢记使命，依法履职，继续奋进，为推动人大工作与时俱进、创新发展，为红花岗区在黔川渝接合部中心城市建设中当先锋走前列、决胜全面小康而努力奋斗。

中国人民政治协商会议红花岗区委员会常务委员会工作报告

——2019年1月8日在政协五届红花岗区委第三次会议上

区政协主席　余江平

一、2018年工作回顾

2018年是贯彻中共十九大精神的开局之年，是改革开放40周年，是决战脱贫攻坚、决胜全面小康、实施“十三五”规划至关重要的一年。一年来，五届红花岗区政协以习近平新时代中国特色社会主义思想为指导，在区委的坚强领导下，在区人大、政府和社会各界的关心支持下，认真贯彻中共十九大精神、习近平总书记在贵州省代表团重要讲话精神、市委五届五次全会和区委四届四次全会精神，大力发扬求真务实的优良作风，保持奋发有为的精神状态，围绕团结、民主两大主题，充分发挥协调关系、汇聚力量、建言献策、服务大局作用，扎实履行政治协商、民主监督、参政议政职能，为全区经济社会发展做出了积极贡献。

（一）坚持党的领导，始终把握正确政治方向

坚持党的领导是人民政协事业进步的根本保证。区政协把坚持党的领导和加强党的建设贯穿于政协工作的各方面，为提质增效和高质量发展提供坚强政治保证。一是区政协党组认真贯彻新时代党的建设总要求，始终把坚持党的领导作为政协工作最根本的政治规矩挺在前面，把落实全面从严治党总要求贯穿全年工作中，压实从严治党主体责任，坚决维护以习近平同志为核心的党中央在全党的核心地位，坚决维护党中央权威和集中统一领导，坚决执行党的政治路线，在思想上、政治上、行动上同以习近平同志为核心的党中央保持高度一致，使政协工作始终保持坚定正确的政治方向。二是注重发挥政协委员和政协机关队伍中共党员的先锋模范作用，坚持“三会一课”制度[①]，委员列席区政协党组理论学习中心组（扩大）会议，深入推进“两学一做”[②]学习教育常态化制度化，通过开展“三亮三比”[③]等活动，引导机关干部和广大委员进一步提高思想认识和政治站位。三是把政协工作置于区委的领导下，坚持重大事项请示报告制度，自觉把思想和行动统一到区委的重大决策部署上来，做到区委工作谋划到哪里，区政协工作就推进到哪里，始终保持区政协与区委同向发力、同频共振。

（二）坚持理论武装，提升政协队伍自身建设

1.强化学习引导，夯实思想基础。一是通过主席会议、党组理论学习中心组（扩大）会议、常委会议，依托“新时代农（市）民讲习所”，组织学习和宣讲中共十九大、习近平总书记关于加强和改进人民政协工作的重要思想以及系列重要讲话精神，以及省、市、区重要会议精神，进一步统一思想、凝聚共识。二是为机关干部和政协委员订购《习近平谈治国理政》《人民政协报》《贵州政协报》《文史天地》等书籍报刊，进一步提升理论素养和业务水平。

2.强化宣传引领，筑牢意识防线。一是认真贯彻落实中央和省委、市委、区委关于意识形态工作的决策部署，承担意识形态工作主体责任，不断加强政协网站、微信群等意识形态阵地建设和管理，牢牢把握意识形态工作的领导权、管理权和话语权。二是鼓励引导机关干部积极投身政协新闻宣传，力求政协宣传工作有高度、有深度、有广度、有温度，进一步扩大政协的社会影响力。

3.强化自身建设，树立良好形象。一是注重

加强政协机关建设。通过修订完善有关制度和学习中央八项规定精神，严格执行廉洁自律各项规定，强化机关干部纪律意识和规矩意识。二是强化委员队伍建设。一方面，通过“请进来、走出去”等方式对政协委员和机关干部进行培训。邀请专家到我区开展“习近平新时代中国特色社会主义思想”专题讲座和提案工作专题培训；在厦门大学和西安交大举办了“政协委员综合能力提升研修班”和“政协委员思维创新与履职能力提升班”；选派政协委员和机关干部参加省、市政协组织的各类业务培训。另一方面，按照《政协红花岗区委员会委员（界别）管理办法（试行）》，对委员建立了个人信息和履职档案，跟踪记录委员履职情况。通过强化学习培训和管理，委员主体作用进一步发挥、综合素质进一步提升、履职能力进一步增强，切实做到“懂政协、会协商、善议政，守纪律、讲规矩、重品行”。

（三）坚持服务大局，政治协商集众智显成效

一年来，区政协充分发挥人民政协协商民主重要渠道和专门协商机构的作用。根据区委2018年政治协商计划，进一步丰富专题协商、对口协商、界别协商、提案办理协商等形式，就全区经济社会发展中的一些重大问题，组织开展广泛多层政治协商。探索开展基层协商民主，发挥汇聚智慧、增进共识作用。

1.全体会议立足长远谋发展。精心组织全会协商，共谋发展大计。区政协五届二次会议，委员们围绕“一府两院”工作报告和计划财政报告进行充分讨论，在项目建设、棚户区改造、营商环境整治、第三产业发展、城市管理、工业经济发展、脱贫攻坚、财税金融、医疗教育等方面提出意见建议94条，对“两院”工作在法律监督、司法改革、队伍建设等方面提出意见建议9条，与会委员围绕医疗教育、精准扶贫、红色文化旅游发展、创建全国文明城市等议题作了联组议政发言。

2.专题会议着眼关键献良策。一是常委会议、主席会议重点就城市建设和脱贫攻坚等重要工作开展专题协商。形成《关于红花岗区棚户区改造工作的建议案》，提出统筹“多规合一”，强化规划引领，合理优化布局，加强城市基础设施配套建设和对国家政策研判，实施多元化征收模式，加大棚改工作力度；脱贫攻坚工作要注重激发贫困群众内生动力，消除“等、靠、要”思想，进一步加强对扶贫项目建设和扶贫资金使用的监管，合理、合法、有效发挥扶贫资金作用等意见建议。二是围绕财政预算执行和调整、医疗健康扶贫、招商引资和“七五”普法等工作，专委会充分发挥职能，积极与区财政局、区卫计局、区商务局和区司法局等相关部门开展对口协商。提出注重债务风险防控和化解，大力培植税源，加大对民生事业的投入，提升财政资金的使用效率；加大区级医疗机构与村卫生室对口帮扶力度，加快推进家庭医生签约服务工作，建立贫困人口家庭医生服务团队，为镇、村医疗卫生机构加大软件和硬件投入；在本区项目和本地企业间搭建招商引资平台；深入推动法治宣传教育全覆盖，营造全区上下形成自觉尊法、学法、守法、用法的法治氛围，有力推进“法治红花岗”建设，扎实做好“七五”普法工作等意见建议。

3.政治协商突出难点聚共识。区政协主动对接，积极搭建协商平台，区委邀请遵义市各民主党派、工商联和无党派人士对我区开展城市建设项目调研视察，并召开民主协商座谈会。参会人员围绕我区毛主席住居文旅综合体、“一城一站”商业综合体、长征片区棚户区改造、吾悦广场等项目建设积极建言献策，提出要充分发挥红色文化资源优势，抢抓政策机遇，进一步完善功能配套，提升服务品质；毛主席住居文旅综合体项目建设要高起点定位、高标准规划、高品位打造；旧城改造要放眼长远，结合未来轨道交通规划，不断优化升级；棚户区改造要完善配套设施，注重居民素质的提升，着力建设新型社区等意见建议。

（四）坚持注重实效，民主监督凸显独特优势

一年来，区政协发挥政协民主监督的优势和特色，坚持在参与中支持、在支持中服务、在服务中监督，将区委、区政府重大决策部署的贯彻落实作为监督重点，积极探索民主监督新途径，不断提高监督实效。

1.寓民主监督于重点工作。按照2018年度政治协商计划安排，邀请区政府、区纪委监委、区

公安分局、区财政局等相关部门领导列席政协常委会，通报全区经济社会发展、棚户区改造、深化医药卫生体制改革、党风廉政建设、禁毒、脱贫攻坚、田园综合体打造、提案办理、建议案办理工作开展情况，为委员知情明政、发挥民主监督作用搭建平台。

2.寓民主监督于调研视察。一是按照河长制安排，组织相关部门对海龙镇喇叭河实地巡查，认真察看沿河村民生产生活对河流的影响，详细了解河流出、入境断面水质监测及小型污水处理设施建设运行情况。要求相关镇、村要深入贯彻落实习近平生态文明思想，切实担负起生态文明建设的政治责任，牢牢守好发展和生态两条底线，加大水资源保护和水生态修复力度，解决好生态环境突出问题，强化生态环境保护，加快建成水清、岸绿、景美的水生态环境，努力推进美丽乡村建设。二是把全区中小学、幼儿园食堂食品卫生安全列入民主监督内容，组织委员和区直有关部门深入第五十七中学、第八小学、金鼎山镇中心小学和小花幼儿园食堂进行监督性视察，召开加强食品安全座谈分析会，形成《关于红花岗区校园食品安全的视察报告》及建议案，提出要强化对校园食品安全的认识，改进校园食堂运营模式，实施市场化、专业化、规范化、公司化运营管理，对校园食堂进行规范管理，提高服务水平等意见建议。三是加大对禁毒工作的监督力度。紧紧围绕禁毒“摘帽”目标，组织政协委员和有关部门赴黔西南州兴义市考察学习，对我区镇（街）、学校、公安机关禁毒工作现场调研，形成《关于助推红花岗区禁毒工作的建议案》，提出进一步健全禁毒工作机制、夯实基层基础工作，积极探索吸毒人员网格化服务管理，全力推进“6·27”“8·31”工程[④]、阳光工程、禁毒扶贫等意见建议。

3.寓民主监督于提案办理。一是加强提案督促办理。五届二次会议以来共征集到委员提案189件，立案167件，办复率100%，承办单位与委员沟通率100%，满意率97%，基本满意率3%。其中《加快快递物流园规划建设，促进区域三产经济发展的建议》《关于优先发展教育事业，大力实施区域义务教育优质均衡的建议》等10件提案被列为2018年区委、区政府领导领衔督办提案，均得到较好落实。二是开展提案回访追踪。组织区直有关部门及部分委员，对《关于坚决取缔丁字口夜市的建议》《关于彻底取缔学校幼儿园周边摆摊设点的建议》等6件提案的办理情况进行回访，进一步提高提案办理实效。三是突破提案办理形式。对提案承办量大的单位进行单独交办，组织提案人与提案承办单位进行提案办理前协商；组织委员到市交管局就我区交通秩序状况进行协商座谈，为委员搭建了疏通民意平台，进一步拓宽提案办理思路，确保委员的意见建议得到更好落实。

4.寓民主监督于收集反映社情民意。充分发挥政协社情民意的基础性作用与重要监督作用。主席会议专题研究部署，制定工作方案，成立调研组，主席班子成员带队深入各镇（街）和村（居）开展调研、视察、座谈等活动，共收集到关于城市建设、民生事务、基层组织建设和农业农村4个方面45条社情民意，并将群众关注度高的热点难点问题梳理成意见建议向党委、政府报告，提供决策参考，得到党委、政府领导高度认可。

5.寓民主监督于特邀监督中。积极推荐委员参加检察院组织的“关爱祖国未来，擦亮未检品牌”主题检查开放日活动和不公开起诉案件的民主监督，参加法院案件审理旁听、政法委组织的信访听证答复和各种执法监督检查活动，为深化公正司法、力促社会和谐积极作为。

（五）坚持聚焦中心，参政议政凝共识促发展

一年来，区政协紧紧围绕全区中心工作，关注人民需要，坚持把服务发展、改善民生作为参政议政重点，深入调研视察，形成《关于加强红花岗区校园食品安全的建议案》《关于助推红花岗区禁毒工作的建议案》等10余件，提出许多建设性意见建议，为促进经济社会发展做出积极贡献。

1.高度关注民生事务。组织有关部门和委员对医养结合养老服务、中等职业教育、易地扶贫搬迁工作进行调研，形成了《以医养结合为主体加快推进红花岗区养老服务业发展的调研报告》《关于中等职业教育发展的调研报告》《关于推进红花岗区易地扶贫搬迁工作的调研报告》。提出医养结合养老要发挥政府主导作用，加大政策

扶持力度，坚持多元化发展，做好顶层设计，完善医养结合服务；要强化职教园区功能配套建设，加强校企合作，推进产教深度融合，深化职业教育管理体制改革；易地扶贫搬迁要着力解决搬迁户就业、就医、就学问题，不断完善安置点基础设施建设，进一步提升居民管理和服务等意见建议。

2.围绕乡村振兴献计出力。一是组织委员赴广西南宁市西乡塘区、桂林市象山区开展打造田园综合体专题调研，形成《关于以打造田园综合体为载体　推动我区乡村振兴的建议案》，为全区乡村振兴工作拓宽思路。二是积极协调争取上级专项资金1950万元，在后庄村实施乡村振兴，打造田园综合体建设，助力实现“百姓富、生态美”的美好愿景，为乡村旅游长线产业打下基础。

3.助推文化旅游融合发展建言献策。组织委员和历史文化专家对全区文化旅游发展工作进行调研，形成《关于加快推进我区文化旅游融合发展的调研报告》，提出“一引领、二突破、四夯实、一提升”的建议，即以规划为引领，在创新谋划一批特色项目、引进知名文旅企业上取得突破；夯实文化研究、文物保护、文旅人才引进培养和完善基础设施四大基础工作；重视对外宣传推荐，展示新形象，提升文化旅游影响力和吸引力，体现我区发展“软实力”。

此外，按照区委安排，区政协主席班子成员还配合政府承担毛主席住居棚户区改造、问题楼盘处置、脱贫攻坚专项督查、信访维稳等工作，为相关工作的推进和维护社会稳定做出了积极贡献。

（六）坚持履职为民，凝心聚力构建和谐社会

一年来，区政协坚持以人民为中心，充分发挥人民政协大团结大联合的组织优势和特点，把脱贫攻坚当作一项重大政治任务，紧紧围绕增加贫困户收益抓产业扶贫，持续深化教育医疗住房“三保障”工作，为促进脱贫攻坚、地方文化建设、团结和谐的社会环境贡献力量。

1.扎实开展“百千万行动”[⑤]工作。“百千万行动”是贵州政协参与脱贫攻坚的重要举措，区政协在省、市政协的有力指导下扎实开展“百千万行动”工作。区政协领导班子6人分别对红花岗区金鼎山镇后庄村、野里村、银江村，巷口镇沙坪村、中山村和海龙镇温泉村开展结对帮扶。区政协机关牵头对金鼎山镇后庄村162户贫困户进行总体帮扶。12家委员企业参与挂帮红花岗区深溪镇大窝村、南关街道金华村、播州区乌江镇平塘村、仁怀市喜头镇的贫困户，18名政协委员结对帮扶红花岗区海龙镇桂花村、金鼎山镇板桥村、喇叭镇红岩村、务川县丰乐镇田村、桐梓县马鬃苗族乡小坝村等村民组的贫困户。通过“百千万行动”的开展，政协班子、委员企业和政协委员积极为打赢脱贫攻坚战谋良策、出实招，并通过产业扶贫、教育扶贫、医疗扶贫、危房改造和生活补助等方面给予帮扶，争取、协调和提供帮扶资金约313万元。

2.全力做好脱贫攻坚和智力支边工作。一是扎实做好牵头帮扶工作。区政协牵头对金鼎山镇后庄村进行整村挂帮，紧扣群众“一达标、两不愁、三保障”[⑥]脱贫目标，通过打好“四场硬仗”[⑦]，切实做好2018年后庄村迎接国家、省、市关于脱贫摘帽整村出列检查的相关工作。帮助油化公路11.5千米，新挖机耕道14.8千米，硬化产业便道7千米；修通后庄村新土沟与后庄沟的通组“连心路”2千米，使两沟村民祖祖辈辈以来相互走访来往步行需长达近2个小时的路程缩短到只需步行不到30分钟。在产业发展方面，动员后庄村村民种植红高粱，2018年共收购红高粱7.5万千克，为村民带来经济效益近50万元；帮助发展蓝莓种植，为村民带来经济收益近20万元；帮助修建观田坝山塘发展渔业养殖，增加村集体经济收入2万余元；协调修建1000余平方米的幼儿园，解决了村民子女就近入园难的问题；帮助解决村民到鞋面加工厂就业，为村民带来工资收入140余万元，群众获得感明显增强。二是高度关注城镇脱贫解困工作。组织委员与区民政局开展城镇脱贫解困工作协商，了解我区城镇脱贫解困工作开展情况，并提出要精准识别城镇困难群体，精准施策，提升脱困实效等建议。三是做好智力支边工作。坚持开展送科技、文化、卫生“三下乡”活动，组织农技专家现场传授李子、樱桃、蓝莓、食用菌等种植技术；联系香港慈恩基金会为我区30名贫困老人资助生活费及生活用品；联系澳门

乐善行公益行动，为8名困难学生申请助学金。

3.主动做好营商环境整治工作。一是成立区政协营商环境整治领导小组，严格对照本单位和个人岗位职责梳理整改问题清单，全力抓好内部营商环境整治工作落实。二是区政协班子成员分别在辖区非公有制企业开展政策宣讲、座谈会、现场调研等活动，积极为非公企业界政协委员做好协调、沟通、服务工作，为企业的发展出谋划策，激发企业投资活力，营造良好营商环境。

4.积极做好文史和书画院工作。一是本着“存史、资政、团结、育人”的宗旨，秉持文化自觉，增强文化自信，多次组织文史工作者对我区文化、历史史料进行梳理。配合省、市政协完成相关文史资料征集工作。二是多形式开展书画和摄影“进农村、进社区、进校园、进企业”活动。春节期间，组织书画院成员在老城步行街开展“迎新春送春联”活动，免费为群众书写春联300余幅。蓝莓节活动期间，到金鼎山镇后庄村蓝莓基地开展书画创作活动。举办庆祝改革开放40周年书画摄影展，展示红花岗区的发展变迁和辉煌成就，讴歌新时代、唱响主旋律、弘扬正能量。

5.积极参与“巩文”（即巩固提升全国文明城市创建成果）工作。为进一步巩固文明城市创建成果，组织政协委员与区综合执法局对“巩文”工作开展专题协商；区政协主席班子率机关干部到包保社区督促、指导“巩文”工作，积极建言献策，加大资金投入帮扶力度，真正帮助基层解决工作中的实际困难；根据区“巩文”办统一安排部署，政协机关干部积极参与志愿服务文明引导活动，为“巩文”工作贡献力量。

过去的一年，区政协工作取得了一定成绩。我们深深感到，工作中的每一个进步，履职中的每一项成果，都离不开区委的坚强领导，离不开区人大、区政府的大力支持，离不开政协各参加单位和全体委员的共同努力。在这里，我代表五届区政协常委会，向长期以来重视支持关心政协工作的各级党委、人大、政府和社会各界，向共同致力于推进人民政协事业发展的政协各参加单位和全体委员，向所有关心政协工作的同志们、朋友们，致以崇高的敬意和衷心的感谢！

在看到成绩的同时，我们也清醒看到，在经济社会发展中，政协工作还存在一些不足，主要是：政治协商还不够充分，协商内容不够全面；民主监督形式还比较单一，监督实效不够明显；参政议政的意见建议吸纳和反馈还不够及时，自身建设和政务服务水平有待进一步提升。这些问题都需要我们在今后工作中继续创新履行职能，积极探索履职实践，不断加以改进提高。

二、2019年主要工作

2019年，区政协将在区委的坚强领导下，高举中国特色社会主义伟大旗帜，以邓小平理论、“三个代表”重要思想、科学发展观和习近平新时代中国特色社会主义思想为指导，全面贯彻落实中共十九大精神，紧扣市委五届五次全会、区委四届四次全会决策部署，围绕团结和民主两大主题，发挥政协协商民主重要渠道和专门协商机构的作用，把协商民主贯穿政治协商、民主监督、参政议政全过程，着力增进共识、促进团结，努力开创新时代政协工作新局面，为红花岗区建成“三区三高地”⑧和遵义市建设黔川渝接合部中心城市而努力奋斗，以优异成绩迎接中华人民共和国成立和人民政协成立70周年。

（一）以习近平新时代中国特色社会主义思想统领政协工作，进一步夯实团结奋斗的思想政治基础

中央高度重视人民政协工作，强调要进一步准确把握人民政协性质定位，充分发挥人民政协作为协商民主重要渠道作用，围绕团结和民主两大主题，推进政治协商、民主监督、参政议政制度建设。习近平总书记在庆祝中国人民政协成立65周年的大会上强调：做好人民政协工作，必须坚持中国共产党的领导；做好人民政协工作，必须坚持人民政协的性质定位；做好人民政协工作，必须坚持大团结大联合；做好人民政协工作，必须坚持发扬社会主义民主。区政协领导班子、政协委员要把学习贯彻中共十九大精神和习近平新时代中国特色社会主义思想作为首要政治任务，领会精神实质，带头贯彻落实。2019年，区政协将组织召开习近平总书记关于加强和改进人民政协工作的重要思想理论研讨会，以理论学习研讨为契机，进一步查找党建工作的薄弱环节，在加强和改进政协工作上下功夫、求突破，切实把思想和行动统一到中央和省、市、区党委的决策部署上来，努力开创政协工作新局面。

（二）以服务于党委中心工作认真履职，进一步推动红花岗区在黔川渝接合部中心城市建设中当先锋走前列

一是紧扣中心工作，提高服务全局能力。树立有为才有位的履职理念，充分发挥政协组织优势、智力优势，紧紧围绕党政中心工作，建真言、献良策、出实招。区政协常委会带头、动员广大委员主动作为，按照区委的安排部署，围绕区域经济发展和社会稳定等重大课题深入调研视察，积极参与脱贫攻坚、文化旅游发展、棚户区改造、巩固全国文明城市以及各项重大项目建设等中心工作。充分发挥委员的岗位优势、技能优势、资源优势，围绕经济建设、城市管理、社会事业、法治建设等方面，通过亲身参与、撰写提案、反映社情民意等形式，助推经济社会发展。继续深入开展委员传递正能量活动，把党委、政府的决策部署准确传递到社会各界中去，发挥大团结大联合作用，努力在新时代展现委员履职风采。

二是围绕改革发展，增强协商建言实效。区政协要充分发挥作为专门协商机构的优势和作用，着力推进协商民主广泛多层制度化发展，通过提高调查研究能力和建言献策能力，把更多协商意见转化为区委、区政府的决策部署。紧紧围绕城市建设、营商环境优化、乡村振兴战略、文旅融合发展、第三产业发展等课题，进行深入调查研究、分析现状，通过主席会议、常委会议等形式开展专题协商，提出建议，积极为委员搭建协商沟通平台，促进问题得到反映、意见得到沟通、工作得到落实。

三是加大民主监督力度，提高民主监督实效。进一步深化对中国特色社会主义协商民主的认识，把民主监督贯穿于政协履职的各个环节，认真探索，扎实推进。区政协要推进民主监督制度建设，制定出台《关于加强和改进人民政协民主监督工作实施意见》，进一步规范会议监督、视察监督、提案监督、专项监督和其他形式监督，努力实现民主监督的常态化和制度化。不断丰富民主监督形式，组织委员进机关、进农村、进社区、进企业，并着重对推动制造业高质量发展、加强和改善民生等重要工作开展多种形式的民主监督。努力完善民主监督机制，通过民主监督推动区委、区政府重大决策部署的有效落实。

（三）持续加强政协党的建设、队伍建设和智库建设，进一步提高政协机关、委员的宗旨意识和履职能力

1.党的建设方面。一是认真学习贯彻中共中央办公厅《关于加强新时代人民政协党的建设工作的若干意见》，全面贯彻习近平新时代中国特色社会主义思想和中共十九大精神，以党章为根本遵循，按照新时代党的建设总要求，坚持和加强党的全面领导，坚持党要管党、全面从严治党，以党的政治建设为统领，全面推进红花岗区政协思想建设、组织建设、作风建设、纪律建设，把制度建设贯穿其中，深入推进反腐败斗争，不断提高党的建设质量，以党的建设推进新时代红花岗区人民政协事业发展。二是积极发挥政协党组在政协工作中的领导作用、基层党组织的战斗堡垒作用、政协组织中共产党员的先锋模范作用，把党中央决策部署和对政协工作的要求落实下去，团结带动全区广大政协委员、各族各界人士，把党中央和省、市、区党委的重大部署转化为共同意志和自觉行动，为全区经济社会事业发展再上新台阶贡献力量。

2.队伍建设方面。一是要加强委员教育培训、履职考核，完善委员履职档案，努力增强委员的政治把握、调查研究、联系群众、合作共事能力，不断提高履职本领和水平，推动委员自身建设迈上新台阶。二是要充分发挥专委会在政协工作中的基础性作用，加强和改进提案、视察、调研等经常性工作，专委（办）要定期向主席会议、常委会议报告工作。三是要全力推进基层协商民主建设，切实解决群众的实际困难和问题，化解矛盾纠纷，维护社会和谐稳定；在基层群众中宣传党和政府的方针政策，努力形成共识，汇聚力量，推动各项政策落实；努力找到群众意愿和要求的最大公约数，促进基层民主健康发展。四是要以改革为契机，扎实推进政协机关和机关干部队伍建设，完善机关工作制度，做好“废、改、立”工作，防止“庸懒散松”现象，增强服务保障能力。五是要加强与省、市政协及其他县（市、区）政协的联络、交流、协作，通过上级政协组织的指导、同级政协组织的交流学习，提高红花岗区政协工作能力和服务水平。

3.智库建设方面。一是按照中共十八届三中全会提出的“构建程序合理、环节完整的协商民主体系”“加强中国特色新型智库建设，建立健全决策咨询制度”的精神，充分发挥政协智力密集、人才荟萃的独特优势，进一步提高政协履职能力和水平的总要求，做实做强红花岗区政协智库。二是积极挖掘、选择一批学有专长，在相关领域具有较高研究水平，具有一定知名度和影响力，对红花岗区经济社会发展情况比较熟悉的专家学者、社会贤达，通过常委会聘任的形式，健全、完善红花岗区政协智库。

（四）持续助力脱贫攻坚同步小康、城镇解困、生态保护、教育医疗等民生事务，在促进社会和谐中积极作为

区政协作为区委、区政府联系群众的桥梁纽带，要始终把关注、保障和改善民生作为重要职责，坚持以人民为中心的发展理念，紧盯人民群众对美好生活需要，抓住重大问题调查研究、协商议政，全力支持和协助区委、区政府维护群众切身利益，在履职尽责中更好地造福人民，不断提升群众幸福感。一是在市政协的指导下，进一步加强同各民主党派和工商联的联系与交流，增进共识，争取在教育、医疗、脱贫攻坚同步小康、城镇解困、智力支边等方面得到更多支持和帮助。二是继续在精准扶贫、乡村振兴工作中发挥重要作用。通过政协委员引进龙头企业，发挥辐射带动作用，继续组织农技专家开展种植、养殖技术培训和指导。三是深入贯彻习近平生态文明思想，按照“环境就是民生，青山就是美丽，蓝天也是幸福”的要求，加强生态保护和污染防治工作。四是按照区委四届四次全会提出的战略部署，进一步解放思想、提高站位，切实增强建设“三区三高地”的责任感和使命感。

新时代赋予新使命，新征程呼唤新作为。让我们在区委的坚强领导下，更加紧密地团结在以习近平同志为核心的党中央周围，坚持以习近平新时代中国特色社会主义思想为指导，全面贯彻落实习近平总书记关于加强和改进人民政协工作的重要思想，不忘初心、牢记使命，大力弘扬以改革创新为核心的时代精神，汇聚改革开放再出发的磅礴力量，大力发扬“团结奋进、拼搏创新、苦干实干、后发赶超”的新时代贵州精神，走好新时代的长征路，为实现红花岗区在遵义建设黔川渝接合部中心城市中当先锋走前列而努力奋斗！

注释

①“三会一课”制度：党员必须参加党员大会、党小组会和上党课，党支部要定期召开支部委员会。领导干部要以普通党员身份参加所在党支部或党小组的组织生活。

②“两学一做”：学党章党规、学系列讲话，做合格党员。

③“三亮三比”：亮身份，比学习；亮承诺，比作为；亮服务，比担当。

④“6·27”“8·31”工程：2015年6月27日，国家禁毒委员会办公室组织实施的全国青少年毒品预防教育“6·27”工程；2015年8月31日，国家禁毒委启动的社区戒毒社区康复“8·31”工程。

⑤“百千万行动”：全省百名政协主席挂帮百个贫困乡镇、千家委员企业帮扶千个贫困村、万名政协委员结对万户贫困家庭。

⑥“一达标、两不愁、三保障”：“一达标”指农民家庭年人均纯收入达到国家现行扶贫标准；“两不愁”指不愁吃（含安全饮水）、不愁穿；“三保障”指义务教育、安全住房、基本医疗有保障。

⑦“四场硬仗”：基础设施建设硬仗、易地扶贫搬迁硬仗、产业扶贫硬仗、教育医疗住房“三保障”硬仗。

⑧“三区三高地”：现代都市核心区、城市经济引领区、宜居宜业宜游生态区、全国著名红色文化旅游新高地、西南内陆开放新高地、黔北现代城市治理新高地。

大 事 记

1月

3日　红花岗区委书记、南部新区党工委书记管礼伦主持召开区委四届二十五次常委（扩大）会议，传达学习市委五届四次全会精神，安排当前全区工作。

5日　以中国驻墨西哥大使邱小琪为团长的外交部驻外使节团一行到遵义，参观遵义会议会址，接受革命传统教育。

8日　区委副书记、代理区长游劲松率队到遵义市新雨学校调研。

11日　红花岗区召开新时代精神文明建设推进大会，通报表扬创建全国文明城市工作中的先进集体和先进个人。

是日　迎红街道贵绳社区开展“迎新春　送春联”暨棚户区改造政策宣传活动。

是日　红花岗区举行“学习宣传贯彻党的十九大精神”美术、书法、剪纸作品展启动仪式。

1月11日至2月9日　红花岗区美术、书法、剪纸作品展在1935文化园开展。展出100余幅书画作品和100余盆花卉。

14日　红花岗区政协五届五次常委会议召开，会议通报区政协五届二次会议筹备情况和区政协委员调整情况。

15日　政协第五届遵义市红花岗区委员会第二次会议第一次全体会议暨开幕式举行。

18日　红花岗区五届人大二次会议第二次全体会议闭幕。游劲松全票当选为红花岗区人民政府区长；许平当选为红花岗区监察委员会主任；饶大胜、张翼当选为红花岗区第五届人民代表大会常务委员会委员。

18—19日　在海龙镇举行红花岗区“学习贯彻十九大精神，打赢脱贫攻坚战”“新时代新征程、扶贫先扶志”送文化下乡文艺演出。

19日　红花岗区监察委员会挂牌成立。

22日　区红十字会联合区委群工办在红花岗体育运动中心举行“情暖红花岗·2018红十字博爱送万家”救助物资发放仪式。

23日　区关工委在长征街道坪丰村开展留守儿童家长、代理家长“尽责优教”大讲堂活动。

25日　遵义市国税局发票寄递处理中心揭牌仪式在红花岗区举行。

是日　贵州省小型商业运载火箭项目技术论证会在遵义高新区召开。会议邀请航天科工十院副院长张忠荣等12名国内知名运载火箭技术专家，对项目预期目标及技术方案展开研讨、评议。

29日　红花岗区正式启动“青益行动”。启动仪式上，区委宣传部、团区委及遵义市义工联合会共同为大学生青年志愿者颁发“春晖使者”证书。

30日　共青团红花岗区委在巷口镇举行“青春扶贫·暖冬行动”关爱帮扶行动启动仪式。

2月

1日　红花岗区双创平台在孵企业座谈会召开，30余家在孵企业负责人参加会议。

3日　“共筑中国梦·同心迎新春”暨帝豪名都弘信楼房屋交付仪式在舟水桥街道办事处举行。

5日　“走进新时代　迈步新征程”2018年红花岗区宣传贯彻党的十九大精神暨迎新春文艺展演在红花岗体育运动中心上演。

7日　红花岗区委书记、南部新区党工委书记管礼伦看望慰问老红军李光和困难群众。

是日　区人大常委会主任周远霞率区人大代表一行，到中山路街道开展2018年春节“下基层·访民情·送温暖”活动。

是日　区政协主席余江平率区政协委员一行到南关街道金华村，开展“迎新春　送温暖”慰问贫困户活动。

22日　红花岗区召开在京遵义籍企业家招商引资座谈会，30名在京遵义籍企业家参加会议。

3月

1日　2018年遵义市做新时代“红色文艺轻骑兵”——“三下乡”演出暨文化进万家活动在红花岗区举行。

2日　区红十字会第二届理事会第二次会议召开。经过表决，张云桥当选为红花岗区红十字会会长，蒲萍当选为红花岗区红十字会专职副会长。

6日　遵义市2018年第一次亿元重大项目集中开工仪式在红花岗区举行。

7日　毛主席住居文旅综合体改造项目正式开工建设。

9日　红花岗区举行2018年乡村（城市）学校少年宫工作调度暨培训会。

9日　遵义市2018年“春风行动”暨沪遵劳务协作大型招聘会在老城纪念广场举行。有700余家用工企业参加招聘会，提供2.1万个就业岗位。

10日　遵义市交通安全警示教育基地举行揭牌仪式，该基地位于遵义市驾驶人考试中心。

12日　遵义市流动美术馆书画进校园“墨韵之行·艺启成长”活动走进红花岗区第五小学，活动展出遵义市书画名家作品60余幅。

13日　区政协遴选2018年区委、区政府领导领衔督办提案协商会召开。会议对《关于加快创设“绿格摊位证——流动摊贩临时户外经营许可证制度”》等15件提案进行协商遴选。

14日　“传承雷锋精神·弘扬志愿新风”红花岗区“送教、送医、送农技”进农村暨纪念第56个学雷锋日志愿服务示范活动在金鼎山镇中心小学举行。

15日　全国供销合作总社办公厅副主任程庆新率调研组一行到红花岗区调研深化供销合作社综合改革全国专项试点工作。

16日　遵义市凤新快线（红花岗区段）建设工程项目房屋征收攻坚动员会召开。会上，红花岗区人民政府决定成立凤新快线（红花岗区段）建设工程项目房屋征收攻坚工作领导小组。

20日　中共红花岗区委常委（扩大）会召开。

21日　遵义市人民政府召开全市法治政府建设工作会，红花岗区在2017年全市依法行政考核中获第一等次，考核评分第二名。

是日　广东省阳春市领导干部“不忘初心·牢记使命”遵义党性教育培训班在红花岗区委党校开班。培训为期1周。

22日　区委副书记、区长游劲松率队到西部三镇调研扶贫产业子基金项目及乡村振兴项目建设情况。

是日　红花岗区政协五届六次常委会议召开。

是日　红花岗区举办“名城杯”中小学校园足球三级联赛。

26日　红花岗交警大队车管业务窗口搬迁至位于海尔大道的红花岗区政务服务中心。

27日　红花岗区第五届人大常委会第十一次会议召开。

4月

2日　红花岗区“文艺进校园”活动启动仪式在遵义市第三中学举行。

3日，红花岗区在红军烈士陵园举行“文明行动进千家万户”之“我们的节日·清明”文艺演出。

13日　区国税局、区地税局联合建设银行遵义分行湘江支行开展“银税合作合力惠企”活动。

14日　红花岗区教育局举行“人教数字校园”应用培训会，全区有3900名教师参加培训。

17日　红花岗区2018年“雨露计划·三女培育”培训班开班仪式在巷口镇中山村举行。培训为期7天。

18日　贵州钢绳（集团）有限责任公司铁

路专用线及配套设施项目开工仪式在南部新区举行。

18日　由贵州卫视“退休好生活”栏目、红花岗区文明办主办的“不忘初心重走长征路”文艺演出遵义站在老城纪念广场举行。

20日　红花岗区综合行政执法局揭牌成立。

是日　红花岗区2018年脱贫攻坚春风行动暨“民营企业招聘周”在海龙镇举行专场招聘会。23家民营企业进场，提供2000个岗位。

是日　红花岗区卫计系统开展“万医下基层”暨“春风行动”医疗健康扶贫大型义诊巡诊活动，活动共3场。

21日　由中央广播电视总台少儿频道主办的2018中国青少年团队竞技励志节目《极速少年》第三季遵义赛区在红花岗区录制。

23日　红花岗区举行2018年“文明行动进千家万户——书香遵义　全民阅读暨‘4·23’世界读书日”传承经典诵读会。

26日　红花岗区人大第五届人大常委会第十二次会议召开。

27日　由红花岗区委宣传部主办的“游红色圣地，品遵义美味”网络直播活动在遵义会议会址景区周边举行。近80分钟直播，有3.8万人在线观看，累计观看人数42.8万人次。

28日　由市水务局组织的红花岗区新华大沟水库工程下闸蓄水阶段验收会举行，并通过下闸蓄水验收。

5月

3日　区政协主席余江平率区水务局、区国土分局及镇村干部一行，实地巡查海龙镇喇叭河。

3日　红花岗区纪念五四运动99周年暨“践行新思想　拥抱新时代”主题团日活动在遵义会议会址举行。

4日　红花岗区第一届“红城杯”羽毛球比赛在红花岗体育运动中心开幕。由区文体广电新闻出版局和区城投公司联合主办，有18支代表队、200名运动员参赛。

10日　副市长姜灵春到遵义巴斯巴科技有限公司等“千企改造”挂帮企业开展调研。

10日　红花岗区人民检察院在遵义市第四初级中学，开展以“远离不良行为，学会自我保护”为主题的法制宣讲活动。

10—14日　第十四届中国（深圳）国际文化产业博览交易会在深圳会展中心举行，红花岗区组织遵义腾飞工艺品制作经营部（通草堆画）、谢忠权鸡蛋糕两家企业产品在“多彩贵州”非遗村亮相。

15日　红花岗区“习近平新时代中国特色社会主义思想、党的十九大精神和习近平总书记在贵州省代表团重要讲话精神专题培训班”第一期开班仪式在区委党校举行。

是日　由区商务局和长征街道办事处组织的电商培训班在长征街道黄泥坡社区开班。培训为期1周。

16日　红花岗区第十一届中小学生运动会开幕式在遵义市第一高级中学举行。运动会为期6天，全区1185名运动员参赛。

是日　红花岗区政法系统2018年“双提升”暨“综治宣传月”集中宣传文艺会演在老城纪念广场举行。

17日　红花岗区第三届“共青杯”暨第一届“城投杯”青年足球比赛开幕式在红花岗体育运动中心举行。

18日　红花岗区举行“健康扶贫·出生缺陷救治”残疾患儿救助金发放仪式。

是日　红花岗区“弘扬国粹·传承民族文化”中小学生围棋、象棋比赛在区青少年活动中心举行。

19日　川黔毗邻八县（区、市）第六届老年乒乓球协作赛在红花岗体育运动中心举行。由红花岗区文体广电新闻出版局主办，区少年儿童业余体校和区老年人体育协会共同承办，来自川黔毗邻8县（区、市）9支代表队70余名运动员参赛。

21日　市人大常委会一行到红花岗区开展《遵义市湘江流域保护条例（草案）》立法调研。

24日　金鼎山镇后庄村“法律维权工作站”正式挂牌成立。

是日　区人大常委会主任周远霞率区人大视察组一行，视察全区公办幼儿园发展情况。

24日　遵义市“新时代农民（市民）讲习所”

市级讲习员大讲习活动走进金鼎山镇板桥村。

28日　红花岗区“红色基因代代传——红色文化大讲堂暨‘扣好人生第一粒扣子’主题活动在遵义会议会址广场举行。

29日　红花岗区举行“红色基因代代传”文艺工作者见面会，艺术家田华、陶玉玲、叶佩英等与全市文艺工作者相聚一堂，并向3名艺术家颁发红花岗区“新时代农民（市民）讲习所”红色文化特约讲习顾问聘书。

30日　2018年贵州省中职内涵发展行动计划（第一批）“省级示范专业”项目现场评审会在遵义市职教园区举行。

是日　“遵义市少先队集体入队仪式暨‘你好·新时代’”主题活动在红花岗区（纪念广场）举行。

是日　红花岗区机关幼儿园举行建园60周年庆祝活动。

31日　遵义市老城南片区改造一期工程配套基础设施项目——官井东路联络线项目建成通车。

是日　区公安分局在老城开展电信诈骗退赃活动，现场向受害群众退还7起电信诈骗涉案资金，共计100余万元。

是日　红花岗区举行“扣好人生第一粒扣子”主题教育实践活动暨“传承红色基因　童心向党”歌咏诵读活动。

6月

1日　红花岗区委书记、南部新区党工委书记管礼伦率队开展巡河及环保督查工作，检查防汛工作。

7日　红花岗区委书记、南部新区党工委书记管礼伦率队到万里路街道办事处调研棚户区改造工作。

8日　由共青团遵义市委主办，共青团红花岗区委、红花岗区教育局承办的“你好新时代‘初心’点亮‘童心’、我与红领巾的约定”2018年遵义市少先队活动展示实景观摩在红花岗区第二小学举行。

9日　以“金鼎之夏·蓝色‘莓’力”为主题的2018年金鼎山镇农业产业化助推脱贫攻坚蓝莓采摘季开幕式在后庄村举行。活动历时1个月。

是日　红花岗区开展“文军扶贫乡村行　网络媒体助脱贫”活动，邀请30余家省、市主要媒体参加。

12日　中国人民解放军陆军边海防学院昆明校区主任黄昌杰率2018年毕业学员，到遵义开展“传承红色基因，担当强军重任”综合演练活动。

13日　《中国经济信息》杂志社总编辑高国辉率队到红花岗区调研棚户区改造工作。

是日　中国人民解放军陆军边海防学院昆明校区到红花岗区长征小学开展捐资助学活动。

15日　区人大代表脱贫攻坚·城镇解困“3451”行动计划启动。

是日　遵义市老城小学“童心向党·红花绽放”学生社团红色文化艺术展演在老城纪念广场举行。

是日　“中华端午诵·名城粽传情”——遵义市2018年“我们的节日·端午”主题活动在红花岗区凤凰山文化广场举行。

是日　红花岗区在易地扶贫搬迁安置点举行专场招聘会。

16日　浙江大学西迁二代寻根访问团到红花岗区开展寻访活动。

21日　遵义市第五人民医院正式加入中日友好医院疼痛专科医联体，并举行揭牌仪式。

是日　红花岗区“禁毒我先行”社会青年远离毒品主题活动在市民广场举行。

25日　遵义市举行“无毒青春　健康人生”——“6·26”禁毒文艺会演决赛。由红花岗区选送的小品《218》获二等奖，舞蹈《“它”恶魔之手》获三等奖。

是日　区人大常委会主任、蚂蚁河（红花岗区段）区级河长周远霞率队到蚂蚁河开展巡河工作。

26日　红花岗区“新时代农民（市民）讲习所”区级讲习活动在区委党校开展。

27日　红花岗区诗词楹联艺术学会巷口镇分会成立，并召开第一次会员代表大会。

是日　红花岗区政协举行医疗扶贫专题协商座谈会。

28日　红花岗区、南部新区开展饮用水源突发环境事件应急演练。

29日　红花岗区政协组织部分政协委员到市交管局调研中心城区交通管理工作。

30日　红花岗区2018年“健康人生　绿色无毒”千人禁毒签名宣誓活动在老城纪念广场举行。

7月

2日　“上海市巡回医疗遵义行”大型义诊活动在红花岗区凤凰山文化广场启动。

9日　贵州钢绳（集团）有限责任公司易地技改整体搬迁项目合作框架协议签约仪式在南部新区举行。

是日　区政协党组脱贫攻坚调研座谈会在金鼎山镇后庄村召开。

11日　迎红街道办事处组织辖区相关部门对省冶建42栋D级危房进行搬离和拆除，总面积2000余平方米，共有60户居民。

是日　红花岗区在丁字口河滨公园开展以“关心女性幸福　关爱妇幼健康”为主题的“世界人口日”宣传服务活动。

是日　红花岗区佛教协会第三次代表会议召开。

11日　红花岗区第五届人大常委会第十三次会议召开。

12日　红花岗区举行党建信息员专题培训会。

是日　红花岗区2018年城市防洪应急抢险演练在舟水桥街道凉厅社区举行。

12—13日　红花岗区教育系统开展突发事件应急处置培训。全区各中小学、幼儿园领导班子成员等300余人参加培训。

13日　红花岗区开展危险化学品应急救援演练。

14日　遵义市第五届青少年模型锦标赛暨2018年贵州省青少年模型锦标赛（遵义赛区）开幕式在红花岗区举行。比赛为期3天，全市18支代表队385名选手参加。

16日　红花岗区委书记、南部新区党工委书记管礼伦率队到忠庄街道调研棚户区改造工作。

18日　红花岗区第五届人大常委会第十四次会议召开，会议通过报告和人事任免事项。

是日　红花岗区委书记、南部新区党工委书记管礼伦率队到南部新区调研贵州钢绳集团易地技改搬迁、南溪大道等重点项目建设情况。

20日　新组建的国家税务总局遵义市红花岗区税务局挂牌成立，标志着原遵义市红花岗区国家税务局、红花岗区地方税务局正式合并。

是日　红花岗区矛盾纠纷多元化解中心正式揭牌成立。

26日　红花岗区政协五届七次常委会议召开，会议通报红花岗区2018年上半年经济运行情况和区政协2018年上半年工作情况，讨论通过相关议案。

30日　贵州省第十届运动会群众项目体育舞蹈比赛在红花岗体育运动中心开赛。

是月　金鼎山镇莲池村作为红花岗区内拥有最大面积蔬菜种植基地，获批省级农业科技示范园区。

8月

3日　区政协主席余江平到金鼎山镇后庄村，宣讲省委十二届三次全会和市委五届五次全会精神，调研村庄整治项目建设。

是日　区人大常委会主任周远霞到脱贫攻坚挂帮点金鼎山镇野里村，宣讲省委十二届三次全会和市委五届五次全会精神，安排下一阶段精准扶贫工作。

3—4日　贵州省第十届运动会群众项目舞龙比赛在红花岗体育运动中心举行。

9日　红花岗区人民法院公开庭审首例由区监察委员会移送审查、区人民检察院提起公诉的职务犯罪案件——唐某受贿案。

10日　贵州省军区党委组织2018年交流到贵州省军区任职的海、陆、空、火箭军、联勤保障部队等师团职干部到遵义开展“传承红色基因 担当强军重任”主题教育活动，追寻红色足迹，重温革命历史，坚定理想信念。

10—11日　红花岗区首届名师名校长论坛在区教育局举行。

14日　由区文明办、团区委主办的“脱贫攻坚·青益行”2018年红花岗区第二期“青益行动”结束，举行总结分享交流会。

15日　中国共产党遵义市红花岗区第四届委员会第四次全体会议召开。全会审议通过《中共遵义市红花岗区委　南部新区党工委关于贯彻落实市委五届五次全会战略部署　加快推进城市建设发展的决定（草案）》《中国共产党遵义市红花岗区第四届委员会第四次全体会议决议（草案）》。全会按照党章规定，批准应锡帆和庹必彩辞去区委委员职务，递补王良宇、李涛、赵良志、李度寒区委候补委员为区委委员。

是日　红花岗区民政局举行主题为“情暖童心　爱在社区”的“三区计划”项目启动仪式。

18日　红花岗区举行毛主席住居文旅综合体项目开工仪式。

是日　中华南路东片区城市棚户区改造项目启动。

22日　红花岗区巩固全国文明城市“文明遵义 快乐暑期”文体活动进社区汇报演出暨优秀文化志愿服务团队表彰仪式在老城纪念广场举行。

24日　共青团红花岗区委举行“青春扶贫　圆梦大学”助学金发放仪式，团区委联合爱心企业向23名家境困难、品学兼优的应届高中毕业生发放“青春扶贫　圆梦大学”助学金，共计11.5万元。

26日　“传承红色基因　讲好遵义故事”暨纪念改革开放四十周年曲艺专场演出在遵义纪念公园举行。由遵义市文联、市曲艺家协会主办，红花岗区文联、区曲艺家协会协办。

28日　遵义市义工联合会携手樊登读书（播州分会），举行樊登读书会员捐赠仪式暨遵义义工读书会启动仪式。

30日　红花岗区第五届人大常委会第十五次会议召开。会议听取、审议并通过《遵义市红花岗区法治宣传教育第七个五年计划（2016—2020）的议案》。会议补选陈代军为遵义市第五届人民代表大会代表。通过有关人事任免，向新任命人员颁发了任命书；新任命人员向宪法郑重宣誓。

9月

1日　《港澳台居民居住证申领发放办法》正式实施。红花岗在区公安分局治安大队户政大厅设置辖区港澳台居民居住证受理点，受理港澳台居民居住证办理业务。

3日　中华路向阳片区棚户区改造模拟搬迁签约分为3个标段，设置3个签约点，进行为期60天的模拟搬迁签约。

是日　红花岗区金鼎特色小镇规划设计方案座谈会召开。

5—6日　全省供销社综合改革专项试点现场推进会在红花岗区召开。

13日　红花岗区举行易地扶贫搬迁集中安置点就业脱贫车间启动大会。

17日　红花岗区“党建引领·城镇解困”试点项目——舟水桥街道凉厅社区“同心便民商店”正式营业。

19日　红花岗区“健康人生、绿色无毒”禁毒教育现身说法暨签名活动在遵义市职教园区举行。

20日　全国公安机关集中销毁非法枪爆物品统一行动遵义现场活动在红花岗区举行。

21日　红花岗区举行“相约2018”迎中秋大型民族音乐会。

26日　遵义会议干部学院与遵义红色文化教育培训学院举行红色文化培训签约仪式。

26—28日　第三届全国小学青年教师语文教学观摩活动在甘肃省兰州市举行，贵州省唯一代表、红花岗区青年教师柳华华现场示范课《商量》获一等奖。

28日　“沿着改革开放的足迹　用声音致敬四十年”大型直播朗诵活动在红花岗区举行。

是月　金鼎山镇后庄村获2018年第一批中央财政专项扶贫资金31万元，在金鼎山和莲花山400米高山坳间，建成一条长1775米、宽1米的生产生活便道并通行。

10月

1日　纪念广场停车场正式向外开放，共有236个停车位。

1—7日　红花岗区政协书画院在丁字口河滨公园、老城步行街举办纪念改革开放40周年书画摄影展。

9日　巷口镇举行以“弘扬农耕文化·助推乡村振兴”为主题的首届农民丰收节文艺演出。

是日　由柬埔寨（金边）直飞遵义首航成功。

10日　上海·遵义泌尿外科远程会诊中心揭牌仪式在遵义市第五人民医院举行。

11日　长征街道在纪念街社区举行扫黑除恶专项斗争暨“双提升”文艺会演。

12日　红花岗区残联举办残疾人就业岗位推介会。

16日　“营造敬老爱老社会氛围、纪念改革开放40周年”2018年红花岗区重阳节活动在老城纪念广场举行，由红花岗区文明办、区民政局、区老龄办主办。

18日　红花岗区政协五届八次常委会召开。

19日　红花岗区召开沪客入遵“百日行动”沪遵旅游发展交流座谈会。

20日　中共遵义市红花岗区委常委会、南部新区党工委（扩大）会议召开。

23日　红花岗区召开营商环境整治“百日攻坚行动”企业座谈会。

24日　区城投公司举办庆祝改革开放40周年“颂党恩·唱改革”征文演讲比赛。

30日　猪八戒网遵义园区开园仪式暨招商签约仪式在红花岗区举行。

31日　人社部工资福利司司长李秀山率国家督察组一行到红花岗区督察医疗改革工作。

11月

2日　红花岗区人民政府与中国语言智能研究中心举行智能教育试验应用战略合作签约仪式。

6日　红花岗区第五届人大常委会第十六次会议召开，会议听取、审议并通过相关报告、议案和人事任免事项。

7日　红花岗区委书记、南部新区党工委书记管礼伦为全区100余名党员干部上一堂题为《坚持党对一切工作的领导 建设高素质的干部队伍》的党课。

是日　红花岗区举行2018年“人民慕课”现场培训会。

8日　区委副书记、区长、区政府党组书记游劲松为区政府系统党员上党课，题为《不忘初心　牢记使命》。

9日　红花岗区举行2018年脱贫攻坚夏秋攻势暨“城镇解困·和弦行动”大型招聘会。省内外110余家大中型企业进场招聘，提供就业岗位3800余个，进场求职人数达5000人，现场达成就业意向1000余人。

是日　红花岗区老年大学到新雨学校开展结对帮扶活动。

10—11日　红花岗区第五届中小学师生诗词大赛在区青少年活动中心举行，全区18所中小学300余名师生参赛。

12日　红花岗区举行城镇解困“八项政策”建档立卡困难妇女群众免费宫颈癌筛查活动，首批300名建档立卡困难妇女在迎红街道办事处社区卫生服务中心接受宫颈癌筛查。

14日　区人大常委会主任周远霞率区人大常委会组成人员及部分人大代表，专题调研民族宗教工作开展情况。

16日　红花岗区举行“颂党恩·唱改革”庆祝改革开放40周年歌唱大赛，用歌声唱响红花岗区改革开放40年最美华音。

19日　红花岗区委党校金鼎山镇分校挂牌仪式暨2018年红花岗区中青年干部培训班开班仪式在莲池村举行。

21日　中共红花岗区委常委会、南部新区党工委（扩大）会召开。

26日　遵义市公安局红花岗分局综合行政执法警察大队在红花岗区综合行政执法局内挂牌成立。

是日　遵义市扫黑除恶专项斗争交叉督导红花岗区工作汇报会召开。

29日　经市委常委会研究决定撤销南部新区建制，其区域内深溪镇、南关街道、忠庄街道改隶红花岗区，龙坑街道改隶播州区。

是日　遵义市2018年“巩固文明城市·共建和谐社区·我们在行动”活动在红花岗区老城纪念广场启动。

30日　遵义市2018年禁毒示范乡镇创建工作现场推进会在红花岗区举行。

12月

7日　遵义市公安局红花岗分局从红花岗区解放路27号（老城府后山）整体搬迁至红花岗区遵义大道平安路2号新办公用房。

10日　红花岗区第五届人大常委会第十七次会议召开。会议决定遵义市红花岗区第五届人民代表大会第三次会议于2019年1月9日至11日召开，审议通过《遵义市红花岗区人民代表大会常务委员会讨论决定重大事项办法》。

是日　“庆祝改革开放40周年”图片展暨主题电影放映启动仪式在老城纪念广场举行，由中共红花岗区委、红花岗区人民政府主办。在中心城区主要路段集中展出297幅记录遵义城市变迁照片，播放100部优秀主题电影。

11日　由省文化和旅游厅主办的2018年贵州省“群星奖”文艺作品选拔赛决赛在都匀市举行，红花岗区文化馆选送的原创作品《山魂》代表遵义市参赛，获曲艺类节目冠军。

12日　红花岗区召开老鸦山生态修复及战斗遗址保护项目设计方案汇报会。

14日　红花岗区举行“我的幸福故事”百姓故事会演讲大赛。

19日　红花岗区政协五届九次常委会议召开。

是日　区关工委、区工商联携手爱心企业到金鼎山镇新华小学，开展“冬日送温暖　爱心助学行”活动。区工商联和爱心企业向新华小学捐赠学校建设资金3.6万元，向12名困境儿童发放慰问金。

19—23日　2018年中国·遵义首届羊肉粉旅游节在凤凰山文化广场举行，为期5天。参展羊肉粉商家20余家，山羊1500头、米粉8.5万千克，合计卖羊肉粉30万余碗。遵义市烹饪饭店行业协会对“鳛滋味”羊肉粉、“遵味上品”羊肉粉、“遵义味道”羊肉粉进行授牌认证。

20日　《革命老区建设发展史》（红花岗分册）编纂工作调度会召开。

23日　红花岗区五届人民政府第三次全体（扩大）会议召开。

是月　中华诗词学会授予遵义市“中华诗词之市”称号，红花岗区深溪镇获“中华诗词之乡”称号。

（吴晓用）

红花岗概览

【历史沿革】 红花岗区历史悠久。战国时为鳖国，为夜郎属地；唐贞观十三年（639年）设置播州，后由杨氏土司管理725年，至今已有1300多年的历史。明万历二十九年（1601年）改土归流，设遵义县；1949年11月25日设立县级遵义市，1997年6月10日，撤销县级遵义市设立红花岗区。

【地理位置】 红花岗区位于贵州省北部，为遵义市中心城区之一，历来是遵义市的经济、文化、交通中心。红花岗区实际管辖面积476.29平方千米，4个镇11个街道，40个村74个社区，常住人口61.71万人，城镇化率81.95%，建成区绿化覆盖率41.95%，森林覆盖率47.04%。

红花岗区位优势明显。处于西南出海通道重庆至贵阳黄金分割点上，是连接“黔中经济圈”“黔北经济带”“成渝经济圈”的重要节点城市，向南到省会贵阳市147千米，向北到直辖市重庆251千米，向西294千米进入四川省，离四川省会成都市540千米。公路交通四通八达，210国道、326国道、G75兰海高速、G56杭瑞高速公路、遵义绕城高速公路穿境而过。连接直辖市重庆和省会贵阳的渝黔快速铁路于2018年1月正式通车。

【城市名片】 红花岗区城市魅力持续提升。1935年1月，中共中央在这里召开了具有伟大历史意义的“遵义会议”，因此而名扬中外、彪炳史册，被誉为“转折之城”。先后荣获“全国历史文化名城”“全国双拥模范城”“中国酒文化名城”“全国十佳绿化城市”“全国科技进步示范区”“全国计划生育优质服务先进区”“全国社区建设示范区”“国家优秀旅游城市”“国家园林城市”“国家卫生城市”“国家环保模范城市”“国家可持续发展试验区”“全省经济强区”“省级城乡统筹综合配套改革试验区”“省级社会管理创新试验区”等称号。

【气候特点】 红花岗区环境气候宜人。红花岗区位于云贵高原向四川盆地倾斜地带，多丘陵峡谷，属中亚带湿润季风气候区，受季风影响显著，因地处低纬，西伯利亚南下的冷空气到达遵义已大大减弱变性，夏季常受西南季风影响，形成了四季分明、冬无严寒、夏无酷暑、雨量丰沛的宜人气候，年平均降水量1094.2毫米，年平均气温15.2℃，特别适宜居住旅游。城区青山环绕，树木苍翠，湘江河、洛江河横贯全城，遵义公园、河滨公园、凤凰山公园、南岭公园星罗棋布，青山绿水自然交融，春华秋实、夏荫冬青，景色迷人，被誉为黔北高原上的一颗明珠。

【文化底蕴】 红花岗区文化底蕴深厚。1935年1月召开的遵义会议，确立了以毛泽东为代表的马克思主义的正确路线在中共中央的领导地位，在关键时刻挽救了党、挽救了红军、挽救了中国革命，是中国共产党历史上一个生死攸关的转折点，标志着中国共产党从幼稚走向成熟；逐步形成了以“遵义会议”为核心的红色文化体系，“坚定信念、实事求是、独立自主、敢闯新路、民主团结”的“遵义会议”精神激励着一代又一代遵义儿女。统治播州700余年的杨氏土司，给多元的黔北文化深深留下了土司文化烙印，土司文化遗产揭开了播州神秘的历史面纱，为了解播州社会、政治、经济发展提供了指南，具有较高的审美价值、学术价值、旅游价值、教育价值和现实意义。

【旅游资源】 红花岗区旅游资源丰富。有遵义会议会址、毛主席住居、红军总政治部旧址、老鸦山红军战斗遗址、长征文化博览园等众多红色长征文化纪念景区；有以“小峨眉”金鼎山为代表的西南佛教文化，黔北佛教圣地金鼎山和“千年古刹”湘山寺等遵义佛教中心；有以“西南地下艺术宫殿”杨粲墓为代表的南宋土司文化；有凤凰山、大板水两个国家级森林公园；有金鼎山镇莲池、金川、海龙温泉、深溪镇高坊等乡村特色旅游景点。红花岗区名优土产小吃种类丰富，有董酒、老谢氏鸡蛋糕、廖氏化风丹3个“中华老字号”品牌和羊肉粉、豆花面等名优小吃。

【城市建设】 红花岗区城市建设活力十足。旧城改造持续推进，征收房屋9855户，兑付资金35.28亿元。完成刘家湾、内环片区模拟征收，征收零星棚户区房屋3476户，处置C、D级危房107栋。多途径推动还房安置，安置群众12394户。累计购买房源4337套，用于征收安置3970套。经开区棚户区（南宫山）、银山棚户区、凉水棚户区等改造项目建成交付。建成7603套保障性住房，超额完成省级下达任务，被评为省级保障性安居工程示范区。老城纪念广场地下停车场投入使用，C级危房三期监测系统正式启用。加强信息基础设施建设，新建光缆7200千米。完成中心城区灯饰亮化、7条6.8千米小微循环路网改造和1.05万平方米破损道路修补，启动东欣大道垃圾中转库改造，开展红军山凤凰山广场、湘滨公园等综合整治。忠庄河、洛江河等沿河公园建成开园，完成6条主次干道景观提升和15所学校小微花园建设工程。编制生态文明建设“增绿、复绿、护绿”总体规划。建成区绿化覆盖率达到41.95%，森林覆盖率提升至47.04%。行政村村庄规划编制实现全覆盖，编制23个特色村庄规划，后庄特色村庄（一期）建设基本完成。

【经济发展】 红花岗区经济发展动力强劲。2018年地区生产总值完成500.24亿元，同比增长7%。500万元以上固定资产投资增长18.8%。一般公共预算收入完成20.48亿元，增长11.8%。服务业升级在望，社会消费品零售总额完成180亿元，增长10%。有效降低市场准入门槛，新增市场主体16519户，注册资本624.7亿元，从业人员11.37万人。建成线下实体网络零售服务平台，网络零售总额达6.5亿元，增长41%。成功创建深溪莲池湿地公园、百草园等4个AAA级景区。接待国内过夜游客234万人次、入境游客4700人次，旅游收入达370亿元。工业稳中转型，工业总产值达188亿元，规模以上工业增加值完成29亿元。成功创建国家知识产权示范园区，新增高新技术企业11家，培育规上企业6家。深入推进“双千工程”，签约西密机电等13个项目，贵绳集团等3家企业启动搬迁。容百一期1.5万吨锂电项目顺利投产，产品覆盖电机、电控、充电设备等领域，电机产能10万套，充电设备50万套，控制盒系列40万套。加速推进军企融合，博文软件等4家企业完成军队供应商申请注册，航锐航空等6家企业进入产业发展基金项目库。加快大数据产业发展，引进贵州亿垒科技等5家大数据企业，电子信息制造业产值21亿元。完成105家大数据与实体经济企业在线评估，融合巴斯巴智能制造等30个项目。做好铁路专用沿线16家企业关停工作。农业不断做优，完成农业增加值36.98亿元，增长6.5%。省级农业科技示范园区顺利挂牌，成功举办首届中国农民丰收节暨海龙土司贡米节。

【社会事业】 红花岗区民生幸福社会和谐。城镇居民人均可支配收入34849元，增长8.6%；农村居民人均可支配收入14586元，增长9.8%。优先发展教育事业，出台教育发展“1+4”文件，投入11.78亿元实施72个新（改扩）建项目，义务教育阶段新增学位4600个，办学条件明显改善。深化教育体制机制改革，投入1.8亿元在全市率先实施教师薪酬制度改革。优质教育资源不断拓展，建成学前教育集团5个、义务教育集团8个、职业教育集团1个。中考成绩持续全市领跑，高考成绩稳中有升。深入贯彻落实基层医疗卫生服务能力“三年提升计划”，区级医院、乡镇卫生院等远程诊疗实现全覆盖。全面开展分级诊疗，实现双向转诊。全面落实健康扶贫医疗保障救助“一站式”结算、跨省异地就医即时结报。有效控制公立医院医疗费用不合理增长，药占比为24.7%。加大就业扶持力度，城镇登记失业率控制在2.89%。加强城镇贫困群众救助，出台城镇特殊困难群体解困“八项政策”，累计解困2642户4587人。深化“四民社区”创建，建成10个社区老年人日间照料中心，启动社区办公阵地建设，全面提高村（居）干部补贴标准。深入开展“扫黑除恶”专项斗争，破获9类案件86起，刑事打击318人。禁毒工作成效显著，毒品滥用问题得到根本性扭转，“国家通报警示地区”成功摘帽。丰富群众文化生活，组织公益性文化演出400余场。深入实施全民健身计划，开展体育赛事12次。竞技体育长足发展，连续两届夺得全市运动会团体总分第一。协助办好省十运会，荣获先进集体称号。深入推进安全生产“双控体系”和“六级六覆盖”网格化管理，及时排查消除安全隐患，事故起数、死亡人数实现“双降”。

红花岗区正按照高质量发展要求，统筹推进“五位一体”总体布局，协调推进“四个全面”战略布局，坚持以供给侧结构性改革为主线，加快推进质量变革、效率变革、动力变革，继续打好三大攻坚战，大力弘扬新时代贵州精神，守好两条底线，强力推进三大战略行动，围绕建设“三区三高地”总体目标，着力实施“六大行动”，凝心聚力，开拓进取，奋力在建设黔川渝接合部中心城市中当先锋走前列。

（刘　均）

中共红花岗区委

综　述

【概况】　2018年，中共遵义市红花岗区委坚持以习近平新时代中国特色社会主义思想为指导，全面贯彻落实中央、省委和市委系列重要会议精神和重大决策部署，坚持稳中求进工作总基调，自觉践行新发展理念，坚守发展和生态两条底线，以脱贫攻坚统揽经济社会发展全局，奋力打好三大攻坚战，强力实施三大战略行动，统筹抓好稳增长、促改革、调结构、惠民生、防风险等工作，全区呈现出经济发展稳中向好、各项改革有序推进、社会大局和谐稳定、人民群众安居乐业、政治生态风清气正的良好局面。

【产业发展】　坚持稳中求进总基调，以供给侧结构性改革为主线，大力推动三次产业融合发展，保持经济稳步增长。地区生产总值完成500.24亿元，增长7%；一般公共预算收入完成31.03亿元，500万元以上固定资产投资增长18.8%。

服务业发展　立足黔川渝接合部中心城市服务业中心发展定位，因地制宜加快服务业发展。壮大文化旅游业，《红花岗全域旅游总体规划（2018—2025年）》通过市级评审，思达·欢乐谷国家AAAA级旅游景区、深溪莲池湿地公园等4个AAA级景区创建完成，老鸦山红军战斗遗址保护及修复工程、毛主席住居文化旅游综合体等一批重点项目有序推进，全域旅游逐步形成，旅游收入达370亿元。做优商贸物流业，成功引进广州尚品天河精品商业中心，建设完成东欣万象等商业综合体。做活电子商务业，遵商·梦想小镇项目有序推进，与阿里巴巴等知名电商达成合作意向。做实产业发展平台，绿地会展新城一期、西南遵义大康养孕育基地建设有序推进，新增市场主体16519户，注册资本624.7亿元，从业人员11.37万人。

工业发展　实施“千企改造”工程，工业企业“退城进园”步伐加快，工业总产值188亿元，规模以上工业增加值完成29亿元。改造提升传统产业，顺利启动贵绳集团、遵义钛厂技改搬迁，稳步推动国有企业社会职能剥离，接收乌江渡发电厂等5家企业“三供一业”。培育壮大新能源产业，巴斯巴新能源汽车核心零部件生产水平全省领先，梅花新能源汽车整车生产技术不断提升。加快发展大数据产业，成功引进贵州亿垒科技等5家大数据企业，电子信息制造业产值达21亿元。加速推进军企融合，博文软件等4家企业完成军队供应商申请注册。稳步推进高新区升级建设，成功创建国家知识产权示范园区，新增高新技术企业11家，培育规上企业6家。

农业发展　坚持农业基础地位不动摇，加快转变农业发展方式，完成农业增加值35.77亿元，增长6.7%。夯实农业发展基础，大力实施耕地保护，新增耕地3150亩，推进土地流转5万亩。优化农业产业结构，发展食用菌、精品水果等特色农产品，调减低效玉米种植1万亩，新增水果、蔬菜种植各5000亩，非粮占比达98%。坚持龙头企业带动，积极培育新型农业经营主体，新增省级农业产业化龙头企业1家、农民专业合作社31家，实现“公司+合作社+农户”农民专业合作社行政村全覆盖。巩固提升城郊农业优势，一批生态农业田园综合体启动建设，省级农业科技示范园区挂牌运行。举办红花岗首届中国农民丰收节暨海龙土司贡米节。

【城乡统筹发展】 实施新型城镇化建设与实施乡村振兴战略有机统一，强化城镇发展带动，深化城乡互融并进，现代城市与美丽乡村建设统筹推进。

城市基础设施建设 围绕黔川渝接合部中心城市“三区三高地”定位，坚持以棚改路网为抓手，强力推进城市升级换代。全面加快棚户区改造，罗家坝等片区棚改工程和零星棚改工程齐发并进，经开区棚户区（南宫山）等改造项目建成交付。坚持突出交通引领，助推凤新快线、官井东路、武汉路等市级重点项目顺利实施，统筹推进“832”项目建设，推进官桃隧道、新南快线等重点项目建设，完善小微循环路网改造，互联互通交通网络逐步构建。持续完善城市功能配套，老城纪念广场地下停车场投入使用，完成7200千米信息光缆铺设。着力提升城市形象，完成6条主次干道景观提升和中心城区灯饰亮化美化升级工程，城市绿化、亮化、美化持续提档升级。

城市管理 开展城市管理专项整治行动，推进“数字城管”。重拳整治市容秩序，全面完成凤凰山广场、河滨公园等区域环境整治。持续巩固提升“创文”成果，启动大型垃圾中转库规划建设，有效开展城市道路、广场等综合整治，强力推进源头管控，不断优化城市环境。

乡村振兴 坚持以乡村振兴为抓手，着力推进农村产业发展、人居环境改善、农民素质提升。坚持规划引领，编制《红花岗区西三镇乡村振兴战略实施规划》，完成23个行政村村庄规划编制，有序推进深溪示范小城镇、金鼎山和海龙特色小镇建设，启动巷口小镇规划编制，完成后庄特色村庄（一期）建设。坚持成果引领，大力实施农村“三改”工程，实施农业技能培训，开展农村人居环境整治工作。

【脱贫攻坚】 全区贫困发生率1.76%，贫困村全部出列，脱贫1345人。完成“组组通”公路建设51条91.14千米。“一长两短”扶贫产业加快发展，实施到户产业扶贫项目4个，惠及贫困户973户，到户产业贫困户直接受益率100%。易地扶贫搬迁工作顺利完成，84户329人全部迁入新居。打好农村危房改造攻坚战，“三改”工程加快推进，完成农村危房改造246户。农村安全饮水工程全部完工，惠及2.73万人。实施9项旅游扶贫工程，带动230人脱贫。发放在校生资助惠及6051人，797.5万元，资助对象应享尽享。实施新农合大病医疗救助补偿4890人次，发放补助款655.14万元；发放农村低保金1069.02万元，惠及困难群众4545人。拓宽渠道推进行业扶贫，召开“农超对接会”，启动5个电商服务站点，产销对接、电商扶贫有序推进。充分用好新时代农民讲习所，加强贫困群众思想教育和感恩教育，促进扶贫与扶智有效结合，脱贫攻坚内生动力不断增强。扎实开展脱贫质量大排查，通过2018年脱贫攻坚省际交叉检查。

【生态文明建设】 牢固树立“绿水青山就是金山银山”理念，坚守发展和生态两条底线，着力构筑尊崇自然、绿色发展的生态体系。

山水城市建设 围绕建设“山为屏、水为脉、山水城融合”城市目标，编制完成生态文明建设“增绿、复绿、护绿”总体规划，实施自然山体修复保护，加大天然林、自然保护区保护力度，打造“互联网+全民义务植树”市级示范基地，实施矿山覆土复绿工程等生态环保项目，夯实“以山为屏”的山地城市风貌基础。忠庄河、洛江河等沿河公园建成开园，实施6条主次干道景观提升工程，完成东联线沿线生态修复工程。建成区绿化覆盖面积2989万平方米，绿化覆盖率41.95%，森林覆盖率47.04%。

绿色发展 坚持保护优先，修复与治理并重，坚决打赢污染防治攻坚战。全力打好碧水保卫战，推进“一河一策”综合治理、“治污治水·洁净家园”攻坚行动和重点流域、重点水体“精准治污”工程，“改扩建”污水处理厂投入使用，集中式饮用水源水质达标率100%。全力打赢蓝天保卫战，启动空气质量攻坚行动，建立完善空气预警机制，空气质量优良率98.6%。全力推进净土保卫战，开展农田污染防治和耕地质量保护，完成土地整治2980亩，实现农村生活垃圾无害化处理。

【社会事业】 加强就业扶持，完成城镇新增就业3万人，转移农村劳动力就业8000多人，城镇登记失业率控制在2.98%以内。召开全区教育发展大会，制定教育发展“1+4”文件，投入11.78亿元实施新（改扩）建项目72个，义务教育阶段新增学位4600个，中考成绩持续全市领跑，高考成绩名列全市前茅。医疗卫生服务水平不断提高，全面开展分级诊疗，实现双向转诊，医疗保障救助“一站式”结算和跨省异地就医即时结报全面落实，西部三镇顺利通过国家卫生乡镇复审。建设领域突出问题处置化解工作取得突破性进展，推进鼎诚家园等6个经适房项目突出问题化解，妥善处置43个房开突出问题，顺利通过市级出列验收，累计交付群众住房2.5万套。长征片区石佛路、遵义大道建设等遗留问题顺利解决，安置群众1208户，原丝织厂、原遵义砖厂等企业改制遗留矛盾有效化解。

【社会治安】 2018年，全区人民群众安全感和满意度分别提高到98.91%、97.61%，全省排名分别提升至第28位和第24位，顺利完成“增比进位”目标。禁毒工作成效明显，国家禁毒委取消红花岗区禁毒通报警示整治地区，金鼎山镇、海龙镇从2018年全市禁毒重点关注乡镇中出列。推进“扫黑除恶”专项斗争，依法对欧亚医院等3个犯罪团伙立案侦查，成功破获涉恶案件86起，社会治安秩序明显好转。安全生产形势持续稳定，严格落实安全生产责任制，推进安全生产双控体系和“六级六覆盖”网格化管理，加强重点行业和领域安全建设，全区事故起数、死亡人数实现“双降”。

【红色文化发展】 实施文化红城行动，红花岗剧院升级改造即将完成，正在规划恢复遵义县革命委员会旧址，以遵义会议纪念馆为核心的红色文化建筑群逐步形成。紧扣新时代脉搏，开展“沿着改革开放的足迹·用声音致敬40年”、脱贫攻坚“三下乡”等系列主题活动，开展重要传统节日文艺演出活动，群众精神文化生活丰富多彩。创新创作地域文化作品，曲艺节目《山魂》获全省“群星奖”一等奖，创作广播剧《漫漫长征路》、宣传画《文明在身边》等文艺精品，用文化作品讲好红花岗故事。

【深化改革】 完成《全面深化改革实施规划（2014—2020年）》中明确的42项工作任务。完成综合行政执法改革、消防救援队伍改制、“大统战”体制改革和工会、共青团、妇联系统改革，推进科协、文联系统改革，接管原南部新区部分职能，机构改革方案编制完成，不断优化机构职能职责和工作体系。推进公立学校和医院改革，投入1.8亿元率先在全市实施教师薪酬制度改革，逐步实现去行政化改革政事分离，提升公立学校、医院运行效率和服务能力。

改革试点 全面完成国家信息消费试点城市、纪检监察派驻机构改革等10项国家级、省级、市级先行先试改革试点工作任务。供销合作社综合改革深入推进，创建星级综合服务社161家。持续深化农村体制改革，稳步推进农村集体产权制度改革工作，推动12个村“三变”改革试点，覆盖率50%。完成土地确权登记颁证工作，颁证率97.6%，群众满意率100%，顺利通过省级验收并被评为优秀等次。

“放管服”改革 深化行政审批制度和商事制度改革，推行“并联审批”“一次性审批”“先照后证”等措施，精简行政审批事项12项，行政权力事项压缩42%，审批时限压缩54%。全面推行“互联网+政务服务”、村（社区）服务站等便民服务方式，开展“营商环境整治百日攻坚行动”，完成问题整改104项，提升政务服务质效。推进黔北会展中心开放平台建设，全区外出招商238次，引进省外招商项目41个，引进省外到位资金211.3亿元。

【精神文明建设】 利用新时代农民（市民）讲习所开展“七进”宣讲活动，宣讲2100场次，覆盖群众16万人次。创新开设全省首个新时代农民（市民）电波讲习所，组织“云上讲习”网络直播，实现网络与党的声音同步全覆盖。推进群众性精神文明创建活动，老城街道办事处、河北井社区获“全国文明单位”称号，文明村镇建设取得实效。切实强化先进典型示范效应，选树“全国十大见义勇为英雄司机”候选人余仕阳、“中国好人”徐朝乾等先进典型，崇德向善社会风尚逐步形成。

【党风廉政建设】 查处违反中央八项规定问题9

起9人。受理群众线索866件次，立案145件，移送检察机关审查起诉10人。运用监督执纪“四种形态”，召开党风廉政警示教育大会，通报全区执纪审查相关情况，开展约谈2785人次，充分发挥震慑警示作用。

（区委办）

组织工作

【干部教育培训】 2018年，组织开展中心组专题学习7次；举办党的十九大精神专题培训3期，实现党员领导干部和村（社区）党组织书记十九大精神轮训全覆盖。推进区委党校办学体制改革，承接各类干部培训235期，培训学员12352人。建立中共遵义市红花岗区委党校金鼎山镇分校，采取现场观摩、基层干部讲述等方式，实现办学阵地向下延伸、培训载体丰富多元，围绕金鼎山镇莲池村基层党建成果，开发“金鼎山上莲花开——党建引领下的乡村发展实践探索”课程。

【严格党内生活】 创新实施“督导组初审、材料组复审”的民主生活材料审查方式，组建24个督导组全程参与各单位领导班子民主生活会，确保民主生活会开出新气象。突出“三亮三比”强化作风教育，构建党员教育管理及作用发挥长效机制，开展“新时代、新担当、新作为”业务培训752期18717人次，评选全市“新时代、新担当、新作为”先进典型3人。

【组织建设】 以“四抓四促”为载体，推进全区基层党组织标准化建设。按照“三个一批”方案，制订“老旧社区办公阵地三年计划”，2018年统筹解决42个村（社区）服务阵地。按照人均不低于3200元/月标准，提高村（社区）干部待遇，增设年度考核、学历职称、工作业绩3类奖项，建立动态增长和村（社区）集体经济收益奖励机制。创新组织设置，组建组级党支部（党小组）312个，创新“支部+协会”“支部+棚改”“支部+自改委”等特色模式，强化对产业链、重点项目的组织覆盖。优化非公有制企业和社会机构党组织，个协党总支、遵义义工联合会党支部工作经验在全市宣传推广。落实“一任务两要点三清单”要求，明确驻村干部12名；2个基层党组织、7名先进个人获全省脱贫攻坚先进表彰。

【党务管理】 建立健全基层党建季度督导机制，完成30个区委直管基层党（工）委集中督查3轮，推动主体责任层层压实。紧盯“两委一队三个人”，完成7个贫困村“两委”主要负责人发挥作用的情况分析研判，完成670名村（社区）“两委”人员背景联合审查；探索发展党员“六法”，试行党籍档案管理“一制度一办法一规范”，工作经验在全市推广。以党建引领基层治理为主线，搭建“党支部+物业服务+业主委员会”工作架构，以“红色物业”服务模式破解老旧小区治理难题；探索“四民四商”“双阳工程”服务模式，创新“红色+”党建载体，构建“1+3+N+X”体系，实现区域联动升级；开通“云上红城”便民智慧平台，深化“四民社区”内涵和外延。

【干部队伍建设】 注重在基层一线和重点工作中培养锻炼年轻干部，选派22名区直机关年轻干部到棚改一线、脱贫攻坚一线挂职锻炼。举办“红花岗区2018年中青年干部培训班”，邀请省委、市委党校教授授课，选派区级领导作专题辅导，培训新任科级干部、挂职干部、“985”学校选调生70名。探索建立红花岗区干部信息数据系统，初步建成科级干部和优秀干部数据库，建立全区专业人才数据库6个，发现优秀干部199人。采取“走出去”与“请进来”相结合方式，主动与发达地区优质培训资源和师资平台交流对接，举办全域旅游、城市党建等专题培训22期1000人次；开展“经济金融”“乡村振兴”主题讲座。建立全区整治干部不担当、不作为、乱作为突出问题协调联动工作机制，召开协调联动工作会议4次，收集问题线索6条，查处干部2人。开展党政领导干部考核评价，审定128名镇、街道科级干部及354名区直机关科级领导干部2017年度考核；建立“五步”教育提醒机制，实现干部监督关口前移。组织开展科级领导班子运转暨优秀干部调研，走访单位（部门）71家，重点谈话800人次。建立干部任前资格联合审查机制，将审核工作端口前移，做到动议即审、该核早核，将政治过硬、能力过硬的优秀干部选拔到领导岗位。全年开展干部考察81人次，调整干部10次，涉及职务变动179人次。开展“大学习、大调研”活动，引导党员干部主动走出机关，到基层开展调查研究，提高工作能力。

【人才服务】 围绕“三区三高地”战略目标，制定《红花岗区进一步加强金融人才队伍建设的工作方案》，采取定期调度、季度汇总相结合方式，加强金融人才引进。重点打造1935中关村创业中心、遵义创意坊等创新创业平台，引进企业24家，集聚创新人才150人。采取公开招聘、高校选调等方式，吸纳各类人才500人；强化“一事一议”，引进医学博士4人。开展“开放型经济人才专题培训班”“三产融合背景下城市建设与管理专题培训班”等培训50期，培育各类干部人才1690人次；举办首届“魅力红花岗 助推创业梦”主题大赛，吸引参赛企业及团队30个，评选表彰创新创业项目9个。推进“人才领跑脱贫计划”，遴选35名农技专家开展指导及培训23期，服务1860人次；筛选5名农（林）业专家精准帮扶后庄村产业发展，服务69人次，解决产业发展难题17个；组建350名专家教师培训人才库，开展送教下乡300人次。实施《遵义市红花岗区党政领导联系服务专家及优秀人才制度（试行）》，建立区级领导与32名专家人才的联系服务机制，提升人才服务经济社会发展的意识。强化人才的跟踪管理，推进全区“1+N”人才数据库网络建设，录入各领域人才18000人。

（区委组织部办公室）

宣传工作

【概况】 2018年，红花岗区宣传思想文化工作和网信工作以学习宣传贯彻落实习近平新时代中国特色社会主义思想和党的十九大精神为统揽，深入贯彻落实全国、全省宣传思想工作会议及全国网信工作会议精神，围绕中心、服务大局，切实担负举旗帜、聚民心、育新人、兴文化、展形象的使命任务，坚持守正创新，传承红色基因，讲好遵义故事，努力培育践行社会主义核心价值观，推动全区上下凝心聚力、团结奋进，为打造“三区三高地”，奋力在建设黔川渝接合部中心城市中当先锋、走前列提供坚强的思想保证和强大的精神力量。

【意识形态工作】 区委高度重视意识形态工作，切实担负政治责任、领导责任和工作责任，制定下发《党委（党组）意识形态工作责任制实施方案》《红花岗区提升网络舆情发现力研判力处置力专项行动实施方案》等文件。区委常委会2次专题听取全区意识形态工作汇报，召开全区意识形态工作联席会议4次，开展专项督查2次，实现对全区74家单位意识形态工作的督导全覆盖。将意识形态工作纳入四届区委第五轮巡察工作必查内容。

【理论学习】 区委中心组开展专题学习10次，系统学习习近平新时代中国特色社会主义思想、党的十九大精神和习近平总书记在贵州省代表团的重要讲话精神；及时传达学习省委十二届三次全会和市委五届四次、五次全会以及全国、全省宣传思想工作会议精神等内容。各党组（党委、工委）采取集中学习、自学、聆听报告、专题研讨等形式全面推动党委（党组）中心组学习常态化、规范化和制度化，进一步增强“四个意识”，坚定“四个自信”。全区各级党组织围绕贯彻落实党的十九大精神和改革开放40周年等主题征集理论文章140余篇。

【理论宣讲】 充分运用180所新时代农民（市民）讲习所开展“七进”实体讲习2100余场，受益群众16万余人次。以传承红色基因为抓手，培养“小小红色宣讲员”300余名，在遵义会议纪念馆为到遵义游客义务讲解。老城小学学生张瑞凝在全国红色故事讲解员大赛中获优异成绩。与贵州广播电视台综合广播合作，创新开设贵州省第一个新时代农（市）民电波讲习所，持续开展音频讲习20期，实现全省88个县（市）全覆盖，在新媒体上宣传单条点击率达1万次。率先在“多彩红花岗”微信公众号和“今日红花岗”手机客户端等区属新媒体开设“网络讲习所”，每期推

2018年6月8日，红花岗区、南部新区扫黑除恶专项斗争推进大会（区融媒体中心提供）

送1万人次以上。持续组织"云上讲习"网络直播15场，累计观众200余万人次，实现网络覆盖到哪里，党的创新理论宣传教育就跟到哪里。

【宣传主旋律】 在《人民日报》、中央电视台、《贵州日报》、贵州电视台等省级以上重要媒体刊载新闻900余条；在《遵义日报》等市级媒体刊载新闻2000余条；红花岗区902频道发布新闻277期，"今日红花岗"手机App发布信息2178条，"多彩红花岗"微信公众号发布信息2575条。"最美公交司机"郑小丽的感人事迹，在央视新闻秒拍客户端的视频观看量达1114万人次，成为全网传播到全媒关注的典型案例。中央电视台财经频道《消费主张》推出暑期专辑节目《遵义夜市》获当月同类节目收视率第一名，《生财有道》对海龙镇依托"贡米"产业探索脱贫致富路进行专题报道。

【网信舆情监管】 健全完善由宣传文化系统、相关部门和镇（街道）组成的"三位一体"网信舆情监管体系，组建网络文明传播志愿者队伍（共68人），在全区范围内开展"净网行动"，打造风清气正的网络空间；开展"人民慕课"培训2次，培训学员600余人次，切实提升基层管网、用网能力，及时处理市级反馈舆情，处置率达100%。

【融媒体建设】 到四川省宜宾市兴文县、贵阳市南明区和修文县、贵州广播电视台、《贵州日报》社、《当代贵州》杂志社、《多彩贵州》传媒集团等实地考察学习，邀请贵广集团业务骨干到红花岗区实地指导。《红花岗区融媒体中心建设实施方案》已经区委常委会审议通过，与贵州广播电视台签订红花岗区融媒体中心建设合作协议，力争在下年3月份建成投用红花岗区融媒体中心。

【专项环境整治】 开展城市乱象治理，取缔丁字口轻工摊区夜市、延安路军嫂街夜市，对红军山周边市容秩序开展专项整治；对中心城区环卫工作采取市场化外包运作，推进城市精细化管理，提升城市形象，在2018年"文明在行动·满意在贵州"活动综合考核中获全省第二名。

【开展文明创建活动】 打造市级文明村镇4个、区级文明村镇16个；涌现出"全国十大见义勇为英雄司机"候选人余仕阳、"中国好人"徐朝乾等一批先进典型；志愿服务制度化建设有序推进，志愿者禹登容在红十字志愿服务工作中获全国嘉奖；老城小学李柠伊、遵义市第四初级中学吴诗怡参加全国"红旗飘飘 引我成长"主题演讲比赛获二等奖。

【开展群众文化生活】 开展"红色基因代代传——红色文化大讲堂暨系好人生第一粒扣子""沿着改革开放的足迹 用声音致敬40年""我们的节日"和脱贫攻坚"三下乡"等主题系列活动，切实增强人民群众文化获得感和幸福感；开展2018年优秀童谣征集、推广和传唱活动，5件作品在全省展播；邀请田华、陶玉玲、叶佩英3位老艺术家为红花岗区文化事业发展建言献策。

【文艺创作】 以黄大发事迹为题材创作的曲艺节目《山魂》在2018年贵州省"群星奖"文艺作品选拔赛中获全省曲艺类节目第一名；选送作品《文明在身边系列》宣传画在"全省第四届'图说我们的价值观·美好黔图'"征集活动中获特等奖；以老红军李光为原型与贵州广播电视台合作创作3集广播剧《漫漫长征路》，在中央人民广播电台《中华之声》栏目连续播出；以小红军龙思泉为原型制作动画片《红军魂》；与长征历史红色文化专家费侃如合作编写书籍《中央红军长征中的第一次打胜仗——遵义大捷》；组织企业

2018年1月11日，红花岗区美术、书法、剪纸作品展启动仪式（区融媒体中心提供）

红飘带文化有限公司参加“遵义市第二届文化创意产品设计大赛”，获企业组第二名。

【文旅融合】 把红色文化与红色旅游有机融合，启动省级重点文化项目毛主席住居文化旅游综合体、老鸦山战斗遗址和红花冈剧院改造升级等项目建设，着力构建以遵义会议纪念馆为核心的“一江两景”红色文化建筑群，打造遵义红色文化新地标；继承弘扬中华民族的优秀传统文化，组织申报获全省“诗词之乡”称号。

（吕　凯）

【媒体宣传】 2018年，对外宣传充分展示全区在城市建设、文明创建、生态建设以及保障民生中的成功经验与具体做法，不断创新方法手段，突出工作成效，精心实施主题宣传，采取电视、报纸、新媒体、网络各型多级媒体协同作战，形成多位一体宣传攻势，树立良好的红花岗区形象。

红花岗区902频道 2018年，红花岗区902频道制作播出节目264期，播出新闻1848条（被中央、省、市媒体采用212条）。做好常规性时政新闻的采访报道，认真策划专题新闻，围绕全区中心工作任务和重大活动，制作播出《海龙镇：光伏发电新能源 脱贫攻坚新举措》《“一户一法”精准帮扶 切实提高群众满意度》《红花岗区：新农合政策解民忧 “健康扶贫”工程显实效》《红花岗区：推进保障性住房建设 圆贫困家庭“安居梦”》《以商招商 打造新能源汽车产业发展新高地》《持续开展市容环境整治 切实巩固文明创建成果》《“新时代农民讲习所”讲出产销新思路》《红花岗区：推进“千企改造”工程助力企业转型升级》《“数”说发展》《棚改惠民生》《春风劲起百花放》等一系列主题报道，开设《新时代 新作为 新篇章》《筑牢安全防线》《走向生态文明新时代》《遵道行义 健康贵州》《党的十九大精神 宣讲进行时》《深入学习贯彻党的十九大精神》《遵道行义 文明在行动》《中央环保督查整改进行时》《改革开放真好》《脱贫攻坚 夏秋攻势》《全力推进项目建设》《营商环境整治百日攻坚》《脱贫攻坚 发起总攻 夺取全胜》等专栏，协助中央电视台第四频道拍摄大型纪录片《记住乡愁》第五季，展现红花岗区山清水秀的田园风光以及独具特色的乡土故事。围绕区委、区政府的中心工作，服务发展大局，解读政府政策，发布时政信息；关注民生百态，传播社会正能量，多视角、全方位、大容量反映红花岗区各项事业取得的丰硕成果，营造良好的宣传环境和舆论氛围。

“今日红花岗”专版 2015年10月，红花岗区委内刊《今日红花岗》与《遵义日报》达成合作协议，于每周五在《遵义日报》推出《遵义日报·今日红花岗》专版。2018年，《遵义日报·今日红花岗》专版55个，刊载新闻报道385条。围绕学习贯彻党的十九大精神、脱贫攻坚、环保督查“回头看”、文明城市长效常态建设、营商环境整治、棚户区改造等重点工作推出一系列专题报道，持续有效完成区级媒体宣传报道。

向中央、省、市媒体提供新闻线索，推送稿件，全年在《人民日报》《光明日报》《求是》《贵州日报》《当代贵州》等中央、省级报纸杂

2018年2月16日，“我们的中国梦 文化进万家”贺新春系列文化活动（区融媒体中心提供）

志上刊登文章313条。

微信、App、微博手机新媒体　以“多彩红花岗”微信公众号、“红城发布”新浪微博、“今日红花岗”手机App为代表的“两微一端”手机新媒体以网络化语言，有针对性地发布政务、民生、医疗、教育、商业等信息，促进政府与民众沟通，改善和推进政务信息创新，成为推介红花岗区经济社会发展成果的重要传播力量。

“多彩红花岗”微信公众号全年编发内容2075条，开设“改革开放真好”“脱贫攻坚”“巩固创文成果”“环保督察”“营商环境”“城镇解困”“安全生产”“平安红花岗”“扫黑除恶”“民生民情”等栏目。其中，“改革开放真好”发布38条，“脱贫攻坚”发布211条，“巩固创文成果”发布168条，“环保督察”发布152条，“营商环境”发布35条。“红花岗区‘开笔破蒙·朱砂启智’开播了”直播预告阅读量达17796人次。

“今日红花岗”手机App全年编发信息2135条，在安卓应用市场累计下载量219841人次，苹果应用市场累计下载量124692人次。其中，“依法实施强制执行　加快棚改工作进度”点击24036人次，“犹福生：身残志坚撑起脱贫梦”点击15532人次，“遵义巴斯巴：节后复工生产热火朝天”点击12868人次。

新浪微博“红城发布”全年发送微博483条，开设“改革开放真好”“红花岗发布”“巩固创文成果”“安全生产”“脱贫攻坚”“网络安全”“扫黑除恶”等重要话题，做到与微信同步宣传，粉丝量达23856人。

网络舆情管理　加强互联网应急管理工作制度化、规范化建设；在全区范围内开展“净网行动”，确保网络空间和谐晴朗；发挥新媒体平台优势，运用新媒体引导涉区舆情，坚持用新媒体引导舆论，及时发声，公布事实。“百姓关注”报道红花岗区“遵义世纪医院巧设名目违规收费，手术台上持刀加价，加剧医患矛盾”，“多彩红花岗”手机App、“今日红花岗”及时发布信息发布真相，澄清事实；6月，与区网安大队协调配合成功打击“凤新快线拆迁房屋垮塌”网络谣言事件，利用微信“多彩红花岗”、微博“黔北明珠红花岗”及时辟谣，向社会公布事件真相与打击处置传谣者的情况，有力震慑网络造谣、传谣行为。

网评工作　加强管理全区60余名网络文明传播志愿者，将社会舆情触角延伸到社会各个角落，“第一时间”收集群众对各种热点、难点问题的思想反映。组织志愿者队伍在微信群开展学习培训，开展网上正面宣传引导，培养志愿者队伍实战工作能力，参与省、市、区组织的负面舆情跟帖评论和正面转发宣传工作。全年网评工作共动员1838人次，转发相关新闻5000余次，跟帖1200余次。

在各级媒体密集发声　2018年，在《人民日报》、中央电视台、《贵州日报》、贵州电视台等省级以上重要媒体刊载新闻820条；在《遵义日报》等市级媒体刊载新闻2000余条。“最美公交司机”郑小丽感人事迹在央视新闻秒拍客户端视频观看量达1114万人次，成为全网传播到全媒关注的典型案例。中央二台《消费主张》推出暑期专辑节目《遵义夜市》获当月同类节目收视率第一名，《生财有道》对海龙镇依托“贡米”产业探索脱贫致富路进行专题报道。

（区外宣中心）

统战工作

【概况】　2018年，红花岗区统一战线坚持大团结、大联合主题，践行同心思想。以大统战体制改革为契机，增强统战意识，强化统战思维，充分发挥统一战线密切联系社会各界的优势，助推脱贫攻坚、服务经济建设、促进社会和谐发展。

【机构改革】　5月，区委常委会审议通过《遵义市红花岗区大统战工作格局改革方案》。2018年5月23日，红花岗区委统战部改革后召开第一次全体干部职工大会，大统战工作格局正式运行。实施大部制改革后，红花岗区委统战部设内设机构5个，保留事业单位2个。

【非公有制经济发展】　搭建招商引资平台　组织辖区汽车、物流行业商会等14家企业召开巷口物流园招商座谈会。区政协副主席、工商联主席丁有弘向参会企业进行情况介绍，征求汽车、物流企业对园区建设的意见和建议，通过区物流商会招商引资引进华宇方圆国际物流有限公司40亿元在全区建设华宇方圆节能环保型物流电商创业园。

搭建服务平台 制定《红花岗区助力优化营商环境全力促进非公有制经济“两个健康”的实施意见》，主要从宣传教育、沟通服务、民主监督、组织保障等方面搭建平台，打造健康有序的非公有制经济营商环境。组织、协调召开优化营商环境座谈会5次，发放问卷250份；到企业开展调研，了解企业困难，收集问题10余条，对黔兴油脂公司、尚品源生态示范园两个企业提出的诉求及时联系相关部门提出解决建议；继续开展民营经济系列职称评审工作，有185名民营经济专业技术人才获得中级工程类专业技术职称，为340名民营经济专业技术人才办理职称申报工作；组织非公有制企业家等13人到中国台湾考察现代农业、休闲农业。

搭建公益平台 协助区个协、遵义格雷格爱心教育促进会和女企业家“爱心妈妈”等开展捐资助学活动，累计捐资36万元，资助223名贫困学生；向金鼎山镇中心学校、巷口镇中心学校等学校捐赠运动鞋3800双，价值4万元。

搭建组织保障平台 合理确定非公有制经济人士比例，全年推荐14名非公有制经济人士担任区政协委员。

“千企帮千村”精准扶贫 非公有制经济服务中心到金鼎山镇后庄村、金川村、野里村和巷口镇中山村开展精准扶贫调研工作，组织商会、党支部和企业家开展“送温暖　献爱心”活动，为金鼎山镇金川村修建通组公路捐款6万元。在非公有制经济人士中，选派28名企业家担任金鼎山镇、巷口镇、海龙镇所辖村的经济发展顾问（重点是金鼎山镇后庄、野里、板桥、金川、银江5个村），参与社会化扶贫工作，带动贫困村经济发展，产业扶贫累计投入资金1500万元。

【基层商会】 组织全区18个非公有制经济党支部开展推进基层党组织标准化建设，按照《红花岗区“四抓四促”非公有制企业基层党组织标准化评星定级标准及考评细则》开展工作。召开第四次会员大会，选举产生141名执委和四届班子。申报长征商会为全市工商联“四好五型”商会（四好：班子建设好、团结教育好、服务发展好、自律规范好；五型：学习型组织、创新型组织、发展型组织、和谐型组织、法治型组织）示范建设工作。筹备成立“力信商会”，打造东方大道商圈。加强对外联系和缔结友好商会，区工商联与黔南州独山县工商联签订友好商会协议。

【民族团结和发展】 开展民族团结进步创建活动，打造长征街道河北井社区、北京路街道环城社区、海龙镇贡米村、巷口镇巷口村为省、市民族团结进步村（社区）。合理安排2018年少数民族发展资金，完成中央及省、市少数民族发展资金立项工作，2018年争取中央少数民族发展资金74万元，用于巷口村少数民族文化阵地建设和海龙镇贡米村4千米道路硬化建设，受惠群众228户1000人。安排省级少数民族发展资金14万元和市级少数民族发展资金8万元，促进少数民族事业发展。

【宗教工作】 在全区宗教活动场所开展“进国旗、进宪法和法律法规、进社会主义核心价值观、进中国优秀传统文化”活动。全区18个宗教活动场所国旗飘扬，体现爱国爱教。为加强各宗教活动场所安全监管，责任层层落实，推动安全监管工作。6月，对全区宗教场所开展食品卫生、消防安全检查。全区办理入教手续信众22536人。

【佛协换届】 区佛协2005年成立，班子成员一直未换届。2018年召开第三次佛协代表大会，对班子成员进行调整。

【港澳及侨务工作】 贯彻第十次全国归侨侨眷代表大会精神，组织归侨侨眷代表参加省、市侨联贯彻第十次全国归侨侨眷代表大会宣讲会。增强与侨界群众的情感，发挥好侨联纽带作用。拓展海外统战工作渠道和新的社会阶层人士统战工作，发挥红花岗籍华侨华人及归侨侨眷、海外留学人员和新的社会阶层人士作用，助力家乡经济发展，弘扬中华传统文化，增进民族认同。

【非党干部培养】 坚持把非党干部纳入科级后

备干部培养重要内容，确保优秀非党干部有机会、有平台施展才能。将非党干部理论和业务知识培训纳入全区干部培训计划，共培训非党干部60人次。全区有区委管理的非党干部34名（其中民主党派10名，无党派24名），正科6名，副科28名，占全区领导干部的8.42%。

【扶贫工作】　截至11月，有14个单位和8家企业开展扶贫项目34个，其中产业扶贫项目11个、教育扶贫项目6个、金融扶贫项目1个、就业扶贫项目3个、智力扶贫项目6个、基础设施建设扶贫项目2个、其他扶贫项目5个，解决就业401人，投入资金552万元。

（区委统战部办公室）

机要工作

【概况】　2018年，红花岗区委机要局贯彻落实上级业务部门各项工作部署，围绕区委和区政府中心工作，完成全区党委系统信息化建设等各项工作任务。2018年，区委机要局获区级年终目标考核一等奖。

【党委信息化建设】　加强全区党委系统信息化和电子政务内网建设及管理工作。推进全区电子政务内网相关保密审批工作，完成综合大楼接入单位保密测评工作。为全区各联网单位提供相关技术支撑服务300人次。

【干部队伍建设】　加强政治思想教育，组织开展系列主题教育活动，强化机要传统教育，弘扬机要精神。2018年，组织机要干部参加各级培训班33人次，其中赴外省培训7人次、考察学习11人次。

【帮扶工作】　推进计划生育“三结合”帮扶工作，对5户帮扶户每户帮扶资金300元，共计1500元。开展脱贫攻坚和城镇解困工作，帮扶金鼎山镇板桥村2户贫困户生活物资、经费，走访帮扶北京路街道火车站社区城镇困难群众20户每户200元，共计4000元。

（梁正江）

信访工作

【概况】　2018年，区信访局接访群众1257批6399人次（区领导坐班接访322批次2339人次、区群众工作中心接访616批2444人次、原南部新区三镇接访319批1616人次），均按程序办理；省委巡视组交办220件，已全部办结；上级信访部门交办共391件，已全部化解；推进办理市领导包案督办的10件信访事项；区级领导包案化解的136件已全部化解；群众通过“区长信箱”、网上投诉、手机App反映问题146件，已全办理；进京访34批39人次全部劝返，实现零滞留；参与信访事项化解协调会64次。

【机构调整】　2018年8月28日，根据红花岗区机构编制委员会办公室《关于调整遵义市红花岗区矛盾纠纷调解中心机构设置的通知》，将区信访局下属区人民投诉受理及信访信息中心（区人民建议征集中心、区群众工作中心）合署办公的区矛盾纠纷调解中心调整为区司法局管理，更名为遵义市红花岗区矛盾纠纷多元化解中心，为财政全额预算管理公益一类事业单位，核定事业编制6名，设主任1名（由区司法局局长兼任），专职副主任1名。从区信访局下属事业单位划转事业编制1名，划转后区信访局4个下属事业单位只保留3个事业单位合署办公，为财政全额预算管理公益一类事业单位，其事业编制核定10名，在原基础上减少1名，其中专职副主任1名、一般干部8名、事业工勤编制1名。

【职能整合】　红花岗区信访工作与南部新区信访工作整合。2018年12月，南部新区撤销后，南部新区所辖4个镇（街）信访工作分别由红花岗区、播州区负责接管。其中，忠庄街道、南关街道、深溪镇信访工作由红花岗区负责，龙坑街道信访工作由播州区负责，红花岗区与南部新区信访业务交接工作全部完毕。

【网上办理业务】　以“网上信访综合业务系统”为载体，开展转交办信访事项办理工作。办理国家信访局通过网上系统转交红花岗区的信访事项144件，同比增长65%；办理省信访局通过网上系统转交红花岗区的信访事项111件，同比持平；办理市信访局通过网上系统转交的信访事项207件，同比增长24%。

【案件复查】 2018年，群众向区人民政府申请复查事项31件，及时受理31件，出具复查意见8件，不予受理23件，及时受理率、按期办结率为100%。

【信访问题排查】 建立健全信访问题及社会矛盾纠纷村（社区）、镇（街）、区三级滚动排查网络，坚持日常排查、专项排查和全面排查相结合。建立信访预警机制，对重大活动集中组织排查7次，重点排查5次，排查梳理重点信访事项55件；依托全省“三个四级个案台账”，坚持每月排查上报，排查矛盾纠纷信访问题12次，重大活动排查5次，排查矛盾纠纷52件，信访事项574件，重要信访事项58件，重点人员84人，纳入台账管理，明确包案化解责任机制。

【诉访分离】 2018年，区信访局严格落实诉访分离制度，凡是涉法涉诉信访事项，办理情况统一以法院判决和政法统一协调的结果为准，区信访部门负责对信访人劝返。

（曹定涛）

机关党建

【概况】 2018年，区直属机关工作委员会以党的政治建设为统领，全面推进区直机关党的政治建设、思想建设、组织建设、作风建设、纪律建设，为实现区委提出的建设“三区三高地”战略目标和决战脱贫攻坚，决胜全面小康提供坚强的组织保障。表彰优秀基层党组织17个，优秀党务工作者11人，优秀党员56人。

【基层组织建设】 开展党组织书记述职评议 4月4日，召开2018年机关党建暨党组织书记述职评议工作会，对各党组织书记的述职评议进行点评，安排部署党建工作；会后区直机关各党组织书记分别就履行党建工作职责进行书面述职。

优化组织设置 按照全市提出规范律师行业党组织的要求，指导协助区司法局成立党总支，将辖区律师事务所党组织进行整合，成立8个律师行业党支部。机构改革中区地税局与国税局合并，指导成立新一届机关党委班子，将原地税、国税下属27个党支部进行整合，新成立13个税务局党支部，分别完成换届选举工作。区保密局合并到区委办党支部；区法院由原11个党支部整合为8个党支部；将区烟草专卖局整体上划到市烟草专卖局党委，实行行业归口管理；撤销区政府驻贵阳办党支部。区直机关党组织由原91个党支部调整为77个。督促各基层党组织开展换届选举工作，25个基层党组织完成换届选举工作。全年接转党员组织关系320人次。

【标准化建设】 10月，区直机关工委对下属40家基层党组织标准化建设工作开展督查；11月，评估推荐五星级党组织5家，四星级党组织19家，三星级党组织10家，二星级党组织3家，暂不评定党组织3家。

【党员队伍建设】 对连续三年以上未发展党员的党支部专项整改工作进行专题研究，通过专项清理，工委下属基层党组织连续三年未发展党员的支部71个，其中退休党员支部7个，单位全党员支部6个，单位非正常运转党支部0个，连续三年无新进人员的党支部11个，临时性、功能性党支部4个，应发展未发展党员的党支部43个。通过清理整顿，区直工委下属各基层党组织有入党申请人17人、入党积极分子35人、发展对象19人，已接收预备党员14人，2018年新发展党员14人，超额完成2018年党员发展计划数。

【党员档案管理】 有24家单位完成党员档案排查工作，清理党员档案人数712人，其中党籍丢失49人，需认定党员档案31人。对2000年以来区直机关工委管理的下属党组织党员档案进行专项整理，清理出党员档案344份。

【分类指导和督促检查】 对机关基层党建工作进行分类指导和督促检查，发现问题140个，各机关党组织对照问题逐条整改，上报整改报告41份，制定整改措施200条，问题整改实行台账式管理，形成机关党建整改常态化。

【党建课题调研】 为提升机关基层党组织的组织力，强化机关基层党组织的政治功能，围绕机关党组织书记“职权”弱化的问题，区直机关工委开展专题调研，形成《关于机关党组织书记职权“弱化”问题调研报告》，为区委加强机关党的建设提供参考。

【打造党建基层特色品牌】 结合区司法局党总支律师行业党建特点，实施区机关智慧党建创新项目，支持创建经费5万元；支持区总工会党支部标准化党建示范点经费2万元。

【脱贫攻坚】 明确2018年帮扶发展目标和任务，为10户贫困户送去御寒衣物、棉被，帮扶贫困户学生助学金，赠送鸡苗、蜂箱等生产物资，购买小额保险。

（区直属机关工委办公室）

机构编制

【概况】 2018年，区编办以深化行政审批制度改革、推行政府部门权责清单、纪检监察体制改革、开展综合行政执法改革等工作为抓手，严格控制和优化配置机构编制，加强改进机构编制工作，促进各项工作顺利推进。全年办理机构统一代码变更18家；事业单位新设立1家，变更86家108项，注销7家。

【机构编制管理】 空编补员 红花岗区2018年度空编补员计划总量400名，其中，教育系统300名，卫计系统14名，其他单位86名。全区2018年度公立医院备案核准空编补员计划101名。

行政机构设立 红花岗区设立中共遵义市红花岗区委第一巡察组、第二巡察组、第三巡察组。

行政机构划转 根据《关于做好遵义市公安局红花岗分局、遵义市公安局汇川分局和遵义市播州区公安局管理体制调整后机构编制事项的通知》，区公安分局机构编制事项已按要求移交市编委办管理。

事业单位设立 2018年，设立遵义市红花岗区第三产业发展服务中心、遵义市红花岗区商务流通促进中心、遵义市红花岗区中小企业服务中心、遵义市红花岗区矛盾纠纷多元化解中心。

事业单位划转 按照《关于理顺遵义市中心城区规划管理体制的通知》，区城乡规划站机构编制事项已按要求移交市编委办管理。

【控编、减编】 严格执行控编减编工作联席会议制度和年度用编申报制度，坚持编制使用前空编补员计划审批和核编制度。对新设机构人员编制原则上实行内部调剂，不增加编制和人员。2018年设立区委第一、二、三巡察组和区商务流通促进中心、区中小企业服务中心等机构，所需编制分别从2012年底全区行政和事业编制总量内调剂。打破原机构编制“终身制”管理模式，实行总量控制、统筹考虑、动态调整。建立事业编制收回台账和事业编制收回使用台账，将收回的编制调整到职责增加或新组建的事业单位。

【改革工作】 区委编办拟写全区综合行政执法体制改革实施方案、工作方案和区综合行政执法局（区城市管理局）“三定”规定，并按程序呈报区编委会、区常委会审议后按程序印发。区委编办会同区委组织部、区人社局、区财政局、区综合行政执法局及各涉改部门开展机构编制人员的划转工作，共划转、调整人员507名。区编委办会同区委统战部，对涉及大统战格局改革的区委统战部（区台办）、区民宗局、区工商联、区侨

2018年2月8日，在区政府3号厅召开全区综合行政执法改革座谈会

联等部门的机构编制情况进行调研，形成《遵义市红花岗区大统战工作格局改革方案》，分别于3月和5月提请区委编办、区委常委会审议通过。已完成相关机构和人员的划转。配合区总工会、团区委、区妇联、区计生协会等群团部门开展好全区群团机构改革工作，区总工会、团区委、区妇联的改革实施方案已正式印发。配合区纪委（区监察委）对其内设机构和职能职责进行调整；配合区纪委（区监察委）对涉改的区法院、区检察院239名编制进行调整转隶。

【开展调研】 区编委办分别于2015年10月、2017年5月和2018年4月在全区党政群机构开展3次全面调研，并结合各单位具体机构编制情况进行综合研判，形成《遵义市红花岗区机构编制委员会办公室关于全区群团机关（组织）机构编制情况的调研报告》《遵义市红花岗区党的工作机关机构编制管理规范研究工作的调研报告》《红花岗区关于党政群机关机构改革的调研报告》，发挥机构编制部门参谋助手作用。

【行政审批制度改革】 制定《遵义市红花岗区深化行政审批制度改革2018年工作要点》。2018年，按照《国务院关于取消一批行政许可等事项的决定》，印发《关于取消区交通局等部门2项行政许可事项的通知》，取消区交通局“机动车维修经营许可”、区农牧局“农业机械维修技术合格证核发”2项行政许可。区财政局涉及省级下放“中介机构从事会计代理记账业务审批”权力1项，编入2018年拟公布权责清单。涉及区教育局等11个部门的25项权力取消，上述部门已对应自行取消，并报区审改办备案。对全区29家行政机关、海龙镇等3个乡镇的权力清单和责任清单进行集中审核，形成《遵义市红花岗区区级行政机关权责清单（2018版）》（2751项）、《遵义市红花岗区乡镇政府权责清单（2018版）》（228项）；8月28日在区人民政府网站公布。上半年，清理、保留区政府部门行政审批中介服务事项目录8项（清理4项、保留4项）。未纳入行政审批中介服务清单的事项，一律不得作为行政审批的受理条件。

2018年1月2日，公立医院管理委员会暨监事会成立并颁发聘书

【机构编制监督检查】 2018年，区编办分别对区城管局、区统计局、区民政福利中心等单位开展机构编制监督检查。继续开展党政群机关消化超编人员工作，严把进人关，杜绝超编进人，以自然减员、鼓励党政群机关工作人员向企事业单位流动等方式消化超编人员，区级党政群机关实有人员控制在区级行政编制总量范围内。

【事业单位登记管理】 日常登记管理和年度报告提交工作 2018年，全区登记机关群团统一社会信用代码72家，事业单位登记管理231家。1月1日至3月31日，网上受理和审核2017年度230家事业单位年度报告提交工作，提交率100%，在“事业单位在线”网站完成230家事业单位的公示工作。

建立信用信息与监督管理库 6月，建立执法人员名录库、事业单位名录库，开展公示信息抽查工作。

公立医院改革 1月2日，召开红花岗区公立医院管委会、监事会成立大会暨红花岗区管委员第一次会议，标志着红花岗区公立医院改革实施管办分离。5月3日，召开红花岗区公立医院管委会第二次会议，对公立医院综合改革面临的问题提出建议意见。

【域名和信息管理】 中文域名注册 红花岗区注册党政群机关、事业单位（含21家村委会及66家居委会）中文域名478个，除去无须注册的保密机构，注册域名数与编办实名制系统单位数目对应，中文域名注册率100%。

中文域名清理 根据《党政机关、事业单位和社会组织网上名称管理暂行办法》要求，对照编办实名制系统，2018年新注册中文域名8个，撤销单位5个，删除失效域名57个，实现中文域名与实名机构精准对应，“政务和公益机构域名注册管理中心平台”机构数据准确完整。

党政机关网站开办审核、资格复核 在全区范围内推进党政机关网站清理审核、资格复核和网站标识管理工作。督促新建自建网站提交机关网站开办审核、资格复核申请材料，并完成申请标识、解析域名等事宜；审核自建网站网上名称，确保自建网站做到英文域名规范、中文网站标识醒目、网站底部挂标。

清理“标识证书” 2018年，注销作废标识证书345个，全区正常使用的15家自建网站均将“标识证书”放置在网站底部，确保标识证书有效使用，内容完整正确，网上名称名实相符、名称规范。

中文域名注册缴费和续费 2018年，区编办续费有效中文域名374个，向中央编办统一全额支付中文域名续费7.48万元，完成2018年已注册中文域名续费工作。

更新网上名称管理台账 根据中文域名、标志证书、自建网站等相关信息的变更及时更新台账，实时掌握各单位网上名称使用情况，整改不规范情况，做到网上名称管理台账与实名制系统、网上名称注册管理系统三账对应统一。

【云平台建设】 9月，根据红花岗区政府公布的部门权责事项，将《红花岗区区级行政机关权责清单》和《红花岗区乡镇政府权责清单》（2018版）合计权责信息2979条上传市编委办，集中录入机构编制云平台，为科学配置机构编制资源提供参考。

（区编办）

党校干部教育培训

【概况】 2018年，区委党校共完成培训轮训干部17期，培训人员1779人次。其中，全区领导干部学习贯彻习近平新时代中国特色社会主义思想、党的十九大精神和习近平总书记在贵州代表团重要讲话精神专题培训班4期660人；南部新区学习党的十九大精神和习近平总书记在贵州省代表团重要讲话精神专题研讨班3期180人；2018年红花岗区基层党建能力素质提升培训班1期294人；2018年区机关党务干部培训班1期120人；南部新区入党发展对象培训班2期80人；红花岗区2018年入党积极分子（培养对象）培训班2期180人；红花岗区聚焦打好精准脱贫攻坚战暨脱贫攻坚专题培训班1期160人；红花岗区2018年中青年干部培训班2期，参训人员71人；2018年红花岗区干部能力提升与作风建设专题培训班1期，参训人员34人。与区内部门联合办班10期958人次。2018年11月19日，区委党校金鼎山镇分校在莲池村正式挂牌，丰富红色教育内涵，拓展党校办学阵地。撰写工作信息91期，在贵州省委党校网、遵义干部教育网、红花岗区人民政府网等刊登发表。11月19日，中共遵义市红花岗区委党校金鼎山镇分校挂牌仪式在红花岗区金鼎山镇莲池村举行。

【对外培训】 2018年6月，经区委批复，遵义会议干部学院在区委党校挂牌，成为对外交流合作和红色旅游发展的平台。9月，与遵义红色文化教育培训学院举行红色文化培训签约仪式，依托大量来遵人员，推动全区第三产业发展。承接中国建材集团总部“不忘初心、牢记使命”主题教育培训班、广东肇庆市直机关党组织负责人“传承红色基因、锤炼党性修养”主题研讨班、中建西南院领导干部学习贯彻党的十九大精神暨党性教育培训班、佛山水业“不忘初心、牢记使命”主题教育培训班、湖南省国土资源厅党务干部党性研修班、辽宁省交警系统领导干部学习习近平新时代中国特色社会主义思想培训班等外来党性教育培训班次226期，培训党员干部10357人次。被省委党校评为“2018年度全省党校对外培训平台工作先进集体”。

【宣讲活动】 发挥新时代农民（市民）讲习所作用，开展“牢记嘱托 感恩奋进”讲习活动，学习贯彻党的十九大精神。组织教师、讲习员为各类培训班学员、基层群众、企业员工开展党的十九大精神、习近平新时代中国特色社会主义思想主题讲习，省十二届三次全会、市委五届五次全会精神等宣讲讲习活动44场次，受众面3200人次；组织承办市级讲习员大讲习活动5场次，参训人员1000人次。

【远程教育培训】 组织开展学习十九大精神专题培训班、2018年清华大学教育扶贫精准脱贫专题培训班等远程干部培训活动9期，培训4200人次。与区教育局合作组织2500余名师生参加清华大学教育扶贫高考辅导讲座。组织遵义市第十八中学和第十二中学870名师生参加清华大学中外大学生暑期社会实践活动。组织全区中小学英语教师开展清华"伟新杯"乡村英语教师学习，选拔5名教师赴京、赴港学习。选送17名校长、优秀骨干教师及8名干部到清华大学接受培训。

【教研成果】 组织开展党性教育专题课程、党的理论宣讲等教研活动6次；完成2017年度市级课题1个；申报立项2018年省党建研究会课题1项、市级课题1项；完成2018年区委重大课题1项（"增强文化自信 讲好遵义故事——红色文化产品开发与营销推广"）；曾蕾的调研文章《乡村治理中多元主体协同作用的探索——以金鼎山镇莲池村为例》在全市党校系统"乡村振兴战略"研讨会上获二等奖；苏晓伟的《乡村振兴战略的四维结构特征》获省委讲师团"学习宣传贯彻党的十九大精神"征文活动二等奖；曾蕾的《不忘初心，梦想启航》和代祥芬的《新时代——用奋斗留存美好记忆》获红花岗区委宣传部2018年系列主题征文活动三等奖；潘远平获评"全省党校（行政学院）系统第二届优秀科研管理工作者"；冯俐的论文获全省党校（行政学院）系统第二届优秀科研和决策咨询成果论文类二等奖；赵锐主讲的"缅怀先烈，不忘初心——邓萍的故事"获全市党校系统优质课评选三等奖。

【高学历人才储备和培养】 作为省委党校在全省88个县（区、市）授权举办唯一的县级党校研究生教学点，继续开展省委党校在职研究生学历教育，有2016级、2017级和2018级在校学员共171人。2016年、2018年被省委党校评为优秀教学站。

【教师队伍建设】 培育专兼职教师7人；与省委党校、省委讲师团、市委党校和全市红色教育专家实现资源共享，聘请兼职教师20人。

【帮扶工作】 到金鼎山镇岩塘村开展支部结对帮扶活动。邀请省委讲师团副教授周矩到金鼎山镇开展"决战脱贫攻坚、决胜同步小康——坚定实施乡村振兴战略"专题讲座；组织金鼎山镇岩塘村全体村干部、帮扶干部到绥阳县蒲场镇大桥村"865"党建扶贫示范点和宜安社区党建扶贫村级集体经济示范点进行现场观摩学习；安排教师为金鼎山镇岩塘村党员上主题为"不忘初心、用担当成就梦想"的微型党课；为金鼎山镇中心小学、岩塘村小学捐赠价值1.6万元的清华大学教育扶贫远程接收设备。到老城街道南门社区开展城镇解困帮扶和计生帮扶工作，走访慰问贫困群众16户，发放慰问金4800元。

【区委党校通过县级党校体制改革复评】 6月8日，县（市、区）委党校体制改革评审委员会办公室专家对红花岗区委党校开展县级党校体制改革复评工作，区委党校以综合评估分为94.6分的成绩，通过省评委办县级党校体制改革复评。

（区委党校办公室）

决策服务和政策研究

【文稿起草】 完成区委重大文稿8篇。完成区委四届四次全会主体文稿2篇。起草《中共遵义市红花岗区委落实"三重一大"事项集体决策制度实施办法（试行）》和《中共遵义市红花岗区委关于进一步规范项目建设的实施意见》，经区委常委会审议通过。全年完成《领导参考》5期，编印《政研通讯》5期。

【服务重要会议、活动】 撰写重要会议和活动材料64篇，落实党风廉政建设主体责任等报告14篇，理论文章、汇报材料等11篇。《红花岗区贯彻落实营商环境整治"百日攻坚行动"工作方案》等重要会议配套方案和文件3个。

【重大课题调研】 开展区委2018年重点调研课题征集、申报工作，整理上报区委重大课题22个，均由区级领导牵头总负责，明确具体责任人；专项课题19个，收集整理调研报告34篇。完成《“八要素”典型材料——加快推进红花岗区长征办农村集体产权制度改革》《红花岗区“五单一体”践行“五步工作法”落实脱贫攻坚春风行动令》《红花岗区“三农”问题与乡村振兴战略研究报告》《红花岗区城市建设发展调研报告》等调研文稿10篇。

【全面小康创建】 报送小康信息133期，其中市小康办采用26篇。完成《红花岗区关于全面脱贫、全面小康、农村现代化“三项工作”深度融合的调研报告》《关于贯彻落实全市2018年度全面小康建设暨示范创建工作推进会议精神的报告》。

【全面深化改革】 全年召开7次领导小组会议研究全面深化改革工作，审议出台改革文件17个，下发《中共遵义市红花岗区委全面深化改革领导小组2018年工作要点》，完成改革工作任务49项。承接各类先行先试改革试点17个，其中国家级2个、省级10个、市级5个，已完成国家级试点1个、省级试点6个、市级试点3个。制定《遵义市红花岗区改革法治信息工作制度》，全年报送改革信息41期，其中《红花岗区强化跟踪问效整治营商环境》《红花岗区实施人才智力计划支持乡村振兴行动》被《贵州改革动态》采用。强化改革考核督查，全年开展专项督察2次，调整考核主体，将原来对单位的考核调整为对单位主要负责人的考核，在年度综合目标考核中，提高全面深化改革考核比重。

【全面依法治区】 全面推进依法执政、依法行政、公正司法，开展普法宣传和依法治理，创新社会治理，落实监督保障，形成依法治区新格局。全年报送法治工作信息36篇。推进法治创建活动，3个社区获“全省民主法治示范社区”称号。区检察院被最高人民检察院授予继续保留全国检察机关“文明接待示范窗口”称号，被省人民检察院评为大数据应用推进年专项工作突出贡献集体二等功；区司法局、区公安分局被评为贵州省首届“我与宪法”微视频获奖单位。全面提升社会治理水平，刑事案件和“两抢一盗”发案率分别同比下降15.14%和21.26%。

（区委办）

督查工作

【概况】 2018年，区督查局围绕全区中心工作，履行督查职能，强力推进区委、区政府各项决策部署和战略目标的贯彻落实。建立区委常委会、专题会议定事项落实情况跟踪督查台账，人大代表建议意见、政协委员提案台账，市领导批示件办理工作台账。

【专项督查】 开展中央环保督察整改“回头看”工作督查5次、脱贫攻坚工作督查7次、全区禁毒工作督查1次、经济适用住房建设工作督查1次、增比进位工作督查1次、全区建设领域突出问题处置工作督查1次、汛期危房处置工作督查1次、部分重点项目推进工作督查3次、延安路军嫂街夜市搬迁工作督查1次、全国“两会”信访工作督查3次、种植业结构调整和农村土地承包确权登记颁证工作督查1次、干部纪律作风督查1次，开展营商环境整治工作暗访10次，印发《督查专报》报区委、区政府78期。收到市级来文督查办理85件（其中不需上报回复9件），回复上级来文督查办理76件，并上报贯彻落实情况（以《督查专报》形式上报）共计95期，其中上报省级19期、市级76期。

【关注民生】 督办领导批办件20件次，内容涉及环保、城市建设与管理、脱贫攻坚、安全生产、住房保障、社会治安等方面。办理转办事项，畅通群众与政府沟通渠道，受理“人民网·地方领导留言板”给市委书记留言45件，办理情况及时向市督查局汇报，办结率100%。提升代表建议和委员提案办理水平。2018年区五届人大二次会议、区政协五届二次会议期间，对人大建议118件（红花岗区承办73件、原南部新区承办12件、新蒲新区承办33件）和政协提案167件（红花岗区承办140件、原南部新区承办19件、新蒲新区承办8件）进行办理，人大建议办理满意率99.15%、政协提案办理满意率97.01%。

（区委督查局）

机关后勤服务

【财务管理】 2018年，机关服务中心完成17个部门会计核算工作。截至11月，收入68220539.63元，支出21269983.04元。

【安保工作】 6月，通过区政府公开招标“遵义市红花岗区党政办公区及人社大楼物业服务”项目，引进专业物业团队加强管理，广东宏德科技物业有限公司中标。完善人防、物防、技防系统。

【后勤保障】 2017年6—11月，早中餐财政补助金额1222631元，整改后2018年6—11月早中餐财政补助金额647959元，同比减少47%。制定《红花岗区公共机构餐厨剩余物收集处置监管工作方案》。

【会议服务】 2018年，中心承担区委、区政府及其他部门大小会议服务650场，主动与区委办、区政府办对接，根据会议接待派会单做好会前会场布置计划工作，会中随时满足参会人员的服务需求，会后围绕6S（清理、清洁、整理、整顿、安全、素养）管理要求严格执行。

【设备维护】 中心为保障各项设备正常运行，制订设施设备（供电、供暖、给排水、电梯、空调、安防、消防、计量等）维护计划。开展监控视频系统、智能闸道系统、党政办公区及会议厅直饮水的公开采购招标等日常工作。

【公务用车保障】 完善车队《车辆管理制度》《驾驶员管理规章制度》《驾驶员值班管理度》等规章制度，加强内部管理，执行纪检监察部门节假日车辆定点封存规定，无公车私用情况。

【帮扶工作】 全年累计为14户贫困户送去帮扶款物2万元。投入资金5000元为豆芽湾社区解决活动阵地建设。

（区机关服务中心办公室）

区人民代表大会

重点工作

【概况】 2018年，召开人大常委会会议8次、人大常委会主任会议10次，听取和审议“一府两院”报告11个，开展视察和调研19次、专题询问1次、执法检查1次。

【依法决定重大事项】 听取和审议区人民政府“十三五”规划纲要中期评估报告。审查和批准红花岗区2018年财政预算和政府性基金预算调整方案。审议通过《遵义市红花岗区法治宣传教育第七个五年规划（2016—2020年）》。审议和批准红花岗区乡镇行政区划调整议案。

【工作监督】 加强对经济运行和财政预算的审查监督，听取和审议红花岗区2017年财政预算执行和其他收支的审计工作报告、红花岗区2018年1—9月国民经济和社会发展计划执行情况报告；围绕幼有所育，对全区公办幼儿园建设情况进行调研，听取和审议区人民政府关于公办幼儿园建设情况的专题报告。围绕住有所居，听取和审议区人民政府关于棚户区改造工作的报告，对资金使用、项目推进等工作进行跟踪监督。围绕安全和谐，对全区扫黑除恶、民族宗教工作开展视察调研并听取和审议相关专项工作报告。强化生态文明建设监督。听取和审议区人民政府关于环境保护、落实河长制工作情况的专题报告并开展询问。加强干部任后监督。对区人民政府组成部门主要负责人开展年度述职并进行满意度测评，促进人大任命干部依法履职。

【法律监督】 听取和审议《区人民法院关于贯彻执行〈中华人民共和国民法总则〉的报告》。开展《中华人民共和国消防法》执法检查，配合市人大开展《中华人民共和国献血法》《中华人民共和国社会保险法》《中华人民共和国城乡规划法》等6部法律法规贯彻落实情况的执法检查；对《红花岗区特困人员救助供养实施办法》《红花岗区建设项目节水设施“三同时”管理办法》等12件规范性文件进行备案审查。坚持依法监督与处理信访案件相结合，全年共受理来信来访44件，接待来访群众78人次。

【依法行使人事任免权】 任免国家机关工作人员和人民陪审员64人次。

【代表工作】 在全区各级人大组织和人大代表中全面启动“3451”脱贫攻坚·城镇解困代表行动计划，有171名省、市、区、镇人大代表挂帮678户贫困户，开展走访贫困户和困难群众6202人次。建立代表联络服务专门机构，全面启动代表联络站规范化建设，强化代表履职的服务保障。举办专题讲座、培训班，全年共培训代表200余人次。邀请代表列席常委会会议、视察调研、专题询问45人次，推荐代表参与“一府两院”组织的活动32人次，扩大代表参与度，拓宽代表知情知政渠道。通过集中交办、常委会领导重点督办、听取办理情况报告、通报办理成效等举措，切实提高建议办理质量。区五届人大二次会议期间提交的118件代表建议，均得到较好办理，办复率100%，满意率99.15%。

【城建环资工作委员会】 组织开展对环境保护

工作、棚户区改造工作的议题调研，提请常委会和主任会议听取和审议相关工作报告。对海龙水库、虾子河等饮用水源地周边环境保护、污水处理、河长制落实情况等工作进行监督检查。提请常委会对红花岗区落实河长制工作情况开展专题询问。

【教科文卫民工作委员会】 组织开展对公办幼儿园建设、民族宗教工作的专题调研和学习考察，提请常委会和主任会议听取和审议相关工作报告。

【选举任免联络工作委员会】 举办代表履职培训班两期。组织省、市、区人大代表对红花岗区经济社会发展情况开展集中视察；完成常委会任免干部相关工作，全年任免国家工作人员64人次；完成区五届人大二次会议选举工作。加强代表建议、批评和意见的督办工作，督促区“一府两院”认真办理代表建议、批评和意见。开展人大代表“3451”脱贫攻坚·城镇解困代表行动计划。全面启动代表联络站规范化建设，强化代表履职服务保障。

【财政经济工作委员会】 组织开展2017年度本级财政预算执行及其他财政收支情况的审计工作和2017年财政决算情况的调研，组织开展2018年1—9月计划、财政预算执行情况和预算调整方案（草案）调研，提请常委会和主任会议听取和审议政府相关工作报告及议案。启动预算联网监督系统，为预算审查监督常态化创造条件。对69个部门预算申报情况进行全面审查，加强预算审查的深度和广度。高度重视审计结果运用，对年度审计查出问题进行跟踪检查，对2017年审计查出问题41个，已全部督促整改。

2018年3月29日，区政协组织区政协委员到红花岗区棚改指挥部调研视察棚户区改造情况

【内务司法工作委员会】 组织开展对区人民法院《中华人民共和国民法总则》贯彻执行工作的议题调研，提请常委会听取相关工作报告。牵头开展《消防法》执法检查。组织常委会会前法制讲座5次。完成拟任人员任前法律知识考试工作。

重要会议

【区五届人大二次会议】 区第五届人民代表大会第二次会议于2018年1月15—18日召开，会议听取和审议区人民政府、区人大常委会、区人民法院、区人民检察院工作报告，审查和批准红花岗区2017年国民经济和社会发展计划执行情况及2018年计划（草案）的报告，批准遵义市红花岗区2018年国民经济和社会发展计划；审查和批准遵义市红花岗区2017年财政预算执行情况和2018年财政预算草案报告，批准遵义市红花岗区2018年区级财政预算；通过设立遵义市红花岗区第五届人民代表大会专门委员会的决定和各专门委员会组成人员名单；补选游劲松为区人民政府区长；选举许平为区监察委员会主任，补选饶大胜、张翼为区第五届人民代表大会常务委员会委员。

【区第五届人大常委会第十二次会议】 区第五届人大常委会第十二次会议于2018年4月24日举行。会议传达学习省委关于深入学习宣传贯彻《中华人民共和国宪法》相关文件精神；审议通过《遵义市红花岗区实施宪法宣誓制度办法》《区人民政府关于提请审议红花岗区乡镇行政区划调整的议案》和《关于红花岗区2018年政府性基金预算调整方案（草案）的报告》；会议通过相关人事任免事项。

【区第五届人大常委会第十九次主任会议】 2018年12月6日，区第五届人大常委会第十九次主任会议举行，会议听取区人民政府贯彻实施《贵州省民族宗教事务条例》情况的报告；讨论确定区五届人大常委会第十七次会议议程、日程等相关事宜。讨论召开区五届人大三次会议相关事宜。

区人民政府

综　述

【概况】　2018年，红花岗区坚持稳中求进工作总基调，坚守发展和生态两条底线，坚决打好三大攻坚战，深入实施“三大战略”行动，奋力在建设黔川渝接合部中心城市中当先锋走前列，着力打造“三区三高地”，统筹做好稳增长、促改革、调结构、惠民生、防风险各项工作，全区经济稳中向好、社会和谐稳定。全年地区生产总值完成500.24亿元，同比增长7%；500万元以上固定资产投资增长18.8%；一般公共预算收入完成31.03亿元（不含新蒲新区），增长11.8%；服务业升级社会消费品零售总额完成185.88亿元，增长8.7%。有效降低市场准入门槛，新增市场主体16519户，注册资本624.7亿元，从业人员11.37万人。

【农业农村】　完成农业增加值35.77亿元，增长6.7%。着力调整种植结构，调减玉米种植面积10992亩，新增水果、蔬菜种植面积各5000亩，非粮占比达98%。“公司+合作社+农户”模式不断完善，新增省级农业产业化龙头企业1家、农民专业合作社31家。深入推进供销社综合改革，新增市级“三位一体”新型基层供销合作社2家。有序推进12个村“三变”改革试点工作。加快土地确权登记，颁证率达97.6%。实施耕地保护，新增耕地3150亩。省级农业科技示范园区顺利挂牌，举办首届中国农民丰收节暨海龙土司贡米节。

【工业发展】　工业总产值达188亿元，规模以上工业增加值29亿元。原南部新区新增高新技术企业11家，培育规上企业6家。深入推进“双千工程”，签约西密机电等13个项目，贵绳集团等3家企业启动搬迁。容百一期1.5万吨锂电项目顺利投产。新能源汽车产业加速发展，产品覆盖电机、电控、充电设备等领域，电机产能达10万套，充电设备达50万套，控制盒系列达40万套。加速推进军企融合，博文软件等4家企业完成军队供应商申请注册，航锐航空等6家企业进入产业发展基金项目库。加快大数据产业发展，引进贵州亿垒科技等5家大数据企业，电子信息制造业产值达21亿元。完成105家大数据与实体经济企业在线评估，融合巴斯巴智能制造等30个项目。推进国有企业社会职能剥离，接收乌江渡发电厂、遵义卷烟厂等5家企业“三供一业”；实施工业“百千万”工程，开展“双服务”和“双创”大行动，为长岭特钢等6家企业落实直购电，帮助遵义钛业享受电力集中竞价交易政策，推荐巴斯巴、万胜等12家企业申报贵州2016年企业改扩建和技术创新专项资金。

【商贸旅游】　围绕“一座名城·两个长征”“红花岗上开·好运红城来”和“一心三带多点”区域打造旅游精品线路。乡村旅游蓬勃发展，建成农业及乡村旅游接待点24家。完成网络消费额3.53亿元。城镇居民人均可支配收入34849元，增长8.6%；农村居民人均可支配收入14586元，增长9.8%。

【城市建设】　*旧城改造*　征收房屋9855户，兑付资金35.28亿元。完成刘家湾、内环片区模拟征收，多途径推动还房安置，安置群众12394户。累计购买房源4337套，用于征收安置3970套。建成7603套保障性住房，超额完成省级下达任务，被评为省级保障性安居工程示范区。

交通路网　统筹推进“832”项目建设。银河路—共青大道改扩建基本完工，官桃隧道、新南大道等主干道建设有序推进，启动遵松公路改扩建，全面完成凤新快线征收任务，配合开展武汉路、蓉遵高速（遵仁段）征收工作。新建光缆7200千米。完成中心城区灯饰亮化、7条6.8千米小微循环路网改造和1.05万平方米破损道路修补。

【生态建设】　空气质量优良率达97.8%，集中式饮用水源水质达标率稳定保持100%，地表水水质基本达到Ⅲ类水体要求。投资49.83亿元，实施生态环保项目57个。完成饮用水源保护区居民搬迁313户，拆除房屋176栋78771平方米，覆土植绿面积6.6万平方米。扎实推进“治污治水·洁净家园”攻坚行动，实现农村垃圾收运全覆盖，建成饮用水源二级保护区14个村寨污水处理站。编制“一河一策”方案，综合推进洛江河、忠庄河等河道治理，深溪、坪桥污水处理厂投入使用，建成虾子河地埋式污水处理厂，完成海龙、巷口污水处理厂越域排放工程。全面启动第二次全国污染源普查，率先完成“五源”清查建库。全面推行“河长制”管理，落实区、镇（街道）、村（社区）三级河长责任制。

【民生事业】　优先发展教育事业，出台教育发展“1+4”文件，投入11.78亿元，实施72个新（改扩）建项目，义务教育阶段新增学位4600个，办学条件明显改善。深化教育体制机制改革，投入1.8亿元在全市率先实施教师薪酬制度改革。优质教育资源不断拓展，建成学前教育集团5个、义务教育集团8个、职业教育集团1个。有效控制公立医院医疗费用不合理增长，药占比为24.7%。加大就业扶持力度，城镇登记失业率控制在2.89%，城镇新增就业达到3万人，实现农村劳动力转移就业8040人。完成51条91.14千米“组组通”公路建设任务。湘江桥危桥加固并通车。农村安全饮水工程全部完工，惠及2.73万人。新华大沟水库完成大坝移民和蓄水验收。新（改）建公厕103座。巷口镇岩脚地质灾害点群众已搬离。

【扶贫工作】　年度脱贫1345人，后庄村、大窝村实现脱贫“摘帽”。“一长两短”扶贫产业加快发展，带动5231人增收。开发村民自治补贴性“五员”岗位，解决贫困劳动力就业154人。易地扶贫搬迁工作顺利完成，84户329人全部迁入新居。教育医疗住房“三保障”加快落实。减免670名建档立卡贫困户学生费用39.18万元，发放1241名学生扶贫资助金285.21万元。实施新农合大病医疗救助补偿3639人次，发放补助款681.3万元。“三改”工程加快推进，完成农村危房改造246户。发放农村低保金629.41万元，惠及困难群众2642人。

区人民政府重要会议一览表

表1

会议名称	日期	主要内容
区五届人民政府第十四次常务会	1月13日	审议《贵州钢绳（集团）有限责任公司社会职能移交工作方案》《遵义市红花岗区长征八厂片区改造项目合作协议》《红花岗区人民医院消防通道建设征收方案》《红花岗区零星棚户区东联线汤家湾片区改造项目房屋征收补偿方案》《棚户区改造区域内区属直管公产租赁户安置方案》；研究区消防大队会址中队记集体三等功，铁合金（集团）公司社会化服务管理中心纳入区财政预算单位管理，遵信典当、恒烨拍卖企业改制及职工分流安置、田继芳招商引资历史遗留问题，圣城华府项目地块重新启动挂牌出让，华城威尼斯项目剩余土地及房产有关事宜
区五届人民政府第十五次常务会	2月10日	审议《关于对部分街巷、桥梁的命名更名方案》《关于提高村（居）干部财政补贴标准方案》《关于红花岗区农村村民自治补贴性岗位管理的指导意见》和遵义市渝兴房地产开发有限公司《债务清偿协议》《凉水棚户区遗留问题处置方案》；研究丝钢路改扩建项目占用华南公司土地历史遗留问题相关事宜，华南房开公司山水龙城项目招商引资历史遗留问题；部署西三镇环境保护及虾子河治理、国家土地例行督查及建设领域突出问题处置工作

续表1

会议名称	日期	主要内容
区五届人民政府第十六次常务会	2月25日	提名陈铭鼎、刘冶、朱正刚、杨向谊分别就任遵义市红花岗城市建设投资经营有限公司董事长、遵义市红花岗区国有资产投资经营有限责任公司董事长、遵义市红花岗区国有资产投资经营有限责任公司总经理、遵义市红花岗城市建设投资经营有限公司副总经理，责成区国资办牵头，区城投公司、区国投公司按程序尽快完善相关任职手续
区五届人民政府第十七次常务会	3月24日	审议中国航天建设集团有限公司关于《遵义市红花岗区基础设施建设项目框架协议书》《红花岗区公办学校薪酬制度改革实施办法》《红花岗区关于进一步加强招商引资工作方案》；研究红花岗区平安城市“天网三期”工程第四阶段购买服务事宜；协助报送新蒲新区乡镇行政区划调整相关事宜
区五届人民政府第十八次常务会	4月14日	审议《湖南建工集团战略合作协议》《红花岗区零星棚户区长征办沙河小区综合批发市场片区改造征收项目方案》《沙河小区综合批发市场1、2号楼建设项目遗留问题处置办法》《迎红片区棚户区项目房屋回购安置方案》《遵义市红花岗区中等职业学校教师岗位管理暂行办法》《圣城华府项目土地遗留问题和解协议》《区政府与东旭集团战略合作协议》；研究中华南路东片区（毛主席住居片区）城市棚户区改造项目指挥部关于个案评估及补偿处理意见的紧急报告、松桃路市场改造及住宅小区项目拆迁户部分过渡费拨付等事宜；安排部署意识形态、区政府党风廉政建设、脱贫攻坚、安全生产、生态环保工作
区五届人民政府第十九次常务会	4月28日	审议亚投建设有限公司《股份转让暨战略合作协议》《红花岗区钢绳厂片区、碧云峰片区、经开区（南岭片区）及老城和刘家湾片区棚户区改造项目招商引资协议》《海龙水库饮用水源一级保护区土地房屋征收补偿安置方案（送审稿）》《红岩水库饮用水源一级保护区土地房屋征收补偿安置方案（送审稿）》《杭州金诚新城镇投资集团与红花岗区人民政府战略合作协议》《红花岗区村级集体经济收益分配管理办法（试行）》《关于进一步加大城镇困难群体解困力度的实施意见（草案）》；研究列入司法审计的问题楼盘及审计费用、区属公立医院养老金及职业年金、举办红花岗区卫生与健康暨第107个国际护士节庆祝表彰大会及经费、易地扶贫搬迁项目审计工作相关事宜；安排部署经济指标、意识形态区政府党风廉政建设、安全生产、生态环保工作
区五届人民政府第二十次常务会	5月11日	审议《遵义巷口产业园实施方案》《遵义巷口产业园房屋土地补偿安置方案》《遵义市红花岗区八七厂片区投资开发合作框架协议》《创新型智慧城市信息化平台（大数据服务中心）项目建设方案》《遵义市红花岗区水务一体化投资合作框架协议》《遵义大道原1、2、3号安置点被征收户安置遗留问题处置方案》；研究购买500套住房作为拆迁安置房源、遵义创业中心项目运营及解决方案、遵义清华中学增设事业编制相关事宜
区五届人民政府第二十一次常务会	6月2日	审议《汤家湾棚户区改造项目招商协议》《乐山森林公园（动物园二期）项目战略合作协议》《红花岗区2018年国民经济和社会发展主要指标计划》《贵州钢绳（集团）有限责任公司社会职能移交工作方案》《遵义市红花岗区机关事业单位雇员管理暂行办法》《遵义市九园房地产开发有限责任公司2012-GP-10地块土地历史遗留问题处置协议》《红花岗区2018年零星棚户区改造项目房屋征收补偿安置方案》；研究人事任免；研究提高园林聘用工人最低工资标准、石龙棚户区改造工程建设、延安路片区城市棚户区改造（二期）项目下达房屋征收决定等相关事宜
区五届人民政府第二十二次常务会	6月15日	审议《松桃路市场改造及住宅小区项目建设问题化解方案》《红花岗区坪丰小学及坪丰中学项目合作框架协议》《遵义市红花岗区金鼎特色小镇项目战略合作协议》《遵义市红花岗区海龙特色小镇项目战略合作协议》《遵义市金鼎山镇改善人居环境村庄规划》《遵义市海龙镇改善人居环境村庄规划》《遵义市巷口镇改善人居环境村庄规划》《红花岗区2017年财政决算（草案）报告》《瑞麟房开公司“黄金海岸”商务小区项目突出问题处置方案》；研究静山小区7号楼突出问题化解工作、虾子河水环境综合整治PPP项目相关事宜
区五届人民政府第二十三次常务会	7月10日	审议《贵州省地矿局第二工程勘察院办公大楼北楼租赁处置协议书》《贵州省地矿局第二工程勘察院办公大楼北楼租赁建设酒店补偿协议书》《遵义市海尔大道被征收户安置遗留问题处置方案（建议稿）》《红花岗区东联大道地块开发建设项目投资框架协议》；研究红花岗区南城体育中心等存量资产PPP项目实施方案相关事宜；研究人事任免

续表1

会议名称	日期	主要内容
区五届人民政府第二十四次常务会	7月13日	听取调整基金预算的情况汇报，通报2018年1—6月全区安全生产工作情况；研究人事任免；研究碧云峰棚改项目和经开区（南岭片区）棚改项目融资相关事宜
区五届人民政府第二十五次常务会	7月28日	审议《红花岗区疾病预防控制中心标准化建设项目方案》《遵义市红花岗区政府投资项目建设暂行办法（送审稿）》；研究军嫂街搬迁经费、坪丰小学项目遗留问题、乐山棚户区改造工程三号剩余房源处置、东联线核桃树区域剩余房屋征收、兴安公司项目用地征收补偿，洛江河、喇叭河生态修复与水环境治理、补偿忠庄河湿地公园占用“华城威尼斯广场”项目土地及征收A1、A2、A5地块相关事宜
区五届人民政府第二十六次常务会	8月25日	审议《遵义市红花岗区刘家湾片区房屋模拟搬迁补偿安置方案》《遵义市红花岗区向阳片区房屋模拟搬迁补偿安置方案》《遵义市红花岗区刘家湾片区棚户区改造项目房屋搬迁工作实施细则》《遵义市红花岗区向阳片区棚户区改造项目房屋搬迁工作实施细则》《刘家湾与向阳片区棚户区改造项目征收补偿安置方案之选房安置细则》《遵义市红花岗区城市棚户区改造项目房屋模拟搬迁（或征收）补偿款留存实施细则》《贵州钢绳集团公司技工学校及幼儿园移交地方管理框架协议》《红花岗区“厕所革命”实施方案（2018—2020）》《遵义市红花岗区金鼎特色小镇项目合作执行协议（一）》《海尔大道、遵南大道被征收户安置遗留问题处置方案》；研究2018—2020年棚户区改造计划、区残联第四届执行理事会组成人员调整、分配和使用2018年中央财政城镇保障性安居工程专项资金、渝黔铁路征收工作存在问题、区住房和城乡建设局等五家单位大额度资金使用、2018年度退役士兵接收安置、退役军人服务管理、海龙奶牛胚胎移植实验项目信访遗留问题、区矛盾纠纷多元化解机构设置；研究《红花岗区公办学校薪酬制度改革实施方案（试行）》和预发部分公办学校在编教职工政府新增绩效、遵义钛业股份有限公司债转股、遵义合展综合市场有限责任公司解散清算、遵义市物资回收公司改制、遵义地区土产公司改制、“郑莫祠系列陈列布展”招标、区中医院建设项目委托代建等事宜
区五届人民政府第二十七次常务会	9月19日	审议《遵义市红花岗区大板水自然保护区总体规划（2018—2028）》《遵义市红花岗区虾子河水环境综合整治PPP项目PPP合同》；研究人事任免；研究S306遵义至松林公路改扩建工程PPP项目等事宜
区五届人民政府第二十八次常务会	9月30日	审议《红花岗区安全生产违法行为举报奖励办法（试行）》《遵义市红花岗区新华桥社区老年人日间照料中心项目投资协议》《贵州中黔金融资产交易中心遵义分中心投资合作协议》《贵州龙头马酒业销售总部三产项目合作框架协议》《遵义市红花岗区迪星酒店三产项目合作框架协议》《红花岗区金融、大数据特色小镇项目框架协议》《红花岗区与汇川区城区部分行政区划调整暨市人民政府驻地迁移方案》《遵义市红花岗区长征八厂项目投资开发协议》《红花岗区2017年易地扶贫搬迁项目审计发现问题整改工作方案》《红花岗区核桃树棚户区改造工程项目房屋征收补偿安置方案》《长征棚户区还房小区停车位处置方案》《遵义市红花岗区2019年投资计划表》；研究设立区建设领域破产案件专项应急基金、莲池新天地创建AAA级景区、创建全域旅游示范区验收、红花岗体育运动中心委托运营等事宜
区五届人民政府第二十九次常务会	10月25日	审议《遵义市红花岗区2018年1—9月财政预算执行情况和2018年财政预算调整方案（草案）报告》《红花岗区2018年1—9月国民经济和社会发展计划执行情况报告（送审稿）》《〈红花岗区国民经济与社会发展第十三个五年规划纲要〉中期评估报告（审议稿）》《遵义市红花岗区国家行政机关、国有企（事）业单位资产征收补偿安置办法》；研究中华南路向阳片区棚改项目还房小区住宅房市场评估单价、转让南城体育中心存量资产等事宜
区五届人民政府第三十次常务会	10月31日	审议《遵义市红花岗区2018年泥桥片区棚户区改造项目征收补偿安置方案》《遵义市湘江河狮子桥片区城市棚户区改造项目征收补偿安置方案》《遵义市红花岗区零星棚户区改造项目房屋征收补偿安置方案》；研究全区C、D级危房排险工作

续表1

会议名称	日期	主要内容
区五届人民政府第三十一次常务会	11月10日	审议《老城改造“穿衣戴帽”工程立面装饰排险方案》《红花岗区住房保障家庭租赁补贴实施细则（试行）》《仁怀至遵义高速公路建设项目（红花岗区段）征收补偿安置方案》《遵义市红花岗区（长征办）溧丰建材有限公司矿山复绿实施方案》《遵义市东联线（210国道忠庄—九节滩）道路改造工程第三标段湘江河大桥建设项目框架协议》《区属国有企业管理年度考核实施方案》《遵义市红花岗区生态环境保护“党政同责、一岗双责”实施办法（送审稿）》《红花岗区2018—2020年拟解决租用及面积不足200平方米的40个社区办公阵地计划方案》《红花岗区推行政府购买服务加强社会救助经办服务能力的实施方案》《苟家井国有老旧市场头停工作的实施方案》《遵义市红花岗区关于支持城市商业综合体建设的意见》《遵义市吾悦广场城市综合体项目投资协议之补充协议》《红花岗区八七厂片区棚户区改造项目投资合作框架协议》；研究处置丝钢路改扩建历史遗留问题、万里路街道办事处社区卫生服务中心装修项目立项、2018年道路功能完善和升级改造项目、2018年度置业士官安置、购买市城投公司资产用于建设社区老年人日间照料中心；研究表彰见义勇为先进个人（群体）等事宜
区五届人民政府第三十二次常务会	11月24日	审议《遵义市红花岗区棚户区改造征收工作经费管理办法（暂行）》、《遵义市红花岗区金鼎特色小镇项目落地执行协议》及附属备忘录、《遵义市红花岗区人民政府工作规则（送审稿）》、《遵义市红花岗区人民政府会议制度（送审稿）》；研究全区D级危房整治参照片区棚改标准补差、派驻定点屠宰场动物检疫员工资标准调整、区统计局等单位大额度资金审批使用、刘家湾片区棚改项目区域内部分营业房评估价格、虾子河鸡市坝污水处理工程、老鸦山生态修复及战斗遗址保护项目设计取费、区属行政机关事业单位资产划拨等相关事宜
区五届人民政府第三十三次常务会	12月21日	听取红花岗区招商行动大会筹备情况报告、全区卫生健康事业发展大会筹备情况汇报；研究成立长征街道沙河社区综合服务中心、政府投资建设项目历史遗留问题工程审计、动态调整区级行政机关权责清单；研究刘家湾棚户区、向阳棚户区改造项目，解决“创文”期间人行道盲道零星修补工作经费，解决土坝组留地安置项目“土坝公寓”历史遗留问题，兑现吾悦广场项目财政基金贡献奖，区教育局申请资金支付新建名城中学项目工程款，区卫计局申请拨付万里社区卫生服务中心装修建设项目工程款，区教育局等13家单位大额度资金审批使用，区市场监管局等单位资产划转；审议《红花岗区南城体育中心存量资产PPP项目资产转让协议》《遵义会展中心项目国有土地上房屋征收与补偿安置方案》《中华南路B、C、D地块棚户区改造项目3个棚改项目合作框架协议》《遵义东部城区生活垃圾焚烧发电项目合作框架协议》《红花岗区科技计划项目管理办法（送审稿）》
区五届人民政府第三十四次常务会	12月23日	讨论《2019年政府工作报告（讨论稿）》《遵义市红花岗区2018年国民经济和社会发展计划执行情况与2019年国民经济和社会发展计划（草案）的报告》《遵义市红花岗区2018年财政预算预计完成情况和2019财政预算（草案）报告》

（区政府办）

政务协调

【概况】 2018年，区人民政府办公室加强公文流转规范化建设，提高公文运转效率，严格收发文程序，确保公文流转及时、准确、安全、保密。全年以区人民政府、区人民政府办公室名义制发公文分别是561件、765件。办理省、市交办的文件4193件，办理镇（街）、部门的请示、报告等公文4350件。编辑《政府公报》4期。

【信息调研】 区政府及时对全区发展社会经济发展的新做法、新亮点进行总结，做好信息整理上报工作，向市政府报送政务信息86篇，采用65篇。对民办教育、物业管理、养老服务、农村“三变”改革、沿江路水产市场噪音等调研内容，提供调研报告5篇和决策参考2期，为领导了解情况、制定措施、解决问题提供及时有效的决策参考。

【政务督查】 联合区督查局、区发改局等部门开展督查33次，到重点工程责任单位和施工现场开展现场检查；印发《督查专报》77期。

【信息建设】 全年政府门户网站发布信息6930条，部门和镇（街）发布动态信息1450条，发布公开信息1153条；推广政务协同办公系统，接入全省电子政务外网移动办公平台，推进政务信息化的进程，提高工作效率，节约办公成本。启用智慧政务平台，实现全区各单位高效发起会议通知和事务通知。

【外事侨务】 1月，遵义市第十一中学对美国华盛顿育英公立学校进行回访。为归侨侨眷服务，切实维护归侨侨眷权益，走访慰问归侨侨眷3人，发放慰问金额2500元。

【法治建设】 对全区26个部门的权力事项进行集中审核，已初步审定区级行政机关行政权力2417项。动态调整区财政局、区民政局行政权力9项。加强规范性文件监督，制发规范性文件11件，在规定时限内报区人大、市政府备案。严格执行执法人员资格管理，组织全区新申领行政执法证人员664人，换证人员88人。加强行政复议和行政应诉工作，收到行政复议申请31件，依法受理28件。开展“扫黑除恶”专项斗争，破获9类案件86起，刑事打击318人。“网上公安”办事平台、天网三期工程建成投入使用，治安警情持续下降。禁毒工作成效显著，“国家通报警示地区”成功摘帽。

【应急管理】 加强应急预案体系建设，形成区、镇（街）、村（居）三级预案系统，组建各类应急队伍60支5000人。加强应急值守，全区重要工作部门实行三级值班带班制度（区级、科级带班，工作人员值班），其他工作部门和镇（街）实行二级值班带班（科级带班，工作人员值班），全年报送重要应急信息28篇。

【政府采购】 全年完成采购项目29项，其中公开招标16项、竞争性谈判2项、询价采购9项、竞争性磋商1项、单一来源采购1项，采购项目涉及办公设备、网络工程、物业管理、太阳能路灯、公用设施、教学设备等，采购预算金额3942万元，成交金额3690万元，节约采购资金252万元，资金节约率6.83%。

（区政府办）

政务服务

【概况】 2018年，区政务服务中心以“五全服务”模式为引领，以标准化建设和“互联网+政务服务”为工作重点，全区政务服务工作逐步向“进一扇门、办全部事，进一张网、办全省事”迈进，努力构建“创造优美环境、营造优良秩序、提供优质服务”的政务服务环境。截至12月25日，政务服务大厅受理各类审批事项82262件，办结82151件，办结率99.87%。其中，即办件受理54070件，办结54047件，办结率99.96%；承诺件受理28105件，办结28040件，办结率99.77%。征收费用71379737.54元。

【标准化建设】 各部门将行政审批职能整合，按照“三集中三到位”和“公共服务集中办理”原则，将行政审批事项（行政许可、行政确认、行政给付、行政征收、其他服务及公共服务事项）集中进驻中心大厅。进驻中心大厅部门28家（独立窗口14家、综合窗口14家），进驻事项348项（行政许可149项、行政确认18项、行政征收10项、行政给付20项、其他权利99项、公共服务52项），各进驻部门充分授权窗口人员审批决定权、审核上报权、组织协调权、行政审批专章使用权等权力。成立分中心4家（区税务局、区人社局、区公安分局、区残联），办理事项67项。基本实现“大厅之外无审批”。

【编制办事指南】 细化办事指南内容，精准编制办事指南，为企业和群众办事提供“标准答案”和“一本通”。已完成区直部门“9+X”2134项，镇（街）公共服务257项，村（社区）公共服务1414项办事指南编制，并录入贵州省网上办事大厅进行集中公布。

【压缩审批时限】 各职能部门将办理时限在要求压缩法定办结时限50%的基础上再压缩，实现平均压缩率54%以上，最高压缩率75%，审批事项提前办结率73%，80%的事项平均提速30%。按群众跑腿次数梳理出零跑腿事项1项、最多跑一次事项22项、最多跑两次事项328项。

【互联网+政务服务】 建成证照批文共享库，协调各部门录入电子证照、批文等入库共享，实现政务服务数据“跨部门、跨层级、跨地区”共享协同。已整合证照模板115种，新增证照入库5619

件。规范使用行政审批服务系统，全区36家部门均使用该系统。截至12月25日，对进驻窗口单位开展网上业务培训8次，规范使用行政审批网，熟练办件操作流程。推进“互联网+政务服务”向基层延伸。全区12个镇（街）政务服务中心挂牌，87个村（社区）建立便民服务站，开通网上办事大厅服务站点，覆盖率100%。截至12月25日，镇（街）、村（社区）网厅录入办件7100件。全年接受网上受理12848件，办结12848件，办结率100%。

【优化办事流程】 全面梳理部门权力清单和责任清单，清理各单位进驻不彻底、授权不充分、工作流程不顺畅、办事环节烦琐、擅自增加申请材料、办理时限长、涉企收费不公开等问题，下发整改函27件，提醒纠错362件。中心开展“减证便民”专项行动，以减证明、减次数、减环节、减时限、减费用“五减”为抓手，梳理2张清单（证明材料保留清单和证明材料取消清单），清理部门22个，取消证明材料147件，保留证明材料413个，提高企业和群众办事的便捷度和满意度。推进并联审批，开展“集成套餐服务”项目办事指引试点，梳理“集成套餐服务”办事指引21个，设立“集成套餐服务”窗口，正在开展试点工作。

【营商环境整治】 开展“满意在群众 服务在心中”主题活动，增强服务意识，规范服务行为，提升服务水平。结合窗口服务质量突出问题整治方案与集中整治“人民群众的操心事、烦心事”工作方案，开展大厅巡查工作，着力解决作风问题，切实提高窗口服务质量。实行“互联网+政务服务+快递”改革，将邮政速递部门进驻政务大厅窗口，力争群众办事“最多跑一次”，方便群众好办事。拓展服务模式，开展预约服务、上门服务、延时服务，咨询服务。设代办窗口，开展全程免费代办服务。设立志愿服务站，为群众提供咨询引导服务。进驻婚姻家庭调适站，为群众免费提供心理咨询和辅导。联合投资促进局开展代办服务87件，各窗口开展上门服务63次、延时服务437次、预约服务197次。建立健全考评激励机制，中心根据窗口工作人员遵守大厅工作纪律情况、依法办理行政审批服务事项、群众满意度等方面进行测评，评选季度先进窗口和先进工作者。受理各类投诉10件，办结率100%。

【政务公开】 推进“五公开”（决策公开、执行公开、管理公开、服务公开、结果公开），深化重点领域信息公开，加强平台建设，强化监督保障公开，促进政务公开工作向制度化、规范化发展。全区招募监督员20人，涵盖群众代表、机关优秀干部、退休职工、律师等领域。9月，红花岗区直机关政务公开办公室组织区政务公开监督员组成督查组，对26个区直机关及12个镇（街）政务公开工作开展督查。重点对重大建设项目、公共资源配置等领域以及涉及民生的教育领域、医疗卫生领域、食品安全领域、住房领域等进行检查，要求各单位及时在区政府网站上传、更新相关政策、解读政策，完善重大决策预公开制度和会议公开制度，编制信息公开双目录（主动公开和非公开信息目录）。区直机关在区政府网站公布信息1130条，镇（街）发布信息321条。依申请公开收到信息11条，已全部办结。

【便民服务】 改善无障碍设施，在大厅一楼进门处设置无障碍代办窗口，由志愿者为残疾人办理事项提供代办服务，联系对口窗口到代办点为群众上门办理，方便残疾群众。政务大厅配置或新增查询系统及填写桌、座椅、图书、便民箱、自助上网查询电脑、消防设施等。

（区政务服务中心办公室）

消 防

【概况】 2018年，消防会址中队被区人民政府记集体三等功1次，被贵州省精神文明建设指导委员会评为“2015—2018年度全省精神文明建设工作先进单位”，被贵州省消防总队评为党的十九大消防安保工作“红旗党支部”，被团中央评为“2018年度全国五四红旗团支部”，获2018年“全国五四青年集体奖章”提名，获中国人民武装警察部队消防局“全国消防部队先进基层党组织”称号。遵义市消防支队春季执勤岗位练兵大比武团体第一；田仁勇获2018年贵州省消防部队冬训练兵比武竞赛个人总积分第一，获2018年“遵义市最美安全卫士”称号和遵义市优秀共产党员称号；甘毅获遵义市优秀党务工作者称号；党的十九大安保工作获三等功1人、嘉奖5人，党的十九大安保工作获总队级先进个人1人。

组织开展实兵实装演练288次，夜间演练、出水演练、无预案演练90次，修订重点单位数字化预案23份。与专职消防队、重点单位、街道、社区微型消防站开展联合灭火演练，提升其快速反应、初期处置和协同作战能力。全面做好辖区道路水源完善工作，年初对辖区所有消火栓进行一次全面普查，对消火栓的压力、使用情况进行测试，及时完善水源手册。

【消防监督】 召开全区重点单位约谈会，坚持“谁主管、谁负责”原则，全面推行消防安全责任制，层层签订责任书，明确各镇（街）、各部门消防安全责任，把消防工作责任层层分解，落实到人，形成全社会齐抓共管的消防安全工作格局。

火灾隐患大整治 紧盯公共聚集场所、高层建筑、地下建筑、城市综合体、劳动密集型企业、易燃易爆场所、重大火灾隐患单位、火灾隐患集中区域、木质结构建筑连片村寨等重点领域，加大监督检查力度，安排“今冬明春”火灾防控、“春夏火灾防控工作”等专项工作，召开调度会议，明确职责，完善消防管理工作措施，形成行业部门齐抓共管的消防安全工作机制。大队共检查单位、场所3465家次，下发责令改正通知书2892份，发现火灾隐患或违法行为8774处，督促整改火灾隐患或违法行为9069处，下发行政处罚决定书161份，罚款共计118.89万元。

严格把关消防行政许可 对建筑工程审核、验收（备案），公众聚集场所开业前检查等消防行政许可工作，实行分工协作，集体研究审核审议通过，逐级签发。全年共办理开业前消防安全检查58家，建设工程消防设计备案抽查80家，建设工程消防验收备案抽查43家。

【消防宣传】 2018年，以消防宣传“八进”为主线，开展以“学生消防安全宣传月”、“3·15”消费者权益日、“5·12”防灾减灾日、“安全生产月”、“双提升”、“119”消防宣传等一系列大型宣传活动。采取消防安全培训、消防站开放、设立咨询台、散发宣传资料、播放消防安全知识、组织主题宣传活动等形式，全年共举办大型宣传活动12场，开放消防教育馆和消防站38次，组织开展消防安全宣传教育培训47次，悬挂消防安全标语3700余幅，张贴各类宣传挂图4600余张，发送短信28万余条，发放消防知识宣传资料19万余份（册），培训社会人员800余人次，电视台每月循环播放公益广告，微信公众号每天发布消防知识，受众近30万余人。

【消防“网格化”管理】 到各镇（街）、村（社区）指导日常检查、隐患监控、消防宣传、应急处置、弱势群体帮扶等方面网格化管理工作，执行“网格化全民消防安全责任书”入户签订责任制；指导派出所消防工作，提升民警业务水平和发现火灾隐患能力，春夏火灾防控工作获派出所监督执法工作全市第一。

【上门服务指导问题房开项目工作】 对照区人民政府下发任务清单中涉及消防工作的15个房开项目，派出监督员积极与小组组长联系，到现场联合街道办事处、帮扶工作组实地服务指导问题房开项目问题共7次。

（公安消防支队红花岗区大队）

政协红花岗区委员会

综　述

【概况】　2018年，五届红花岗区政协以习近平新时代中国特色社会主义思想为指导，认真贯彻中共十九大精神、习近平总书记在贵州省代表团重要讲话精神、市委五届五次全会和区委四届四次全会精神，围绕团结民主两大主题，充分发挥协调关系、汇聚力量、建言献策、服务大局作用，扎实履行政治协商、民主监督、参政议政职能，为全区经济社会发展做出积极贡献。

【政治协商】　区政协五届二次会议，委员围绕“一府两院”工作报告和计划财政报告充分讨论，在项目建设、棚户区改造、营商环境整治、第三产业发展、城市管理、工业经济发展、脱贫攻坚、财税金融、医疗教育等方面提出意见建议94条，对“两院”工作在法律监督、司法改革、队伍建设等方面提出意见建议9条，与会委员围绕医疗教育、精准扶贫、红色文化旅游发展、创建全国文明城市等议题做联组议政发言。

常委会议、主席会议重点就城市建设和脱贫攻坚等重要工作开展专题协商。形成《关于红花岗区棚户区改造工作的建议案》，提出统筹“多规合一”，强化规划引领，合理优化布局，加强城市基础设施配套建设和对国家政策研判，实施多元化征收模式，加大棚改工作力度；脱贫攻坚工作要注重激发贫困群众内生动力，消除“等、靠、要”思想，进一步加强对扶贫项目建设和扶贫资金使用的监管，合理、合法、有效发挥扶贫资金作用等意见建议；围绕财政预算执行和调整、医疗健康扶贫、招商引资和“七五”普法等工作，专委会充分发挥职能，与区财政局、区卫计局、区商务局和区司法局等部门开展对口协商。提出注重债务风险防控和化解，大力培植税源，加大对民生事业的投入，提升财政资金的使用效率；加大区级医疗机构与村卫生室对口帮扶力度，加快推进家庭医生签约服务工作，建立贫困人口家庭医生服务团队，为镇、村医疗卫生机构加大软件和硬件投入；在本区项目和本地企业间搭建招商引资平台；深入推动法治宣传教育全覆盖，营造全区上下形成自觉尊法、学法、守法、用法的法治氛围，有力推进“法治红花岗”建设，扎实做好“七五”普法工作等意见建议。

区政协主动对接，积极搭建协商平台，区委邀请遵义市各民主党派、工商联和无党派人士对红花岗区开展城市建设项目调研视察，召开民主协商座谈会。参会人员围绕毛主席住居文旅综合体、一城一站商业综合体、长征片区棚户区改造、吾悦广场等项目建设积极建言献策，提出要充分发挥红色文化资源优势，抢抓政策机遇，进一步完善功能配套，提升服务品质；毛主席住居文旅综合体项目建设要高起点定位，高标准规划，高品位打造；旧城改造要放眼长远，结合未来轨道交通规划，不断优化升级；棚户区改造要完善配套设施，注重居民素质的提升，着力建设新型社区等意见建议。

【民主监督】　坚持在参与中支持、在支持中服务、在服务中监督，将区委、区政府重大决策部署的贯彻落实作为监督重点。邀请区政府、区纪委监委、区公安分局、区财政等部门领导列席政协常委会，通报全区经济社会发展、棚户区改造、深化医药卫生体制改革、党风廉政建设、禁毒、脱贫攻坚、田园综合体打造、提案办理、建议案办理工作开展情况，为委员知情明政，发挥民主监督搭建平台。

组织相关部门对海龙镇喇叭河实地巡查，认真察看沿河村民生产生活对河流的影响，详细了解河流出入境断面水质监测及小型污水处理设施建设运行情况。要求相关镇、村深入贯彻落实习近平生态文明思想，切实担负起生态文明建设的政治责任，牢牢守好发展和生态两条底线，加大水资源保护和水生态修复力度，解决好生态环境突出问题，强化生态环境保护，加快建成水清、岸绿、景美的水生态环境，努力推进美丽乡村建设。把全区中小学、幼儿园食堂食品卫生安全列入民主监督内容，组织委员和区直有关部门到遵义市第五十七中学、红花岗区第八小学、金鼎山镇中心小学和小花幼儿园食堂进行监督性视察，召开加强食品安全座谈分析会，形成《关于红花岗区校园食品安全的视察报告》及建议案，提出强化对校园食品安全的认识，改进校园食堂运营模式，实施市场化、专业化、规范化、公司化运营管理，对校园食堂进行规范管理，提高服务水平等意见建议。加大禁毒工作监督力度。紧紧围绕禁毒“摘帽”目标，组织政协委员和有关部门赴黔西南州兴义市考察学习，对红花岗区镇（街）、学校、公安机关禁毒工作现场调研，形成《关于助推红花岗区禁毒工作的建议案》，提出进一步健全禁毒工作机制、夯实基层基础工作，积极探索吸毒人员网格化服务管理，全力推进“6·27”“8·31”工程、阳光工程、禁毒扶贫等意见建议。

推荐委员参加区人民检察院组织的“关爱祖国未来，擦亮未检品牌”主题检查开放日活动和不公开起诉案件的民主监督，参加法院案件审理旁听、政法委组织的信访听证答复和各种执法监督检查活动。

区政协主席班子成员配合政府承担毛主席住居棚户区改造、问题楼盘处置、脱贫攻坚专项督查、信访维稳等工作，为相关工作的推进和维护社会稳定做出积极贡献。

【提案办理】 五届二次会议召开后，共征集到委员提案189件，立案167件，办复率100%，承办单位与委员沟通率100%，满意率97%，基本满意率3%。其中《加快快递物流园规划建设，促进区域三产经济发展的建议》《关于优先发展教育事业，大力实施区域义务教育优质均衡的建议》等10件提案列为2018年区委、区政府领导领衔督办提案，均得到较好落实。开展提案回访追踪，组织区直有关部门及部分委员，对《关于坚决取缔丁字口夜市的建议》《关于彻底取缔学校幼儿园周边摆摊设点的建议》等6件提案办理情况进行回访。突破提案办理形式，对提案承办量大的单位进行单独交办，组织提案人与提案承办单位进行提案办理前协商；针对红花岗区交通秩序状况，组织委员到市交管局协商座谈，为委员搭建疏通民意平台，进一步拓宽提案办理思路，确保委员意见建议得到更好落实。

重点工作

【调研工作】 主席会议专题研究部署，制定工作方案，成立调研组，主席班子成员带队深入各镇（街）和村（居）开展调研、视察、座谈等活动，共收集到关于城市建设、民生事务、基层组织建设和农业农村4个方面社情民意45条，将群众关注度高的热点难点问题梳理成意见建议向区委、区政府报告，提供决策参考。

组织有关部门和委员对医养结合养老服务、中等职业教育、易地扶贫搬迁工作进行调研，形成《以医养结合为主体　加快推进红花岗区养老服务业发展的调研报告》《关于中等职业教育发展的调研报告》《关于推进红花岗区易地扶贫搬迁工作的调研报告》。提出医养结合养老要发挥政府主导作用，加大政策扶持力度，坚持多元化发展，做好顶层设计，完善医养结合服务；要强化职教园区功能配套建设，加强校企合作，推进产教深度融合，深化职业教育管理体制改革；易地扶贫搬迁要着力解决搬迁户就业、就医、就学问题，不断完善安置点基础设施建设，进一步提升居民管理和服务等意见建议。

组织委员赴广西南宁市西乡塘区、桂林市象山区开展打造田园综合体专题调研，形成《关于以打造田园综合体为载体　推动我区乡村振兴的建议案》。协调争取上级专项资金1950万元，在后庄村实施乡村振兴，打造田园综合体建设。组织委员和历史文化专家调研全区文化旅游发展工作，形成《关于加快推进我区文化旅游融合发展的调研报告》，提出“一引领、二突破、四夯实、一提升”建议，即以规划为引领，在创新谋划一批特色项目、引进知名文旅企业上取得突破；夯实文化研究、文物保护、文旅人才引进培养和完善基础设施四大基础工作；重视对外宣传推荐，展示新形象，提升文化旅游影响力和吸引力，体现红花岗区发展“软实力”。

【党建工作】 区政协党组认真贯彻新时代党的建设总要求，始终把坚持党的领导作为政协工作最根本的政治规矩挺在前面，把落实全面从严治党总要求贯穿全年工作中，压实从严治党主体责任，坚决维护习近平总书记党中央的核心、全党的核心地位，坚决维护党中央权威和集中统一领导，坚决执行党的政治路线，在思想上、政治上、行动上同以习近平同志为核心的党中央保持高度一致，使政协工作始终保持坚定正确的政治方向。注重发挥政协委员和政协机关队伍中共党员的先锋模范作用，坚持“三会一课”制度，委员列席区政协党组理论学习中心组（扩大）会议，推进“两学一做”学习教育常态化制度化，通过开展“三亮三比”等活动，引导机关干部和广大委员进一步提高思想认识和政治站位。把政协工作置于区委领导下，坚持重大事项请示报告制度，自觉把思想和行动统一到区委的重大决策部署上来，做到区委工作谋划到哪里，区政协工作就推进到哪里，始终保持区政协与区委同向发力，同频共振。

【队伍建设】 通过主席会议、党组理论学习中心组（扩大）会议、常委会议，依托新时代农（市）民讲习所，组织学习和宣讲中共十九大、习近平总书记关于加强和改进人民政协工作的重要思想以及系列重要讲话精神，省、市、区重要会议精神，进一步统一思想、凝聚共识。为政协机关干部和政协委员订购《习近平谈治国理政》《人民政协报》《贵州政协报》《文史天地》等书籍报刊，提升理论素养和业务水平。

邀请专家到红花岗区开展习近平新时代中国特色社会主义思想专题讲座和提案工作专题培训；分别在厦门大学和西安交大举办政协委员综合能力提升研修班和政协委员思维创新与履职能力提升班；选派政协委员和机关干部参加省、市政协组织的业务培训。按照《政协红花岗区委员会委员（界别）管理办法（试行）》，建立委员个人信息和履职档案，跟踪记录委员履职情况。

【文史和书画院工作】 组织文史工作者梳理红花岗区文化、历史史料，配合省、市政协完成相关文史资料征集工作。开展书画和摄影“进农村、进社区、进校园、进企业”活动。春节期间，组织书画院成员在老城步行街开展迎新春送春联活动，免费为群众书写春联300余幅；蓝莓节活动期间，到金鼎山镇后庄村蓝莓基地开展书画创作活动；举办庆祝改革开放40周年书画摄影展，展示红花岗区的发展变迁和成就，讴歌新时代、唱响主旋律、弘扬正能量。

【宣传引领】 加强政协网站、微信群等意识形态阵地建设和管理，牢牢把握意识形态工作的领导权、管理权和话语权。引导机关干部投身政协新闻宣传，扩大政协社会影响力。

【开展“百千万行动”】 区政协领导班子6人分别对红花岗区金鼎山镇后庄村、野里村、银江村，巷口镇沙坪村、中山村和海龙镇温泉村开展结对帮扶。区政协机关牵头对金鼎山镇后庄村162户贫困户进行总体帮扶。12家委员企业参与挂帮红花岗区深溪镇大窝村、南关街道金华村以及播州区乌江镇平塘村、仁怀市喜头镇贫困户，18名政协委员结对帮扶红花岗区海龙镇桂花村、金鼎山镇板桥村、喇叭镇红岩村以及务川县丰乐镇田村、桐梓县马鬃苗族乡小坝村等贫困户。通过开展“百千万行动”，政协班子、委员企业和政协委员为打赢脱贫攻坚战谋良策、出实招，通过产业扶贫、教育扶贫、医疗扶贫、危房改造和生活补助等方面给予帮扶，争取、协调和提供帮扶资金313万元。

【脱贫攻坚】 区政协牵头对金鼎山镇后庄村整

村挂帮。油化公路11.5千米，新挖机耕道14.8千米，硬化产业便道7千米；修通后庄村新土沟与后庄沟的通组“连心路”2千米。动员后庄村村民种植红高粱，2018年共收购红高粱7.5万千克，为村民带来经济收益50万元；帮助发展蓝莓种植，为村民带来经济收益20万元；帮助修建观田坝山塘发展渔业养殖，增加村集体经济2万余元；协调修建幼儿园1000余平方米，解决村民子女就近入园难问题；帮助解决村民到鞋面加工厂就业，为村民带来工资收入140余万元。

【智力支边】 坚持开展送科技、文化、卫生“三下乡”活动，组织农技专家现场传授李子、樱桃、蓝莓、食用菌等种植技术；联系香港慈恩基金会资助红花岗区30名贫困老人生活费及生活用品；联系澳门乐善行公益行动，为8名困难学生申请到助学金。

【营商环境整治】 成立区政协营商环境整治领导小组，严格对照单位和个人岗位职责梳理整改问题清单，全力抓好内部营商环境整治工作落实；区政协班子成员分别在辖区非公有制企业开展政策宣讲、座谈会、现场调研等活动，为非公有制企业界政协委员做好协调、沟通、服务工作，为企业发展出谋划策，激发企业投资活力，营造良好营商环境。

【巩固文明城市创建成果】 组织政协委员与区综合执法局对巩固文明城市创建成果工作开展专题协商；区政协主席班子率机关干部到包保社区督促、指导，积极建言献策，加大资金投入帮扶力度；政协机关干部参与志愿服务文明引导活动。

纪检监察

纪检工作

【概况】　2018年，红花岗区纪检监察机关有63人，其中红花岗区检察院转隶18人。红花岗区纪委、区监委下设办公室、干部室、宣传教育室、党风政风监督室、信访室（案件申诉复查复议办公室）、案件监督管理室、案件审理室、第一纪检监察室至第五纪检监察室。红花岗区设镇（街）纪委15个，派驻纪检监察组7个。继续深化派驻机构改革，制定红花岗区纪委监委派驻机构建设方案，撤销5个纪工委监察分局，成立7个派驻纪检监察组，对联系单位“三重一大”事项开展监督100次。

【从严治党】　协助红花岗区委制订红花岗区党风廉政建设工作目标责任书（2018年）。各单位履行党风廉政建设责任制情况纳入红花岗区年度综合目标考核及巡察工作内容，全年开展约谈2785人次，追究主体责任落实不力4件6人，其中给予党纪处分2人，对典型问题进行通报。继续推行述责述廉制度，组织镇（街）及区直部门党委（党组）主要负责人向区纪委全会报告履责情况。

【督责问责】　分析研判红花岗区政治生态情况，强化对践行“四个意识”，贯彻党章和其他党内法规，执行党的路线方针政策和决议等情况的监督检查，重点查处脱贫攻坚、环境保护中不作为、慢作为等问题，对15名违反作风效能建设有关规定的工作人员进行问责问效。严明政治纪律和政治规矩，严肃查处违反政治纪律的行为，全年共查处违反政治纪律2人，违反组织纪律3人。把好选人用人关，对590名领导干部提拔、调动、职级晋升和2720名评先评优对象开展廉政审查。

【正风肃纪】　运用专项监督、抽查核实等方式明察暗访，全年开展明察暗访8轮，查处违反中央八项规定精神问题9起，党纪政务处分9人。查处形式主义、官僚主义问题1起，给予党纪处分1人。开展党员领导干部以权谋私、以酒谋利问题专项整治，红花岗区参加自查申报的干部14471人，核查问题线索22件22人，立案2件2人，清查处置贯彻中央八项规定精神封存的酒类资产，回收资金30万元。

【审查调查】　受理群众来信、来访和电话举报866件次，同比增长124%。立案145件154人（涉及科级干部26人），同比增长34.3%（区监委立案32件33人），采取留置措施9人，移送检察机关审查起诉10人。全年运用“四种形态”处理党员干部332人次，其中第一种形态处置202人次，占比60.9%；第二种形态处置92人次，占比27.7%；第三种形态处置21人次，占比6.3%；第四种形态处置17人次，占比5.1%。

【队伍建设】　全年累计培训纪检监察干部77人次。强化对镇（街）纪委、派驻机构纪律审查工作的领导，抽调11个镇（街）纪委书记到红花岗区纪委区监委参与执纪审查工作，提升基层纪检监察干部业务素养，15个镇（街）纪委全面消除“零办案”。

（吴小灵、冯其意）

监察工作

【概况】 根据国家监察体制改革试点工作要求，撤销红花岗区监察局，第六、第七纪检监察室2个临时机构及法规研究室，成立红花岗区监察委员会。2018年1月19日，遵义市红花岗区监察委员会挂牌成立。

【监察体制改革】 协助红花岗区委制定监察体制改革试点工作方案、成立工作小组，完成人员转隶、监委选举、机构设置等工作。履行监督执纪问责和监督调查处置职责，全面试用12种调查措施526次，办理全省首例留置案件。

【民生监督】 制定《红花岗区2018年民生项目专项监察工作方案》和《红花岗区扶贫领域腐败和作风问题专项治理工作方案》，对农村“组组通”公路项目资金、农村危房改造资金等6项民生项目开展专项监察。严肃查处民生项目落实推进不力，在民生工作中优亲厚友及形式主义、官僚主义等问题，共立案审查39件46人，给予党纪政务处分38人，涉案金额870万元。推进省扶贫民生领域监督系统建设运用，红花岗区录入原始数据280万条，涉及金额9.74亿元，比对出问题1520条，涉及金额546万元，涉及受益对象727人。移送涉黑涉恶问题线索7件。

【宣传教育】 协调红花岗区委组织部、红花岗区委党校把党规党纪纳入干部培训内容；充分利用“廉洁红花岗”网站和微信公众号、红花岗新闻频道等媒体，开展《中国共产党纪律处分条例》《中华人民共和国监察法》宣传。推进“一案一整改”工作，在处分决定宣布现场开展教育活动35次，受教育干部职工1000人；开展回访工作，与受处分对象谈心谈话23人次。坚持以案促教，组织红花岗区400名副科级以上实职领导干部观看全省扶贫领域形式主义、官僚主义突出问题专项警示教育展，制作展板49块，展出案例78例；先后2次组织区园林局、区住建局等单位领导干部到法院旁听国家公职人员职务犯罪庭审，让党员干部引为镜鉴。

（吴小灵、冯其意）

群众团体

总工会

【概况】 2018年，区总工会以服务大局为中心、以服务职工为关键、以增强工会活力为目标，团结动员职工大力弘扬劳模精神、工匠精神和新时代贵州精神，为全区脱贫攻坚、深化改革、经济发展精准发力。职工曹琼芳获“贵州省五一劳动奖章”。

【阵地建设】 利用新时代工人（职工）讲习所开展宣讲活动124场，职工志愿服务活动9场。加强工会与新媒体的融合发展，合理利用工会网站、微博以及报刊的个性化优势，加大工会重点工作、重大活动和服务大局、服务职工做法的宣传报道力度，工会打造小品《218》在全市禁毒文艺会演中获二等奖。全年编发各类工会信息、调研文章57期，被中工网，省级网站、报刊以及区级网站采用30期。

【组织建设】 加大推进机关、企事业单位、非公经济组织、社会组织建会力度，全年新建基层工会组织29个，指导18个工会组织换届选举。指导建立红花岗区个体劳动者协会工会委员会，下设6个分会，分别以个体行业特点建立民营经济组织联合工会，覆盖个体经营户4万户，吸纳工会会员10万人，为民营经济组织的会员维权和民主管理搭建平台。

【规范化建设】 开展“职工之家、职工小家”建设，创建率92%，获全国、省、市先进和模范“职工之家、职工小家”27个。推动全区1117个单位实行厂务公开、院务公开和校务公开。

【维护权益】 全年工会组织处理来访事件20余起，涉及300人，为职工、农民工追回拖欠工资200万元，维护职工、农民工的合法权益。

【提升职工素质】 开展“职工书屋”创建活动，全年申报2家单位参加省级“职工书屋”评选活动，全区有全国“职工书屋”2家，省级“职工书屋”12家。举办“送万福·进万家”书法志愿服务公益活动，组织职工参加第六届“书香‘三八’——引领女性阅读·建设文明家庭”读书活动，报送征文15篇，职工杨金洁获优秀奖。

【开展“四送”活动】 与区人社局联合举办招聘周活动2场，全区各级工会举办技能培训10次，培训职工、农民工800人，实现就业800人。开展“关爱职工、夏送清凉、助力扶贫”慰问活动，为全区驻村工作人员、生产一线工作人员和农民工送去4万元防暑降温用品。开展金秋助学活动，对2018年考上大学的40户困难职工和困难农民工子女进行助学帮扶，发放助学资金25.44万元。对建档的544名困难职工及140名市级、省部级劳模开展送温暖活动，发放帮扶资金61.814万元。在白杨洞社区开展“扶贫帮困送温暖、欢天喜地迎新年”活动，为49户困难群众发放米、油等价值12250元慰问品。“六一”儿童节期间，筹资1.2万元对24名单亲、困难职工、农民工子女开展慰问帮扶，为481名困难职工购买重大疾病和女职工特殊疾病保障计划，对城镇困难职工住房信息进行摸底调查，对17名困难职工实施临时生活救助和大病救助，发放救助金3.24万元。聘请遵义义工协会作为第三方对红花岗区精准识别建档困难职工进行入户走访调查，保障资金使用精准。全区困难职工673人已脱贫539人，解困率80%。

【普惠服务】 优化“工会会员服务卡”服务功能，开展普惠活动，已为24家单位3632名职工办理工会会员服务卡，保障工会会员福利。推进互助保障惠优惠政策有序实施，通过制作宣传展板、召开全区互助保障工作推进会和现场理赔会，全年参保单位增加至160家，参保金额160万元，参保职工1.9万人次，理赔人数240人，理赔金额40万元。举办女职工健康知识讲座1期。优化“母婴温馨小屋”服务功能。

【脱贫攻坚】 2017年，引进1家鞋面加工厂入驻后庄村，解决60余名贫困村民就业。争取贵州茅台酒厂支持，批准后庄村500亩红高粱种植指标，115户村民签订协议，每户年收入平均增加4000元，为红高粱基地争取18万元农业补贴。组织23户贫困户到绥阳县沐心园生态农业发展有限公司学习养殖猪。分2期对后庄村村民进行厨师和种养殖培训，推荐村民2人参加挖掘机、铲车等专业技能培训，全年组织培训村民210人。与贵州承宣律师事务所在金鼎山镇后庄村成立全区首家精准扶贫法律维权工作站，为村民免费提供法律咨询，对70名农民工开展法律知识培训。助推旅游扶贫，在后庄村举办“健康快乐·决胜脱贫”2018年职工欢乐跑比赛活动，参赛职工300人，促进当地蓝莓销售量。开展“雁归圆梦”行动。继续开展“惠工贷”贴息帮扶活动，实地走访3家返乡农民工企业，向上级工会推荐2家，已获批准1家，获准贴息金额6万元。为结对帮扶的20户贫困户购买75份小额补充保险。工会党支部获评“全省脱贫攻坚先进党组织”。

【脱困解困】 为兰家堡社区争取到2万元专项经费，邀请教师对社区困难群众进行技能培训，帮助发展集体经济，协助其成立兰家堡物业服务公司，帮助28名下岗职工实现就业，牵头促成社区和辖区10多家企业签订城镇困难群体解困奔小康工作协议，该社区已实现解困66人。为镇隆社区争取2万元专项经费，指导“三产”发展，开发社区岗位，安置就业34人，建立门面商户32个、菜场商户30家、困难人员创业亭14个，带动114人走上创业就业之路。

【竞赛活动】 在旅游行业开展“践行新理念、建功‘十三五’”“提质增效”劳动竞赛，1000余名职工参赛。组织辖区70名选手参加遵义市第四届职工技能大赛活动，15位选手在13个项目中获奖。以“我为节能减排献一策”“节能减排我先行”为载体，开展生态文明知识宣传以及“我为企业献一策、节能减排大参与”金点子建议评比活动，收集建议100条；在基层工会聘请30名绿色环保义务监督员，帮助企业明责，动员职工促管，形成合力共查。组织1100名女职工参加红花岗区纪念“三八”妇女节趣味活动。与区安监局联合举办“安康杯”竞赛活动，遵义市燃气有限公司、红花岗区烟草分公司、遵义集顺达运输集团等企业参赛，其中国贸商场获评全省“安康杯”竞赛优胜单位。

【工会改革】 调整充实工会领导班子，增加行政编制1名，领导职数为1正3副，配备挂职副主席1名、兼职副主席3名；设立红花岗区工会服务职工中心，核定编制3名。推动红花岗区工人文化宫整改，逐步收回出租房屋，打造职工活动阵地。

【工会经费收支管理】 2018年，税务代收工会经费同比增长31%，财政代扣工会经费同比增长21.6%。开展工会资产清查清理工作。

（区总工会）

共青团

【概况】 2018年，团区委以“三项举措”为抓手，全面推进各项工作任务，引导青少年坚定不移听党话、跟党走，在群团改革中走前列、做贡献。严格发展团员程序，制作《红花岗区发展团员工作手册》，上半年发展团员990名，收缴团费24646.84元。新增青年文明号2个、青年之家2家、春晖社3个、非公有制团组织1个、留守儿童自强自立中心2个、团员先锋岗5个。

【理想信念教育】 2018年，组织全区各级团干采取上党课、团课，听宣讲、写心得、知识竞赛等多种形式，认真学习党的十九大和十九届三中全会精神，学习7月2日习近平总书记在同团中央新一届领导班子成员集体谈话时的重要讲话精神。9月，组织全区优秀青年团员干部赴厦门大学参加2018年学习习近平新时代中国特色社会主义思想青年马克思主义者培训班。学习团的十八大精神以及省委十二届三次全会和市委五届五次全会精神，组织理论学习会5场、宣讲会2场，轮训青年团干200人。

【推优评选】 开展“两红两优”“优秀少先队员、优秀少先队辅导员、优秀少先队集体”“优秀青年禁毒志愿者”等推选活动，28个集体、115人获区级以上表彰，遵义市消防支队红花岗区大会会址中队入选第二十二届“中国青年五四奖章”候选集体。

【“网上共青团”建设】 构建全媒体联动机制，充分运用新媒体，策划并开展“五四”青年节主题团日、“致青春的一封信”演说会等专题活动，通过线上线下联动，覆盖青年上万人次；持续推动“网上共青团”建设。聆听青年的声音、了解青年的需求，利用青年之声、青年之家等线上线下青少年服务平台为青少年提供服务。建立网络宣传员队伍，引导团员青年积极在网上发声。

【脱贫攻坚】 结对帮扶贫困户4户，启动“青春扶贫·暖冬行动”项目，走访贫户家庭200户，认领留守儿童微心愿30个，发放5.4万元爱心物资。组织一线青年团干、西部计划志愿者等脱贫攻坚青年突击队开展“温暖回家路·新春送祝福”关爱外出务工返乡人员系列活动。开展“春晖行动——我与家乡共话发展”系列活动，组织全区春晖使者、在外乡友、黔籍在外大学生50人，召开春晖座谈会、新建春晖社、关爱建档立卡贫困户等方式，助推脱贫攻坚工作。

【志愿服务】 组织开展青益行动项目，创新“团员+社工+志愿者”志愿服务模式，开展团员青年宜参与、乐参与的社会实践活动15场，以“我们的节日”为契机，组织志愿服务21场。组织100名志愿者，完成贵州省第十届运动会红花岗赛区志愿服务工作。全年发动各类志愿者2000人，志愿服务累积时长1.2万小时。

【禁毒宣教】 探索推行“五个一”模式，筑牢红花岗区青少年以及广大群众拒毒的思想防线。4月，团区委代表遵义市参加团中央禁毒防艾工作培训班并作交流发言。成立青年禁毒志愿者团支部，提升禁毒志愿服务能力。

【“青年之家”入驻“青年之家云平台”】 2017年，红花岗区4家“青年之家”入驻“青年之家云平台”。2018年，通过“青年之家云平台”开展“青益行动”“青青汇”暑期青年志愿者招募、禁毒志愿者招募、“青春献给党”微视频征集、“英语角”等活动10余次，吸引200名青年通过“青年之家云平台”报名参与活动，拓宽青年参与共青团活动渠道。

【青年工程】 整合社会资源帮助青年解决实际问题，召开专题会议，安排2018年“1+100”工作，联系各界青年，开展线上线下联动发展。持续推进线上线下联系青年机制，加强“青年之友”移动手机端与“1+100”PC端联动发展，已完成青年“一对一”联系，完成率92%，联系各界青年1000人，达到人均积分89分。

【青少年权益保障】 建立预防青少年违法犯罪教育体系，开展“花季护航”“禁毒我先行——无毒人生·健康生活”社会青年远离毒品等系列预防教育活动；青少年预防艾滋病宣传活动；联合司法、教育等部门，开展“法律进校园”“少年法庭”等青少年法制教育宣传活动，覆盖青少年4000人次。

【团队建设】 全区有基层团委44个，团工委3个，团总支10个，团支部957个。调整镇（街）团委书记3名，学校团队干部5名，选派5名西部计划志愿者到镇（街）负责团委工作。

（共青团红花岗区委员会）

妇 联

【概况】 2018年，区妇联坚持“围绕中心、服务大局、服务妇女、服务基层”工作主线，按照党政所急、妇女所需、妇联所能，一手抓发展、一手抓维权。组织和引导妇女提高综合素质，依法维护妇女儿童权益，围绕家庭、家风、家教提升妇女能力建设，团结带领全区妇女为推进社会和谐。全年开展家庭教育“进学校”知识讲座42场；开展家庭教育“进社区”活动378场次，惠及1.3万人。

【服务妇女儿童】 开展贫困母亲“两癌”救助项目申报工作，全年发放“两癌”救助金12万元；摸底上报先心病儿童17名，已送往上海免费救治4名；聚焦平安红花岗建设，维护妇女儿童合法权益；全区评选24户平安家庭示范户，夯实平安红花岗区基石。接待受理妇女群众来电、来信、来访案件共计42件，协调相关部门帮助维权，案件办结率100%；健全婚姻家庭纠纷多元化解工作机制，成立红花岗区婚姻家庭调适服务站，通过购买服务方式与专业机构合作，为妇女儿童提供专业化婚姻家庭关系调适服务。2018年，受理调解婚姻家庭纠纷73起，调解成功率99%；聚焦留守儿童、困境儿童关爱帮扶。探索有效途径帮扶妇女儿童弱势群体，利用节假日慰问帮扶留守儿童、困境儿童，送去书包、文具、书籍等学习用品；开展“蒲公英行动——爱心妈妈（家长）关爱留守儿童”系列活动，组织巾帼志愿者以“爱心妈妈”“爱心家长”等形式与留守儿童开展“一对一”结对帮扶工作，为留守儿童、困境儿童解决亲情缺失、家教缺乏、监护不力等实际问题。红花岗区登记爱心妈妈56名，持续开展留守儿童、困境儿童入户家访、关爱帮扶等活动。

2018年12月，在金鼎山镇开展农村妇女“三项能力”提升培训

【脱贫攻坚】 实施锦绣计划和巧手工程。争取“锦绣计划”培训、“三女”培育行动计划等项目支持。向上争取“锦绣计划”培训资金5万元，加大贫困妇女培训力度，促进妇女就业。以妇女巧手工程为切入点，投入资金1万元在金鼎山镇创建巾帼巧手示范基地，以基地为示范引领，为贫困妇女在家门口就业提供方便。会同区扶贫办开展“三女”培训，培训农村妇女150人，帮助36名贫困妇女就业。开展农村妇女“持家、发展、家教”提升活动，引导农村妇女持家理财、整洁环境，弘扬尊老爱幼、邻里互助等中华传统美德，增强农村家庭可持续发展能力。自活动启动以来，培训妇女1000人，其中建档立卡贫困妇女100人，改善农村家居环境。开展“巾帼建功”创建活动。鼓励城乡妇女岗位建功，创建区级“巾帼文明岗”1个，推荐2家单位、1名妇女先进典型获市巧手工程示范基地、市巾帼文明岗、市最美创业女性等称号。帮助创业妇女解决资金难题，抓好宣传推荐工作，全年发放贷款120万元，扶持妇女15人，带动妇女就业50人。

【关爱留守妇女】 建立留守妇女信息库，实施动态管理，加强留守妇女群体服务管理；加强互助组织建设，加大关爱力度。推动留守妇女组织阵地建设，拨付1.5万元帮助巷口镇、金鼎山镇、海龙镇建立示范留守妇女互助组织，实现留守妇女生产互助、技能互学、生活互帮、精神互慰，以科学合理、方便适用为原则，确保关爱服务制度化。春节期间，走访慰问困境留守妇女17名，发放慰问金8500元。

（区妇联办公室）

科学技术协会

【概况】 2018年，区科协认真开展科普宣传、科技咨询、学术交流及青少年科技竞赛活动。2018年，红花岗区获评“全民科学素质知识竞赛贵州省县级优秀组织单位”。爵仕蓝岛社区获“全省社区科普益民项目”称号。12月22日，红花岗区反邪教协会成立。组织开展百万公众网络答题活动，51821人参加，答题12.84万次，完成率211%。

【科普宣传】 5月21日，红花岗区科协在丁字口举行遵义市以“科技强国，国强民富”为主题的科技宣传活动。科技活动周期间，区科协围绕群众关切的空气质量、环境保护、食品安全、公共卫生、应急避险、节能减排、健康生活等热点问题，采用制作宣传展板、发放宣传资料、开展科技咨询、开展义务诊疗、展示科技创新产品等形式，向市民普及科学知识。

【开展全国科普日活动】 在老城纪念广场开展以“创新引领时代 智慧点亮生活”为主题的科普活动，利用科普大篷车26个，现场展示声、光、电、磁、流体力学、牛顿力学等科普知识。

【科普阵地创建】 贯彻落实《中华人民共和国科学技术普及法》《全民科学素质行动计划纲要实施方案（2016—2020年）》，推动科普工作社会化、大众化、经常化，营造浓厚科学文化环境，提升全区公民科学素质，实施创新驱动发展战略。创建科普示范社区2个（爵仕蓝岛社区和新华桥社区），科普教育基地1个（遵义动物园）。完成7所青少年科技教育特色学校复检（遵义市凉水井小学、遵义市第二中学、遵义市朝阳小学、遵义市第一中学、遵义名城小学、遵义市第一初级中学、遵义市洛江小学）。

【青少年科普】 科技辅导学员培训 2017年12月，红花岗区科协、区教育局、区人事局联合举办2018年青少年科技辅导骨干教师培训班，对全区160名科技辅导学员进行培训。

机器人骨干教师培训 2018年3月6日，区科学技术协会和区教育局联合主办为期2天的机器人骨干教师培训。

科普e站安装 3月23日，红花岗区第一台社区科普e站在延安街道爵仕蓝岛社区安装成功。全年安装校园e站、社区e站共4台，充分发挥科普e站的作用，普及市民、青少年科学知识，提升科学素质，提升全区公民科学素质。

机器人大赛 参加贵州省第四届机器人比赛暨全国第十八届机器人竞赛选拔赛，遵义市有13支学校代表队参加国赛，其中红花岗区参赛队伍8支，获全国二等奖4个、全国三等奖4个。4月19日，红花岗区第三届机器人比赛在遵义市第一初级中学举行。5月13日，红花岗区代表队参加在仁怀市体育馆举行的遵义市第五届青少年机器人竞赛，有7支队伍获金奖、5支队伍获银奖、1支队伍获铜奖，在全市总分排名第一位。

青少年科技创新大赛 参加贵州省第三十三届青少年科技创新大赛，红花岗区获创新项目奖13个，科技辅导员项目获奖4个，创新成果竞赛项目获奖15个，青少年科技创意大赛获奖3个，居全市前列。参加遵义市青少年科技创新大赛，红花岗区获学生发明一等奖1项，获科技创意一等奖3项、二等奖3项、三等奖4项。举办红花岗区第二届青少年科技创新大赛，共有比赛作品241个，其中一等奖59个、二等奖69个、三等奖113个。

遵义市第六届科技影像活动 在全市70个作品中，红花岗区获奖作品10个。

【扶贫工作】 结对帮扶巷口镇八卦村贫困户3户7人（“五保”贫困户1户1人，一般贫困户2户6人）。其中，因残、因病致贫2户4人，因病、因学致贫1户3人。

（区科学技术协会办公室）

文 联

【文化活动】 开展“文化迎春·书香祝福”大型送春联活动，组织区书法家协会联合镇（街）等部门，携手思达集团等企业，在全区大型公众场所及社区、乡镇开展现场送春联18场，书写春联11570幅。制作《文化迎春·书香祝福》中华文化宣传公益短片，活动期间在遵义市电视台、红花岗区电视台及市内繁华区域LED大屏播放，营造“文化迎春·书香祝福”喜庆气氛。组织曲艺家协会、音乐家协会、舞蹈家协会、戏剧家协会等文艺工作者到镇（街）街头演出。组织开展“墨香贺岁，书画迎春”艺术作品展在丁字口文化橱窗展出，作品有国画山水、花鸟、工笔、书法小品、剪纸和通草堆画，为春节增添温暖色彩。弘扬社会主义核心价值观，宣传名城遵义红色文化，繁荣红花岗区艺术创作，组织美术、书法、民间文艺等协会举办红花岗区美术、书法、剪纸作品展，展出作品100件。

【开展“七进”活动】 开展书法进机关、曲艺进校园、音乐进社区等公益课，创作曲艺小品、扶贫剪纸等。6月1日，文联为遵义市文化小学文艺基地授牌，组织书法家协会、摄影家协会走进文化小学，助力遵义市文化小学第一届校园故事节。围绕“文化古镇·果蔬之乡”发展定位，“一村一品，一村一特”发展思路，配合金鼎山镇蓝莓季，组织摄影家协会及美术家协会开展脱贫攻坚图片宣传展活动；端午节，组织摄影、书法美术协会在凤凰山广场举行“我们的节日·端午节”摄影、美术、书法展览。6月29日至7月10日，组织摄影家协会在市民广场、老城纪念广场举行建党97周年图片展。10月8—31日，围绕红花岗区农民丰收节，组织摄影家协会在老城步行街、海龙镇展出图片；组织舞蹈家协会编排舞蹈《摘菜调》参加全市农民丰收节汇演活动。10月31日前完成“改革开放与我的故事”主题征文活动。11月16日，区文联承办红花岗区举办的“颂党恩·唱改革”庆祝改革开放40周年歌唱活动。11月，举行《改革开放40周年》图片展。12月，刊印丛书《遵义故事》。

【获奖情况】 3月，区文联开展红花岗区童谣作品评选上报工作，成年组作品获奖7个，未成年组作品获奖9个。组织音乐家协会参加红花岗区精神文明建设“五个一”工程奖评选，歌曲《相伴千秋》获一等奖，获奖词曲作家15人次。5月，组织文艺工作者参与“红色基因代代传”“扣好人生第一粒扣子”为主题的系列活动，展现全区文艺工作者风采；6月，组织文艺作品申报全省七届文艺奖，部分作品入围；8月，组织协会开展“祖国好、家乡美”书法、绘画作品上报市文联评选。11月10日，区编剧吴霞创作剧本《仡乡绣娘》获第二十七届中国金鸡百花电影节少数民族题材电影剧本提名奖 。11月12日，区作协会员李群（区公安分局民警）获第二届中国公安诗歌年度诗人奖。12月，在全省第四届“图说我们的价值观·美好黔图”征集活动中，彭斌斌的《文明在身边系列》获特等奖。

（区文学艺术界联合会办公室）

红十字会

【组织建设】 3月2日，召开第二届理事会第二次会议，选举张云桥为区红十字会会长，蒲萍为区红十字会专职副会长。招募红十字志愿者300余名，充实到10支红十字志愿服务队；在学校发展红十字青少年会员1500余名，开展红十字志愿服务活动及青少年活动。

【宣传工作】 利用“5·8”世界红十字日、“5·12”防灾减灾日、“6·14”世界献血者日等纪念日，组织红十字会志愿者到街道、社区（乡村）开展新时代红十字志愿者主题宣传活动和人体器官宣传月等主题宣传活动。在社区、村、医院的红十字宣传专栏开展“红十字在社区”主题宣传活动。

【筹资募捐】 与企业签订定向捐赠协议，收到定向捐赠资金9.8万元。争取遵义市永顺房地产开发有限公司定向捐赠资金4万元，用于资助金鼎山镇辖区2017年考入大学的农村特困家庭学子。争取到上级红十字会价值2万元的救助物资，将物资发放到受助人员手中。与共青团红花岗区委开展“1+1”公益助学行动定向募捐活动，活动得到贵阳银行股份有限公司遵义红花岗支行和红花岗区新华路济幼堂小儿推拿馆的爱心支持，共捐赠助学款7万元。7月，为14周岁以下贫困家庭白血病患儿展某某申请到中国红十字基金会“小天使基金”项目3万元的疾病治疗资助款。8月，为人体器官捐献者家属张某某争取到贵州省人体器官捐献困难家庭救助金3万元。10月，为海龙镇贡米村患急性髓系白血病的贫困户肖某某争取到遵义市红十字贫困家庭人道救助公益基金4万元。加强对红十字募捐箱的日常管理，收取募捐箱爱心善款3万元。

【帮助困难群众】 开展“情暖红花岗·2018年红十字博爱送万家”系列活动，对1323户困难群众开展救助，共计发放价值28万元的棉被、大米、食用油、电热毯、春节家庭包等救助物资。为金鼎山镇莲池村10户贫困户送去5000元种植、养殖帮扶款及价值2000元的帮扶物资。5月10日，为万里路街道洗花井社区101户城镇困难群众送去价值1万元的大米和食用油。2月11日，为人体器官捐献者家属送去价值1000元的红十字家庭包和1000元慰问金，并为2名抗战老兵送去价值1000元的爱心棉被和棉服。4月28日，为患重大疾病的老城街道纪念馆社区困难群众郑某某送去4000元爱心救助款。6月15日，为5户家庭困难的无偿献血志愿者送去价值800元的爱心物资。向城管系统10名困难职工发放困难职工救助款59000元。

【关爱生命健康】 做好无偿献血及捐献造血干细胞工作，开展5次无偿献血及捐献造血干细胞血样采集系列活动，活动中有151名红十字志愿者共计献血58200毫升，45人成功采集血样成为造血干细胞捐献志愿者；2名造血干细胞捐献志愿者刘某某、高某某初配成功。红十字会2017年在红花岗区人民医院设立遗体和人体器官捐献工作联络站，2018年实现捐献，在该院救治的1名幼儿（2岁）因车祸重伤生命不能逆转，联络站工作人员联系其家属完成登记、捐献等手续，该捐献者成功捐献双肾和肝脏，救治3名患者。2018年，5名志愿者实现人体（器官）捐献书面登记，成为人体器官捐献志愿者。为白血病患儿展某某、冯某某进行“小天使基金”项目登记、审核、申报工作。对通过红十字会组织到上海东方医院进行减（免）费治疗的14名先心病患者开展电话回访，了解患者手术后身体恢复情况及生活情况；6月20日，组织10名先心病患者参加上海东方医院在遵义市开展的义诊筛查活动。开展上级红十字会项目“微笑公益活动”“博爱助医——银杏癫痫病康复计划”宣传、组织申报等工作，确保家庭困难的唇腭裂、癫痫病患者享受项目优惠政策。

【应急救护培训】 加强自身急救能力培训，组织工作人员参加上级红十字会在遵义市干部学院等地开展的应急救护培训及演练等活动，重温应急救护知识，演练心肺复苏术等技能。8月14日，组织红十字志愿服务队员在海龙加油站开展“交通安全·救在身边”演练活动，活动中对骨折固定、止血包扎、心肺复苏等急救技术进行演练，提升队员应急救护能力。在朝阳小学开展红花岗区生命健康安全教育急救知识普及活动，对全区210名体育教师开展红十字救护员应急救护知识专业培训。开展“急救知识进景区”“急救知识进机关”等活动，在学校、社区开展初级救护知识培训，并组织第二十中学师生参加全国红十字防灾避险知识竞赛。会同区信访局在区群众工作中心接待大厅设立红十字急救箱，应急箱内摆放绷带、止血钳、碘伏等30余种急救物品和药品。

【项目管理】 开展“绿色家园行动——健康新村”（博爱家园）项目管理工作，7月，忠庄街道4户爱心互助金借款户信守承诺，按期归还发展养殖业的互助金。开展遵义市馨安康养护院的养老服务试点工作申报及养老服务师资培训推荐等工作。推动“博爱信使——红十字手机短信捐赠人道救助行动”项目。

（区红十字会办公室）

计划生育协会

【概况】 2018年，区计生协会坚持以服务为本、创新发展、强化基层、群众自治的工作原则，求真务实，锐意进取，不断提高服务能力和工作水平，推进健康红花岗建设，促进人口均衡发展。

【“生育关怀”行动】 依托生育关怀基金和各类公益项目，推进计生家庭精准脱贫。搭建扶贫济困的助学平台，组织开展“博爱名城·圆梦大学”生育关怀公益助学活动，为91名2018年计生家庭贫困大学生发放“博爱名城·圆梦大学”生育关怀公益助学金45.5万元。区计生协实施生育关怀基金项目2个，对18户特殊困难计生家庭和精准扶贫计生家庭实施救助帮扶，发放救助金7万元。实施帮扶贫困户生产扶贫项目1个，投入资金1.2万元，为金鼎山镇岩塘村罗某某、夏某某等计生家庭贫困户完成圈舍修建、购置猪苗等帮扶。开展贫困户帮扶走访活动，在元旦、春节期间组织开展“生育关怀——送温暖”宣传服务和走访慰问活动，对计生特困户、失独家庭、留守儿童、计划生育手术并发症对象实行“一帮一”帮扶。全区走访慰问计生困难家庭326户（独生子女户202户、二女户29户、其他计生家庭95户）、计划生育特殊家庭55户、流动人口家庭95户、孤寡老人9人、留守儿童34人，合计682户（人），送物资价值35950元，送慰问金15.52万元。

【宣传教育】 全力促进育龄群众生殖健康，组织开展第二十二届“母亲节暨幸福工程救助贫困母亲活动日”和贵州省第九个“生殖健康服务日”宣传服务活动，共发放宣传资料4000份、避孕药具300盒。联合区卫计局、北京路街道办事处开展以“会员心向党·建功新时代”为主题的宣传活动，开展义诊服务200人次。与区卫计局承办以“敬佑生命·守护健康”为主题的红花岗区卫生与健康工作表彰暨第一百零七个国际护士节庆祝大会文艺演出活动。

【开展出生缺陷救助行动】 开展“生育关怀·助孕工程”，围绕生殖健康、优生优育、慢病防治、出生缺陷干预开展健康促进活动。5月18日，联合区卫计局、区群工办、区残联和遵义市荣军医院、遵义市妇幼保健院、遵义市启智学校举行“健康扶贫——出生缺陷救助行动”暨计生家庭残疾患儿救助金发放仪式，为57户计生家庭残疾患儿发放救助金8.95万元，举办出生缺陷和残疾患儿康复知识培训，关心计生家庭，关爱残疾患儿，推进健康扶贫，提高出生人口素质。

【计划生育基层群众自治工作】 指导村（社区）修订完善计划生育村（居）民自治章程和公约，定期开展民主评议，签订诚信协议，全面推进诚信计生建设和计划生育基层群众自治。继续巩固创建计生家庭服务中心载体建设，开展社区便民优惠服务活动。开展流动人口服务工作，以“人口流动·健康同行”为主题，巩固创建中山街道岩口社区、长征街道黄泥坡社区流动人口计生协会，推进流动人口服务均等化。

（区计划生育协会办公室）

2018年5月18日，红花岗区计生协会举行“健康扶贫——出生缺陷救助行动”暨计生家庭残疾患儿救助金发放仪式

残疾人联合会

【概况】 2018年，区残疾人联合会以创新优化残疾人服务和保障体系建设为主线，以解决残疾人生产、生活困难为重点，坚持以人为本，开展残疾人康复、教育就业等方面工作，助推全区经济社会和谐发展。

【换届选举】 2018年8月9日，召开区残联第四次代表大会，按《中国残疾人联合会章程》规定选举产生区残联第四届主席团、执行理事会和五大专门协会主席、副主席。

【教育就业】 9月，开展“金秋助学”活动，发放大学生助学金36人9.45万元；开展2019残疾人机动轮椅车燃油补贴申报工作，为244名残疾人申报2019年残疾人机动轮椅车燃油补贴。组织150人参加招聘会、推介会6场次；举办2018年残疾人就业职业技能培训，推介14人就业。在金鼎山镇野里村通过绿悠然蔬菜种植有限公司打造残疾人扶贫种植基地，11名残疾人在基地就业。通过残保金征收工作，有143家单位通过年审，稳定安置残疾人就业300人。通过残疾人创业就业示范户创建，各镇（街）已申报残疾人创业就业示范户33户。开展盲人按摩行业规范化创建活动，对辖区33个盲人按摩店摸底调查，对符合条件的进行门头广告设置、环境卫生整治、制度规范、服务提升等创建活动；开展疑似残疾学生的残疾程度鉴定学习能力评估，与区教育局、区卫计局联合组成鉴定组对辖区各小学疑似残疾学生15人进行评估鉴定。

【康复服务】 全年完成精神病免费服药50人，补助资金5万元；免费为全区白内障患者实施复明手术31例，免费为残疾人发放辅助器具350件，捐赠助听器24台，假肢取形10人；对19户残疾人家庭实施“无障碍进家庭”改造，投入资金5.24万元。2018年，发放一级重度残疾人护理补贴2367人35.41万元，发放二级重度残疾人护理补贴2414人28.94万元。康复服务率78.29%，辅具适配率94.32%。向全区6个康复机构拨付抢救性康复、机构建设扶持经费10万元。

【残疾人信息动态更新】 完成残疾人基本服务状况和需求信息数据动态更新工作，录入信息9416人，其中持证残疾人8447人、疑似残疾人969人。

【脱贫攻坚】 1月，慰问贫困残疾人家庭300户，发放慰问金10万元；对每户帮扶户补助2000元养殖款，用于购买猪、鸡、鸭及饲料等；“六一”儿童节，看望野里小学2名残疾儿童，送去慰问金2000元和电脑2台；实施危房改造23户，改善贫困群众住房条件；实施“三改”工程15户，帮扶资金1.5万元；拨付野里村辣椒基地7万元。

（区残疾人联合会办公室）

法　　治

政法委及综治

【概况】　2018年，红花岗区政法工作认真贯彻中央、省委、市委政法工作会议精神，按照年初区委政法工作会议上明确的工作思路和措施，全区政法干警励精图治、求真务实、聚心凝力，开展打击“两抢一盗”、整治“黄赌毒”、电信网络诈骗等专项行动，针对重点区域和重点行业进行拉网式排查整治。派出工作组7个，督导组28人次，完成等级信访安保任务11次，临时性维稳安保任务42次。强化对侦查、诉讼、审判、执行和行政机关依法履职方面的法律监督工作，确保国家法律正确实施和部门正确履职。对重大疑难案件，坚持以审判为中心的刑事诉讼制度，检察院、法院派员提前介入，确保每一起案件经得起历史和法律的检验。为红花岗区实现中部跨越当好排头兵，营造安全的政治环境、稳定的社会环境、公正的法治环境和优质的服务环境。

【维稳机制建设】　健全建立“四位一体”、预警预判预报、舆情动态导控、应急维稳处置“四大维稳机制”，扎实开展集中排查、专项排查、应急排查，及时做好信息预警，抓好舆情定期巡查和分析梳理汇总，及时查处网上负面舆情。截至11月30日，共收集情报信息510余条，排查矛盾纠纷51件，成功化解稳控51件，化解稳控率100%，省、市交办的11件重大突出稳定隐患得到有效稳控，34起突发非正常死亡纠纷在第一时间处置。

【社会稳定风险评估建设】　完成贵州省重大项目社会稳定风险评估在线监管平台上网运行，引入第三方评估资质单位介入，已对10个项目进行社会稳定风险评估。区社会稳定风险评估指导中心正式运行，为副科级财政全额拨款事业单位，事业编制4名，设主任1名。

【违法犯罪整治】　开展打击“两抢一盗”、整治“黄赌毒”、电信网络诈骗等专项行动，针对重点区域和重点行业进行拉网式排查整治。

【特殊人群服务管理】　推动“育新工程”新雨学校迁建工作，推进“雨露工程”“回归工程”“安宁工程”“红丝带工程”“阳光工程”建设工作。截至11月30日，正在筹备实施新雨学校迁建；贵州省遵义荣誉军人康复医院、遵义市精神病专科医院、遵义康复医院、红花岗区精神病专科医院4家精神疾病诊断治疗机构，实际在管1845人，管理率90.66%，在册患者接受治疗1845人，治疗率90.66%；艾滋病性病防治累计病例1779例，治疗覆盖率92%；刑满释放人员在册987

2018年红花岗区委、南部新区党工委政法工作会议

人，共安置帮教389人次。

【矛盾纠纷多元化解】　区司法局、区人民法院、区公安分局、区住建局、区民政局、区人社局进驻矛盾纠纷多元化解中心，设立法律援助中心、涉法涉诉调解、劳动争议调解、治安纠纷调解等窗口。截至11月30日，共调解1182件，调解成功1155件，调解协议涉及金额1310万元；诉调中心共化解多元矛盾纠纷案件416件，其中司法确认案件17件。

【重点区域和校园周边环境整治】　开展北京路街道整治工作（市、区级挂牌整治地区），截至11月30日，北京路街道实现刑事总发案同比下降2.04%，“两抢一盗”发案同比下降8.82%。在全区校园周边建立治安岗亭31个、护学岗35个、校园警务室155个，配备校园保安190名。

【执法监督】　开展案件评查、执法档案建设，促进社会矛盾化解和公正廉洁执法，截至11月30日，市委政法委交办涉法涉诉信访案件20件（经调查核实有15件），已化解15件；调查核实处理市委政法委3批转来省委第三轮巡视第二巡视组交办红花岗区的涉法涉诉信访案件31件，下发“交办、督办函”10份，律师评查2件，向81件案件89人发放137.87万元国家司法救助金。

【法院审判执行】　紧紧围绕“让人民群众在每一个司法案件中都感受到公平正义”目标，全面开展刑事、民商事、行政审判和执行工作，精准发力、精准施策，决胜“基本解决执行难”，取得明显效果。

【检察法律监督】　截至11月30日，受理立案监督案件10件，监督立案10件次，开展侦查活动监督，发出“纠正违法通知书”15份，公安机关均已纠正。纠正漏捕21人，受理复议案件8件9人，维持原决定8件9人。生态环保检察受理督促履职案件52件，发出督促履职检察建议52份，其中向国土部门发出16份，回复并采纳14份；向林业部门发出12份，回复并采纳10份；向水务部门发出2份，均得到回复并采纳。

【公共法律服务】　全区四级法律服务网络体系有效为群众提供法治宣传、法律咨询、矛盾纠纷调解和法律援助四大公共法律服务产品，有镇（街）法律服务工作站15个，法律服务工作室38个，派驻律师、法律服务工作者共38名，提供法律咨询1100次，协助调解纠纷300件。基层法律服务工作者担任法律顾问17家，代理案件213件，挽回经济损失200余万元，办理法律援助案件10件。开展法治宣传54场次，悬挂大型宣传标语23幅，制作展板12块，组织编印并发放宣传资料4万余份。

【从严治警管警】　推进“两学一做”学习教育常态化制度化和“三强三铁”“不忘初心、牢记使命”主题教育活动，认真组织开展整治政法系统干部不担当、不作为、乱作为等突出问题，开展防腐警示教育，组织观看警示教育光盘，参观警示教育基地，开案例分析会，提高自我防范能力。在政法各窗口单位（部门）设立群众举报箱，督查督办政法干警“四风问题”，限期及时整改解决。

政法系统开展规范服务作风、规范社会交往、规范执法司法、规范内务管理4个专项治理行动，建立政法各部门后备干部人才库，实行动态管理。加大政法宣传力度，在中央级新闻媒体发稿12条、省级69条、市级318条，“两微一端”等新兴媒体554条，拍摄政法宣传专题片12期，组织大规模深度宣传报道、专题报道10次。

【从优待警】　完善并落实干警因公受伤、生病住院、离退休、困难党员慰问、健康检查、病故干警和特困干警特殊抚恤以及风险救助金申报制度等从优待警措施。建立多渠道学习模式培养人才，区委政法委组织40余家单位干部职工共49人到浙江大学华家池校区参加政法综治业务专题培训；区法院选送学习培训12人次，区检察院组织培训62人次，区公安分局组织培训12人次，区司法局组织培训6次。

【脱贫攻坚】　区委政法委18名干部结对挂帮金鼎山镇板桥村1个村民小组18户78人，挂包干部为2户贫困户解决“入学难”问题，为8户贫困户争取“特惠贷”发展生猪、肉牛等畜牧业，引导4户因病致贫贫困户改善“小病不看、大病不医”现状。购买鸭苗、鹅苗等发展养殖业，及时解决贫困户生活必需品，在思想上扶志、行动上扶力，不断增强贫困户脱贫致富奔小康的信心和决心。

（区委政法委员会办公室）

公　安

【概况】 2018年，紧紧围绕“打造全省最安全中心城区”总目标，按照“紧盯一个目标，确保两项提升，守住三条底线，推进四项建设，提升五大能力”工作思路，围绕中心、服务大局，圆满完成各项安全保卫任务，有力保障全区政治安全和社会稳定。

【严打犯罪】 2018年，红花岗区总警情42445起，同比下降13.73%。其中刑事警情2874起，同比下降13.54%；治安警情3146起，同比下降32.52%。

命案全破 红花岗区命案发4、破4，连续6年命案全破。成功侦破“4·14”李某林杀人案、“5·15”刘某琼故意伤害致人死亡案、“8·2”胡某茂杀人碎尸案、“9·11”吴某故意伤害致人死亡案等重大杀人案件。

“两抢”必破 “两抢”案件发25起、破25起，其中抢劫案件15起、抢夺案件10起，破案率100%，实现“发案下降、破案100%、群众满意”三重效果。

扫黑除恶 全方位、多领域在全区范围内开展“村霸”“市霸”“行霸”和宗族恶势力及“套路贷”等黑恶犯罪线索摸排工作，对黑恶势力进行彻底清扫。共侦破涉恶案件86件，逮捕114人，起诉161人，判决130人。破获“6·27”遵义欧亚医院涉嫌诈骗案，刑拘83人，逮捕29人。

缉毒禁毒 侦破部级目标案2件、省级目标案3件，缴毒24.33千克，强制戒毒905人，治安拘留987人，起诉涉毒人员228人，收治吸毒人员92人。

重治经济犯罪 共侦破非法集资案2件、传销案2件、假冒伪劣案8件、假币案4件、金融诈骗案59件，成功发起跨5省“云端战役”2起，共挽回经济损失1226万元。

严打电信网络诈骗 共打击电信、网络诈骗相关案件嫌疑人86人，破案16起，及时冻结涉案银行卡323张，成功挽损115.6905万元。成功拦截一起电信诈骗案挽损48万元；世界杯期间破获赌球刑事案件6起，打掉团伙6个，刑事拘留14人，涉案资金达300万余元。

【禁毒整治】 “1+1+N”社区戒毒康复新模式推进顺利，遵义义工禁毒志愿者服务队和义工禁毒宣讲团工作在《中国禁毒》《今贵州》等国家级、省级媒体新闻报道；11月30日，全市禁毒示范乡镇创建工作现场推进会在红花岗区召开；12月，国家禁毒委员会在海南省海口市召开全国禁毒重点整治示范创建暨宣传教育工作会议，红花岗区委书记、区禁毒委第一主任管礼伦在会上作经验交流发言。戒毒所、禁毒教育基地和关爱医院禁毒综合体（投入3.2亿元）在建；11月6日，遵义市第四人民医院特殊病区正式投入使用。

【无户口人员户口登记】 在监护人签署监护承诺后，分局为19名弃婴办理入户登记工作，于2018年10月24日集中向其监护人发放户口本。

【“一城一站”机制】 火车站“一城一站”由原遵义客运站改造而成，为集生活、娱乐、消费为一体的休闲娱乐中心。北京路派出所在该中心商圈内建报警点18个，大门前建治安岗亭，将报警终端安装在治安岗亭内，制定“一城一站”区域安全联动机制。

【“放管服”工作】 9月17日，分局向社会公布红花岗公安分局便民利民举措10条；自主研发“最多跑一次”登记评价便民服务系统；9月18日，启动“红花岗网上公安政务”服务平台，通过该平台办理的业务获网上评价满意率100%。

【“天网”建设】 2018年底，完成建设“天网”三期视频探头3052个，在线率达96%以上；整合2460路社会视频资源，在全区制高点、主要干道、十字路段配套鹰眼70个、车辆卡口195个、

WiFi采集设备500个，实现对辖区主要路段、繁华地区、要害部位无缝对接和全天候监控，建立起互联互享全覆盖全天候实时视频监控网络。

【警务保障】　12月8日，红花岗公安分局新业务技术大楼投入使用。该大楼建设历时3年，占地面积71939.5平方米，总投资3.3973亿元。其中指挥中心投入109.84万元、刑侦技术中心投入220万元、办案中心投入238万元。

派出所建设　分局共投入407.568万元用于16个派出所民警备勤休息用房、食堂及配套基础设施改造；投入资金70余万元新建巷口派出所备勤休息用房；新建湘江派出所办公楼1栋，建筑面积2200平方米；投入资金518.6万元更换购置接处警车辆30余台，已投入使用。已全面交付投入使用派出所15个，正在新建中派出所1个（巷口所）。

基层装备更新　分局向区人民政府争取专项经费518.68万元，为基层购置新车20余台；为刑事技术中心购置220万元设备；禁毒专项经费在年初的100万元基础上增加200万元；分局向区人民政府争取到经费198万元，用于遵义会议会址外围维修防撞设施建设。

【公共安全】　消防安全　发现隐患并整改8933处，抢救被困人员223人，开展消防培训47次，全区未发生一起重大亡人火灾责任事故。原消防大队获"全国消防部队先进基层党组织"称号。

民爆安全　检查民爆工地及仓库230家次、烟花爆竹零售点283家次、公务用枪单位48家次、易制爆化学品单位8家次、剧毒化学品单位66家次，

遵义市公安局红花岗分局

整改隐患164起，联合区安监局查处非法存储烟花爆竹1起，扣押80件烟花爆竹。

交通安全　全区共发生死人事故17起，死亡17人，与2017年同期发生死人事故29起、死亡30人相比，分别下降41.3%和43.3%，全区道路交通安全形势持续趋好。

【出入境管理】　正式启动"平安红花岗微服务"平台；推行周六上班工作制和工作日"中午办"工作制；开设绿色通道，对符合急事急办条件的事项，提供快速办理证照服务；启动邮政寄递服务，解决外地就学、外出务工群众取证难问题；创新"微信群"外管工作法，分别将社区民警、宾馆酒店前台工作人员纳入群管理，通过微信群开展实时沟通和工作指导。全年共受理审批出入境证件63295人次，答复申请人咨询4.5万余人次，办理邮政速递7428人次。

【督察工作】　分局纪委全年下发督察通报324期，通报部门72个，通报批评267人次，扣除警务督察分值共计1148分。利用"4+3"合成督察方式开展3次大型专项暗访，制作"督察行动"视频3期，将各部门在接处警、窗口服务中存在的问题梳理后在党委（扩大）会上进行视频通报。共发现问题69处，通报部门22个次，通报批评15人次，为各部门做好"送上门的群众工作"提供坚强纪律保证。分局研发出适用于县级公安机关的监督管理综合信息平台——智慧督察系统，将传统现场督察向网上督察、指端督察转变。

【警队教育训练】　组织开展"迎新登高"比赛；参加区人民政府举办的"三八"妇女节趣味比赛取得佳绩；参加市局"前卫体协杯"五人制足球比赛获亚军；组队参加红花岗区"健康快乐、决胜脱贫"主题欢乐跑活动、第三届红色运动会，均取得团体冠军；开展"热爱生活、认真工作"4千米健步走活动；举办全警训练暨队列大比武活动，共31个部门、52支参赛队540余名警务人员参加。以"三能达标"为载体，不断夯实警员身体、业务、技能素质；全年投入训练经费200余万元，保障器材、课酬、场地等，新靶场在建中。民警体能测试2次、冬季越野体能训练1次、

健步走1次；武器使用训练3次、警务技能培训2次、反恐防暴应急训练2次；车辆盘查、刑事技术业务、刑事现场勘查、吸毒检测资质认定、安检业务、车辆安全管理等各1次；内勤业务、法度智慧笔录应用、“法律素养”提升、计算机自助维护、现场执法指引各1次。

【从优待警】 鼓励民警带薪休假、及时调整补休，对工作表现突出的集体和个人加大表彰奖励力度。全年共43个部门获集体三等功、集体嘉奖和荣誉称号，其中集体三等功6个、集体嘉奖3个、先进集体34个。共703名人员立功受奖，其中个人一等功2人、个人三等功31人。

【弘扬公安正能量】 与贵州电视台知名栏目《百姓关注》《法治第一线》，《贵州日报》《法制生活报》《贵阳晚报》，遵义电视台《直播遵义》《法治遵义》，《遵义日报》《遵义晚报》，902频道等省、市、区级媒体合作，策划开展一系列新闻宣传报道。全年在中央、省级、市级、区级新闻媒体发稿363篇（条），拍摄遵义警示专题新闻14期；组织大规模深度宣传报道、专题报道10余次；发布官方微信140期227条，阅读量20万人次，发布微博220条，阅读量70余万人次；“双微”警务网民互动留言1万余人次；今日头条客户端对外发布新闻稿件150余条，浏览量8万余次，警民互动1000余次。

（张　媞）

检　察

【概况】 2018年，区检察院忠实履行宪法和法律赋予的职责，坚持以办案为中心，宽严相济，全力维护人民群众合法权益和社会和谐稳定。坚持把维护社会和谐稳定作为首要任务来抓，立足检察职能，践行为民服务宗旨，严厉打击刑事犯罪，积极化解社会矛盾，促进平安红花岗建设。在办案中监督、在监督中办案，为全区经济社会健康发展，提供优质的法治产品、检察产品。

【打击犯罪】 受理审查逮捕案件764件1205人，同比下降18.1%，批准逮捕495件728人；受理审查起诉案件869件1233人，同比下降13.6%，提起公诉678件982人。严厉打击“两抢一盗”、黑恶势力、侵犯公民信息、电信诈骗等犯罪，批准逮捕165件223人，提起公诉184件258人；严厉打击涉毒、食品药品安全等犯罪，批准逮捕102件122人，提起公诉166件181人。

加强与监察机关沟通衔接，惩治腐败“零容忍”。受理区监察委移送审查起诉的职务犯罪案件6件10人，决定逮捕5件9人，提起公诉6件10人。其中，科级干部1件1人、民生领域案件2件7人，为国家挽回经济损失308万余元。注重在办案中深挖职务犯罪线索，向监察机关移送线索4条，已查办1件5人。

贯彻宽严相济刑事政策，依法对犯罪情节轻微，无社会危害性的犯罪嫌疑人作出不批准逮捕决定270件467人，不起诉158件231人；在检察环节促成刑事和解76件120人。

【落实未成年人特殊刑事政策】 严格落实未成年人特殊刑事政策，维护未成年人合法权益。深化未成年人犯罪案件“捕、诉、监、防”一体化工作模式，坚持少捕慎诉、预防与挽救并重，受理审查逮捕案件35件69人，不批准逮捕6件20人；受理审查起诉案件37件80人，不起诉4件5人；开展羁押必要性审查11件11人，均变更强制措施。检察院法治宣讲团到辖区中小学开展法治宣讲15场次，受教育学生3000余人；党组书记、检察长任炳强受聘为遵义市第四初级中学法治副校长，召开法治专题讲座；红花岗区预防未成年人犯罪警示教育基地正在加紧建设。

【信访和司法救助】 接待群众来信来访46件，检察长接待24件；办理市检察院交办信访案件6件；严格执行重要会议期间值班和“零报告”制度，未发生涉检赴省进京访。主动开展司法救助，帮助3起刑事案件被害人申请司法救助金3.6万元。2018年，控申部门获最高人民检察院“文明接待示范窗口”称号，遵义市“十佳检察科室”称号。

【刑事诉讼监督】 办理立案监督案件7件，督促公安机关立案5件，监督公安机关撤案2件；向公安机关发出“纠正违法通知书”30份，发出检察建议9份，均获采纳；追诉漏犯49人，纠正遗漏罪行37件；对法院确有错误的判决提出抗诉2件，提请抗诉1件，3件均已改判；党组书记、检察长任炳强列席法院审判委员会，研究合议庭拟判无罪案件1件，审委会采纳检察长的意见并依法作出有罪判决。

【刑罚执行和监管活动监督】　办理羁押必要性审查74件74人，提出变更强制措施建议48件48人，均获采纳；办理破坏监管秩序案件1件，开展监管场所安全检查9次；加强社区矫正执法管理监督，向存在执法不规范行为的镇（街）司法所发出“检察建议”11份，均获采纳并整改。2018年，区检察院驻遵义市第二看守所检察室获最高人民检察院“全国二级规范化检察室”称号。

【民事诉讼和执行活动监督】　办理生效民事裁判、调解监督案件10件，向区法院发出再审检察建议2份，提请抗诉1件；办理审判违法监督案件18件，向区法院发出检察建议18份，均获采纳并纠正程序违法行为；办理执行监督案件6件，发出检察建议5份，其中涉及企业家合法权益保护3份，农民工讨薪1份。在开展“协助解决农民工讨薪问题专项活动”中，向区人社局发出检察建议5份，涉及农民工253人，均获采纳。

【督促履职】　办理督促履职案件60件，发出检察建议60份，其中向林业部门发出20份（补植林木5000余亩40余万株）；摸排公益诉讼线索51件，立案51件，发出诉前检察建议47份；与区相关行政部门签订协作制度10份，解决公益诉讼案件衔接问题；为改善水域生态环境，增殖放流鱼苗1万尾。

【案中和案后监督】　全面推行案件实体和程序“双监督”，实现案中和案后监督全覆盖，组织评查案件174件，制作案件质量评查报告4份。开展流程监控634次，发现问题并整改36次。全年无冤假错案。结合办案实际撰写的《司改背景下刑事检察工作运行态势分析》获省检察院2018年度优秀业务分析报告一等奖。

【接受监督】　向区人大常委会报告专项工作1次；通过检察开放日、未检（未成年人刑事检察）开放日、“两长座谈会”等活动，邀请人大代表到检察院调研工作2次10人；邀请人大代表参加庭审观摩活动2次13人；办理人大代表交办件1件。向区政协递送专项工作报告1次，邀请政协委员到检察院参加联络活动2次11人。

【扫黑除恶专项行动】　办理涉嫌恶势力犯罪案件2件12人，批准逮捕12人，提起公诉1件9人，追诉漏犯1人，纠正遗漏罪行3件；向监察机关和扫黑办移送保护伞、腐败分子线索5条；积极参与社会综合治理，针对办案中发现的行业管理漏洞，向卫计委、市场监管等部门发出检察建议51份。建立涉黑涉恶案件提前介入机制，引导侦查取证，严把案件事实关、证据关、程序关和法律适用关。

【改善企业营商环境专项活动】　结合全区工业企业密集、红色旅游资源丰富等特点，全面开展大走访、大宣传活动，到辖区58家重点企业走访宣传，发放宣传材料600余份，发出检察建议5份，提供法律援助84件次，出面协调解决企业困难12件次；与区投资促进局、区工业经济局等单位形成协调联动机制，制定《红花岗区重点支持高新企业发展六项措施》，获辖区企业好评。根据检察院办理的某企业欠薪真实案例拍摄微电影《暖阳》，以艺术形式再现发挥检察职能、服务营商环境整治的工作成效。

【检察工作宣传】　召开动员大会和工作调度会，组建10个工作小组走访宣传，发放宣传资料1万余份，开展检察职能及工作成果展示14场次；录制专题宣传片并在电视台、公交车媒体播放；构建专属微信、微博公众平台、“今日头条”公众号和网络红页，扩大宣传效应；立足“12309”检察服务中心，做好律师、来访群众综合接待工作。

【脱贫攻坚】　挂帮金鼎山镇板桥村，成立脱贫攻坚专项工作小组和临时党支部，加强党建引领扶贫；制定“一户一策”帮扶措施，在2016年全部脱贫后，继续开展后续帮扶工作，帮扶对象无返贫情况；提供帮扶资金17万元，解决帮扶对象实际困难。驻村干警为板桥小学争取到贵州省建设监理协会价值7万余元的电脑、音响、校服等爱心捐赠。

【检察队伍建设】 分级签订“党风廉政建设责任书”；认真开展“干部不担当不作为乱作为”突出问题整治活动、“解放思想敢担当、真抓实干有作为”主题教育“三亮三比”活动，切实落实好警示教育约谈和节前廉洁自律提醒常态化机制。组织全体干警以视频培训、专题讲座等方式，深入学习党的十九大精神和习近平新时代中国特色社会主义思想28场次；分两批组织55名干警赴江西干部学院开展红色教育，组织观看警示教育片、扶贫纪录片等11场次，开展“劳动最光荣”“不忘初心、牢记使命”“国庆”主题图片展。2018年7月，成功举办第四届检察文化月活动，编排的舞蹈《铸魂》在全省、全市检察机关纪念改革开放40周年文艺比赛中获奖。

全院实行业务岗位轮岗制度，结合业务工作情况，适时调整干警岗位。购买专业书籍8000余册，撰写业务调研文章56篇，举办业务讲座24场次，组织业务培训400余人次，参加省、市检察院组织的业务部门“岗位练兵”12次，派出青年干警到上海市杨浦区检察院交流学习，多名干警在省、市、区级评选和比赛中获奖。

【智慧检务建设】 探索创新的司法业绩档案管理系统，推进全院司法责任制进一步落实；应用网络舆情监控系统、微网站，结合扫黑除恶、营商环境整治专项工作实际，有效延伸检察职能。全年共接待省内、外检察院参观学习20余次，代表遵义市检察机关到省检察院汇报演示智慧检务工作成果；在全省检察机关大数据应用推进专项工作中，立集体二等功，多名干警在省、市检察院立功受奖。

（区人民检察院办公室）

法　院

【概况】 2018年，区人民法院牢牢把握司法为民公正司法工作主线，始终聚焦“一体两翼”工作重点，忠实履行宪法法律职责，努力为打造西部内陆开放新高地和建设黔川渝接合部中心城市提供有力司法保障和优质司法服务，各项工作取得新进展。全年共受理各类案件21000件、审（执）结19507件，同比分别上升35.54%、31.80%，法定正常审限内结案率99.93%，收结案数再创历史新高，在全市基层法院中排名第一、全省基层法院中排名第二。2018年，区法院第一人民法庭被市委评为“遵义市十佳政法先进集体”，1人受省高级人民法院表彰，1人受市委表彰，1人受区委表彰，2人立三等功，24人获最高人民法院颁发的“荣誉天平奖章”。

【刑事审判】 受理各类刑事案件771件，审结753件，判处罪犯1059人。扎实推进扫黑除恶专项斗争各项工作，审结聚众斗殴、寻衅滋事、强迫交易等54件161人；严惩危害公共安全犯罪，审结涉枪、涉爆、“醉驾”等案件107件111人；严惩侵犯公民人身、财产权利犯罪，审结故意伤害、强奸、“两抢一盗”、电信网络诈骗、侵害公民个人信息等案件303件442人；严惩破坏市场经济秩序犯罪，审结危害食品、药品安全、非法经营等案件36件61人；严惩妨害社会管理秩序犯罪，审结涉毒、利用非法组织破坏法律实施等案件289件420人；进一步加强与监察委工作衔接，严惩贪污贿赂犯罪，审结贪污、受贿案件18件25人。

【民商事审判】 受理民商事案件13676件，审结12814件，解决争议金额20.41亿元。全面调研红花岗区建筑领域突出问题，形成《房地产领域审判执行工作分析报告（2013—2017年）》；受理涉及时代天街、学府一号等楼盘的11家房地产企业破产清算、重整案件，涉及债权人5402人、债权标的额59.12亿元。审结金融借款、民间借贷等纠纷案件3383件。制定《关于为红花岗区加快第三产业发展创造良好法治环境提供有力司法保障的意见》，审结涉及买卖、租赁、运输等纠纷案件2025件。审结宅基地、土地山林承包纠纷等涉农案件2140件。

【为全区重点工作提供优质法律保障】 制定《为优化营商环境提供有力司法保障实施意

见》，妥善审结涉及民营企业纠纷案件6563件。针对凤新快线等工程建设中涉及的法律问题，撰写《关于在国有土地上房屋征收与补偿工作中能否适用“先予执行”司法强制执行程序及相关法律适用问题的报告》，报区政府提供专业参考。完成《遵义市红花岗区棚户区改造中法律问题》一文，在区委《领导参考》上刊载；审查涉及棚户区改造非诉行政执行案件5件，裁定准予执行4件，准予撤回申请1件；审结房屋拆迁安置补偿合同纠纷案件55件。2018年，区法院获全区要素保障单位考核第一名。

【社会治安综合治理】　完成《红花岗区城市社区法治化治理：经验借鉴与进路选择》等区委重大课题2项。严格落实未成年人刑事司法制度，全年判处未成年人罪犯50人，依法适用非监禁刑9人，封存未成年人犯罪记录50份。对5户脱毒贫困家庭开展禁毒对口帮扶，“6·26”禁毒日集中公开宣判涉毒犯罪案件5件8人。推进“双提升”工作，开展“宪法宣传日”“公众开放日”主题宣传活动4次，院领导带头送法进企业、进学校、进社区26次，巡回宣传31次，向2000余人次提供法律咨询服务，发放宣传资料2万余份。

【脱贫攻坚】　开展“为贫困户解决生活难事”专项行动，投入资金16.52万元，为野里村修建便桥1座，为8户贫困户修缮房屋、圈舍，解决4户贫困户养殖饲料和13户特困户过冬燃煤。联系热心社会公益人士向野里小学捐赠价值6万元电脑及桌椅。妥善审结农村赡养纠纷案件32件。

【民生权益保护】　全年审结婚姻家庭纠纷案件1270件。审结教育、医疗、消费等案件1284件。审结劳动争议、劳务合同纠纷案件442件，其中涉及农民工工资案件205件。妥善处理楼盘小区涉及退还燃气开户费、有线电视开户费案件947件。向客观上执行不能、生活确有困难的53案57名执行申请人发放司法救助金132.86万元。

【利民便民措施】　完善诉讼服务中心功能，为群众提供“一站式”服务。深化立案登记制，做到有案必立，当场立案率99.12%，法定期限内立案率100%。推动完善矛盾纠纷多元化解机制，委托和委派人民调解、仲裁调解、行业调解各类纠纷2759件，成功化解1079件；办理司法确认民事调解协议248件。为经济确有困难的当事人缓、减、免诉讼费110.49万元。加大巡回办案力度，全年巡回办案482件。

【司法公开】　以信息化建设为支撑，以审判流程公开、庭审公开、裁判文书公开、执行信息公开四大平台为载体，构建开放、透明、便民的司法机制，促进司法公正，不断提升司法公信力。通过“12368”短信平台向当事人同步推送案件流程信息，全年网上直播庭审案件750件，在中国裁判文书网公开各类裁判文书10177份。全年召开新闻发布会6次，在各类媒体报道典型案例130篇，通过“两微一端”发布审判执行工作信息583条。

【执行案件】　2018年，完善联席会议工作机制，初步形成党委领导、政法委协调、人大监督、政府支持、法院主办、部门配合、社会参与的大格局，“基本解决执行难”工作取得重大突破。全年受理各类执行案件6446件，执结5836件，执结标的额9.46亿元。有财产可供执行案件法定期限内实际执结率达98.62%，无财产可供执行案件终结本次执行程序合格率达97.3%，执行信访案件办结率达100%，执行案件整体结案率达91.3%，全面达到“基本解决执行难”核心指标要求。

制定《执行案件管理细则》系列执行工作制度。开展“雷霆风暴”执行专项行动，全年查询被执行人存款5760人次，冻结金额6096.7万元。对拒不协助执行的单位罚款20万元，司法拘留“老赖”131人，移送公安机关协查被执行人296人。通过公诉、自诉途径追究“拒执罪”35件38人。将4101人纳入失信“黑名单”并限制高消费，初步形成“一处失信、处处受限”的信用惩戒格局。充分运用互联网开展网络拍卖，淘宝网拍卖138件，成交金额7058.91万元。

【完善人员分类管理】　经省法官、检察官遴选委员会遴选，2018年，区人民法院新增员额法官4人，全院员额法官55人，占中央政法专项编制33.13%；继续充实法官助理，全院法官助理67人；

择优聘用劳动合同制书记员50人，基本形成“1名法官+1名助理+1名书记员”新型审判组织构架。

【落实司法责任制】 审判委员会充分发挥总结审判经验、讨论重大疑难案件作用，全年讨论案件43件，同比下降12.24%。入额院领导办案967件，占全院员额法官平均办案量的46.6%。庭领导办案9780件，占全院50.14%。员额法官人均结案345.84件，位列全市第一名。

【完善司改配套机制】 推进以审判为中心的刑事诉讼制度改革，适用普通程序审理的刑事案件，实现律师辩护全覆盖。完善法官专业会议制度，召开法官专业会议研究法律适用7次。民事案件速裁结案3311件，占已结民事案件数的25.84%，民事案件简易程序适用率90.31%。完善人民陪审员工作机制，确保司法民主制度落实，全年人民陪审员参与审判案件1543件。

【强化案件质效管理】 加强质效跟踪管理，通报全院审判执行工作运行态势、审限预警提示、案件质量评查、落实“四公开”等情况173次。通过办理疑难复杂、发回重审、再审案件依法行使案件监督职权，进一步完善“四类案件”监管，做到放权不放任、监督不缺位。

【政治建设】 坚持党对法院工作的绝对领导，推进“两学一做”学习教育常态化制度化，在全院干警中开展“不忘初心、牢记使命”“解放思想敢担当、真抓实干有作为”等主题教育，牢固树立“四个意识”，坚定“四个自信”。区法院55名员额法官中有中共党员48人，完成全院90.54%的办案任务。加强班子建设，开好专题民主生活会。

【司法能力建设】 开展全员岗位技能训练、轮岗交流、优秀裁判文书评选、业务技能培训，参加上级法院组织的业务培训29次232人，区级法院组织业务培训12次。

【党风廉政建设】 开展审务督查3次，对中层干部、员额法官任前集体谈话2次24人，开展内部调查谈话17次19人，其他工作人员岗前集体谈话2次50人。

【接受监督】 牢牢树立主动接受人大监督意识，积极配合区人大常委会开展《中华人民共和国民法总则》实施情况调研，主动向区人大常委会和区政协汇报“基本解决执行难”工作情况。认真办理人大代表意见建议19件、政协委员意见建议5件、区人大常委会转办的群众来信来访10件，全部如期办结。

（区人民法院办公室）

司法行政

【人民调解】 建立红花岗区矛盾纠纷多元化解中心，实现“小纠纷不出村，一般纠纷不出镇、大纠纷不出区”；建立经费保障机制；推进人民调解委员会规范化建设工作；启动“三调联动”工作机制，将人民调解与司法调解、行政调解有机结合，建立党委、政府总揽、职能部门参与的“大调解”工作格局。全区15个镇（街）均建立警民联调室；区公安分局成立治安纠纷人民调解委员会，各派出所警民联调室统一更名为治安纠纷调解室；区工业经济局会同相关职能部门建立企业改制矛盾纠纷人民调解委员会，区住房城乡建设局成立房屋征收人民调解委员会，区国土分局成立征地纠纷人民调解委员会，区住房城乡建设局成立物业纠纷人民调解委员会，区人力资源社会保障局成立劳动人事争议纠纷人民调解委员会，区教育局成立涉校纠纷人民调解委员会，区民政局成立婚恋家庭纠纷人民调解委员会。

已建调委会数141个，其中镇（街）调委会16个、社区调委会77个、村居调委会42个，行业性、专业性调委会6个，调解人员879名。全年红花岗区各镇（街）人民调解委员会调解案件1395件，调解成功案件388件；参与调解疑难纠纷311件，涉及当事人3000余人；调解协议涉及金额668万元；排查纠纷1063起；预防纠纷98起；司法确认4件。全区未发生一起民转刑案件。

【法治宣传教育】 制发《遵义市红花岗区国家

机关“谁执法谁普法”普法责任制实施意见》《遵义市红花岗区国家工作人员学法用法实施意见》《关于开展遵义市第四批“民主法治示范村（社区）”推荐评选工作的通知》，下发《关于在全区开展宪法知识在线竞答活动的通知》，推动“法治红花岗”建设。全年在114个村（居）开展法治宣传121场次，悬挂大型宣传标语23幅，制作展板12块，印制《禁毒知识宣传手册》1万册、《扫黑除恶专项斗争手册》2000册、《征地拆迁宣传手册》1万册，发放便民购物袋、宣传扇等1万余份，发放《司法行政职能手册》5000册，组织编印并发放宣传资料2.2万余份。

【安置帮教】 2018年，共接纳回归刑释解教人员975人，均进行帮教，通过“阳光基地”、村居引荐就业安置10余人，重新违法犯罪率控制在3%以下。推行“四有”（墙内有人教、墙外有人接、回归有业就、社会有人帮）安置帮教新模式，实现“降低重新违法犯罪率”基本目标。红花岗区公安分局成立必接中队，对出监所必接对象由必接中队接回交镇（街）综治办，共接回180余人，实现无缝对接；对回归人员建立“一人一档”工作台账，实行精细化、信息化管理；加强技能培训，扭转刑释解教人员就业观念；动员和组织社会力量参与安置工作，宣传安置帮教优惠政策，整合“红花岗区安置帮教基地”与“遵义市阳光之家”资源；采取集中安置与分散安置形式，实现就业安置多元化；组织志愿者帮扶服刑在教人员未成年子女和困难家庭，民政部门对没有监护人或不能行使监护能力的服刑在教人员未成年子女提供相应生活照料；开展送温暖活动，开展心理疏导，协调解决生活、就业、就医、社会保障等问题。

【社区矫正】 全区司法所15个工作人员19名。至10月12日，有在册社区矫正人员433人。共组织集中教育410人次、个别谈话教育421人次，心理辅导69人次，组织社区服务522人次，落实低保5人次，开展适前社会调查60余件。常态化开展社区矫正“执法大检查”活动，全年无脱漏管现象；区司法局与区人民检察院联合开展社区矫正“回头看”活动，组织全区社区服刑人员集中开展警示教育；把牢社区矫正人员“入口关”，实现社区矫正与刑事审判、刑罚执行与执行监督无缝对接。开展走访慰问活动，为家庭困难社区矫正人员送上救助资金及大米、油等生活物品；加大对未成年社区矫正人员帮扶力度；为服刑人员未成年子女建立期间档案，对家境困难未成年子女进行帮扶；加快社区矫正中心系统建设，与上级社区矫正机构实现网络共享，采用点名“语音+面部+指纹”识别报到系统，做到“实时定位、轨迹可查、动态监管”，全面掌握社区服刑人员报到、教育等情况；全面推进社区矫正应急联动机制建设，确保最快速度反应、处理社区矫正突发事件，规范社区矫正工作程序；社区矫正中心接收登记室、矫正宣告室、心理辅导室、中心检察室4个功能室已建成并投入使用，会议学习室、远程监控室在建设中。

【法律服务】 全区15个镇（街）均成立法律服务工作站，建立法律服务工作室38个，派驻律师和法律服务工作者38名。法律服务工作室提供法律咨询2200次，协助调解纠纷600余件。8月，制发《关于建立“一村（居）一顾问”工作机制的实施意见》、“村（居）法律顾问派驻表”至各律师事务所。已建立微信群109个，覆盖率100%。

法律援助 在全区114个村（社区）建立法律援助联络点，设立法律援助联络员，全年受理并指派法律援助案件429件（刑事辩护350件、民事案件78件、行政案件1件），接待来电、来访750人次。全年结案166件（刑事结案126件、民事结案40件）。

公证工作 全年办理各类公证341件（国内民事公证323件、涉外公证18件），接待群众有关公证业务咨询5000余人次，为行动不便的老年人、残疾人提供上门服务20余次。为经济困难群众提供免费公证服务5件，减免费用3万余元。

基层法律服务所规范化建设 指导、督促基层法律服务所强化内部管理，建立健全各项管理制度；加强基层法律服务执业诚信制度建设；成立红花岗区南城法律服务所。全区年检合格法律服务所9个，注册在岗基层法律服务工作者29人。2017年12月至2018年10月，全区基层法律服务工作者担任法律顾问17家，代理各类案件200余件，挽回经济损失100万余元，办理法律援助案件13件。

律师事务所管理　2018年5月，完成辖区律师事务所、律师2017年度考核，参加2017年度考核的15家律师事务所均考核为合格，184名律师考核均为称职。5月初，组织辖区律师参加遵义律协组织的2018年度律师业务培训。

【党的建设】　制定律师行业党建工作方案，向区直属党工委提交《关于中共遵义市红花岗区司法局支部委员会升格总支的请示》获批复。6月，司法局组织律师党员召开党总支大会，选举7名总支委员会委员。含3名党员律师以上的贵州上善律师事务所、名城律师事务所、宇辉律师事务所、乾锋律师事务所、贵州大智律师事务所等5家律师事务所已成立支部；3名党员律师以下的律师事务所有7家，律师党员共10名已将组织关系转入红花岗区司法局总支部，待区委组织部批复后成立联合支部选举支部委员；6家无党员律师的律师事务所，由司法局指派总支部6名委员分别担任党建指导员。

（区司法局办公室）

军　事

人民武装

【概况】 2018年，人武部紧盯强军目标要求，按照军分区党委“大学习、大整组、大训练、大扶贫、大规范”工作指导，坚持“争当窗口单位的标兵、争做应急攻坚的尖兵”基本目标，扎实打基础、严格搞训练、从严正风纪、带头抓落实，确保年度任务有效落实、完成出色，高标准迎接省军区领导及各级工作组等检查10余次。

【思想政治建设】 学习贯彻军委主席习近平一系列重要讲话精神作为首要政治任务，以学习宣传党的十九大精神为重点，严格落实上级决策指示，以主官辅导、领读串讲、集中研讨等方式，认真学习《军委主席负责制学习读本》等理论书籍；积极灵活学习方式方法，采取组织读报刊、推送微信文章等形式扎实学习党的十九大精神，通过标语、橱窗、挂画、手册和购买辅导书籍浓厚学习氛围，结合党委中心组理论学习和“百团万人”活动，遴选148名宣讲员，10余次深入乡镇宣讲十九大精神，宣传惠农政策，赠送《中国扶贫》《摆脱贫困》等系列书籍；开展建军91周年系列活动，按照区委、区人民政府统一安排走访慰问部队，到红军山开展纪念活动，聆听党史专家作长征主题报告。

坚持“传承红色基因、担当强军重任”主题教育、党委中心组理论学习、党员学习教育统筹融合抓，突出党章党规学习内容，组织集中学习9次、交流体会5次；抓好党的纪律教育，观看《铁纪强军》警示教育片，落实领导干部上党课制度，围绕党费清缴和党员承诺践诺等重要环节，严格组织生活制度落实，增强“三个维护”自觉性坚定性；建立健全人武部纪委、党支部、党小组等党组织，坚持每月至少召开一次党委（扩大）会议，学习上级文电精神，研究本级建设重大事项等。6月，扎实开展党委民主生活会，认真收集整理区委、区人民政府、基层人武部意见建议28条，开展批评与自我批评，会后研究制定《红花岗区人武部党委加强自身建设的措施》。认真贯彻落实党管武装制度规定，对区委、区人民政府重大决策部署和指示精神，第一时间组织传达学习，坚决抓好贯彻落实。抓好专武干部队伍建设，联合区委组织部门考察专武干部，选准配齐8名基层专武干部。

【新编制新体制稳步运行】 2018年是省军区系统调整改革后的第一年，加强转岗转型能力素质再培训，确保各项工作任务圆满完成；围绕行政管理、民兵训练、党委议事、理论学习教育和财务管理等12个方面制定规章制度；严格武器库枪弹管理，落实双人连锁管理，定期组织查验数量、擦拭装备；严格规范后勤工作秩序，投入6.5万元整治厨房卫生基础设施；严格各类库室管理，开展“推门入库”活动，清理杂品库物品等，库室管理更加规范有序。

【战备建设】 修订完善动员支前、抢险救灾、维稳处突等配套方案预案，形成完善的战备预案资料；6月，认真抓好遵义市交旅投公司武装工作建设，指导新建战备库室、荣誉室等设施，于12月通过省军区战备建设局检查；抓好征兵准备工作，严密组织体检政治考核和业务培训，开展以“预征宣传周”为重点的宣传活动，累计张贴标语横幅400余条，开展征兵宣传咨询活动80余次，发放资料4万余份。

【实战化训练】 3月1日，遵义军分区组织红花岗区、汇川区、播州区人民武装部及所属民兵应急骨干开展战备拉练活动，完成紧急出动、摩托化机动、徒步行军、指挥所开设、组织指挥、政治工作、综合保障7个项目训练。演练结束后，红花岗区民政局、区双拥办向参加拉练官兵送上水果、猪肉等慰问品，遵义军分区向红花岗区委、区人民政府赠送“弘扬军政团结好传统 谱写双拥共建新篇章”锦旗。5月，完成民兵应急连、网络分队、专武干部等民兵训练任务；组织8名专武干部和民兵干部参加省军区、军分区集中培训，获单项第一名，2人获基层专武干部任职证书。

【安全保卫】 调整安全委员会、保密工作领导小组；采取“部、科、个人”三级责任模式，逐级明确各项安全工作任务，逐人签订安全管理责任书；坚持“重大节日进行安全教育，每月召开党委安全形势分析会，每周交班会上进行安全提示”等制度；针对重要岗位人员调整实际，及时完善交接手续，签订责任书、承诺书；及时修订完善预案，加强与区应急办信息互通，开展维稳处突应急演练，组织民兵骨干对城区进行巡逻值勤。出动民兵150人次，完成春节迎红街道山火扑救、金鼎山“庙会节”安保执勤等任务。

【参建参治】 结合帮扶金鼎山镇金川村、喇叭镇龙堰村任务，结对帮扶16户贫困户，投入3万余元，开展走访慰问活动，组织民兵分队队员清扫庭院、整理环境卫生等。8月，投入11万元为喇叭镇龙堰村建设新时代讲习所、村民图书室、村组广播站等基础设施；11月，集中投入15万元为金鼎山镇金川村修建2.5千米沿线路灯，解决180户群众出行照明设施问题，《省军区工作要讯》第一时间进行报道。

配合教育部门，完成遵义市第十四中学、贵州航天职院等学校近万名学生军训任务；扎实开展国防教育活动，结合9月15日国防教育日时机，组织干部职工到街道开展宣传活动，全年为市扶贫办、遵义航天职院等单位开展国防教育1万余人。

（区人武部）

经济管理

发展和改革

【概况】 2018年，全年地区生产总值完成500.24亿元，同比增长7%；规模以上工业增加值完成29亿元；500万元以上固定资产投资同比增长18.8%；社会消费品零售总额完成185.88亿元，同比增长8.7%；一般公共预算收入完成31.03亿元，同比增长12.1%；城镇常住居民人均可支配收入34849元，同比增长8.6%；农村常住居民人均可支配收入14586元，同比增长9.8%。

【项目建设】 1—11月，全区上报固定资产投资412.24亿元。其中，红花岗区完成52.65亿元，同比增长36.2%；新蒲新区完成275.48亿元，同比下降25.3%；原南部新区完成84.11亿元，同比下降23.5%。2018年，全区重大工程重点项目126个，年计划投资156.81亿元，已开工项目91个，开工率72.22%。其中，省、市重大工程重点项目16个，开工项目14个，年计划投资64.53亿元，累计完成投资60亿元，完成计划的92.98%。红花岗区堰口棚户区改造工程、湘江桥危桥加固及马兰坝隧道维修工程、红花岗区警务技能训练基地等20个项目已完工。2018年，争取中央资金1.38亿元，同比增长14.56%。

【行政审批制度改革】 全局行政权力清单共5项，其中行政许可1项、行政检查2项、其他权力1项。 2017年，所有行政审批项审批时限均压缩到法定时限的50%以下（项目评估论证、现场勘查除外），制定一次性告知清单（办事指南），按照统一标准印制和公示，执行首问负责制、限时办结制、责任追究制和一次性告知制，让群众少跑路。审批项目建议书210项（总投资869.45亿元），备案63项（总投资93.24亿元）。

【供给侧结构性改革】 开展清理规范转供电环节电价、推动房地产业去库存化等改革。贵州钢绳（集团）公司全年减少电费460万元。对全区大数据、新材料、饮料制造（桶装饮用水）等11个新兴产业和特色优势产业用电情况进行摸底调查，经市发改委认定，企业可享受电价支持政策：大数据产业按每千瓦时0.35元结算，新材料、生物医药、饮料制造优势资源深加工、节能环保、现代物流等产业免收基本电费；能源产业半年内免收基本电费。

【维护价格稳定】 开展涉企收费清理工作，涉及区直收费部门18个、街道办事处9个、镇人民政府3个、涉企收费项目58项、收费标准249个。全面清理检查行政事业性收费、政府性基金、经营性服务收费、行业协会商会收费。督促各收费单位在单位公开栏、办事大厅、收费窗口等醒目位置，将本单位所有收费项目、标准、依据向社会公开，接受社会监督。截至11月，登记停车场收费备案6家，其中区城投公司5家、区国投公司1家。登记备案民办教育收费18家。

【检查巡查】 加大对居民生活必需品价格、客运服务价格的市场巡查力度，严厉打击价格违法行为，防范价格异常波动，确保节日期间价格稳定。组织开展白酒行业市场价格行为专项检查，未发现价格垄断、价格欺诈、哄抬价格及恶意囤积等价格违法行为，维护白酒市场秩序。开展涉农价格和收费专项检查，重点检查农民建房、农村中小学、农业生产资料、农村信贷服务等领域价格和收费问题，未发现价格违法行为。受理各类价格举报投诉21件，办结率100%。

【乡村项目建设】 帮扶巷口镇中山村长征组、沙岗组38户125人，已脱贫32户115人。2018年，全区实施脱贫攻坚项目36个，总投资38.75亿元，完成投资3.4亿元。其中，红花岗区“组组通”农村公路建设，累计完工45千米，施工10千米；小型农田水利工程项目，沟渠完工7千米，管沟开挖完成11千米；红花岗区“三改一化”工程项目，进入收尾阶段。全年完成新改建厕所103个。其中，新建城区厕所5个、改造26个；新建旅游厕所2个、改造7个；改造医疗机构厕所2个；新建农村公共厕所1个、改造1个；新建学校厕所45个、改造2个。

（区发展和改革局办公室）

投资促进

【概况】 2018年，区投资促进局按照区委、区政府提出的“一核引领、二轮驱动、六带发力”战略定位，围绕“以红色传承为引领，以发展三产为主攻，以棚户区改造、乡村振兴为抓手”发展要求，重点围绕文化旅游、大健康养生、特色小城镇、商务服务、商贸流通、社会服务、农产品种植加工等产业全力开展招商引资工作，实施营商环境集中整治行动。

【招商情况】 收集全区招商资源，编制对外招商项目70余个，通过省级招商引资平台对外发布招商。在编项目已签约7个。新增民营500强企业（新城控股）1家；新增高新技术企业（猪八戒网络有限公司）1家。全年新引进省外招商项目29个，开工24个，引进省外到位资金58.2亿元，完成全年目标任务的161.7%。遵义市吾悦广场城市综合体项目，投资金额25亿元，已到位7.59亿元，正在进行基础施工；遵商·梦想小镇项目，投资金额8亿元，已到位5.61亿元，部分主体在建；长征电器设备生产基地项目，投资金额0.3亿元，已投产；思达君澜国际项目，投资金额9亿元，已到位7.2亿元，在建；猪八戒网络有限公司“互联网+”项目，投资金额0.2亿元，已投产；液压电磁断路器生产线项目，投资金额0.825亿元，已投产。

【营商环境整治】 对红花岗区招商引资项目全部纳入跟踪服务，责任到人，对企业名单进行排班服务。对27家单位营商环境整治情况跟踪督查。优化窗口服务，区政务中心召开整治营商环境大会，强化执行“三式三声”（微笑式、站立式、迎送式，来有问声、问有答声、走有送声），强化人员培训，提高服务水平。制定《红花岗区贯彻落实营商环境整治“百日攻坚行动”工作方案》，坚持问题导向，强化督促检查，全区涉及营商环境整治的单位（部门）76家，要求各单位对照责任清单限时整改。全年随机抽取区政务中心、万里路街道办事处、中山路街道办事处、老城街道办事处、人事局办事大厅、中华路街道办事处、延安路街道办事处、北京路街道办事处等单位开展督查。设立红花岗区营商环境整治“百日攻坚行动”投诉服务热线（0851-28430949），接受群众和企业的监督举报。全年收集到市民举报营商环境事宜4件，转办办结4件，办结率100%。

（区投资促进局办公室）

统　计

【统计服务】 强化统计分析预警研判，对经济运行中存在的问题及时研判，适时监测全区经济运行态势。紧盯主体指标和增比进位指标、GDP支撑指标等完成进度、速度变动、位次变化情况，将主体指标总量和增速与18个城区进行对比分析，找差距、提建议。截至10月，协助完成2017年和2018年上半年《贵州省市州和县域经济发展增比进位测评》指标体系任务分解，对2017年和2018年上半年红花岗区增比进位测评情况进行专项分析。完成《红花岗区经济指标快讯》上报快讯8期、评估快讯7期、统计监测分析21期，为经济发展提供更加优质统计服务；及时发布统计资料，发布《2017年国民经济统计公报》，完成《2017年统计年鉴》编撰工作，开展2018年数据收集汇总工作。撰写专题统计分析报告2篇、统计分析文章20篇；全年走访企业200家。

【调查和普查】 10月，通过审批单位共计11个，其中入库单位8个（投资企业3个、房开企业1个、建筑业企业3个、商业企业1个）；完成经济普查基础工作，共收到编制部门提供机关事业单位名单491个，税务部门提供企业名单19182个，民宗部门提供宗教寺庙名单21个。其余单位名单由上级部门下发，参与经普底册合并的数据来源22个，共计87514个单位，合并后生成底册单位26567个（有效25114个、无效1453个）。合并过程中，区经普办组织工作人员修改错误1万余条，人工合并单位近2000个。

【统计业务指导】 配合区委宣传部完成2017年文化产业统计工作，红花岗区完成文化产业增加值10.79亿元，占GDP比重2.25%。配合区委组织部完成对全区2017年度非公有制人才统计监测工作，人才总量关网数据为108066人，同比增长6.1%。

【统计执法】 2018年，对辖区20家商贸企业、1家服务业企业开展统计执法检查；对8个有统计违法行为的单位进行调查，调查立案8件，已办结7件。

（区统计局办公室）

审　计

【概况】 2018年，区审计局坚持“依法审计、服务大局、围绕中心、突出重点、求真务实”审计工作方针，集中力量突出重点领域、重点部门和重点资金的审计监督，加大对违法违纪问题的查处力度，在维护财经秩序、促进廉政建设、保障经济健康发展等方面发挥积极作用。全年审计移送纪委监委案件1件，移送区住建部门1件，移送区财政部门1件。完成审计信息33篇，被市局采用8篇、省厅采用2篇。审计项目查出问题整改率100%。

【审计任务完成情况】 2017年9月，制定《2018年度红花岗区审计项目计划安排意见》，经区政府同意后报省审计厅批准执行，计划项目10个，截至12月19日，已完成10个，查出违规金额189.96万元、管理不规范金额747.49万元、非金额计量问题25个，核减投资额212.95万元，审计提出建议20条，应上缴财政189.96万元，已上缴财政189.96万元；审计期间整改0.95万元；应调账746.53万元（未到整改时限）。

【固定资产投资审计】 截至12月19日，完成固定资产投资审计计划项目3个。其中，竣工决算审计项目2个（结算委托中介审计），决算金额928.30万元；竣工结算审计项目1个，送审金额1766.77万元，审定金额1553.82万元，审减212.95万元，审减率为12.05%。委托中介审计投资项目118个，送审金额23531.70万元，收到委托中介审计报告126份，送审金额62610.30万元，审定金额54710.70万元，审减金额7899.61万元，审减率12.62%。

【专项审计】 截至12月，区审计局抽调业务人员参加审计厅世行农村工程项目（铜仁地区）、2017年易地扶贫资金审计（德江、荔波等7个地方）、贵安新区投资审计项目及市审计局组织的经济责任等审计项目12个，共派出32人次。参加区纪委、区财政等区级部门组织的各项检查。

【脱贫攻坚】 到帮扶户家中走访调查，开展教育、医疗、种养殖等惠民政策宣传，对贫困户子女教育情况进行统计，对子女2018年考入中职及以上学校的帮扶户提供资助。对后庄村村集体经济发展提供帮扶资金1万元。

（区审计局办公室）

安全生产监督

【概况】 2018年，全区共发生各类生产安全事故19起，死亡18人。事故起数与2017年同比减少7起，下降27%；死亡人数减少8人，下降31%（红花岗区发生事故9起，死亡8人；原南部新区发生事故10起，死亡10人）。未接到较大及以上生产安全事故情况报告。

【开展安全生产月活动】 6月，指导全区各单位开展安全生产月活动。开展应急演练活动，全区各镇（街）、各安全专业办开展消防火灾、道路交通、地质灾害、电梯事故、有限空间救援、防洪防汛、危化品运输、隧道交通、燃气泄漏等应急演练20余场，提高民众防灾减灾和应急处置能力。开展“6·15”集中宣传咨询日活动。对30余家重点企业开展“安全生产专题行”活动。组织应急和安全生产知识网上答题竞赛活动。红花岗902频道播出主题新闻6条，“多彩红花岗”微信公众号推出新闻10条，“今日红花岗”手机App刊载相关安全月活动新闻12条，“黔北明珠红花岗”微博发布新闻1条。

【巡查督查】 安全生产“五个一批”工作排查一般隐患23188条，已整改22198条，处罚120.495万元，打击非法违法25起，停产停业48家，关闭取缔6家，曝光企业5家，问责单位68家，行政拘留2人，警告企业6家。

【体系建设】 制定《红花岗区加快推进安全生产风险分级管控和隐患排查治理双重预防体系建设工作方案》，明确各部门职责及任务。组织全区行业主管部门、各镇（街）及辖区“双控”体系建设企业，到播州区山岔拉法基水泥有限公司参观学习“双控”体系建设的经验及做法；组织各镇（街）分管领导、安监站站长参观学习长征棚户区“双控”体系建设和遵义客运总站“双控”体系建设；以“双控”体系建设标杆企业——贵州钢绳集团股份有限公司和巷口镇永合宏业商砼有限公司为观摩点。印发《红花岗区“双控”体系建设推进工作考核办法》，纳入安全生产目标绩效考核，实行常态化督促检查，每月通报。创建“双控”体系标杆企业3家，分别为贵州钢绳（集团）有限责任公司、遵义永合商砼有限公司巷口分公司、中石化南门关加油站。开展“双控”专项执法检查30家，发现问题162条，限时督促整改。

【工作创新】 探索建立消防安全区域化联动机制；着力打造安全文明小区，在兰家堡小区建设应急避难广场和安全文化亭；编排快板《说安全》节目；在智慧名城小区建成电动车集中充电桩；在舟水桥街道新店子社区专版刊登安全生产工作动态；舟水桥街道镇隆社区以“抓党建、强监管、保安全”为基础，探索“党建助推安全生产发展”工作模式，开展“安全生产、党员先行”主题活动，在镇隆社区设置“微网格”；利用移动影音设备，以视频短片形式开展安全生产宣传；在长征街道坪丰村建立“七级六覆盖”网格化管理体系，经费由村、组集体经济解决；创编表演交通安全文艺情景剧，开展慧眼找隐患活动，成立“小小安全员”巡查小组；安全微电影《童话》被市安监局推荐到应急管理部；开展“亮度人行横道”工程和“六有”宣传模式开展冬季道路交通事故预防百日攻坚宣传攻势。

（区安监局办公室）

农牧业管理

【概况】 2018年，区农牧局以建设生态宜居城市为目标、以美丽乡村建设为统领，继续推进农业供给侧改革，主动适应新形势、新任务、新要求，坚持调结构、转方式、促增长，加快发展现代农业，促进农业农村经济持续平稳发展。

【农业经济指标】 农村居民可支配收入14586元，增长9.8%；完成农业总产值54.42亿元，完成农业增加值35.77亿元，增速6.7%；非粮农业增加值占第一产业增加值的96.6%，在全市排名第一。

【种植业】 2018年，水稻种植面积1.21万亩，产量0.55万吨；玉米种植面积1.15万亩（糯玉米0.51万亩、青贮玉米0.089万亩），产量0.59万吨；油菜种植1.22万亩，产量0.18万吨。蔬菜种植面积6.6万亩（含复种）、辣椒3.02万亩、食用菌410万棒、精品水果2.32万亩，产量分别为10.65万吨、3.8万吨、0.302万吨、1.45万吨，产值分别为1.78亿元、1.12亿元、0.81亿元、0.72亿元。

【畜禽水产】 2018年，全区生猪存栏5.82万头，出栏9.12万头；牛存栏1.12万头，出栏0.38万头；羊存栏0.36万只，出栏0.38万只；禽存栏78.08万羽，出栏85.33万羽。发展大鲵养殖3户，养殖池面积1800平方米，饵料池面积10亩，养殖大鲵8000千克，产值200万元；棘胸蛙养殖1户，养殖面积10亩，年产量3000千克，幼蛙10万只。

【农机化发展】 2018年，实现农机总动力13万千瓦，机械化耕作面积17万亩，机械化播种面积1万亩，机械收割面积4.5万亩。

【农业园区建设】 截至2018年，园区投入建设资金5.0520亿元，完成投资1.3453亿元，完成产值1.2851亿元，完成销售收入1.245亿元。园区内人均可支配收入15236元，培育园区经营主体企业15家（500万元以上企业5家），农民专业合作社18家；园区经营主体发展电商1家。

【生态种植】 加强肥料市场管理，推广应用有机肥，抽取有机肥料送检样品26个；加强土肥新技术培训，开展农作物科学施肥、配方施肥技术、化肥零增长行动、化肥减量增效等培训16期，培训农民1000人，全区测土配方施肥覆盖率90%以上。开展土肥试验，实施马铃薯、油菜肥效试验各4个，进入验收总结阶段。建立稻田土壤耕地质量检测点2个、旱地检测点1个，正在实施。在金鼎山镇银江村建成马铃薯化肥零增长示范点1个，示范面积3000亩；蔬菜化肥减量增效示范点1个，示范面积300亩。推广秸秆还田等综合利用技术，改善土壤结构，2018年秸秆综合利用率在95%以上。完成耕地质量调查取土样25个，已送检。

【植保植检】 2018年，争取到中央财政水稻病虫防治补助资金20万元、省级财政补助稻水象甲防控资金10万元；整合投入使用2017年中央财政、省财政项目资金及2018年中央财政资金共44.04万元，用于水稻重大病虫害防控，减轻和控制水稻重大病虫的发生危害，确保水稻增产增收；发布农作物病虫草害发生趋势预报及病虫情报10期，完成水稻病虫害统防和群防面积2万亩，其中开展专业化统防2期330亩，拨付专业化统防作业补助资金7000元。完成蔬菜病虫害统防统治面积3.1万亩。2018年，全区主要农作物病虫草鼠害发生总面积43.5924万亩，防治面积36.8424万亩，占发生面积的84.5%。加强农药市场监管和农药减量控害工作。全年检查农药经营单位和门市部100家次、果蔬种植大户和农户50户，抽查7家农药经营部7个农药样品，审核合格。开展农药标签抽查，抽取16家农药经营单位30个农药标签，标签合格数29个，合格率96.7%。未发现经营国家禁限用高毒农药、假冒伪劣农药和过期农药情况。完成91家农药经营许可申请纸质资料审查和现场核查，颁发农药经营许可证书91个（新蒲新区44个）。加强植物检疫工作，发放水稻、玉米种子调运检疫证书1500份；检查种子市场6个，经营单位（门市部）45家；检查花卉苗木批发市场2个，经营户20家；检查果木种植基地5个，种植大户10户。加强检疫性有害生物普查防控工作，开展秧田期和大田分蘖初期稻水象甲统防统治和群防群治，累计用药防治6924亩；开展稻水象甲普查40次，普查水稻秧田和移栽大田面积10424亩；开展红火蚁普查50次，累计普查面积46880亩，未发现疑似红火蚁及隆起的蚁丘；检查豆类批发市场5个，检查豆类经营门市部及摊点35个，检查豆粒4000千克，普查5个镇15个村1500户农户贮藏豆粒1300千克，对5个镇12个村120户农户贮藏的85千克染疫豆粒进行处置。

【动物疫病强制免疫】 生猪口蹄疫免疫4.69万头，猪瘟免疫4.69万头，牛口蹄疫免疫0.61万头，羊口蹄疫免疫0.11万只。鸡禽流感免疫25.76万羽，鸭禽流感免疫0.26万羽，鹅禽流感免疫0.14万羽，鸡新城疫免疫25.76万羽，小反刍兽疫免疫0.14万只，乡镇犬免疫0.4万只。全区应免畜禽的免疫率、标识率、建档率均达到100%，未发生区域性重大动物疫情。开展采样送检工作，全年完成采样送检猪血清90份、牛血清60份、牛全血20份、牛OP液30份、羊血清10份、鸡血清125份、禽双腔拭子185份、环境拭子96份。全年完成自检血清样品5574份，其中猪血清510份，分别开展猪口蹄疫、猪瘟、猪蓝耳病免疫抗体检测；防疫监测牛血清500份，分别开展牛口蹄疫免疫抗体、牛布病检测；鸡血清510份，分别开展禽流感H5、

H7、新城疫免疫抗体检测；犬血清130份，开展狂犬病免疫抗体检测；布病净化检测牛血清1518份，分别开展布病琥红平板、布病ELISA检测。全年检测猪口蹄疫免疫抗体合格率87.6%，猪瘟免疫抗体合格率86.4%，牛口蹄疫免疫抗体合格率91.6%，鸡禽流感H5、H7免疫抗体合格率分别为92.4%和76.1%，鸡新城疫免疫抗体合格率100%。无害化处理生猪496头，其中享受无害化处理补助的生猪415头，兑付补助资金37.17万元。全年监测牛布病血清样品2644份，其中奶牛血清样品2144份，奶牛血清样品ELISA检测626份，检出阳性个体11头，及时实施无害化处置。开展产地检疫工作，农户散养畜禽产地检疫率在95%以上，规模化饲养场产地检疫率100%。产地检疫生猪5.6145万头、牛0.5809万头、羊0.09万只、禽20万羽；屠宰检疫猪12.6万头、牛1.12万头、羊0.39万只。加强“非洲猪瘟”防控工作，全区设卡12个，排查车次309次，检查运载生猪479头；加强疫情排查，排查生猪养殖场（户）5257次52404头，排查屠宰场生猪24057头，无疑似疫情发生。

【养殖业】 **品种改良** 2018年，输配母猪8473头，其中人工输配6145头；推广杂交猪84091头，其中三元杂交猪66841头；引进良种公猪20头，引进母猪2004头；有能繁母猪存栏4955头。牛改工作主要以冻配改良为主，改良3506头次，产杂交牛1477头。羊改工作配种3121只，产杂交羊1059只，出栏杂交羊 1848只。推广良种禽87.9317万羽，推广良种兔6221只，推广良种意蜂14群。

政策性畜牧保险 2018年，投保能繁母猪785户1149头（贫困户274户394头），投保育肥猪2750户6416头（贫困户1998户3876头），投保奶牛3户14头，投保肉牛1户300头，投保家禽4户25000羽（贫困户4户）。完成2018年生猪目标价格指数保险59户6028头。

畜牧业监管 2018年，检查兽药经营企业172家。责令2家经营企业（红花岗区德逸兽药经营部和红花岗区亿成兽药批发部）交回“兽药经营许可证”；对养殖场开展检查39户；完成国检兽药质量抽样10个、兽药残留监督抽样2个。市检违禁物品检测抽样送检情况：猪食槽料6个、肉牛食槽料2个、羊食槽料2个、蛋鸡食槽料3个、肉鸡食槽料3个；市检商品饲料营养指标检测抽样15个。委托市兽药饲料监测站运用酶联检测法检测猪牛羊食槽料10个，主要开展盐酸克伦特罗、莱克多巴胺、沙丁胺醇检测；兽药GSP检查通过发证37家，注册录入省级兽药质量安全系统的经营户比例为100%。

【环保督察案件处理】 巷口镇沙坪村关停29户生猪养殖场（户）。关停遵义乳制品有限公司奶牛养殖小区，处置奶牛114头，处置海龙水库附近李某某养殖奶牛9头。关停金鼎山镇遵义野里香科技种养殖有限责任公司，处置生猪1030头。完成列入中央环保督导名单的红花岗区6户养殖场整治及日常巡查工作。完成玖玖公司屠宰场污染举报案件的处理工作。

【农村体制改革】 土地流转面积5万亩（含南部新区），其中西三镇累计流转土地面积3万亩，流转面积在50亩以上的有1.67万亩，流转大户74户；流转面积在100亩以上的有1.51万亩，流转大户48户；流转面积在300亩以上的有1.1万亩，流转大户20户。土地流转补贴37万元。开展土地确权登记颁证，土地确权颁证率97.6%。推进农村集体产权制度改革工作，完成产权制度改革的组级有26个，村级10个，乡镇1个。确定成员身份11377人，股金分红35万元，账面资产总额6.61亿元，核实资产总额11.23亿元。推进“三变”改革试点工作，“三变”改革试点村10个。农民变股东5380户19565人，其中贫困人口变股东4578人；资源折价入股变股东3709人，资源入股4100亩，入股折价37万元，农民自有资金、技术、管理等入股42人，折价入股金额80万元。参与“三变”改革农民12834户，参与“三变”改革农民获得收益462万元，试点村集体经济获得收益194万元。

【培育新型农业经营主体】 家庭农场数量逐年增加，其中2016年认定27家、2017年认定3家、2018年认定8家；38家家庭农场经营土地面积4120亩，长期从业人员166人，年经营收入570万元，带动周边农户304户。全区发展农民专业合作社157个，其中国家级示范社1家、省级示范社1家、市级示范社12家。推进村社合一，已有10个行政村建立农民专业合作社，社员8512人，带动农户发展1.5万户，资产总额3.67亿元。全区省级以上农业龙头企业7家，新增1家省级龙头企业，正在审批；市级农业龙头企业37家，新增1家市级龙头企业，正在审批；区级龙头企业9家，全区53家规模以上农产品加工企业（其中规模以上的农产品加工企业40家）。1—10月，实现农产品加工总产值67.77亿元，实现利润3.02亿元，缴税0.21亿元，解决就业2640人，发放工资0.78亿元。重点打造板桥猕猴桃基地、莲池新天地、黄钟千秋田、海龙七彩园艺等观光项目，年接待人数10万人次，带动农民从业2000人。发展乡村旅游接待点24家，其中农家乐17家，农家乐营业收入250万元，休闲观光庄园收入190万元，带动农户583户，接待游客5万人次。

【项目建设】 **生态养殖项目** 完成遵义榆苗生态农业有限公司提质升级，完成大型沼气池建设，主要建设500立方米沼气池发酵装置、预处理设施、沼气利用设施，建成年处理1200吨牛粪循环利用生产线1条。该项目总投资225万元，其中中央补助资金75万元、省级配套30万元、企业自筹118万元。项目于2017年2月开工建设，遵义榆苗生态农业有限公司大型沼气池工程全部建设完成并通过市级验收。完成榆苗公司升级打造项目，位于金鼎山镇野里村，总投资500万元，主要建设500头养牛基地、200头集中养殖场，完成投资312万元（自筹112万元），已购进肉牛235头。

“莲池·新天地”项目 位于金鼎山镇莲池村，距金鼎山文化广场5千米，是红花岗区金海高效生态农业示范园区的重要组成单元，其中建有200平方米的电商中心。

金川花海项目 位于金鼎山镇金川村，近邻金鼎山文化广场。着力建成以田园文化、生态文化、养生文化、地域民间文化为主题的AAAA级特色旅游景区，带动本地农村经济发展，促进农民增收。已流转土地1096亩，用于种植金丝兰菊、波斯菊、硫化菊及各色玫瑰、薰衣草等花卉。

板桥猕猴桃种植项目 位于金鼎山镇板桥村，成立猕猴桃专业合作社，2013年开始种植红心猕猴桃。至2018年，全村发展猕猴桃种植超过3000亩，2500亩猕猴桃进入初果期，1500亩进入盛果期。

金海葡萄公园项目 位于海龙镇温泉村，方圆10平方千米。核心区种植优质葡萄1500亩，建有葡萄公园大门、农业观光大棚、文化广场、葡萄长廊等区内附属、配套设施。葡萄种植品种以水晶葡萄为主，葡萄香甜可口、风味上佳。每逢夏季，重庆、成都等地到金海葡萄公园避暑、度假的游客逐年增长。

遵义市乳制品公司危房改造集中安置项目 位于海龙镇，建筑面积29900平方米，主要改善167户农场职工居住条件。总投资4600万元，完成投资4409万元，完成计划投资的95.85%；支付中央预算内投资428.612万元。

红花岗区精品水果建设项目 位于红花岗区巷口镇、海龙镇、金鼎山镇，总投资4000万元，累计完成投资5038万元（黄钟村刺梨1200亩、冬枣500亩，中山村新栽李子250亩，温泉村避雨葡萄300亩，贡米村桃子500亩，野里村柑橘500亩、李子500亩，龙泉村西瓜420亩，桂花村新栽李子320亩，金川村柑橘1200亩）。

蔬菜基地建设项目 位于红花岗区巷口镇、海龙镇、金鼎山镇，总投资4000万元，累计完成投资4035万元（莲池村500亩、银江村700亩、巷口村200亩、野里村800亩、贡米村和温泉村共560亩）；岩塘村种植羊肚菌134亩。完成中山村735亩黑色农产品基地建设。

石漠化综合治理项目 完成2015年石漠化综合治理项目，种植水果1320亩，其中种植桃子877亩、李子443亩，已进入验收阶段。

【农机化工作】 加强农机监理工作，严格拖拉机驾驶员考试发证、拖拉机入户检验。全区年检拖拉机690台（新蒲新区永乐、新舟、虾子、三渡、喇叭五镇及新蒲办事处代检拖拉机204台），新办拖拉机驾驶员证428人；期满换证（含补办）823人；注销9年以上及3年未检拖拉机318台。加强农机购置补贴工作，促进农机装备水平提高，2018年使用资金5.946万元，办理指标确认书27份，受益户26户，机具27台，总补贴5.946万元，结算比例100%。路检路查58次，纠正违章21起，查处事故隐患6起，消除6起。定期召开安全例会，建立健全各级农机安全负责制，开展农机驾驶员培训9期，学员464人。

【农产品质量安全】 开展农产品抽样检测工作，全年完成省级农产品质量安全电子监控点快速检测任务，抽检兽药13个，抽检饲料41个，抽检肥料4个（农业部抽检），均合格；抽查农药标签30个，抽检农药质量6个；检测瘦肉精160个，合格率100%。完成省级委托抽样任务202个（种植业产品142个、畜产品60个），合格率100%；完成省、市农委2017年抽样检测任务152个（鸡蛋20个、蔬菜37个、水果19个、食用菌2个、鸡肉7个、猪肉2个、生鲜乳65个），合格率100%。加强农产品质量追溯体系建设，通过红花岗区农产品质量安全追溯体系平台，确定部分农产品生产、经营单位作为农资溯源管理系统的示范应用网点。加强“三品一标”认证及管理工作，完成2个绿色农产品的申报和产品送检工作，完成无公害农产品产地认证2.5万亩，完成7个产品无公害产地认定和产品认证，开展无公害产地复查换证6个。开展农产品质量安全大检查及农产品质量安全专项整治行动，确保无农产品质量安全事故发生。

【大棚房整治】 9月，对金鼎山镇、海龙镇、巷口镇共计16个村清理核查，发现4个农业项目涉嫌依托农业生产非法违规占地进行非农建设行为，涉嫌违法建筑占地总面积3873.35平方米，12月30日前整改完毕。

【红花岗区首届“中国农民丰收节”】 9月30日，由区政府主办，区农牧局、海龙镇政府承办，红花岗区首届“中国农民丰收节”暨海龙土司贡米节在海龙镇贡米村举办。

【农业大数据建设】 加强与贵农网对接，建设电子商务综合服务中心1个、农村电子商务综合服务站3个，农村电商网店行政村全覆盖。实施鲜活农产品进社区试点工程，构建农村电子商务供应与服务体系，提升农村电子商务及农业信息化服务能力。

（区农牧局办公室）

科学技术管理

【概况】 2018年，综合科技进步水平指数为87.2%，全省排位第十三位，全市第二位，同比监测值提高4个百分点，全省位次上升2位，全市位次上升1位。

【科技创新服务平台建设】 完善双创平台管理机制，制定《红花岗区创新创业平台管理办法》，规范中关村遵义创业中心、遵义创意坊、红花岗科技企业孵化器三大创业创新平台入驻、孵化、安全等管理流程和优惠政策。制定《红花岗区创新创业——汇聚发展新动能“双创”平台宣传方案》。对接服务猪八戒网，对接区国投公司，配备300平方米办公场所及相关办公设施，猪八戒网遵义园区于10月30日正式开园，为全区创业型企业提供优质服务，促进全区互联网经济及大数据产业发展。为入驻企业开展项目申报、专利咨询、高新技术企业申报、创业辅导等服务20次；组织企业参加“魅力红花岗、助推创业梦”2018年“青春遵义、激情创业”创业大赛，推荐贵州优四科技有限公司、贵州亿垒科技有限公司、遵义小红椒网络科技有限公司和贵州省技无穷网络科技有限公司的创业项目分别获第二名、第三名和优秀奖；为入驻平台团队争取“凤还巢”、高新技术企业等优惠政策及项目扶持资金59.5万元；培育高新技术企业2户，开展大数据寻苗1户、孵化企业1户。

【科技项目】 推荐辖区企事业单位申报上级科技计划项目，全年累计推荐市级科技项目18个，其中，红花岗区人民医院12个、省级科技支撑计划项目4个、省级基础研究计划项目1个，申请科技资金312万元，带动投资456万元。全年征集区本级各类科技项目39个，其中工业类项目4个、农业类项目2个、服务业类项目6个、社会发展类项目27个，申请科技经费344.5万元。立项22个项目，支持项目资金148.5万元。验收2017年12月到期本级科技项目50个，通过验收37个，结题3个，延期3个，因实施单位停产等原因未通过验收7个；验收2018年12月到期科技项目45个。贵州省科技厅科技平台及人才团队计划立项项目——贵州红花岗区农业科技示范园区挂牌运行，园区面积 7500 亩（含辐射区），总投资1600万元。

【培育科技型企业】 培育科技型企业，对拥有自主知识产权的企业开展申报培训，对中建四局三公司等6家重点企业开展高新技术企业申报，其中认定中建四局三公司、贵州亿垒科技有限公司、贵州智博云网络科技公司3家企业为高新技术企业。红花岗区高新技术企业达到41家，其中红花岗区实际管辖7家。

【科技服务】 组织推荐全区科技企业及科技人才申报遵义市首届科技创新先进集体和先进个人评选工作，其中贵州天逸轩网络科技有限公司获评遵义市十佳重大科技成果完成单位。组织动员三大平台企业、贵州红花岗区农业科技示范园区企业参加中国杨凌农高会和深圳高交会，推广企业产品和展示企业形象。

【知识产权】 发放全区2017年资助专利121件14.89万元。与市科技局、南部新区科技局组成联合执法小组到南部新区新雪域开展专利执法，查处涉嫌假冒专利的贵州省黔坝米业有限公司违法行为。完善2018年《红花岗区专利专项资金管理办法》和《遵义市红花岗区2018年专利申请（资助）奖励办法》；按照国务院大督查关于“对于未授权的国内专利申请，不应给予任何形式的财政扶持”整改要求，废止专利申请补助办法，对废止前已发生的申请按原办法给予补助。开展电子商务领域专利执法联合检查专项行动，通过省知识产权局执法办案系统上报16件，涉及电器、学习用具、食品饮料等商品。

【科普宣传】 组织全区40家相关部门、12个镇（街）和80余所学校开展防震减灾宣传活动周活动；制定《红花岗区地震应急工作方案》；组织推荐红花岗区第二小学申报市级防震减灾科普示范学校，老城小学获评省级防震减灾科普教育示范学校；联合区科协指导红花岗区动物园完成市科普教育基地申报工作。组织开展科技活动周集中宣传活动。

【科技项目评审会】 10月26日，召开红花岗区2018年科技项目评审会，信息网络、材料、机械、农业科技、医学等领域专家18人出席会议，对全区考察遴选的39个科技项目进行评审论证，其中工业类项目4个、农业类项目2个、服务业类项目6个、社会发展类项目27个，涉及网络信息、新材料、机械制造、环境保护，农业种植、医药卫生等领域，为红花岗区2018年科技项目立项工作提供专业决策依据。

【贵州红花岗区农业科技示范园区挂牌】 7月28日，贵州红花岗区农业科技示范园区在金鼎山镇莲池村正式挂牌，园区为贵州省科技厅科技平台及人才团队计划立项项目，位于金鼎山镇和海龙镇，园区面积 7500 亩（含辐射区），有现代农业生态园（金鼎山莲池）、海龙土司贡米生产基地（海龙镇），具备野生蔬菜驯化、农产品加工等功能，总投资 1600万元，其中贵州永康绿农业发展有限公司投入1500万元，贵州省科技计划专项经费投入100万元，实施时间为2018年1月至2020年12月。遵义师范学院与园区内贵州永康绿农业发展有限公司举行校企联合示范基地签约仪式。

（区科技局办公室）

交通

综述

【概况】　2018年市级交通主管部门下达固定资产投资任务0.49亿元，截至12月5日，固定资产投资完成12.1亿元。完成客运量11401万人，旅客周转量415093万人千米，货运量23467万吨，货物周转量1603856万吨千米。

【交通基础设施建设】　官桃隧道建设项目　全长1.38千米（其中西线隧道长975米，东线隧道长970米），双洞六车道，路幅宽14.25米。设计速度40千米/小时，总投资约100924.59万元，其中建安费52523.93万元。项目前期手续基本办理完毕，已完成总投资约23540万元，计划2019年10月贯通。

S306遵义至松林公路改扩建工程（PPP项目）　项目起于泥海公路，经马家井、新庄，在青山附近下穿北环高速，再经金鼎山集镇、下庄坝莲池，止于汇川区交界处报恩寺。项目总里程16.87千米，为双向四车道一级公路，设计车速60千米/小时，总投资24.29亿元，其中建安费16.23亿元，建设计划工期2年。于2017年12月开工，施工单位由于资金问题中途退场，工程已暂停施工，正在进行社会投资人招标工作。

红花岗区金鼎山至巷口道路工程　项目原为忠庄至金鼎山道路工程（忠金大道），因中心路网规划调整，区委、区人民政府重新调整建设方案，将忠金大道变更为红花岗区金鼎山至巷口道路工程。项目路线全长约10.349千米，设计速度60千米/小时，拟建为城市主干路，概算总投资约19.2亿元。2018年主要完成项目立项、可研、初设手续，国土、环评、林业、水保手续正在办理；地勘、设计、监理招标已完成。项目预计于2019年初启动建设，2021年全面建设完工。

G210湘江大桥加固工程项目　项目属红花岗区2018年十件民生实事之一。项目为主孔净跨80米的钢筋混凝土箱式拱桥，总投资987.7万元（其中建安费823.1万元）。于2018年1月20日开工建设，2018年8月10日完工。

遵义市野里经药坝至枫香旅游公路　项目起于巷三公路K7+877处（平阳坝），经巷口镇平阳坝、金鼎山镇野里、播州区乐山镇，止于枫香镇，接省道208。项目在红花岗区境内6.5千米，投资11059万元。项目已完成立项、可研、社会稳定风险评估报告及备案手续，完成勘察、设计单位招标，正在开展项目勘察设计工作（路线图已完成），待完成后开展其他手续办理。预计于2019年初开工建设，于2020年建设完成。

其他项目建设　农村“组组通”公路建设计划：里程为42条69.24千米，总投资10956万元，已经全面完成建设，累计完成总投资9600万元。“十三五”撤并建制村硬化路计划建设15条，总投资4282万元，已完工8条，另外2条正在建设，剩余5条正在筹备。金鼎山镇野里村环线道路工程（二标）：项目全长0.549千米，路宽4.5米，预计总投资490.93万元。于2017年8月启动建设，完成总投资的80%，计划2018年12月底建设完成。农村公路安保工程：项目总里程261.88千米（其中巷口镇84.886千米、金鼎山镇176.994千米），总投资3258万元。巷口镇农村公路安保工程于2018年3月25日启动建设，累计完成投资472万元，计划2019年1月完工；金鼎山镇农村公路安保工程于2018年8月动工建设，已完成投资287万元，计划

2019年年底完工。

配合完成的建设项目　武汉路征拆：项目在境内里程3.47千米，其中凤凰山隧道1.8千米，泥桥监狱至巷三路隧道口1.67千米，宽60米，为双向10车道。现征拆方案公示完成，征收工作正在有序推进，计划2019年完成。西安路征拆：西安路改扩建工程起于东风桥，止于巷三公路隧道入口，全长6.2千米，项目在红花岗区约2.5千米，宽60米，双向4车道。因西安路和武汉路走向基本一致，考虑交通分流，该项目待南宁路（西段）、武汉路建成通车后才动工建设，故征拆工作尚未开展。蓉遵高速（遵仁段）：该项目全长52千米，红花岗区段20千米，征拆方案已审核通过，征收工作正在有序推进，计划于2019年完成。

【公路养护】　管养公路总里程634.027千米，其中县公路36.177千米、乡公路139.235千米、村公路458.615千米。完成农村公路防冻防滑和春运保畅任务，确保县、乡、村道安全通行；做好农村公路日常养护工作，确保公路完好畅通；投入100万元对S306海龙至温泉段路面抢修；投入50万元增设S306、X303、牛平线部分路段安保设施；投入10万元清理县、乡公路边沟、涵洞等；共计投入17万元对金鼎山镇、巷口镇、海龙镇12处安全隐患进行治理；投入11.9万元整治辖区农村公路4处安全隐患。

【路政管理】　开展多形式路政法规宣传；加大路政巡查力度，清理公路沿线的洗车、加水、占道堆物等，保护路产路权；按照“联合执法、统一管理、方便运输、归口管理”原则，查处超限运输，确保公路完好。

【道路运输行业管理】　道路运输业务　新增普通货车502车辆，5842吨；新增危货车辆217辆，2969吨；新增客车62辆，1496座；新增教练车54辆。辖区共有营运普通货车5920辆，52428吨；危货车辆847辆，10804吨；教练车395辆；营运客车398辆，12263座。年审车辆3820辆，核发、换（补）道路运输证1553件、经营许可证534件，核发线路牌及附卡41件。核发、换（补）发从业资格证13225件，资格证诚信考核3434件。实施行政许可18起，其中普货企业13起、危货企业3起、机动车维修企业2起。

道路运输监督检查　履行“三关一监督”职责，加强客运站场监管，保护经营者和乘客合法权益。全年共出动执法人员5000余人次，检查车辆1300余台次，查处违章车辆900余台次。其中，非法营运客车500余台次，不按批准线路行驶营运车辆30台次，站外揽客20余台次，其他违规行为350余起。

【交通运输安全生产】　道路运输安全管理　严格执行“五证一牌一单”报班制度，要求客运站必须凭“五证”（行驶证、驾驶证、营运证、从业资格证、二级维护合格证）、“一牌”（营运线路牌）、“一单”（出车前例检单）排班；严禁易燃易爆危险品进站上车和客运车辆超员出站；要求企业建立安全管理规范，完善安全管理制度，落实安全管理措施，对检查中发现管理人员未配齐、管理制度未落实、管理措施不到位的企业，要求立即整改。

水上交通安全管理　层层签订水上交通安全目标责任书；会同遵义市海事局船检科开展年度船舶检验、船员年审工作，共审验合格游乐船舶4 艘、渡船 7 艘、工作船 4 艘，培训船员 18 人，对船舶保养状况差、救生设备不齐的一律不予检验；全年出动海事巡查车辆 39车次，出动巡查人员149人次，开展联合安全检查18次，共检查船舶68艘次，检查渡口（含渡船）72道次，巡查里程760千米。

公路行业安全管理　与施工单位签订安全、施工和廉政合同；要求施工单位有专职安全管理人员，有办公场所，安全制度健全；每个工程项目均有现场负责人，加大对施工取料场地、炸材、大型机械等环节检查力度；开展公路工程安全隐患治理，督促施工单位设置施工警示标识，加强对高边坡、高挡墙、桥梁、涵洞等施工地段安全操作管理。

（区交通局办公室）

道路客运

城市公交

【概况】 2018年，遵义公交集团生产经营总收入35042.79万元，比上年增加3929.92万元，增长率12.63%；公司成本支出总控制数46600万元，实际支出数45672.34万元。

【基础设施建设】 全年公司重点推进海尔大道中段宗地、红花岗经开区加油加气站目、新蒲新区公交综保基地等6个项目，建成厚道二手车交易市场、海风机动车检测线并营业。遵义公交App正式上线，在全市公交站牌安装自助充值机218台，与云闪付、翼支付合作开通乘车业务，标志着公交“互联网+”时代的到来。

【制度建设】 公司开展制度建设年活动，修订公司章程，废止文件16件，保留13件，修订5件，新增27件。7月，市国企基层党支部标准建设现场观摩会在公司召开。

【生产经营】 因市级行政中心搬迁及遵义高铁站投入运营，公司新增公交线路10余条，优化公交线网和站点设置。全年公交主营业务收入26770.11万元，增幅为6.37%。

发展旅游客运包车和租赁车业务，红旅客运公司及各租赁车公司在2017年200家用车单位的基础上发展到300余家。承担遵义市人大、政协两会，汇川区两会，贵州省十运会，辣博会等重大会议用车服务，受到用户好评。厚道二手车交易市场、海风检测公司投入运营。全年公司附营业务收入8272.67万元，比上年增加2327.77万元，增幅为39.16%。

【企业文化】 公交车驾驶员郑小丽背行动不便老年乘客上下车的举动受到社会关注和赞扬，中央台新闻频道作专题报道。开展“日行一善”活动，提升公司形象，组织3000名职工开展礼仪培训；9月，举办遵义公交公司成立60周年暨2018公交发展（遵义）高峰论坛；完成交通部组织开展的“2018我的公交我的城·走进遵义”重大主题宣传活动。

【安全生产】 公司年营运里程超6000万千米零死亡，事故起数、伤人数、经济损失指标连续三年均控制在省、市下达的考核指标内，呈全面下降趋势。

【“遵义公交”App上线】 2018年9月起，遵义公交集团投入500万元，与两家技术服务提供商合作，开发“遵义公交”App。用于公交车安装扫码专用车载收费机，市民安装“遵义公交”App，点击手机公交IC卡支付二维码扫码即可乘车。

【高铁路公交线路调整】 优化调整25路、26路、27路、303路、307路公交，均直达遵义站。公交25路：高桥—人民路—遵义站；公交26路：纪念广场—遵义站—南部新区；公交27路：白杨洞—遵义站—市级行政中心；公交303路：遵义站—中华路—董公寺；公交307路：南门关—遵义站—新蒲大学城。

【高铁快巴开通】 市公交集团旗下子公司遵道汽车服务有限责任公司开通高铁快巴。高铁快巴为纯电动巴士，车辆座位18座，配置车辆20辆，票价10元/人。设置5条固定线路：1.遵义站—迎宾大道—桃溪路口—海尔大道—忠庄—保利；2.遵义站—万福桥—白杨洞—中华路—香港路—九节滩—汇川区政府；3.遵义站—美的城—孙家湾—幸福城—金科—实地蔷薇—林达—遵义师院—遵义医学院—遵义医专；4.遵义站—迎宾大道—外环路—沿江路—子尹隧道—凤凰路—洗马路—游客集散中心—高桥—添阳小区；5.遵义站—迎宾大道—万里路—中华路—上海路—宁波路—珠海路—人民路—天津路—高桥。

【高铁客运站开通线路】 高铁客运站每天发车时间为7点到18点。已开通71条班车线路，分别为广东东莞、广东清溪、福建泉州、浙江温州、湖南邵东等5条省际班车线路；铜仁、德江、思南、毕节、兴义、瓮安等22条市际班车线路；湄潭、凤冈、绥阳、正安、道真、仁怀、赤水、习水、桐梓、余庆、务川等42条县际班车线路；大窝和桠楠客运2条线路。

客 运

【遵运集团】 3月31日，遵运集团和遵义文旅集团在茅草铺客运站举行景区直通车启动仪式，开通茅草铺客运站至湄潭县七彩部落和习水土城古镇的景区直通车。

5月25日，遵运集团定制班车试点业务正式上线运营，通过遵运集团官方微信公众号“遵义好行”选择出行线路以及乘车和下车地点，可在微信号内进行购票。乘车地点有人民路世纪柏源酒店、高桥北门堤都收费站、马家湾收费站可选，下车地点有贵阳北站和贵阳延安西路老客运站可选，每天共有5次班车。6月，遵运集团增开至仁怀、习水、赤水的定制班车业务，逐步实现所有客运线路全覆盖，完成传统客运乘车方式的转型升级。

茅草铺客运站咨询电话：27568001、27568002；客运总站咨询电话：28674544，微信公众号“遵义好行”；忠庄客运站咨询电话：28427938，微信公众号“汇易行”，忠庄客运站每天发车情况与“汇易行”车票信息同步。

【高铁客运站】 高铁客运站建设用地面积107亩，总建筑面积4.6万平方米，大型客车实现地面和地下两层停车，共有发车位30个、停车位480个，配有洗车台、例检台等配套设施。为《遵义国家公路运输枢纽总体规划（2008—2020）》中客运枢纽布局方案的6个客运站之一，高铁客运站日均发送旅客2万人。

高铁客运站

售票大厅有售票窗口12个和自动售票机6台；客运站有1条与遵义站连接的专用通道，旅客出站后可通过西停车场与其他交通工具实现零换乘。

高铁客运站客车到达遵义城区、县（市），开设前往省内铜仁市、毕节市等地班车，陆续开通省际班车。

铁路运输

【概况】 2018年，中国铁路成都局集团有限公司遵义车务段，全段职工1222人。管辖川黔铁路贵州段，北起木竹河站、南至高坝站共40个车站；渝贵铁路贵州段，北起桐梓北站、南至修文县站间8个车站。全年全段完成旅客发送683.3万人次，比上年增长144.6%；货物发送1366.8万吨，增长4.8%。

【运输安全管理】 全年投入资金107万元完善补强客运办理站配套设施设备、标识标牌、应急备品、设备维保等；投入150万元，在阁老坝、久长、小寨坝、中心等站线间安设行走板共1.2万米；投入5.4万元，安设双流镇、中心等站站场11组；投入2万元，修复南关镇、中心等站尽头线“十五三车”提示牌112块；投入4.12万元，修复各站尽头线停车表示器、夜间灯34处；投入40.1万元，安设线路和小慢车监控51个；加强STP系统建设，南关镇、小寨坝、南宫山、大水沟站投入使用。

【遵义站落成】 2018年1月25日，新火车站——遵义站建成。位于贵州省遵义市红花岗区颜村，为新建渝黔铁路最大的中间车站，渝贵铁路中间站中唯一一个地级市车站。它是以铁路客运为中心，集城市轻轨、长途汽车、公交车、出租车和社会车辆等交通设施及交通方式为一体的客运综合交通枢纽。遵义站站房占地11992平方米，站台雨棚建筑面积2万余平方米。遵义站有11条铁路线，包括先期建成的7条客运列车到发线以及4条通过线路。遵义站站房仿遵义会议会址建筑风格，候车厅可容纳3000人。售票大厅有人工窗口6个，自动售取票机18台。

2018年1月25日上午8时20分，D8592次列车沿着渝贵铁路从贵阳方向启动，标志着西南地区连接西北、华南、华东的“快车道”正式开通，遵义进入“高铁时代”

渝贵铁路首趟列车进入遵义站

【客运服务】 元旦小长假期间，遵义车务段累计发送旅客2.34万人次，其中遵义西站累计发送旅客1.78万人次，同比增长36.67%。2018年春运时期为2月1日至3月12日。铁路购票开通微信支付，“铁路12306”新增微信通知方式，即用户在“铁路12306”小程序或“铁路12306”微信公众号中登录“12306”账号，绑定微信号，关注“铁路12306”公众号后，即可在微信内接收购票、改签、退票等行程通知。

航 运

【概况】 2018年，遵义新舟机场年旅客吞吐量达200万人次。12月28日，在机场跑道西侧举行新舟机场扩建工程（民用部分）开工仪式，总投资约9600万元，占地面积约120亩。改扩建后，新舟机场国内、国际航站区整体布局于跑道西侧，延长现有跑道200米，延长后跑道总长度3000米；同步在跑道西侧设置一条与跑道等长的民航平行滑行道；新建26个C类机位，其中包含4个货运机位、3个国际机位；建设停车场面积约4万平方米；新建航站区面积6万平方米。

【遵义至泰国（甲米）直飞航线成功首航】 7月10日21:00，由泰国（甲米）飞到的一架飞机降落在遵义新舟机场跑道上，标志着泰国（甲米）直飞遵义首航圆满成功。该航班由泰新时代航空公司执飞，执飞机型为波音737-800。航班设定每周三班，泰国（甲米）当地时间16:30起飞，北京时间21:00到达遵义；北京时间22:00遵义起飞，当地时间00:35到达泰国（甲米）。

【遵义至越南（芽庄）直飞航线成功首航】 8月7日16:00，由越南（芽庄）飞到至遵义的航班降落在遵义新舟机场跑道上，标志着越南（芽庄）直飞遵义的航线航班首航成功。该航班由越南航空公司执飞，执飞机型为空客A321，班期为每周四班，芽庄当地时间11:45起飞，北京时间16:00到达遵义；北京时间17:00遵义起飞，当地时间19:40到达芽庄。

【遵义至金边直飞航线成功首航】 10月9日12:00，由柬埔寨（金边）飞往遵义的飞机稳稳地降落在遵义新舟机场，标志着柬埔寨（金边）直飞遵义的航线航班圆满成功。该航班由柬埔寨天空吴哥航空公司执飞，执飞机型为A320/A321，班期为每周三班，每周二、周日当地时间07:50从金边起飞，12:00到达遵义，13:00从遵义起飞，当地时间15:30到达金边；每周四的航班时刻为当地时间09:30从金边起飞，13:40到达遵义，14:40从遵义起飞，当地时间17:10到达金边。

工 业

工业经济综合管理

【概况】 2018年初市下达红花岗区工业增加值增速全年目标任务11.5%，南部新区工业增加值增速全年目标任务18.5%，新蒲新区工业增加值增速全年目标任务20%。

全区共有规模工业企业94家（红花岗区46家、新蒲新区48家）。其中，生产企业77家、停产企业17家（红花岗区停产企业5家、新蒲新区停产企业12家）。

红花岗区（含新蒲新区）2000万元以上规模工业企业94家，1—12月，累计完成工业增加值27.32亿元，累计增速-7.4%。其中，红花岗区1—12月累计完成工业增加值14.51亿元，同比增速7%；新蒲新区1—12月累计完成工业增加值12.81亿元，同比下降14.5%。

1—12月，累计完成工业固定资产投资41.82亿元，同比增长26.12%。1—12月，新入规企业6家。

【搭建招商平台】 全面规范清理行政权力，及时变更完善网上办事大厅公布办事项目。召开深化“放管服”改革转变干部作风工作专题会，成立2018年国务院大督查深化“放管服”改革问题整改工作专门工作组。全面贯彻落实营商环境整治“百日攻坚行动”，梳理整改问题清单，制定整改方案。在全区范围内开展“民营企业服务年”活动。落实贵州钢绳股份公司年产55万吨易地搬迁技改和遵义钛业股份公司企业转型升级计划提纲等红花岗区重点企业技术改造方案，经上级审定，已将贵州钢绳股份公司和遵义钛业股份公司列入省2018年“千企改造”龙头企业。容百集团10万吨正极材料首期1.5万吨建成投产。

【推动电子信息产业】 1—12月，全区累计完成信息基础投资1.22亿元。其中，信息基础基站建设0.88亿元，宽带乡村投资0.26亿元，遵义市多彩贵州“广电云”户户用工程投资0.04亿元，遵义市乡村视频雪亮工程投资0.03亿元。1—12月，完成软件和信息服务业业务收入2.07亿元。

全区大数据与实体经济融合企业35家，融合项目32个（中融合标杆项目3个、融合示范项目29个），完成250家大数据与实体经济企业在线评估工作，完成全年目标任务。

完成寻苗行动大数据企业入驻2家（贵州亿垒科技有限公司、重庆猪八戒网络有限公司），完成培育红花岗区龙头企业1家（贵州爱唐文化网络科技有限公司），完成全年目标任务。

完成莲池村、岩塘村、沙坪村等18个电子政务服务“不出村”试点，实现群众办事“不出村”，全程“零跑腿”。

建成并启用老城街道（63个独立楼栋）、万里路街道白杨二区（39个单元）、中山路街道白杨洞小区3个智慧社区试点工作，完成全年目标任务。

全区开展大数据与工业深度融合企业4家，分别为贵州钢绳（集团）有限公司、贵州遵钛（集团）有限责任公司、贵州钢绳厂附属企业公司、遵义市供水有限责任公司。融合项目有2个，其中标杆项目1个、示范项目1个。

【推进“数字设施”建设】 2018年1—12月，累计完成投资1.06亿元；新（改）建光缆线路0.39

万千米，新增4G/LTE基站179个，新增光纤到户1.85万户，新建高速公路4G/LTE覆盖路程51千米，新建高速铁路3G/LTE覆盖路程32千米，新增城市有线电视双向改造用户0.52万户。

【妥善处理改制遗留问题】 处置林源化工有限公司南舟路土地资产，稳妥推动退股安置职工工作；落实和解决遵义市龙马公司（原遵义市砖厂）企业改制遗留问题；协调赤天化集团公司下属企业遵义大兴复合肥公司职工诉求特殊工种问题，区人社局已受理并落实；遵义市丝织厂职工一、二期还房产权证办理已全部完成，三期职工还房房产证办理正在进行；成立丝织厂房屋遗留问题工作专班，强制拆除危房；对接省国资委协调解决遵铁实业有限公司与遵铁管理中心关于八五厂殡仪馆产权归属问题，双方已签约认可资产股份；推进国投公司下属企业遵义市恒烨拍卖公司企业改制工作，已召开职工大会；基本完成遵义市彩印厂清产核资审计工作。

【企业国资监管】 对万里路街道办事处下属企业万里机械配件厂产权界定进行明确；对区水利局下属企业东城水厂企业改制进行指导、服务，经政府批准正在实施中；制定红花岗区国有企业改革实施方案；完成红花岗区国有企业资产配置调研方案。

根据政策按照程序指导企业资产处置、车辆报废等工作。

规范管理国投、城投公司开展存量资产盘活，相关资产根据区域发展需要的用途调整和改造相关业务。完善区国投、城投公司法人治理结构。由国投公司将遵义会议会址地下商场改造成地下停车场，并已投入运营。

2018年12月4日，在遵义市不动产资源管理中心完成挂牌转让红花岗区南城体育馆中心等存量资产PPP项目资产（经营权）。

制定全区国有企业“三供一业”工作方案。涉及八七厂、遵义卷烟厂、乌江渡发电厂、贵州省冶金建设公司、〇六一厂、贵阳北供电段遵义火车站家属区（供电分离）等企业，遵义卷烟厂、乌江渡发电厂、八七厂已正式移交。

落实红花岗区盐业体制改革工作。

【安全生产】 把安全生产工作纳入全局总体工作部署。年初以来，两次调整安全生产领导小组成员，修订应急救援预案，与所属企业签订安全生产和消防安全目标责任书。贯彻落实全员安全生产责任制，召开专题培训会和专题会议，要求企业建立完善各项安全生产管理制度，完善安全生产工作考核办法，指导20余家企业完成全员安全生产责任制等制度建设，其中打造典型标杆企业4家。

通过开展“5·12”防灾减灾日、“6·16”安全生产月、“12·4”宪法宣传日宣传活动，发放宣传单，制作展板，播放安全教育片，利用QQ、微信咨询平台宣传，督促企业悬挂标语并制作宣传栏、黑板报等。共悬挂布标30幅、条标50幅、永久性宣传标90幅，制作简报47期，发放安全生产资料1.2万余份，接待咨询人员100余人次。

全年开展汛期安全生产大检查、“百日攻坚”、电气火灾防范检查治理、安全生产月等专项行动。出动检查598人次，检查企业263家。查出一般隐患222条，已整改完毕220条，整改率99%。

【精准扶贫】 帮扶金鼎山镇野里村24户贫困户96人，截至2018年12月27日，脱贫23户93人（未脱贫1户3人）。投入资金10万元作为扶贫专项资金，用于贫困户圈舍改造补贴75000元；2018年投入18550元，用于解决野里村和坪组饮水困难、住房安全问题、为政策兜底户购买生活用品；为低保贫困户（残疾人）解决医疗困难补助、冬季取暖燃煤问题；对接相关部门为两户贫困户争取医疗资金和教育资金计23000元，为1户贫困户争取灾后补助资金6000元，为野里村8户贫困户办理“特惠贷”36万元用于发展养殖；组织全局帮扶干部为贫困户送油、米及药品等物资；为野里村洞上、金山两组通信盲区解决通信问题，联系贵州移动通信公司安装移动通信网站，已安装完毕，在调试中。

【电网改造】 城区电网 遵义供电局城区分局在红花岗区城区电网改造升级方面共计投入1041.6

万元，分别为遵义城区220千伏兰堡变10千伏兰万Ⅰ回线电缆送出工程、遵义城区220千伏兰堡变10千伏兰庄线电缆送出工程、遵义城区220千伏兰堡变10千伏兰海线电缆送出工程、遵义城区10千伏城百线主线电缆改造工程。实际完成投资520.8万元，完成工程计划的50%。

城郊电网　贵州电网有限责任公司遵义市郊分局实施2018年10千伏及以下电网建设项目总投资583.6万元，主要涉及巷口、海龙片区新建10千伏架空线路3.521千米，新增变压器16台，容量1930千伏安。改造、新建低压线路61.475千米，配变监测终端17只。主要涉及变压器增容，低电压台区改造，更换低压线路、下户线等。实际完成投资466.9万元，完成工程计划的80%。

【遵义巷口产业园】　项目业主单位为红花岗区国投公司，总投资20亿元，由区财政资金投资，建设周期24个月，位于红花岗区巷口镇八卦村，分为两期实施。第一期启动屠宰食品加工区建设。新建（占地1456亩）集重型机械零配件加工与销售、食品加工、冷链物流、工业小镇为一体的现代智能化产业园，其中重型（重汽）机械区437亩、食品加工区644亩、工业小镇（含还房）96亩。项目立项已由区发改局批复，正在开展前期可研、初设资料编制工作；产业园内194亩连片且不含水田允许建设用地，已委托省地矿局第二工程勘察院完成地块勘界与资料编制，向区国土分局申请用地报批；产业园屠宰食品加工区占地222亩，其中允许建设用地36亩、有条件建设区186亩，由遵义玖玖食品公司（占地180亩）、遵义建荣食品公司（占地42亩）进驻。

【招商引资】　加强大数据和矿泉水等重点产业招商引资工作，重点推进遵义巷口产业园建设。对已达成入驻产业园意向的三一重工、绿杰、玖玖、建荣等23家企业加大协调力度，及时协调帮助解决。

【节能和资源综合利用】　开展节能活动周宣传和世界环境日宣传活动。在全国低碳日和世界环境日组织开展宣传活动，发放环保宣传画册和有关环保宣传资料。各企业制订节水计划、节水目标，通过加强技术改造，提高用水效率，建设节水型工业，缓解水资源供需矛盾。

【党风廉政建设】　坚持把党的政治建设作为根本性建设。强化落实党风廉政建设主体责任和监督责任。组织学习宣传《党风廉政准则》等文件精神，利用典型案例对党员干部开展“腐败成本”分析警示教育活动。加强基层党组织带头人和党员队伍建设，局党委定期召开党委扩大会议，召集企业书记（工经系统有锅炉公司、建材公司、林源化工公司、赛德水泥、国投公司和城投公司6家国有企业）及党务干部学习。落实组织生活制度，严格执行“三会一课”“党员活动日”、民主评议党员等基本制度。

新转入区工经局党委的党员15人（城投公司和国投公司）。全年共发展入党积极分子13人、发展对象1人、预备党员2人，转正2人。

（周素芬）

南部新区

【指标完成情况】　2018年预计完成地区生产总值225亿元，财政总收入21.33亿元，一般公共预算收入6.96亿元，工业总产值104.13亿元，规模以上工业增加值18.87亿元，固定资产投资完成136.76亿元，招商引资引进到位资金352.05亿元。

【工业振兴】　清理园区内长期闲置、转租或租而不用的厂房；梳理辖区重点企业44家合同履约情况；协调办理钢绳集团、赛德水泥等重点项目手续；对凤凰山矿泉水、捷昶工贸等项目选址和推进提出建议。培育新能源汽车产业，巴斯巴、大地和、鑫元正等企业生产的新能源汽车核心零部件处于全省相关行业领先水平；新能源汽车整车生产企业——梅花汽车投入先进技术和工艺，园区生产产品在新能源汽车全产业链中的份额占比达65%。

2018年采用PPP模式实施的项目共11个（项目包8个、单独项目3个），含子项目43个，总投资203.56亿元；11个PPP项目均已完成社会资本采购。完成审批、核准、备案项目188个。2018年省、市重大项目48个，其中收尾项目15个，续建项目21个，新建项目5个，预备项目7个。

【服务企业】 成立领导小组并理顺管理服务中心，建立挂帮制度，为服务企业提供组织保障。协调相关部门解决辖区企业在转型升级过程中存在的问题。搭建企业交流平台、众创空间和中小企业孵化平台，加强与企业联系沟通，加强对中小企业的培育和孵化。走访摸排企业共计150余次200余家。组织博文软件、廖元和堂等4家企业完成供应商申请注册。组织航锐航空、精立航太等6家企业进入遵义市产业发展基金项目库。

【第三产业发展】 按照“一核四级多点”总体布局架构，规划遵义市快递物流（电子商务）产业集聚区空间布局。助推新雪域建设以10万吨大型现代化冷库为核心，集交易、仓储、配送、展销、电子商务等为一体的遵义新雪域西南农产品交易中心发展。推动商贸服务业转型升级，重点建设2条特色街区，其中东欣万象已举行开街仪式，思达欢乐谷尚街正在招商。加快推进西南遵义大康养孕育基地项目，完成会展中心20万平方米选址工作，正在进行前期征拆。思达·遵义乐园完善AAAA级旅游景区提档升级方案，已完成景观质量评审。深溪莲池湿地公园二期正在建设，百草园已完成游客接待中心、药膳一条街等基础建设，已种植200余种中药材、花卉等植被。龙坑八里河湿地公园已完成园内山体、道路、河道等施工改造，正在治理河道和完善公园景观及配套设施。推动“贵园信贷通”“贵工贷”工作，引导金融机构为区内企业量身打造金融产品，支持企业发展。博文软件成功开发各类App，为社会主体参与社会治理提供有效平台。

【新型城镇化建设】 2018年，新区棚改指标任务为563户，实施项目1个，即南关护城片区棚户区改造。该项目为全省首个棚改专项债项目，于9月19日完成项目债券发行，正在开展第一批500万元征收补偿款兑付和征收房屋拆除工作。签订龙坑、镇隆片区棚户区改造合作框架协议，正在与七冶集团协商南岭片区棚改项目合作协议条款。

全年共查处违法建筑案件186件涉及面积52616平方米。

【重点建设项目】 全年省级重点项目18个，市级重点建设项目13个。忠庄河、坪桥河、蚂蚁河综合治理工程已基本完成。深溪污水处理厂和谢家污水处理厂已投入运行，坪桥污水处理厂已基本完成投运；银河路共青大道改扩建项目年底完工。新南快线、新龙快线、 南溪大道、商务中心、表面处理生态产业园、锂电材料产业园标准厂房、红花岗区人民医院经开区新院、遵义医药高等专科学校附属医院改扩建工程（临床教学实训基地）、红花岗区中医院工程等项目正有序推进。

【招商引资】 完善招商引资政策，加速推动遵义市会展中心、遵义快递物流产业集聚区、宝能科技园、遵商家园等重大商贸项目落地建设，推进医药产品交易中心招商工作。累计新签约项目32个（含拟签约项目），其中亿元以上项目10个。累计洽谈项目200余个，累计签约金额56亿元。全年完成到位资金350.6亿元，各项指标基本完成省、市、区任务。

【污染防治】 结合中央环保督察整改工作，全面加强湘江河流域洛江河、蚂蚁河、忠庄河、坪桥河等综合整治，建成8座16套共8000吨/日的分散式污水一体化处理设施及坪桥污水处理厂、谢家污水处理厂、深溪污水处理厂，采取就近收集、就近处理、就近排放方式实现治污治水、景观绿化、生态补水的有机结合。启动并完成中心城区饮用水源保护区划分优化调整工作，优化调整方案已经省人民政府批复同意。完成土壤地球化学背景调查点位核实8处（龙坑街道2处、深溪镇6处），采集土样8件，并将样品采集资料、样品全部送至省地矿局中心实验室。开展农用地土壤污染状况详查工作，逐一核实土壤污染重点行业企业及其空间位置、土壤污染问题突出区域。对遵义天磁锰业集团有限公司和遵义天磁锰业（集团）亿方有限公司工业渣场开展详查。空气质量优良率达96%，地表水监测断面水质基本达Ⅲ类标准，集中式饮用水源水质达标率稳定保持

100%，辖区固体废物环境、声环境和辐射环境质量总体保持良好。全面启动第二次全国污染源普查工作，印发工作方案和宣传方案，强化安排部署和统筹协调，举办污普入户调查启动培训会。在全市率先完成“五源”清查建库工作，完成固定源企业调查表发放及入河排污口第二期监测取样工作。

【民生保障】 出台《南部新区教育发展提升三年行动计划（2018—2020）》；印发《南部新区义务教育招生入学方案》并开设南部新区新生入学登记系统；启动八里小学、八里幼儿园、金华小学、市七中、市第二高中等9所中小学新建、改扩建项目。完成城乡低保2018年度提标核查和农村低保季节性缺粮救助工作；全区有城乡低保对象975户1695人，向农村低保561户1171人发放低保资金326.79万元，向城市低保414户524人发放低保资金354.99万元。开展精准贫困户追加医疗保障补偿工作，补偿980人，发放补偿款150万元；全区建档贫困人口参（合）保率100%；推进高新区人民医院、遵义市第五人民医院、龙坑卫生院新院建设。

（南部新区管委会办公室）

规模企业

红花岗区电子信息产业

【贵州鸿兴时代动力新能源科技有限公司】 公司位于红花岗区IT产业园，于2017年5月入驻并开始投产，厂房面积1万平方米，固定资产投资5000万元，有职工100人。

主要产品：手机锂电池、3C智能穿戴锂电池、平板电脑锂电池、低速车动力电池、电动工具电池等系列移动储能电池。

生产经营情况：2017年完成产值4000万元，2018年完成产值6015万元。

【贵州锐旗威派通讯技术有限公司】 公司成立于2016年7月，位于红花岗区贵州锐旗威派智能终端产业园内，总建筑面积10万平方米，分别由研发中心、检测中心、SMT贴片中心、智能硬件组装中心四大部分组成。规划总投资3亿元，一期投资1.5亿元建成办公楼和标准现代化无尘车间，于2017年1月投入使用，拥有软件及平台研发、方案集成、配件研发等自主开发能力。

主要业务：手机/平板电脑等自主品牌及OEM产品的SMT代工及组装业务。公司一期已投入运行3条高端SMT贴片线（均为松下NPM高速贴片机采用双轨式配置，产能为常规单轨线的双倍，达100000CPH以上）。

生产经营情况：2017年完成产值2700万元，2018年完成产值1822万元。

【贵州锐新科技有限公司】 公司位于盈田工谷产业园16栋，成立于2014年4月22日，厂房面积5500平方米，固定资产投资2000万元，有员工100人。开发多个型号断路器及接线端子，获国家授权实用新型专利7项、外观专利1项。

生产经营情况：2017年完成产值2165万元，2018年完成产值3000万元。

【贵州省圳通光电科技有限公司】 公司位于红花岗区盈田工谷产业园，成立于2017年1月3日，注册资本2000万元。

主要产品：专业研发、生产、销售手机、车载、安防、楼宇对讲、智能穿戴、无人机、工业4.0等摄像头产品及配件，具有自主知识产权。

生产经营情况：2017年完成产值2354万元，2018年完成产值8755万元。

【贵州维讯光电科技有限公司】 公司成立于2016年7月，专注于数码影像类模组和数码影像类产品研发、生产和销售，产品应用于手机、平板、车载、智能穿戴、智能家居等领域以及指纹识别模组。产品种类涵盖从30万像素到2200万像素范围内近千种规格的摄像模组以及指纹识别模组。

生产经营情况：2017年完成产值6000万元，2018年完成产值5157万元。

【遵义蓝视达光电科技有限公司】 公司成立于2016年12月23日，位于红花岗区盈田工谷产业园，于2017年10月1日开始投产，厂房面积8600平方米，有职工62人。

主要产品：游戏机、无线固话、手机等电子类产品，贴片加工。公司有全中央空调标准厂房约1.2万平方米，现代化高端配置手机组装生产线15条、手机产品包装线10条，配备有SMT高速PCBA手机主板贴片生产线8条。

生产经营情况：2017年完成产值3000万元，2018年完成产值2980万元。

【遵义联信达通讯技术有限公司】 公司成立于2017年1月3日，位于红花岗区盈田工谷产业园，于2017年10月1日投产，公司厂房面积达5800平方米，固定资产投资1200万元，有职工50人。

主要产品：专业从事LED屏研发、生产销售，主要产品为LCD显示屏。

生产经营情况：2017年完成产值2010万元，2018年完成产值2734万元。

【遵义市朗盛科技有限公司】 公司是智慧社区解决方案和管理服务提供商。朗盛科技作为LOOKDOOR®社区网格化服务终端的专利所有者，拥有一整套以社区公共安全为基础、各种公共场合全覆盖的创新公共安全产品和手段，是以北京为中心、面向全国投资设立的中国唯一的社区公共安全运营商。

生产经营情况：2017年完成产值7597万元，2018年完成产值4325万元。

红花岗区建材产业

【遵义建安混凝土有限公司】 公司为中国建材贵州西南水泥集团下属公司之一，成立于2003年12月18日，位于红花岗区，固定资产3000万元，具有两条180立方米双机生产线，可根据顾客要求提供高质量、高品位的各种规格预拌混凝土，全部使用“花岗水泥”配制生产不同等级的商品混凝土。

生产经营情况：2017年完成产值5320万元，2018年完成产值6220万元。

【遵义长岭特殊钢有限公司】 公司成立于2004年11月23日，位于红花岗区深溪街道坪桥村，于2008年8月入驻，与四川省宜宾中焱钢铁制品有限公司合资，投资8000余万元技改扩建年产30万吨炼、轧一条龙的轧钢生产线。2009年6月投产，厂房面积66111平方米，有职工300人。

主要产品：生产特殊钢坯料，产品远销广东、广西、云南、湖南、湖北、福建、重庆、四川等省份。年生产特殊钢坯料30万吨，生产螺纹钢等系列产品。

生产经营情况：2017年完成产值16500万元，2018年完成产值19119万元。

【遵义富昆新型建材有限公司】 公司位于红花岗区中小企业孵化园，2013年11月建成投产。公司自建厂房面积1.8万平方米，固定资产投资2081万元，有职工100人。公司主要生产产品为粉煤灰蒸压加气混凝土砌块。

生产经营情况：2017年完成产值4270万元，2018年完成产值4208万元。

【遵义南星商品混凝土有限公司】 公司成立于2016年5月26日，专业生产预拌混凝土，年产80万立方米商品混凝土。有员工70名。可提供具有特殊特殊要求的抗渗、抗冻、抗折、大坝、道路、桥梁等高质量、高品位的商品混凝土。通过应用计算机局域网，实行从经营、生产、调度、实验、质检、材料、设备及人力资源管理等全面计算机化管理。

生产经营情况：2017年完成产值8484万元，2018年完成产值6339万元。

【遵义赛德水泥有限公司】 2008年8月，遵义市水泥厂与赛德公司合资成立遵义赛德水泥有限公司。2013年3月，公司加入西南水泥有限公司，为贵州西南水泥有限公司下属子公司。股东为西南水泥有限公司和遵义市水泥厂，注册资本1.305亿元。公司位于南部新区深溪镇，有日产2500吨熟料生产线1条，有职工263人，年产水泥110万吨，年处置工业废渣60万吨。生产“花岗”牌水泥，质量稳定、信誉度高，产品用于乌江高速大桥、江界河大桥、构皮滩电站大坝等省内重点工程。

生产经营情况：2017年完成产值28069万元，2018年完成产值30642万元。

【遵义市海山混凝土有限公司】 公司成立于2010年12月18日，位于红花岗区巷口镇，投资3000万元，主要从事商品混凝土的生产、销售和运输。公司年生产能力50万立方米，生产C10~C60各种强度等级的通用品混凝土和特制品混凝土。公司拥有两条120立方米/小时自动化生产线，配备25台10立方米进口混凝土运输车、5台车载泵、1台37米汽车泵、2台50装载机、大功率发电机组及相关配套设施。

生产经营情况：2017年完成产值2200万元，2018年完成产值4424万元。

【遵义市聚源建材有限公司】 公司于2013年开始建厂，至2015年底建成投产，总投资1.1亿元。位于红花岗区坪桥工业园，土地面积53177平方米。

生产产品：公司利用废弃工业废渣铁矿渣、电石渣、建筑垃圾、粉煤灰，主要生产F75级、F95级、F105级复合矿渣微粉。

生产经营情况：2017年完成产值2200万元，2018年完成产值3012万元。

【遵义市钰博混凝土有限公司】 公司位于红花岗区深溪镇，成立于2013年8月，于2014年10月投产，面积13320平方米，有职工16人，主要从事水泥制品生产。

生产经营情况：2017年完成产值1848万元，2018年完成产值2075万元。

【遵义市众合鼎盛建材有限公司】 公司位于红花岗区坪桥工业园，建于2015年，于2016年5月建成投产，厂房面积6000平方米，注册资金2500万元，固定资产投资500万元，有职工40人。公司主要产品为混凝土，每月产量6000立方米。

生产经营情况：2017年完成产值3444万元，2018年完成产值4917万元。

【遵义永合宏业商砼有限公司】 公司成立于2017年6月13日，位于红花岗区巷口镇，拥有净资产3000万元。公司专业生产预拌商品混凝土和销售各种强度等级的预拌商品混凝土、水泥制品等建筑材料，预拌混凝土运输业务。公司引进两条180立方米三一重工搅拌机生产线，50台日产三菱、五十铃以及国产欧曼牌混凝土搅拌运输车，1台三一重工HBY80A柴油混凝土输送泵，2台三一重工110千瓦、80千瓦电动混凝土输送泵，2台三一重工奔驰底盘，42米汽车泵，年产商品混凝土40万～60万立方米。

生产经营情况：2017年完成产值8870万元，2018年完成产值10654万元。

【遵义永合商砼有限公司】 公司位于红花岗区中小企业孵化园，于2011年建成投产。公司厂房自建，建筑面积1500平方米，固定资产投资3500万元，有职工60人。公司主要生产产品为商品混凝土。

生产经营情况：2017年完成产值1亿元，2018年完成产值15703万元。

红花岗区新材料产业

【贵州遵钛（集团）有限责任公司】 公司位于红花岗区，原为遵义钛厂，创建于1965年。2013年经省国资委批准改制为贵州遵钛（集团）有限责任公司，2017年8月8日起，省国资委委托贵州省黔晟国有资产经营有限责任公司管理。遵钛集团拥有1个控股子公司和5个全资子公司。控股子公司：遵宝钛业有限公司；全资子公司：遵义钛业股份有限公司、遵义播宇钛材有限责任公司、遵义盛钛机械设备制造有限公司、遵义钛厂劳动服务公司、遵义钛世纪房地产开发有限公司。

主要产品：海绵钛、金属镁、四氯化钛和钛锭等。主要从事海绵钛的生产、加工、销售和进出口业务，具备海绵钛产能25000吨/年、钛锭产能2000吨/年、钛管坯产能800吨/年。

生产经营情况：2017年完成产值41200万元，2018年完成产值58300万元。

【遵义播宇钛材有限公司】 公司成立于2006年12月15日，是由贵州遵钛集团有限责任公司、贵州黔晟投资有限公司、厦门鹭钨钼工业有限公司、张家港华裕有色金属材料有限公司、博白县钛丰工贸有限公司5家股东共同投资设立的一家从事钛及钛合金产品生产、开发、研究的高科技企业。公司主要生产钛锭、钛板产品。其中钛锭年生产能力2000吨，有600～3000千克等规格产品。

生产经营情况：2017年完成产值3986万元，2018年完成产值4599万元。

【遵义盛钛机械设备制造有限公司】 公司为贵州遵钛（集团）有限责任公司下属的全资子公司，是一家专业机械设备制造加工企业，年生产反应器80台、大盖90个，具有年2000吨钢产品加工能力，主要为贵州遵钛（集团）有限责任公司生产制造各种标准或非标备件，服务于海绵钛生产。公司有员工52人。

生产经营情况：2017年完成产值1114万元，2018年完成产值2031万元。

【遵义天磁锰业集团有限公司】 公司成立于2001年10月，是由贵州省有色地质勘查局和遵义县海礁硫酸有限公司共同出资组建的股份制企业，注册资本5000万元。位于红花岗区坪桥工业园区（红花岗区国家新材料产业基地）。主要产品为电解金属锰，拥有8项专利，参与国家黑色冶金行业标准（YB/T051-2003）《电解金属锰》修改和制定。公司已启动1万吨/年高纯低硒电解金属锰技改项目，技改后年产达1万吨/年高纯低硒电解金属锰。

生产经营情况：2017年完成产值34035万元，2018年完成产值41223万元。

【遵义天磁锰业（集团）亿方有限公司】 公司位于红花岗区南关街道，注册资金2000万元，有职工250人。主要产品为电解金属锰。完成一期技改工程，生产设计能力2万吨/年，实际生产能力1万吨/年。

生产经营情况：2017年完成产值9623万元，2018年完成产值12325万元。

【遵义中铂硬质合金有限责任公司】 公司位于红花岗区南关街道，成立于2011年11月。2012年组建硬质合金生产线，2013年研制出硬质合金冷镦模、硬质合金拉丝模等硬质合金产品。已获高新技术企业认证，拥有市级工程技术中心，拥有专利36项。

生产经营情况：2017年完成产值2700万元，2018年完成产值4257万元。

红花岗区新能源汽车产业

【贵州恒基和科技有限公司】 公司位于红花岗区新能源汽车产业园。公司于2015年1月入驻，2016年4月开始投产，厂房面积6222平方米，固定资产投资1000.87万元，有职工20人。

主要产品：新能源汽车电机定子转子冲压、压铸，模具的技术开发、生产、销售；高低压电气设备的研发、生产、销售；五金模具、五金制品的研发、生产、销售。

生产经营情况：2017年完成产值1400万元，2018年完成产值3400万元。

【遵义巴斯巴科技发展有限公司】 2015年4月，深圳巴斯巴科技发展有限公司在贵州成立全资子公司——遵义巴斯巴科技发展有限公司。公司位于红花岗区新能源汽车产业基地，占地面积约14万平方米，总投资8亿元，员工1500余人。已建立一套完整的生产系统，进口设备900余台，组装生产流水线20余条。2017年11月获“国家高新技术企业”称号。

主要产品：母排（电子母排、电池连接系统专用母排）、电动汽车充电连接器、高压继电器、电动汽车整车高压连接系统、充电设备及充电站运营整体解决方案、动力电箱结构整体解决方案、电机控制器及多合一集成解决方案等。获300余项国家专利，其中有50余项为发明专利；参与制定国家和地方行业标准共17项。

生产经营情况：2017年完成产值34819万元，2018年完成产值31819万元。

【遵义市大地和电气有限公司】 公司为深圳市大地和电气股份有限公司全资子公司，成立于2015年，位于红花岗区新能源汽车产业园，占地面积约10万平方米，建筑面积7万平方米，设计年产20万套新能源汽车驱动及控制集成系统。公司拥有专利9项，主要研发生产销售大、中、小乘用汽车用永磁同步驱动电机和交流异步电机及配套控制集成系统，产品峰值扭矩100~3200牛·米，峰值功率20~200千瓦。

生产经营情况：2017年完成产值25726万元，2018年完成产值46289万元。

红花岗区医药大健康产业

【贵州万胜药业有限责任公司】 公司位于红花岗区医药健康产业园，成立于1995年12月，以科研、生产、销售中成药制剂为主导，从事保健品、化妆品领域经营。万胜药业有国药准字号产品9个、食准字产品18个、专利6项、独家产品3个。其中，国家级非物质文化遗产品种1个、全国独家特色苗药 3个、高端健康护肤品5个 、贵州省名牌产品2个。主要产品有廖氏化风丹、苗药复方胃痛胶囊、苗药伤痛克酊、苗药九味痔疮囊、生精片、美足液等。廖氏化风丹、苗药复方胃痛胶囊为国家医保品种，公司具有完全自主知识产权产品占40%以上。公司开展技术进步与研究开发活动17项。公司建有省级企业技术中心、万胜药业药物（苗药）研究所、万胜中药质量标准研究合作基地、万胜中药发酵研究实验中心，参与制定4个国家药品质量标准，已承担省级项目10个、国家级项目3个。在研新产品3个，正在筹建的省级工程技术研究中心1个。万胜药业为国家认定的全国少数民族特需商品定点生产企业，贵州省医药重点产业集群龙头企业和“巨人计划”培育企业、医药创新体系重点省级企业技术中心，贵州省科技型企业，贵州省非物质文化遗产生产性保护示范基地，遵义市工业重点骨干企业。

生产经营情况：2017年完成产值12086万元，2018年完成产值11620万元。

【遵义廖元和堂药业有限公司】 公司注册资本500万元，位于红花岗区医药健康产业园，建成符合GMP要求的生产厂房，占地122亩。以药品研发生产为主，主要产品为化风丹、生精胶囊、中药饮片。

生产经营情况：2017年完成产值13700万元，2018年完成产值14390万元。

红花岗区装备制造产业

【贵州钢绳（集团）有限责任公司】 公司为全国冶金重点企业，注册资本49544万元。贵绳集团下属8户子公司（全资公司6户、控股公司2户），有在职职工4600人。旗下控股企业贵州钢绳股份有限公司于2004年上市。

主要产品：公司以线材制品为主业，形成“巨龙”牌钢丝、钢丝绳和PC钢绞线3个产品系列，年生产能力40万吨。钢丝、钢丝绳的市场占有率保持在14%左右，在国内金属制品企业的市场占有率连续三年排名第一。2016年入选工信部工业品牌示范企业名单。获第二届中国质量奖提名奖和贵州省首届省长质量奖提名奖。公司已申报国家专利276件，其中发明专利146件、实用新型专利130件；拥有有效国家授权专利133件，其中发明专利20件、实用新型专利113件。

生产经营情况：2017年完成产值176592万元，2018年完成产值200999万元。

【遵义长征电器设备有限公司】 公司位于贵州省遵义市南部新区深溪镇永安大道盈田工谷31号厂房，于2018年4月入驻，2018年5月投产，厂房面积7900平方米，有职工49人。主要产品为高低压电器、电子电源设备、成套电器设备。

生产经营情况：2017年完成产值3914万元，2018年完成产值3175万元。

【遵义长征输配电设备有限公司】 公司成立于2011年7月25日，位于忠庄街道，注册资本2000万元。主要从事高低压成套电器元件、电力变压器、机械设备设计生产加工销售，电力设备安装及技术咨询。

生产经营情况：2017年完成产值7000万元，2018年完成产值5000万元。

【遵义电线电缆有限公司】 公司成立于2012年4月16日，专业从事研制开发、生产电力电缆、控制电缆、架空绝缘电缆、聚氯乙烯绝缘电线、特种电缆产品。主要经营范围为制造、销售交联聚乙烯绝缘电力电缆、塑料绝缘电力电缆、控制电缆、聚氯乙烯绝缘电线及各种阻燃、耐火电线电缆产品等。公司产品用于新舟机场、茅台酒厂、遵义高铁站、遵义市汇川区体育馆等贵州省内重点工程。

生产经营情况：2017年完成产值2689万元，2018年完成产值3486万元。

【遵义金翔冶金设备制造安装有限公司】 公司位于红花岗区深溪镇，创建于2006年，厂房面积28044平方米，固定投资2800万元，有职工41人。

主要产品：铁合金系列铸造、锻造铜瓦、锭模、焦炭劈焦机、钢盆、液压捣炉机、集电环、软母线、水冷电缆、短网、铜瓦锥度套、钢包，布袋除尘器、湿法除尘、污水、废渣处理等处理设备。

生产经营情况：2017年完成产值3574万元，2018年完成产值3284万元。

【遵义迈控电气有限公司】 公司成立于2012年9月6日，位于红花岗区深溪镇，2012年12月建成投产。公司厂房自建，面积6000平方米，固定资产投资1320万元，有职工40人。公司主要产品为配电柜柜体。

生产经营情况：2018年完成产值2001万元。

红花岗区其他产业

【贵州遵义汇兴铁合金有限责任公司】 公司位于红花岗区，始建于1950年7月。公司拥有储量2300余万吨的大型优质低磷锰矿山和与国家铁路黔渝线接轨的12千米铁路运输专用线。年产锰矿石60万吨和新工业园区发电装机35万千瓦、电解金属锰10万吨、电解二氧化锰2万吨、硫酸30万吨、铁合金50万吨、渣砖3亿块的规模以及老厂区开发建设。公司建成集“煤、电、冶、建”一体化循环经济和物流、房地产开发、物业服务等多业并举的综合性大型企业。

生产经营情况：2017年完成产值2998万元，2018年完成产值3767万元。

【遵义顶津饮品有限公司】 公司成立于2013年11月18日，隶属于顶新国际集团康师傅控股有限公司，为其下属全资子公司，系外商独资企业。总部设在上海，主要从事方便面、饮品、糕饼、快餐及相关配套产品的生产经营。位于红花岗区粮油加工园区，于2014年7月正式量产，主要生产销售康师傅瓶装饮用水、饮用纯净水。

生产经营情况：2017年完成产值2569万元，2018年完成产值2259万元。

【遵义凯发新泉污水处理有限公司（遵义中心城区南部污水处理厂）】 公司位于红花岗区舟水桥街道（舟水河与湘江河交汇处），由新加坡凯发集团投资、建设、运营，特许经营期30年。南部污水处理厂脱泥系统为板框压滤机系统，处理后污泥含水率为60%以下，为全省第一家使用，产生的污泥送往赛德水泥厂进行焚烧处置。

生产经营情况：2017年完成产值3781万元，2018年完成产值4675万元。

【遵义市供水有限责任公司】 公司始建于1953年，专门从事城市供水生产、供水营业服务、管网工程建设，提供相关的水质监测和管网工程设计等公益性服务。公司拥有3座水厂，日供水能力30万吨，实际日供水22万吨，负责红花岗区、汇川区生产生活供水。基本实现南郊水厂、北郊水厂、青山水厂、中桥水厂互为备用，三城区东部、南部和北部供水管网互联互通，供水连续性得到完全保障。有播州区供水公司、新舟供水有限责任公司、遵义水源物业管理有限公司、给排水工程设计室等下属企业。

生产经营情况：2017年完成产值18043万元，2018年完成产值22412万元。

【遵义市金鼎农业科技有限公司】 公司创立于1994年，集饲料研发、生产、销售为一体。下属遵义市裕民养殖技术服务有限公司主要经营浓缩饲料、配合饲料和养殖技术服务。拥有全封闭式饲料生产线2条，年单班产能1万吨，公司有10大品牌100余个品种。公司注册资金1500万元，有职工46人，其中，技术研发人员13人。拥有国家授权专利32项。

生产经营情况：2017年完成产值4522万元，2018年完成产值5002万元。

【遵义市黔兴油脂有限责任公司】 公司成立于2005年1月，注册资本3000万元，从事食油植物油（半精炼）、稻谷、大米、玉米、小麦、高粱、酒糟粉储运销售；菜籽油储运销售；有色金属（放射性和贵重性金属除外）、黑色金属及机电设备购销等。公司生产基地坐落于南关街道护城村马兰坝桥头，占地面积2万平方米，有年加工油菜籽能力6万吨生产线及年产1.5万吨中小包装全自动灌装生产线。

生产经营情况：2017年完成产值25363.3万元，2018年完成产值11906.49万元。

【遵义市友联包装实业有限公司】 公司是遵义市规模最大的纸箱纸板制造企业，成立于2013年10月，总投资3000万元，厂房面积1万余平方米，有员工96人。公司拥有中国台湾原装1.8米协旭五层高速瓦楞纸板生产线，二色、三色、五色高速印刷开槽模切机，全自动高速碰线机，全自动糊箱机，全自动及半自动模切机等。

生产经营情况：2017年完成产值5512万元，2018年完成产值6957万元。

【遵义天蕴纺织有限责任公司】 2003年1月，公司在红花岗区注册，注册资金550万元。2012年9月，搬迁至红花岗经济开发区内。规模为4万锭纺纱（其中3万锭纺线），拥有专利2项。

生产经营情况：2017年完成产值11827万元，2018年完成产值9050万元。

（区工业经济局）

财政　税务

财　政

【概况】 2018年，红花岗区实现财政总收入565746万元，占年初预算544030万元的103.99%，较上年同期的494573万元增长14.3%。实现一般公共财政收入145340万元，占年初预算143128万元的101.55%，较上年同期的130116万元增长11.7%。一般公共预算支出366188万元，占年初预算353730万元的103.52%，较上年同期的346392万元增长5.71%，其中“八项支出”完成261607万元，实现年初预算220515万元的118.63%。

【基金预算收支】 2018年实现基金预算收入55429万元，较2017年同期的107286万元下降48.34%；基金预算支出完成86219万元，占年初预算的45.73%，较上年同期的112850万元下降23.6%。

【债权债务管理】 加强债务风险防控和应急处置。建立周报、半月报、旬报、月报及重大风险事项专报制度，监控各债务单位的债务举借、偿还及风险，及时了解处置相关债务风险。对全区2018年应偿还银行贷款本信息进行摸底统计分析，制定筹集资金方案，确保按期支付贷款本息，未发生政府性债务风险，2018年共核销存量债务2.44亿元。

【重点支出】 红花岗区“九大民生支出”完成249314万元。占公共财政支出366188万元的68.08%，较上年实绩215808万元增支33506万元，上升15.53%。其中公共安全27061万元；教育支出82377万元；科学技术3444万元；文化体育与传媒支出4808万元；社会保障和就业支出28807万元；医疗卫生支出44507万元；节能环保支出2313万元；农林水事务支出14440万元；住房保障支出41557万元。

【财政体制改革】 深化国库集中支付改革，抓好预算管理一体化平台、国库集中支付电子支付管理改革、预算执行动态监控、扶贫资金预算动态监控工作，将镇（街）财政性资金全面纳入国库集中支付系统；推进税收制度改革，落实国家出台的各项税制改革和减税政策以及上级部署的其他税制改革工作；推进人大预算联网监督，实现人大与财政部门联网，确保收支预算信息横向联通；落实收入分配制度改革，配合相关部门积极推进医药卫生体制改革和积极落实促进就业财政支持政策等工作。

【信息化建设】 2018年1月，财政集中支付实时清算系统上线运行，实现财政预算资金由代理银行支付后与中国人民银行实现实时清算，实施由贵州省财政厅推广的预算一体化管理系统、国库支付电子化管理系统、财政资金监管系统。4月，上线预算动态监控系统正式运行。9月，扶贫资金动态监控系统上线运行。

【国有资产管理】 对单位国资收益严格执行收支两条线管理，2018年全区国资收益实现1.8亿元。对全区经营性资产与非经营性房屋资产进行清理，全区共用房屋资产270万平方米（非经营性资产232万平方米、经营性资产38万平方米），由中介机构对全区经营性资产进行评估。对全区各单位酒类资产进行清理，按时间节点要求进行公开处置，将酒类资产处置款301075元及时上缴本级金库。

【政府采购管理】 2018年实施限额标准以上的政府采购预算资金11330.75万元，采购成交金额10856.46万元，节约资金474.29万元，节约率4.18%。

【低保及救济】 城低保资金2018年收入2689.31万元，支出4427.71万元，累计结余2333.91万元。农低保资金2018年收入556.66万元，支出568.79万元，累计结余808.91万元。2018年共发放城镇低保金及城市特困人员生活和护理补助4427.71万元，累计发放99017人次；共发放农村低保金568.79万元，累计发放29225人次；加强民政救灾、优抚等资金管理，及时将救灾、优抚等资金发放到困难群众和优抚对象手中，拨付自然灾害资金194万元、城镇义务兵家属优待金227.5万元；做好全区80岁以上高龄老人生活补贴发放工作，全年共拨付486.91万元，累计发放28256人。

【就业和再就业】 充分发挥区就业局教学优势，有针对性地开展多形式就业培训，就业资金2018年支出3770.83万元。

【投资评审】 2018年度已完成基本建设工程投资评审项目预算批复文件338个，财政投资预算批复总金额207143.49万元。其中，预算评审项目337个、新编预算项目1个，送审预算金额232047.83万元、新编预算金额53.43万元、审定预算金额207143.49万元、审减金额24904.34万元，平均审减率10.73%；零星维修工程参考价等评审报告共4个。

【企业建设】 审核拨付遵义市林源公司、遵义市电子器材公司、遵义市纺织印染厂和长征涂料厂、遵义丝织厂、遵义董酒厂等企业扶持以及原遵义铁合金公司、汇兴公司、实业公司退休人员困难补助资金共计2404.52万元。扶持发展小微企业80户，拨付小微企业扶持资金360万元，其中区级配套89.6万元；拨付161户微型企业税收贡献激励资金71.64万元。

【重点项目建设】 与项目主管部门协调配合，拨付保障性安居工程（棚户区部分）中央预算及基础配套设施建设投资28936.80万元，区级拨付棚户区改造资金33772.62万元，拨付项目建设过渡费4154.64万元。

【农业综合开发】 2018年在金鼎山镇银江村和野里村实施2017年度国家农业综合开发高标准农田建设模式创新试点项目，投入财政资金1848万元，其中高标准农田建设部分投入财政资金1288万元，产业化发展部分投入财政资金560万元。产业化发展部分拨付财政资金200万元，实施企业为遵义榆苗生态农业有限责任公司，实施地点位于金鼎山镇野里村。

【"一事一议"财政奖补】 2018年度完成村级公益事业建设"一事一议"财政奖补和美丽乡村建设项目报批工作，财政奖补项目40个，奖补资金755万元，涉及3个镇。

【向上争取经费】 2018年向上争取扶贫专项资金24919万元，主要用于贫困人口就医补偿、脱贫攻坚工作经费、乡村振兴战略经费、产业项目资金、扶贫助学保险、建档立卡等支出。

【脱贫攻坚】 扎实推进精准扶贫及脱贫攻坚帮扶工作，2018年全区可统筹使用各级财政精准扶贫"1+12"政策配套资金16000万元，其中上级资金10412万元、区级配套资金5588万元。全年拨付脱贫攻坚资金36539万元，主要用于扶贫产业化项目、农村安全饮水、"一事一议"财政奖补、教育扶贫、医疗救助和社会保障兜底等支出。

【财政检查】 2018年开展财政内部审计、全省债务交叉检查、全区年终偿债资金安全检查、"护民生、促扶贫"民生领域整治助廉行动，开展农业综合开发项目、"一事一议"财政奖补项目、财政专项扶贫资金、各单位会计基础规范工作检查等。

2018年清理撤销专项资金支出账户1个。

（杨 明）

税　务

【概况】 截至2018年12月31日，红花岗区税务局管理纳税户2.6万余户，涵盖18个税种、11个费种及非税收入。征管范围289.08平方千米，辖3个镇、9个街道。2018年，紧紧围绕确保收入平稳增长工作要求，刚性考核收入计划，加强收入预测分析，强化重点税源监控，税收收入稳步增长，全年累计入库各项收入59.36亿元，比上年同期（51.56亿元）增收7.8亿元，同比增长15.13%。其中税收收入57.23亿元，比上年同期（49.98亿元）增收7.25亿元，同比增长14.51%，为红花岗区经济社会发展提供财力保障做出积极贡献。

【营商环境建设】 按照“窗口受理、内部流转、限时办结、窗口出件”流程规范办理。全面实现实名办税，扩大纳税信用评价范围。推行“套餐式”“最多跑一次”清单服务，设置“简事快办”窗口，深化税邮合作，按规定实行部分行业小规模纳税人自开专票，落实简并优化增值税、企业所得税申报表政策。开展营商环境整治“百日攻坚行动”，优化税收营商环境，有效缓解纳税人跑远路、排长队的问题。

严格实行领导值班制度，增加7台自助办税终端，实现24小时自助办税，建设“指尖上的税务局”电子办税体验区，推广“贵州省网上税务局”，积极引导纳税人在网上办理涉税事项。通过“邮我来”进行网上申领发票，开展网上申请自助终端代开增值税专票业务，有效实现办税服务厅业务分流。全面推行“一窗通办”“一人一机一窗一POS双系统”办税模式，有全职能办税服务厅2个，已实现原国、地税办税服务“一窗通办”。被国家税务总局命名为“全国税收科研基地”，被贵州省税务局命名为首批“贵州省税务系统纳税服务示范单位”。

【治税基础建设】 实现汇算清缴预防管理与过程监管相结合，确保汇算面100%。为重点税源、千户集团、百千万工程企业建立信息台账，千户集团在归口管理下均能达到财务报表100%报送率。落实出口退税政策，防范出口退税风险，优化出口企业服务。加强个人所得税全员全额明细申报扣缴工作，明细申报率和正确率每月均达到市局考核要求的100%。开展城建税立法调研、简并房地产交易税收表单研究、土地增值税立法专题调研、环保税征收工作调研，夯实财产行为税工作基础。2018年度累计风险应对718户次，企业累计入库税款1368.63万元。收到市局下发影视行业风险纳税人11户，进行综合评价和初步风险等级评定。

【税收体制改革】 加强成品油消费税征收管理，确保实现成品油消费税改革；深化增值税改革，确保调整增值税税率、统一小规模纳税人标准、部分行业符合条件的企业留抵退税三项重要增值税改革措施实施。市场主体税负稳步下降，有效激发活力，减税降费效应明显，有效支持和服务地方经济发展。完善行政执法公示制度、执法全过程记录制度、重大执法决定法制审核制度。围绕“优化税收营商环境，助力经济高质量发展”主题，开展银税互动、纳税人开放日、走访民企等税收宣传活动。

【征管体制改革】 成立税务机构改革工作小组，严格按照机构改革时间表、任务图推进，召开党委会23次、局长办公会12次研究部署机构改革工作，8个税务分局统一挂牌；成立机关党委，成立13个党支部，完成选举工作；工会、妇联、共青团等群团组织按规定完成设立；编发国税、地税征管体制改革简报38期，完成国税、地税、征管改革3场攻坚战。7月20日，红花岗区税务局挂牌成立。10月25日，举行“三定”方案宣布仪式。在职正式职工280人，政府派遣人员（含驾驶员）186人。

【党建工作】 党委坚持以党建促稳定、促改革、促工作，稳步推进新机构挂牌、“三定”方案宣布等重大改革工作。召开干部职工思想政治工作座谈会40余场次，开展谈心交心800人次；各支部组织开展集中学习227场、专题讨论25场，召开专题组织生活会25场，党委书记上党课2场，支部书记上党课75场；开展党员承诺践诺和践行中国税务精神活动，全局153名在职党员做出承诺，向区局党委递交承诺书；全年发展入党积极分子5人；10名党员分别获区直机关“优秀共产党员”和“优秀党务工作者”称号。

【干部队伍建设】 制订《2018年教育培训工作计划》。在全国税务系统“新机构、新职责、新业务、新作为”知识网络竞赛中，9名职工进入决赛，获一等奖2名、二等奖1名、三等奖2名、优秀奖4名。完成任命部门正职22名、部门副职32名、普通职工岗位200名。

【脱贫攻坚】 组织脱贫攻坚结对帮扶干部112人，到板桥村、银江村39户贫困户家庭开展脱贫攻坚工作，共投入扶贫资金5万元。

【文明创建】 制定文明单位创建实施方案，开展文明单位、青年文明号、巾帼文明岗、“三创三树”等创建活动，完成“全国青年文明号”“全省文明窗口”创建申报准备和验收工作。

（罗　杨）

金 融

银行业

【概况】 2018年，红花岗区金融办履行对全区金融机构的协调服务、协助监管等职能。在做大金融总量、增加金融供给、强化金融服务、防范金融风险等方面取得发展，金融支持全区发展能力明显增强，金融组织体系完善，金融生态环境不断优化。

【金融指标】 2018年9月，市辖区（三城区）金融机构人民币存款余额1920.59 亿元，同比下降4.45%；三城区金融机构人民币贷款余额1631.7 亿元，同比增长16.21%，市辖区存贷比84.96%。截至12月，红花岗农商银行小微企业贷款余额52.32亿元，同比减少3.18 亿元，增速-5.73 %，占贷款总额的55.29%。

【融资工作】 在债券融资方面，计划发行红花岗区棚户区改造工程项目收益债和停车场建设专项债券，正处于上报省发改委阶段，区国投公司为发行2018年公司债券，已申报上交所。在传统企业债、项目债融资模式基础上，金融办对接保理、商票、联融担保小额贷款等融资业务，实行融资主体与银行间点对点交流，解决工程款和材料款项缺口，对工程建设总包商、分包商进行贷款融资，多渠道全链条突破项目建设资金瓶颈问题，对接私募融资平台，加强金融企业与融资企业的沟通，为红花岗区企业提供更加广泛的融资渠道，快速解决项目建设及中小企业融资难问题。

加快推行红花岗区基础设施、农林水利、社会事业等公共服务领域项目PPP模式建设，通过前期项目规划，实施PPP模式项目3个，分别为：遵义市红花岗区虾子河水环境综合整治PPP项目、贵州省遵义市红花岗区S306遵义至松林公路改扩建工程PPP项目、贵州省遵义市红花岗区南城体育中心等存量资产TOT项目。项目均已进入财政部PPP项目管理库，其中虾子河水环境综合整治项目属于市政工程，总投资21560万元，采用BOT运营模式，合作期限31年，回报机制采用可行性缺口补助，2018年9月8日项目公司已经成立，政府方出资823.2万元，占SPV公司10%股权，该项目处于执行阶段。S306公路改扩建工程项目总投资242916万元，采用BOT运营模式，合作期限20年，采用政府付费方式，该项目处于准备阶段。南城体育中心等存量资产TOT项目，总投资4.6亿元，采用TOT运营模式，合作期限15年，回报机制采用可行性缺口补助，处于项目准备阶段，正在进行存量资产转移。红花岗区通过实践PPP合作模式，引导社会资本参与项目建设、运营，在一定程度上解决政府公共服务基础建设资金问题，提高项目管理和运营水平。

【发展小额贷款公司和融资担保机构】 全区有融资性担保公司8家，注册资本合计6.52亿元，注册资本低于5000万元的2家，国有背景融资性担保公司3家（分别为市物资集团下属的金茂担保公司、市城投集团下属的城投担保公司和区国投公司下属的联融担保公司）。截至2018年4月30日，融资性担保公司担保余额2.42亿元，在保127户；2018年度新增担保金额0.22亿元，新增担保7户。

【农村金融服务】 截至2018年底，红花岗农商行“特惠贷”金额新增430.5万元，支持绿色产业基金投资金额新增360万元，支持龙头企业贷款金额新增5346万元，支持种养殖大户贷款金额新增999万元。加强与区农商行的联系与合作，以区农商行“支持‘三农’、服务‘三农’”金融服务工作宗旨为契机，全力做好农村金融服务工作。配合区农商行抓涉农基础管理工作，针对红花岗区经济特点推出小额农贷、大额农贷（主要满足种养殖和经营大户贷款需求）、青年示范户贷款、农民专业合作社贷款、妇女创业贷款等贷款种类，满足各类农户的资金需求。

【支持中小企发展】 为破解全区中小企业融资难题，充分发挥桥梁纽带作用，促进银企对接经常化、制度化和规范化，组织举办政银融资工作洽谈会。梳理全区涉农项目、现代服务业项目、工业项目清单，解决红花岗区企业融资难、融资贵问题。开发多种金融产品，服务实体经济，开发符合中小企业需求特点的金融产品。继续坚持“三个不低于”的小微企业金融服务目标，在风险总体可控的前提下，确保小微企业贷款增速不低于各项贷款平均水平、增量不低于上年同期水平。贵州银行红花岗支行推出面向小微企业的“贵园通”“贵工贷”和个体工商户的30多种特色化金融产品，基本涵盖小微企业客户金融需求，微小企业、小商户、小摊主获得正规的金融服务。发展以直接融资为主导的资本市场平台。结合实际建立中小企业创业投资平台，加强与银行、租赁公司等金融机构的联系与合作，加强担保公司为中小企业融资担保工作。完善中小企业信用平台，加强中小企业信用体系建设和风险防范体系建设，全力支持金融监管部门对违规企业、违规金融行为、违规金融活动的查处，防范新的金融风险，切实提高社会信用。

【推广实施农业保险】 推广实施政策性农业保险，制发《关于做好2018年政策性农业保险工作的通知》《红花岗区2018年政策性农业保险助推脱贫攻坚工作实施方案》，召开专题会调度安排。

中央政策性保险 水稻承保1.71万亩，保费共计50.41万元，其中建档立卡贫困户承保面积0.22万亩，保费5.7万元，涉及1192户；玉米承保0.25万亩，保费6.95万元，其中建档立卡贫困户承保面积0.15万亩，保费3.87万元，涉及625户；油菜承保0.113万亩，保费2.01万元，其中建档立卡贫困户承保面积0.088万亩，保费1.49万元，涉及570户；马铃薯承保0.083万亩，保费1.43万元，其中建档立卡贫困户承保面积0.074万亩，保费1.26万元，涉及691户；能繁母猪承保1834头，保费10.84万元，其中建档立卡贫困户承保465头，保费2.36万元，涉及293户；育肥猪承保10787头，保费33.04万元，其中建档立卡贫困户承保5084头，保费13.92万元，涉及2301户；奶牛承保3户14头，保费0.672万元。

特色农业保险 辣椒承保0.24万亩，保费7.97万元，其中建档立卡贫困户承保面积0.11万亩，保费3.29万元，涉及985户；蔬菜承保0.16万亩，保费8.37万元，其中建档立卡贫困户承保面积0.092万亩，保费4.62万元，涉及276户；水果承保0.4699万亩，保费50万元，其中建档立卡贫困户承保面积0.0625万亩，保费6.36万元，涉及110户；高粱承保0.027万亩，保费0.81万元，其中建档立卡贫困户承保面积0.016万亩，保费0.48万元，涉及57户；家禽承保8.037羽，保费8.04万元，其中建档立卡贫困户承保3.5万羽，保费3.5万元，涉及7户；肉牛承保542头，保费16.39万元，其中建档立卡贫困户承保242头，保费8.13万元，涉及242户；生猪目标价格保险承保9331头，保费52.25万元。

森林保险 森林承保27.97万亩，保费83.92万元 。其中，公益林承保19.7万亩，保费59.11万元；商品林承保8.27万亩，保费24.81万元。

农业保险理赔 农业保费达238万元，总保额15.28亿元，2018年已理赔165.94万元。其中，辣椒理赔5.27万元，水果理赔85万元，蔬菜理赔3.82万元，油菜理赔1.28万元，能繁母猪理赔14.46万元，育肥猪理赔22.13万元，奶牛理赔2.4万元，生猪目标价格保险理赔31.58万元。

【打击非法集资】 加强对房地产开发和投融资咨询等高风险企业的监管，对红花岗区14家重点清理企业逐户分析，制定红花岗区集融资领域证照清理整顿责任清单，清理企业7家。做好金融失信企业的清理工作，对32家金融失信企业进行清理，防范非法集资隐患。开展非法集资风险排查专项行动，防止新生风险，建立立体化、社会化、信息化的地方监测预警体系。对210家名称及经营范围内包含“金融、资产管理、理财”等字样的企业进行风险排查调查。开展对互联网金融、非融资性担保公司、各类交易场所及其会员机构的清理整顿活动，组织有关单位进行现场检查，对“飞翼聚”互联网金融公司进行注销登记，对1家非融资性担保公司进行现场检查，5家交易场所会员机构立即停止与省外交易场所的交易业务、终止会员合作关系、解除会员单位合作协议，对10家互联网金融公司线下服务机构进行现场检查。对非法集资日常风险排查实行“网格化”管理，发挥各村（社区）作用。集中力量开展非法集资违法广告排查清理活动，扣押违法广告2万份，对涉嫌非法集资、非法宣传、非法经营的房地产开发公司广告进行现场拆除，由区综合执法局对发布违法广告企业进行立案查处，从源头上切断非法集资广告资讯信息传播途径，净化市场环境，遏制非法集资高发蔓延势头。

【案件处置】 开展陈案处置专项行动，对8起陈案进行“周调度”，推进案件处置工作，一审已判决案件7起，抓获长期外逃嫌疑人1人。遵义市名琪投资理财有限公司非法集资案、遵义睿生行投资咨询服务有限公司非法集资案、永丰源集资诈骗案、贺岗非法吸收公众存款案、胡明会集资诈骗案、尚宪东非法集资案，已进入资产执行程序。

【精准扶贫】 从2015年起，区级财政投入500万元建立金融扶贫基金，2016—2018年扶贫攻坚期间每年一般公共预算收入增量部分的10%作为扶贫专项资金，其中50%注入风险补偿资金滚动使用。从2016年起，区级财政每年7月、次年1月按农商行贷款的10%安排专项资金注入。风险补偿资金开设专户管理，资金封闭运行，专用于支持全区建档立卡贫困户“特惠贷”和村级集体经济发展推动精准扶贫项目贷款风险补偿。截至2018年11月末，已向辖区内建档立卡贫困户累计发放“特惠贷”617笔，金额2638.4万元；有余额贷款558笔，金额2399.2万元。其中2018年累计发放99笔，金额422.5万元；有余额贷款98笔，金额417.5万元。

【宣传工作】 组织红花岗农商行、人保财险、人寿保险、太平洋保险公司等金融机构组成政策宣传工作队，到镇（村）开展政策宣讲工作，共计开展金融夜校275场，培训6005人次，发放培训宣传资料6005份；由人保财险和人寿保险公司在各镇（街）对扶贫保险产品进行培训。

【助推企业上市】 红花岗区2017年已完成贵州东方科技物业服务股份有限公司“新三板”上市相关工作。红花岗区企业上市分步奖励已兑现到位100万元，上市企业获得股转中心反馈意见后，企业可获奖励共计150万元。

【招商工作】 参加市人民政府在杭州举行的金融招商活动。通过网络媒体、招商中介等渠道，发布招商资源，收集招商信息，通过对网站掌握的6000家企业资源进行筛选，梳理招商对象，委托网站进行宣传推广。IPO招商工作方面，对接北京、广州、深圳等经济发达区域企业100家，其中12家企业有上市意向。北京英博电器股份有限公司、北京天安人寿保险公司、青岛道格拉斯洋酒有限公司等企业在IPO排队；中关村珀金斯（北京）景观设计有限公司、北京华夏源洁水务科技有限公司、北京聚隆恒通科技有限公司以及落户红花岗区的深圳市华颖泰科电子技术有限公司等均有上市意向。通过梳理排查本土企业以及前期通过招商引资引进的外来企业，将有条件有意向的企业纳入重点对接对象，做好企业上市引导服务工作。

（区金融办）

【中国银行遵义分行】 至12月末，中国银行遵义分行人民币各项存款时点余额72.33亿元，比上年同期增加2.72亿元；人民币各项贷款时点余额64.74亿元，比上年同期增加7.58亿元。授信表内不良资产余额8782.78万元，较年初减少8070.34万元，不良率1.36%，较年初下降1.59个百分点。为进一步规范假币的收缴和鉴定工作，4月2日，红花岗区首家货币鉴定中心在中国银行遵义分行营业部挂牌成立，为中国人民银行授予的红花岗区唯一一家货币真伪鉴定机构。

【中国工商银行遵义分行】　2018年，中国工商银行遵义分行各项存款余额379亿元，各项贷款余额342.1亿元，各项贷款增量42.8亿元；全年发放贷款86.97亿元，实现表外融资24亿元，银行承兑汇票3.1亿元。其中，向小微企业发放贷款1.9亿元，发放“两权抵押”贷款480万元，投放个人贷款29.2亿元，办理个人消费分期贷款7.8亿元。

【中国建设银行遵义分行】　至12月31日，全行一般性存款时点余额256.54亿元，日均余额294.64亿元。贷款余额223.56亿元，较年初新增34.64亿元，增速18.34%，新增排名全省二级行第一。对公表内贷款突破100亿元；个贷余额107.31亿元，新增16.84亿元，增速18.62%。全行实现账面利润6.81亿元，排名全省二级行第一，比上年增加0.1亿元，同比增长1.49%。全行不良贷款余额3729万元，较年初增加835万元，不良率0.17%，不良率在4大银行中排位第一（由低到高排序），资产质量最优。2018年，红花岗区财政下辖的多家单位陆续转至建行代发工资。

【交通银行股份有限公司遵义分行】　2018年，交通银行遵义分行人民币各项存款时点余额147.07亿元，比年初减少12.48亿元；人民币各项存款余额158.40亿元，比年初减少2.54亿元；人民币各项贷款余额106.73亿元，比年初增加2.44亿元；不良贷款余额5854万元，比年初减少1490万元，不良率0.55%，比年初下降0.15个百分点。

【中国邮政储蓄银行遵义市分行】　2018年年末，分行总资产规模299亿元，各项存款余额284.85亿元，各项贷款余额96亿元。分行成立以来，累计投放各项贷款210.44亿元。至2018年，分行共有203个网点，覆盖主要县域乡镇行政区。

【招商银行遵义分行】　2018年，招商银行遵义分行各项存款余额17.32亿元，较年初增长1.34亿元。其中，对公存款余额7.15亿元，较年初下降0.1亿元。对公存款日均5.75亿元，下降8.08亿元。储蓄时点余额10.17亿元，增长1.44亿元，储蓄日均余额8.09亿元，增长1.69亿元。各项贷款余额24.02亿元，增长0.76亿元。

【浦发银行遵义分行】　2018年年末，浦发银行遵义分行一般存款余额15.6亿元，贷款余额58.8亿元。开业以来，对全市各类实体累计投放信贷资金285亿元，其中传统信贷资金194亿元，类信贷创新业务资金91亿元，现有政府类融资余额41亿元，余额占浦发行公司类生息资产的68.33%。

保险业

【中国人民财产保险股份有限公司遵义分公司】　2018年，中国人民财产保险股份有限公司遵义分公司实现保费收入116792万元，比上年增长15.38%，实现利润6378万元，缴纳各种税金14918万元，代收代缴车船使用税6109万元。为社会提供新增就业岗位97个。

【都邦财产保险股份有限公司遵义中心支公司】　2018年，都邦财产保险股份有限公司遵义中心支公司业务主要来源于车险保费收入，其他险种占比较少。全年实现保费收入927.7万元，完成公司下达保费计划的92.8%，与上年持平。其中，车险保费收入864万元，较上年上升7.1个百分点，占整体保费的93.1%；财产险保费收入5.8万元，下降51.6个百分点，占整体保费的0.6%；意健险保费57.9万元，下降116.9个百分点，占整体保费的6.2%。

证券业

【海通证券遵义中华南路营业部】　2018年，营业部全年受理业务906笔。建立联系的银行渠道126个，有40余个渠道每月均有开户。5月，营业部启动A型转B型，现场保留140台互联网客户端，营业场所内不部署与现场交易服务相关的信息系统；10月，完成转型改造；12月，信息技术部对营业部进行信息技术规范及改造转型验收。开展金融知识宣传，与红花岗区金融办举行“金融知识进政府”宣讲会。

邮政 通信

邮 政

【概况】 2018年，全市邮政行业业务收入（不包括邮政储蓄银行直接营业收入）累计完成11.92亿元，同比增长17.15%；邮政行业业务总量累计完成11.65亿元，同比增长20.23%。

【邮政服务】 2018年，全市邮政服务业务总量累计完成6.22亿元，同比增长5.78%；邮政寄递服务业务量累计完成0.83亿件，同比增长6%；邮政寄递服务业务收入累计完成0.65亿元，同比下降14.65%。

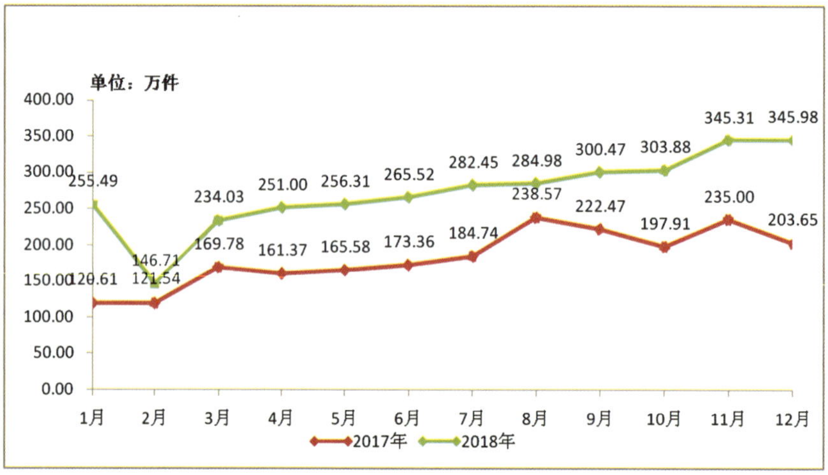

图1 全市快递业务量情况图

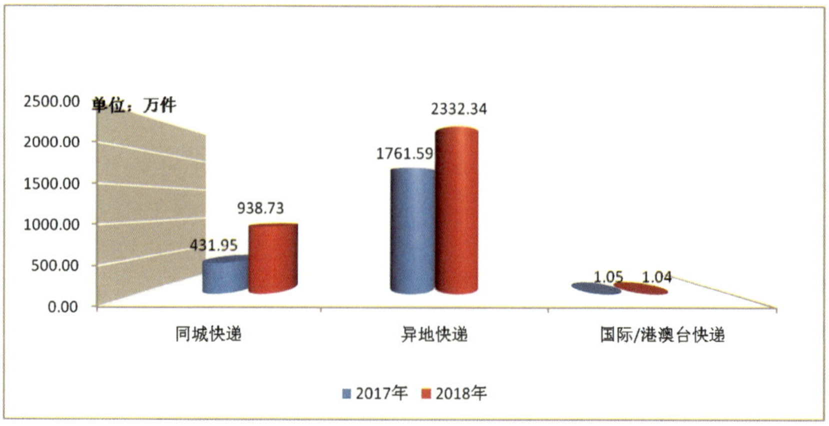

图2 分专业快递业务量比较图

【邮政普遍服务】　2018年，全市邮政函件业务累计完成994.64万件，同比增长124.09%；包裹业务累计完成1.85万件，同比下降46.84%；报纸业务累计完成6610.80万份，同比下降1.26%；杂志业务累计完成419.27万份，同比下降3.31%；汇兑业务累计完成19.39万笔，同比下降27.24%。

【快递业务】　2018年，全市快递服务企业业务量累计完成3272.12万件，同比增长49.10%；业务收入累计完成5.67亿元，同比增长36.18%。其中，同城业务量累计完成938.73万件，同比增长117.33%；异地业务量累计完成2332.34件，同比增长32.40%；国际/港澳台业务量累计完成1.04万件，同比下降0.72%。

2018年，同城、异地、国际/港澳台快递业务量分别占全部快递业务量的28.69%、71.28%和0.03%，业务收入分别占全部快递收入的17.76%、50.09%和0.68%。与上年同期相比，同城快递业务量的比重上升9.01个百分点，异地快递业务量的比重下降8.99个百分点，国际/港澳台业务量的比重下降0.02个百分点。

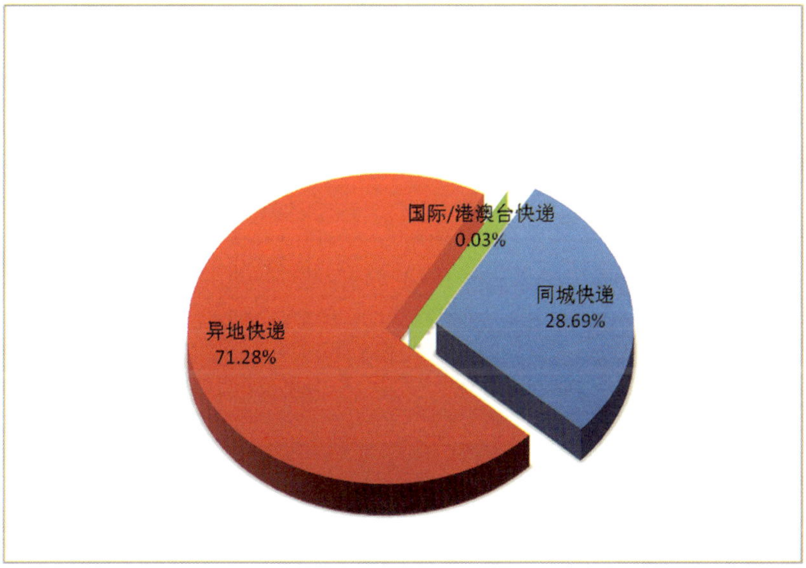

图3　快递业务量结构图

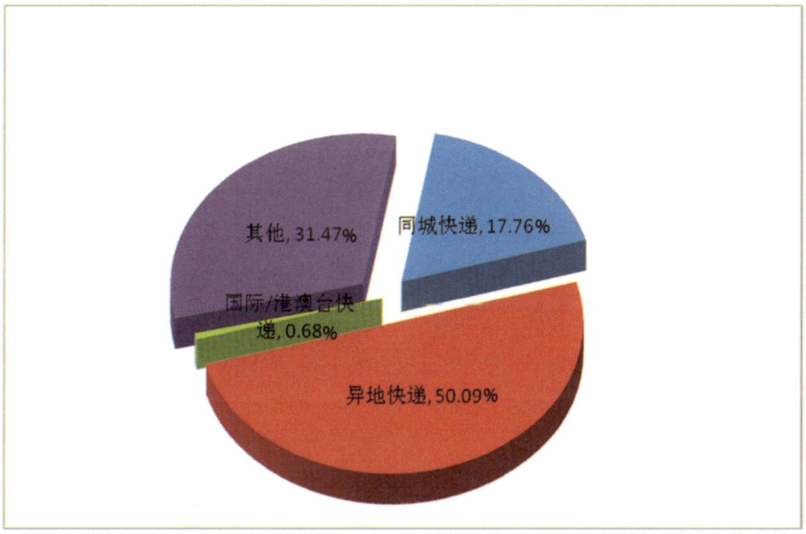

图4　快递业务收入结构图

说明：1—12月，全市快递与包裹服务品牌集中度指数CR8为86.08，与1—11月相比下降0.6

全市邮政行业发展情况表

表2

指标名称	单位	2018年12月		比上年同期增长（%）	
		累计数	当月	累计数	当月
一、邮政行业业务收入	亿元	11.92	1.1	17.15	20.89
1.邮政寄递服务	亿元	0.65	0.05	-14.65	-13.52
2.快递业务收入	亿元	5.67	0.61	36.18	48.84
二、邮政行业业务总量	亿元	11.65	1.11	20.23	30.9
1.邮政寄递服务	万件	8316.24	609.99	6	-5.37
其中：函件	万件	994.64	6.86	124.09	225.12
包裹	万件	1.85	0.08	-46.84	-69.23
订销报纸累计数	万份	6610.8	552.03	-1.26	-4.1
订销杂志累计数	万份	419.27	22.43	-3.31	-36.02
汇兑	万笔	19.39	1.33	-27.24	-19.88
2.快递业务	万件	3272.12	345.98	49.1	69.89
其中：同城	万件	938.73	67.61	117.33	83.58
异地	万件	2332.34	278.29	32.4	66.9
国际/港澳台	万件	1.04	0.08	-0.72	-6.42

说明：邮政行业业务收入中未包括邮政储蓄银行直接营业收入

通　信

【中国电信遵义分公司】 2018年，全年经营收入同比增长9%，移动份额22%。建设扶贫基站82个，投资5126万元。门店份额32.23%；实现全市1000余个行政村营销覆盖。校园移动市场份额从2%提升到15%，高校新生渗透从4%提升到50%，2018年新增同比翻倍。商客渠道三年移动新增复合率37%；宽带新增复合增长率94%。

2011—2018年，分公司电信基础网络建设投资近20亿元，其中无线通信网络建设投资11亿元。宽带光纤到户（FTTH）覆盖家庭130万户，FTTH端口达110万元，城区FTTH覆盖率100%，行政村通FTTH比率超过80%。互联网出口带宽达1200G。无线网络建设完成新建4G基站6700余个。C网基站2100余个，1.8G基站2200余个，800M基站2300余个，室内分布2100余套。

（中国电信遵义分公司）

【中国移动通信集团贵州有限公司遵义分公司】 2018年，全年新建基站3000个，网络覆盖率99.89%；新建家庭宽带端口新增覆盖用户16.9万户；汇聚层带宽扩容同比增长1.2倍，接入层带宽扩容同比增长3倍，保障数据流量翻番增长；新建OTN、改造OLT，PTN环网平均占用率下降到19%。

在医疗、旅游、教育和IDC项目等方面取得实效，全年完成63个信息化项目合同签订，全面覆盖15个区县。遵义移动公司为遵义市第九届旅发大会唯一支撑运营商，会议期间借助大数据平台发送到达欢迎短信约10万条；支撑贵州省第十届运动会，会议期间借助大数据平台发送到达欢迎短信约5万条。

全年完成100余次应急通信保障，完成省十运会、汛期、雪凝通信保障，累计出动抢修、保修人员3000余人次，出动大型应急通信车32辆次，抢修或保障车辆1200辆次，出动油机2000台次，投入光缆超过200千米，保障市电线路15千米。

（王皓钰）

【中国联合网络通信有限公司遵义分公司】 2018年，完成主营业务收入7.6亿元，比上年增长10.7%；收入份额15%，提升0.45PP。

完成投资3.3亿元，扩容城域网上链带宽520Gbps，光缆线路总长度3.3万千米，光纤到户覆盖家庭数86.04万户，3G/LTE基站8176个，宽带接入端口48.08万个。开展通信保障任务30余次，出动保障人员3000余人次、保障车辆300余趟次，投入费用500余万元。

为全市6.4万名留守儿童免费配发平安手环，自主研发儿童腕表行业应用平台及手机App，实现儿童信息管理实时定位、电子围栏、语音对讲等功能。对全市8.7万户低速率宽带用户免费提速至100兆。7月，对全量用户全面取消流量漫游费。打击和防范通信信息诈骗，关停涉诈（骚扰号码）0.11万个、实名拍照及资料不合规用户1.3万户。

（梁馨月）

城乡建设与管理

住房和城乡建设

【概况】 2018年，区住房和城乡建设局开展市政基础设施建设、住房保障、村镇建设、建筑业管理、建筑施工安全和质量、房屋征收等工作。配合汇川区完成遵义娄山风景区总规修编工作。

【监管工作】 1—11月，商品房销售面积2740167平方米（含新蒲），增速30.1%，其中区本级249849平方米，增速-27.4%。房地产从业人员1747人，增速0.9%（季度指标）。房地产从业人员劳动报酬6617万元，增速14.9%（季度指标）。房地产业固定投资1039814万元，增速19.2%（红花岗区本级完成113301万元，增速-11.4%）。建筑业总产值147.87亿元，增速29.3%。

【保障性住房】 住房保障 2018年，公开摇号分配公租房625套。全年新增申请住房保障的城镇低收入困难家庭436户。2018年，对5220户住房保障家庭发放租赁补贴资金2060余万元。清退不再符合住房保障条件的家庭308户。

房改业务 办理职工房改房“市场准入证”52户，收缴土地收益金45万元。审核办理兑现企业职工存量补贴110人，金额55万元。

棚改业务 设立棚改指挥部专设机构，负责协调市住建局与棚改指挥部信息数据对接和联系，按相关程序完成。协调市住投公司提供56套公租房作为棚户区改造周转用房。

【危房改造】 2018年，农村危房改造暨“三改”任务274户，主体已完工。

【特色小城镇】 金鼎特色小镇 位于金鼎山镇松林监狱磷肥厂区域，规划总面积886.795亩，其中允许建设区319.806亩，有条件建设区209.16亩，限制建设区357.831亩（含旅游用地234.9165亩，为老国有用地），可容纳人口5000人，计划总投资11亿元。拟实施教育、医疗、市场、污处、养老等26个配套项目，以“禅修+康养”特色文化产业为载体，结合周边金川湿地公园、野里温泉康养特色村庄、莲池果蔬基地综合打造集居住、休闲、旅游、禅修、康养等为一体的禅修文化康养特色小镇。9月15日，举行金鼎特色小镇开工仪式；完成金鼎特色小镇部分景观提升、建设佛教文化广场及播州古城项目，完成投资2亿元。

海龙特色小镇 位于红花岗区海龙镇原遵义乳品公司区域，规划总面积1019亩，可容纳1万人，计划总投资15亿元。拟实施教育、医疗、市场、污处、养老等26个配套项目，以“土司+贡米”特色文化产业为载体，结合周边五指山特色村庄、海龙水库大坝田园综合体、海龙温泉等综合打造集居住、休闲、旅游、康养等为一体的土司文化生态特色小镇。10月9日，海龙特色小镇项目正式启动。

【小微循环建设】 2018年，小微循环计划实施道路7条，分别为帝豪小区、白杨一区、白杨二区、延安路社区、长征片区、坪丰村片区路网和翠提丽苑道路工程。主要进行道路柔化、绿化、美化、亮化、人行道铺设、排污管网完善、交通标识标线完善等，计划投资5302万元，已完成投资4250万元。

【道路改造】 主要包括外环路及东联线道路面层局部修补、十字交叉口、公交停靠站、人行天桥等，计划投资4680万元。5月2日，保健院人行天桥拆除，外环路公交停靠站建设完成5个，中心花园完成4个，完成投资500万元。

【房屋征收】 **遵义市凤新快线红花岗区段建设工程项目** 已签订征收协议3864户，签约面积371982.91平方米。其中，住宅房2768户，面积305063.03平方米；营业房505户（651间），面积364196.34平方米；签订租赁户573户。签约总金额34.01亿元，已兑付33.48亿元。

迎红片区（二化厂） 总户数404户，面积3万平方米；签约394户，签约金额16187万元，签约面积2.72万平方米。审计通过379户，审计金额15428万元，审计面积2.58万平方米；已兑付348户，兑付资金14074万元，兑付面积2.35万平方米。拆除4栋居民楼124户，拆除面积9000平方米。

兰家堡棚户区 一期签约1379户，签约面积139744.66平方米，签约金额384221125.7元；已兑付1319户，兑付面积133844.58平方米，兑付金额368192373.85元。二期签约2134户，签约面积172078.89平方米，签约金额352001133.64元；已兑付105户，兑付面积10490.78平方米，兑付金额16715077.94元。

延安街道片区城市棚户区改造项目二期 已签订征收协议2594户，签约总面积21万平方米。其中，签订住宅房2402户，面积20万平方米；签订营业房162户，面积7113平方米；签订租赁户30户。签约总金额19亿元，已兑付12亿元。

万里街道片区 总户数5288户，已签约4683户，签约金额2281911708.99元，签约面积316920.413平方米；审计通过3820户；已兑付2439户，兑付金额1442501384.76元。

舟水桥街道片区 舟水桥片区已签约910户，面积89563.29平方米；镇隆片区已签约1234户，面积74230.685平方米；罗家坝片区已签约789户，面积57205.04平方米。

中华南路东片区（毛主席住居片区）城市棚户区改造项目 涉及毛主席住居周边20余栋680户（住房户546户、营业房134户），建筑面积69917.50平方米（住宅房面积53486.36平方米、营业房面积16431.14平方米）。

长征片区棚户区坪丰段二期 总户数900户，已签约828户，签约面积67641平方米，签约金额24865万元。

向阳片区棚户区改造项目 9月3日，向阳片区启动，已签约2706户，签约面积176402平方米，签约金额24亿元，未开展资金兑付工作。

刘家湾片区棚户区改造项目 9月3日启动，已签约2798户，签约面积177398平方米，签约金额23亿元。10月13日，已发选房号600个。

零星棚户区改造项目 涉及长征街道、延安路街道、中华路街道、北京路街道20个项目，已签约861户，签约面积99501.04平方米。

银河西路棚户区项目 已签订合同215栋611户。过渡费已发放至2018年10月，市住投公司开始还房，后期的过渡费直接由市住投公司发放。

北环棚户区项目 已征收完毕，拖欠200户还房过渡费1000万元，2018年发放至7月，已向华纬公司协调拨款，该公司正在筹备资金补发过渡费。

遵义市华贵房开公司中华路城市经典广场项目 2016年1月，接手问题房开项目——遵义市华贵房开公司中华路城市经典广场项目遗留问题。2018年上半年过渡费已发放，发放金额20.2142万元。

遵义市湘江河狮子桥片区城市棚户区改造项目 根据市政府的安排，由遵义市保障性住房建设投资开发有限责任公司作为业主方对该项目开展立项等报批工作，由红花岗区政府作为征收主体对该项目进行征收工作。征收户200户，其中有经营行为的房屋34间，其余为住宅房。12月17日，红花岗区人民政府发布征收公告及征收决定；12月25日，公证抽签选定评估机构。

【建筑业管理】 办理“建筑工程施工许可证”26个。督促施工单位将民工工资发放到位，并报住建局备案。完成21家建筑施工企业安全生产达标考核工作。开展招标项目资质审查。召开全区在建项目安全生产工作会议3次。参与市住建局组织现场观摩会1次；组织施工单位参观样板工地1次。开展房开建筑领域打击非法集资、扫黑除恶工作。

【建筑施工安全和质量监管】 监管项目117个（原南部新区移交项目87个），总建筑面积8267770平方米，总投资679170万元。

质量监督 新报监工程项目13个，建筑面积423156万平方米，造价3亿元。竣工验收备案项目11个，备案面积62451万平方米。监督各分部竣工验收共计70次，受理质量投诉14起，处理完毕14起。制定《红花岗区建筑工程质量通病防治管理办法》，并发放到在建项目。

安全监管 采取每天巡查、重点抽查的方式，突出重点，对在建工地采取“差别化”“双随机”管理，加大安全文明施工的检查力度及抽查频率。组织专业人员对区内建筑施工起重设备开展3次专项排查，排查带病使用设备12台，处罚2.5万元。全年组织开展全覆盖季度性检查4次，特种设备专项检查3次，高边坡、深基坑检查1次，汛前及汛期检查2次，施工脚手架专项检查3次；对区内房屋建筑及市政基础设施项目检查180家次，下达“隐患整改通知书”152份、“停工整改通知”28份，处罚金额25.5万元，排查隐患850个，整改率99%。全年争创省级标准化工地2个、遵义市级标准化工地2个。6月20日，组织全区各建筑施工现场在长征棚户区项目开展“双控”体系建设观摩活动；建立“双控”体系建设示范工地2个。

【招投标工作】 2018年，全区完成建设工程招标项目108个。其中，勘察3个，设计6个，施工66个，监理15个，设计勘察施工总承包6个，设计、施工一体化4个，EPC5个，跟踪审计3个。实际交易金额702654.63万元。以上项目全部公开招标，公开招标率100%。

【房屋管理】 **资产目标管理** 商业用房签约率100%，住宅房不低于应签户数的80%（到期未续签的视作未签）。商业用房缴交率100%，住宅房不低于应收户数的75%。

危房排查 鉴定D级危房308栋1837户；鉴定C级危房593栋5906户。D级危房拆除174栋，加固1栋，自行维修6栋；C级危房拆除156栋，加固10栋，自行维修11栋。开展北斗智能监测项目，总投入514.3万元，涉及全区247个C级危房监测点；启动北斗智能监测项目三期，涉及全区93栋C级危房，设465个监测点，总投资826.86万元。结合零星棚户区改造相关政策对C级危房进行征收，对未拆除的C级、D级危房（537栋）纳入棚户区改造106栋。对全区未拆除C级、D级危房安排专人24小时巡查值守，做好应急处置工作。

【物业管理】 2018年，帮助帝豪小区、汇泽华府小区、景胜苑小区等15个小区成立业主委员会。对瑞城商厦、恒通珍珠公寓、瑞安世纪新城等小区进行住房公共维修资金申请的现场勘查。按照住房公共维修资金的审批程序帮助智慧名城、翠堤丽苑、东城美邸等22个小区申请使用住房公共维修资金4145417元。帮助解决协调富华国际、龙城悦都、天安花园、爵仕蓝岛、迎红水岸等小区业主和业主委员会及物业公司之间的矛盾纠纷。召集红花岗区物业服务企业社区工作人员参加红花岗区物业管理调研座谈会。配合红花岗区水务局召开红花岗区创建节水型居民小区工作推进会，开展节水型小区节水工作的现场观摩会。

【安居工程】 审核完成700户经济适用住房申请材料，并全部移交市住建局公示。完成惠民小区（一、二、三期）、幸福花苑（一、二期）、幸福家园（一、二期）共1848套廉租房的日常租赁、管理工作。

（区住房和城乡建设局办公室）

市容市貌管理

【概况】 2018年，区综合行政执法局围绕“坚持红色传承，推动绿色发展，奋力打造西部内陆开放新高地，当好中部跨越排头兵”的总要求，推进城市管理，提升城市形象，城市治理取得成果。2018年，完成市、区交办的信访件51个（主办19件、协办32件）；办理人大建议9件、政协提案15件。

【综合行政执法体制改革】 4月，区综合行政执法局揭牌成立。改革后综合行政执法职能扩展至卫生计划生育、文化市场管理、农业等多个领域行政处罚职责及有关的行政强制措施职责。整合原有市政养护、环境卫生、河道管理、路灯管理、广场管理等市政公用服务职责，组建市政环卫处，履行辖区环境卫生保洁及垃圾清运、市政道路、路灯设施的养护及管理、城区河道河面保洁及行岸保洁、城区广场日常管理及基础设施维护等职能。红花岗区综合行政执法机构设置、人员配置已全部到位，稳步落实市政环卫组建工作。

【城市治理】 全面细化网格化管理措施，做到“定人员、定岗位、定路段、定职责”的网格化全覆盖管理，细化工作，层层压实责任。组织开展占道经营专项整治、社会生活噪声专项整治、人行道车辆乱停乱放专项整治、夜市烧烤和燃煤炉具专项整治，通过集中专项整治，辖区市容秩序明显改善，城市管理水平显著提升。开展口头教育劝导71000户次；清理占道经营、越门倚门经营54500户次，清理乱拉乱挂、乱堆乱放2010起，劝导、制止噪声扰民10180起，抄告违停车辆5119车次；暂扣物品953件，办理一般程序案件3件，处罚金额1.84万元；办理简易程序案件486件，处罚金额3.781万元。开展文化娱乐场所、食品市场、白酒市场、农贸市场、医药行业等执法工作，开展噪声污染、生猪私屠滥宰、农资市场打假等专项整治行动，立案查处行政违法案件11件。

【卫生计划生育执法】 医疗卫生监管 对医疗机构开展传染病防控、医疗废物监督检查，共出动612人次，检查227户次，其中对29家民营医疗机构进行专项检查，对10家民营医院进行立案查处，共收缴罚款6.1万元。调查处理投诉举报12件，行政处罚2件，罚款6000元。打击非法行医14户，立案查处3件，行政处罚7000元，收缴混装药品器械32箱（袋）、牙医器械2台。

公共场所监督检查 开展日常监督检查2085户，对83户公共场所进行现场快速检测。开展学校、托幼机构卫生监督管理。对92家中小学校、78家托幼机构开展传染病防控、生活饮用水、教学环境等专项监督检查，制发《学校卫生管理档案》；抽取10家学校开展卫生监督抽检和综合监督评价。开展“双随机”检查，抽取205户，已关闭19户，实际监督186户，随机抽取执法人员21人次。

行政许可 受理行政许可210户，办理卫生许可192户，办理健康证3607人次。

规范行政权力 “两单”调整为195项，共计立案43件、结案42件、未结案1件，罚款12.5元。

【农业执法】 开展“非洲猪瘟”防控工作，成立专项工作领导小组，联合市、区职能部门开展生猪定点屠宰执法检查。对农作物种子、农药（兽药）、饲料及饲料添加剂进行专项整治，加强对农贸市场、超市和集镇农产品“三品一标”认证标识检查；规范生猪屠宰管理，加大对生猪私屠滥宰专项治理力度，对农贸市场、蔬菜市场及周边动物产品经营点开展联合整治行动。出动执法人员728人，检查市场892场次、检查种植养殖基地156个次；一般程序立案查处案件10件，结案8件，查获、没收假劣农资及产品60千克，罚款2万元，挽回直接经济损失20万元。

【文化执法】 加强对网吧、歌舞游艺娱乐场所、校园周边出版物等文化市场重点部位的监管，取缔10余家“黑网吧”、治理外来营业性演出1家。开展“扫黄打非”工作，加强出版物市场清理整治，严厉打击出版物市场领域违法违规行为。整治巡查网吧1300家次，其中停业整顿3家、行政处罚2家；整治巡查娱乐场所400家、文具店100余家、复印店200家。

【市场监管执法】 市场大队组织开展工商、食品药品、质量技术、商务、科技、价格、粮食管理方面的行政执法工作。8月，参与部门联合行动23次，出动人员62人次、执法车辆18车次；销毁问题猪肉1041千克；立案30件，调查处理结案11件，正在办理19件；罚没款77245元，没收违法物品价值3500元。

【行政法规建设】 开展执法专项培训3期，培训执法人员150人次。规范行政执法证的申领和换发。审核一般程序案件22件，立案13件；审查接受移送案件14件，审查结案4件。

【行政审批】 利用贵州省网上办事大厅服务平台，逐步完善查询预审、结果反馈、公示公告、咨询投诉等功能，打造网上办事大厅和实体大厅"线上线下、虚实一体"相结合的审批服务平台。通过"双随机一公开监管平台系统"，推行随机抽查，规范事中事后监管，推进"大数据+监管"。受理各类申请535件，准予许可505件，不予许可30件，办结率100%。

【市政环卫】 环境卫生 落实"环卫网格化、清扫精细化、人机立体化"的环卫作业方式，确保城区环境卫生干净整洁。清理野广告52090条，整治卫生死角49370处、捡拾烟头88140余个，更换果皮箱420个，冲街洒水共计用水441650吨。清运废旧家具4458车、收运垃圾160230车，转出垃圾13922车194910吨。公厕维修1040次。

道路养护 完成50条主次干道沥青路面修补1902平方米，修补松动、缺损人行道1364平方米，修补损坏盲道235平方米；维修中央隔离护栏1872米，维修人行道栏杆3760米，新安装护栏416米，拆除护栏759米，维修阻车柱132棵、阻车杆34棵，校正阻车球206个；疏通雨箅子218座，检查井盖236座，清掏沉沙井19951座次，清掏淤泥281.7立方米，检查井盖131套次；完成汛期抢险、排涝110次。

广场管理 全力做好广场公共设施维护，引导市民群众文明游玩，营造安全、舒适的广场休闲环境。清洗广场喷泉水池4次，清洗广场地砖地面20余次；日清掏24个垃圾果皮箱50余次，清扫面积17000平方米，清理垃圾80吨；清淤清污下水管道、排污沟1000米，清理淤泥10余吨；清除占道摊点4120起，维修广场LED屏6次，维修破损大理石砖60处；更换广场果皮箱10套，更换庭院灯、投光灯等258盏；维修纪念广场音乐喷泉水泵2台、水幕控制器1台；维修广场盲道不锈钢护栏75米、不锈钢隔离网120米；维修更换市民广场石沟板40块，加固市民广场焊喷不锈钢护网540米；安装温馨提示安全牌17块，更换广场破损公益宣传牌56块；更换各类宣传资料图片70张，承接各类活动40场。

路灯管理 每日巡查路灯设施2万余盏，检修高壁灯、华灯6845组；校正灯杆10组，更换LED灯泡1600只，更换中国结、华灯灯盘200组；处理线路故障260起、电缆故障20起、控制柜故障150起；更换电缆1000余米、护导线4000米、铝塑线2000米、控制柜7台、空开5台、交流接触器50台、经纬仪80台、补灯杆门40余根；处理人行天桥灯故障70余处，更换灯罩60起；拆除北京路、毛主席住居等路段LED灯50余盏；拆除毛主席住居、金银新村等路段灯杆16组，拆除军嫂街广告牌48组；新增长征街道革新组LED灯16组，新增桃溪路口红军雕塑墙LED灯、投光灯、高压钠灯35组；补栽灯杆2组，新增官井路廖家巷等处路灯3盏、控制箱2台。

河道管理 打捞清理水草、漂浮物2447.7吨，清扫垃圾575.4吨，清除淤泥49吨；清理野广告617条，清除河中水草248吨；冲洗行岸4.2761万平方米，清除行道挡墙杂草162吨，转运1029车。

"门前五包"管理 制定"门前五包"常态化、制度化管理措施，确保城市环境干净整洁。督查环境卫生170处、市政基础设施120处。

【园林管理】 园林绿地养护管理 修剪树木和绿篱草坪155870平方米，修枝6369棵，浇水养护107750平方米，松土除草29510平方米。在遵义会议会址、丁字口、区政府、纪念馆、南岭公园、南门关立交桥、桃溪路口和红花岗花墙等景点设置花卉，放置各类花卉80万盆。补植灌木2860株、乔木9棵、球形植物6个、地被植物1540千克。更换维修花箱200米，零星维修200余项，投入经费50万元。协助社区排除险危树25棵，修剪绿篱300平方米，补植补栽女贞球81株、麦冬草320千克，清理枯枝100棵。洒水养护，累计用水30504吨，垃圾清运239车次，移植修剪用车35车次。

园林绿地综合管理 清理游摊1189个、野广告 560条，整脏治乱935起，噪声整治39次，开展联合整治行动25起；修复更换宣传牌489块，开展宣传活动7次，发放资料500册；处理交通肇事“毁绿”78起。巡查毒饵站12次，处理更换4处，填补标识不清5处，新增毒饵站 58个，调查回访8个园区红火蚁疫情。园林绿地环卫管理方面，每日完成24条道路、7个游园、3个广场及河道10千米的卫生保洁；设置花箱2182个、花斗800个、垃圾箱43个、宣传牌219块、中心护栏6689米、变电箱护栏63个，擦洗木椅105个；及时清除绿化带杂草和垃圾364吨。

【案件处理】 巡查上报案件受理3715件，处置3715件，处置率100%；新闻媒体案件受理777件，处置769件，结案率98.9%；电话投诉（视频）案件受理3411件，处置3388件，处置率99.3%；视频监控案件受理227件，处置227件，结案率100%。

【“两违”整治】 采取常规三级日常巡查模式，对重点区域（棚改区、自然环境保护区、饮用水源保护区）进行“白+黑”全天候巡查。拆除新增332户30516.29平方米，拆除存量39户15825.55平方米，政策治理297954.67平方米，其中协助镇（街）开展整治行动48次，拆除150户26811.98平方米。

【渣土管理】 持续加强渣土源头管控，净化城市环境，次注重科学管理为出发点，采取日常管理与集中整治相结合的方式，全力开展扬尘专项整治行动。2018年，查处抛洒滴漏、带泥上路车1828辆，督促冲洗渣土车辆1524车次，下达整改通知书85件，罚款6万元。

【燃气管理】 开展城区燃气安全巡查工作，对辖区燃气管道、燃气供销点开展燃气安全检查工作，开展燃气安全“七进”宣传活动。联合职能部门及辖区镇（街）开展黑气瓶、非法储存燃气瓶专项检查工作，其中收缴黑气瓶104瓶，行政拘留4人。检查辖区燃气安全430次，出动人员1100人次，排查燃气安全隐患78处（已全部整改），发放燃气安全资料800份。

【重点项目建设】 2018年，计划实施项目7个，已完成项目1个，正在施工4个，暂未动工2个。中心城区灯饰亮化工程涉及中华路楼宇亮化、高速公路两侧楼宇亮化及原有亮化楼宇维修等，投资3000万元，项目于2018年1月动工，已全部完工。虾子河水环境综合整治项目计划投资2.05亿元，已完成主体施工，10月已通水调试，正在实施附属配套工程。中心城区公厕维修项目计划投资850万元，项目于2018年3月动工，已全部完工。东欣大道垃圾中转库改造项目计划投资200万元，正在基础施工。中心城区市政基础设施维修改造项目计划投资1600万元，已完成东联线大坪段排污沟抢险、洛江河河道清淤抢险。大型垃圾中转库建设项目计划投资5500万元，已完成立项，暂未动工，项目选址地段在土地利用总体规划中属限制建设区，无法报批土地，建议另行选址建设。

（区综合行政执法局）

城乡规划

【概况】 遵义市城乡规划局红花岗区分局有在职人员22人。其中，行政编制4人（市局行政编制），事业编制7人（其中3人为红花岗区城管局、园林局借编招考人员，4人为市规划局事业编制），南部新区管委会聘用雇员6人，市规划设计院抽调人员2人，聘用人员3人。

【规划引领】 提供规划技术咨询服务377次，回复文件452份；配合划定高新区发展方向，选址22个项目，完成编制、审查《遵义市共青大道片区控制性详细规划》和《南关—舟水桥片区控制性详细规划》；配合完成45个项目的立项备案工作；梳理原经开区范围内、共青大道片区区域内的企业用地情况，规划手续完善情况；为南部新区集中梳理不符合规划用地的项目12个，资料报送市规划局审查，市人民政府已同意调整规划变更。完成5个项目的初步选址工作，完成27个项目初步红线划定工作。

【规划编制】 城区规划 《遵义市共青大道片区控制性详细规划》《南关—舟水桥片区控制性

详细规划》已通过市城规委会议审查，组织编制《万里路西片区八七厂、电厂城市设计》，参与编制《遵义市湘江会展新城片区控制性详细规划及城市设计》。组织编制《向阳片区棚户区改造》《毛主席住居旅游综合体》《二化厂片区棚户区改造》《刘家湾棚户区改造》《镇隆片区棚户区改造》等设计方案。

村庄规划 启动红花岗区巷口镇、海龙镇、金鼎山镇区域内13个行政村村庄规划，南部新区忠庄街道、龙坑街道、深溪镇区域内6个行政村村庄规划。确保范围内应纳入乡村建设规划的行政村村庄规划全覆盖，规划已完成专家评审。启动红花岗区西部三镇28个30户以上共2平方千米集中连片特色居住点的修建性详细规划，其中近期可实施的有11个。

【规划管理】 **规划审批** 全年办理选址意见书5份，工业类项目规划设计条件通知书7份（用地面积198823.6平方米）；办理“建设用地规划许可证”8个、“建设工程规划许可证”5个；全年办理金鼎山镇、海龙镇农村村民建房“乡村建设规划许可证”261个，审批总建筑面积93626平方米；组织召开“南部新区四号棚户区改造”“南部新区五号棚户区改造”等16个项目共计5次专家审查会；完成高压线路迁改审批手续5份、城市道路审批3个。

批后管理 2018年7月15日，按市局分工，规划分局负责红花岗区和南部新区建设工程的批后管理，已完成建设项目开工验线核实16个、环节验核5个、竣工认可1个，下达整改通知7份。

【综合体建设】 辖区内有3个城市综合体，分别为东欣广场、遵义国际商贸城和保利未来城市综合体。2017年以来，东欣广场城市综合体已完成投资1.3亿元，购物中心、文娱设施已营业，办公写字楼、会议场馆已交付使用。遵义国际商贸城完成投资计划3000万元，购物中心已投入使用，办公写字楼、公寓已竣工；获100个城市综合体建设推进奖。保利未来城市综合体计划投入5000万元，已完成投资5500万元，购物中心主体工程已完工，办公写字楼、公寓已投入运营。

【信访工作】 2018年，受理来信来访和网信平台配合信访案件10起，处置率100%。

【“问题楼盘”处置】 2018年，继续配合相关部门完成红花岗区“问题楼盘”及历史遗留楼盘住户产权证办理，配合市局清理红花岗区12个“问题楼盘”城市配套费及违建欠缴情况，大森鑫城、银杉小区、美城阳光等12个项目共欠缴城市配套费19587102.2元，违建欠缴3409.99万元。

（遵义市城乡规划局红花岗分局办公室）

环境保护

【概况】 2018年，红花岗区空气质量优良率98.2%，创历史新高；空气质量指数为47，环境空气质量综合指数为3.2。

【地表水环境质量】 辖区内地表水河流主要为湘江河干流及其支流。2018年，湘江河干流打秋坪断面水质继续保持在Ⅲ类水质，达到考核要求；洛江河、喇叭河、深溪河等支流水质达到Ⅲ类水质，虾子河、坪桥河、舟水河等支流水质未达到目标要求，但污染逐步减轻。

【饮用水环境质量】 红花岗区辖区内有海龙水库、红岩水库两个中心城区集中式饮用水水源地。2018年，饮用水水源地水质达标率100%，连续10年实现100%达标；辖区内千人以上集中式饮用水水源地水质达标率均为100%。

【土壤环境质量】 2018年，红花岗区固体废物处置利用率100%，医疗废物无害化处置率100%，生活垃圾集中处置实现全覆盖，重金属污染物排放量及农药使用量均实现零增长。

【噪声、辐射环境质量】 2018年，红花岗区区域环境噪声及道路交通噪声等效声级均低于国家规定标准；辖区内环境辐射水平无明显变化，电磁辐射水平保持稳定。

【督查整改】 开展反馈意见整改工作，对已办结的2017年中央环保督察118件（红花岗区66件、原南部新区52件）信访投诉开展自查工作，确保整改到位，杜绝反弹，23项反馈意见整改任务已完成22项。省委第二轮环保督察交办红花岗区49件及原南部新区47件群众信访投诉件已全部办结；中央环保督察“回头看”交办红花岗区群众信访投诉件72件，已办结63件，办结率87.5%。其中，责令整改18家，全区环保督察整改立案处罚12家，处罚金额65万元。红花岗区（含南部新区）共投入49.83亿元，实施项目84个，开展红花岗区生态文明建设，补齐红花岗区生态短板。

【保障空气质量达标】 通过建立预警机制、联合执法机制等措施，联合部门及属地镇（街）依法专项整治40家“散乱污”企业，重点对辖区工业企业加强管控，城区空气质量稳定达标。

【改善地表水环境】 加大城镇污水处理厂重点减排项目环保治理设施检查力度，确保正常运行。推动实施辖区高桥河支流（八卦沟、沙坪沟）水环境综合整治工程、蚂蚁河红花岗区段（舟水河）水环境治理工程、忠庄河河道清淤、河道截污沟修复改造工程及虾子河综合整治工程，虾子河永久性地埋式污水处理厂已进入调试运行阶段，坪桥污水处理厂正式投入使用。红花岗区投入10亿元，启动长征街道鸡市坝污水处理工程、虾子河沿线综合整治工程。关闭高泥河上游巷口镇沙坪村养猪场，城区水环境质量得到改善。编制完成2018年“治污治水·洁净家园”实施方案，建成西三镇垃圾转运站，通过实施中央、省级环境保护专项资金项目和西部三镇污水垃圾处理全覆盖综合整治项目，配置垃圾转运车26辆、移动式挂臂垃圾箱254个、果皮箱299个、塑料垃圾桶519个，基本实现生活垃圾“村收集、镇转运、市处理”模式。

【饮用水安全】 启动中心城区饮用水源保护区划分优化调整工作，喇叭河、洛江河集中式饮用水水源保护区优化调整方案已由省人民政府批复同意。超额完成饮用水水源保护区居民搬迁任务，搬迁红岩水库和海龙水库一级保护区农户195户135栋，同步搬迁二级保护区农户118户41栋。取缔海龙水库一级水源保护区“农家乐”，开展金鼎山镇大板水“农家乐”专项整治等行动，下达执法通知书20份。守住项目源头准入关，否决影响饮用水水源安全建设项目4个，降低饮用水水源保护区环境安全隐患。完善西三镇村寨污水处理设施，与江西金达莱公司合作，引进先进污水处理技术，在海龙水库及红岩水库二级保护区选址建设小型污水处理系统，完成村寨污水处理设施建设15处。

【全面防控土壤污染】 开展土壤污染状况详查，核实土壤污染重点行业企业，红花岗区确定土壤污染重点行业企业31家，核实农用地详查点位310个。开展农用地土壤地球化学背景调查点位布设，同步完成辖区70个点位的土壤样品采集。强化重金属污染防控，督促涉重企业采用新工艺减少重金属污染物产生。开展工业固体废物堆存场所环境整治，4月30日，天磁锰业公司老渣场全面停止倒渣；后山沟渣场通过省环保厅现场验收和评估，7月进行渣场备案验收，建立标准化的渗滤液收集池。

【项目服务】 开展项目服务，两次邀请市环保局领导及相关技术专家与红花岗区政府座谈，解决西三镇项目落地实施问题。对红花岗区2015年以来区级重点项目环评手续办理情况进行清理。编制项目环评办理指南，对辖区内产业发展、城镇基础设施建设、商贸流通、棚户区改造、社会事业、农业农村发展等七大类重点项目进行跟踪服务，开辟审批绿色通道，保障重点项目顺利推进，全年共审批环境影响评价文件63个，登记备案项目216个。

【执法检查】 依法打击环境违法行为，下达处罚决定书11份，实施行政处罚11起，收缴罚款25.44万元。强化对环境风险源的日常监管，督促其全面落实风险防范措施，储备应急物资，开展应急演练，对22家重点源开展全面检查，加大执法检查力度，出动执法人员检查企业1000人次。

全年未发生环境事件。依法处理群众环保投诉，切实保障群众环境权益，全年受理“12369”热线、来信来访等各类投诉161件，办结152件。

【污染源普查】 在全市率先完成“五源”清查建库工作，污染源普查总数522个，已完成493个；完成10家入河排污口第二期监测取样工作。

（区环保分局办公室）

国土资源

【概况】 2018年，红花岗区国土资源工作坚持稳中求进工作总基调，加快国土资源质量变革、效率变革、动力变革，不断提高国土资源工作水平，为全区经济发展提供国土资源保障和服务。做好信访维稳和普法宣传工作，共接待群众来访11批次，计26人次，办结2件，办结率100%。

【用地保障】 执行土地利用总体规划，保障项目用地合法、合规。完成各类重点建设项目用地预审和报批工作。获省人民政府批准用地3个，面积881.5亩，保障佛教文化广场、金川湿地公园、第二看守所、凤新快线、东联线还房（1号、3号、6号）、乐山棚户区、罗家坝棚户区、金鼎山垃圾中转站、海龙垃圾中转站等重点建设项目用地。划拨用地9宗，面积351亩，涉及舟水桥棚户道路区（1号、2号）、共青道路（2号、3号）等7条道路和毛主席住居广场、虾子河治理项目用地。组织处置资料上报区政府13宗，分别为桃溪河畔问题楼盘（贵州侨康药业）、冰都矿泉水厂、地矿观景苑、富丽东方（兴颖公司）、遵义大健康母婴护理中心、金川湿地公园、两站一中心、忠庄片区棚户区改造、红花岗区审判大楼改扩建工程、遵义市第二看守所建设项目、广厦未来城一号市政道路项目、红花岗区土地一级开发道路工程、遵义市中心城区新殡仪馆建设项目。已处置土地3宗，土地出让总价款33627万元；收缴土地出让金价款61773.56366万元（含往年追缴出让金）；长征八厂棚改用地、新城控股拟用地、东联线用地正在挂牌。

【耕地保护】 至2017年全区耕地面积9.2万亩，至2018年全区基本农田面积5.816万亩。验收高标准农田建设项目2个，建成高标准农田面积13503亩，占任务数的281.31%。编制完成《红花岗区2017年度第一期城乡建设用地增减挂钩项目实施规划》，已通过市国土资源局评审，各镇正在组织开展招投标。

【地籍管理】 完成2017年度耕地质量等级的更新和监测评价。已完成土样采集和化验，基本完成数据库建设；开展测绘地理信息基础工作，排查“问题地图”，做好辖区测绘地理信息市场监督检查；建立健全测量保护标志档案，做好测量标志保护工作，签订委托保管协议书，实行专人保护。开展红花岗区第三次全国土地调查工作，10月完成招标。完成遥感监测和变更调查工作，已通过国家验收，土地利用现状数据库更新并于7月启用。开展农村“房地一体”不动产登记工作，完成729户外业测量以及内业处理。完成“组组通”公路建设遥感监测和易地扶贫搬迁遥感监测工作。推动不动产统一登记公开查询工作，办理注销、查询4165件，一般转移登记41件。

【矿业管理】 完成第三轮矿产资源规划征求意见工作。办理采矿权登记4个（含南部新区）。清理修正47条贵州省国土资源电子政务平台数据。注销全区23个过期采矿权证并予以公告。做好建设项目用地压覆矿产资源核查工作，核查建设项目与本级发证矿业权重叠情况。开展矿产资源领域专项整治行动，清理违规出让矿业权、违规评估、违规收缴费用、违法违规勘查开采等情况，未发现违法违规行为。开展保护区内矿业权核查清理工作，发现4个省级发证钼镍矿和保护区有重叠。做好绿色矿山建设工作，完成砂石矿山复绿1个，组织专家对矿山复绿工程项目进行竣工验收。通过排查未发现超规划设计占用、破坏土地问题。

【地质灾害防治】 年初及汛期制发《关于成立红花岗区2018年地质灾害防治领导小组的通知》《红花岗区2018年度地质灾害防治方案》《关于开展2018年汛前地质灾害隐患排查工作的通知》，制定《值班值守制度》《地质灾害灾情险情速报制度》。全面开展高位隐蔽性地质灾害排查，已对排查出的20个地质灾害隐患点进行防控。全年接到灾情险情报告15起，组织专家核灾15起。组织地灾防治工作培训1次，开展地质灾害应急演练2次、地质灾害防治知识进校园教育活动1次。

【国土资源监管】 立案查处国土资源违法行为8件，结案8件，没收地上建筑物3115.57平方米，收缴罚款26.497万元，立案率、结案率均达100%。违法占耕比6.71%。组织开展土地动态巡查43次。开展2017年度土地矿产卫片执法检查。红花岗区2017年度土地例行督察问题30个，已整改完成25个，整改到位率83.3%。

【新增耕地】 市政府下达红花岗区2018年度新增耕地任务2830亩，其中新增旱地1790亩、新增水田1040亩。全区已立项补充耕地项目共计29个，拟新增耕地3012.57亩（拟新增水田2218.73亩）。已验收和完工待验收项目29个，新增耕地3119.21亩（新增水田2268.44亩），占任务数的74.4%。其中，已完成项目验收20个，新增耕地2105.58亩（拟新增水田1254.81亩），占任务数的74.4%；正在进行竣工测量待验收项目9个，新增耕地1013.63亩（拟新增水田1013.63亩），占任务数的35.82%。

【湿地公园问题整改】 2012—2018年，全区建设和计划建设的公园共5个，其中已建公园3个、待建公园2个。区政府决定取消南岭生态体育公园、长征山体公园2个待建项目；已建的忠庄河水环境综合整治工程用地为国有存量建设用地；需整改项目为已建的金川湿地公园、佛教文化广场（含黔北风情古镇）。区政府制订整改方案，专题安排调度金川湿地公园整改工作，将项目内绿地、水域和道路纳入农用地管理；金鼎山镇政府与村民委员会重新签订土地流转协议；对项目批准土地加快供地；金川湿地公园攀岩中心用地已组织处置资料报市局处置。

【设施农业项目用地清查（大棚房清理）】 由区农牧局牵头，区国土资源局配合开展大棚房清理工作，清理涉及红花岗区农业项目15个。清理出涉嫌违法建设占地项目4个，占地总面积3873.35平方米，其中依托农业生产违法违规占地进行非农建设项目3个（金川园外源、金鼎小溪葡萄庄园、榆苗生态农业）、擅自或变相将设施农用地用于其他非农建设问题的项目1个（巷口镇食用菌基地）。以上4个项目已移交市综合执法局。

【脱贫攻坚】 帮扶金鼎山镇野里村贫困户19户。协助区人大在塘沟湾村民组打造区级示范点；协助茶腊坪村民组对接区农牧局完成林下养鸡项目。组织专家对地质灾害隐患点、危险户搬迁点进行选址，配合牵头单位完成地灾危房户整治工作；到易地扶贫搬迁涉及镇进行土地现场测量，总面积9067.49平方米，拆除面积4974.71平方米，复垦面积2315.08平方米，已完成复垦2334.5平方米。

（区国土资源分局）

水利资源

【概况】 坚持“节水优先、空间均衡、系统治理、两手发力”治水方针，牢固树立“绿水青山就是金山银山”发展理念，以实施“乡村振兴战略”为抓手，按照“规定动作不走样、自选动作有创新”要求，实施民生水工程、景观水工程、生态水工程、创新水工程、廉洁水工程“五大工程”，全年完成水利投资13410.01万元，水利事业再上新台阶。2018年，组织干部职工开展党风廉政专题学习23次、警示教育6次，执行“三重一大”制度及民主集中专题研究18次，未发生违反党风廉政管理规定事件。完善服务指南9项，将涉水行政许可审批时限从10天压缩为7天。

【新华大沟水库工程】 新华大沟水库工程位于红花岗区金鼎山镇，是列入《贵州省水利建设生态建设石漠化治理综合规划》《贵州省水利建设“三大会战”实施方案》《西南五省（市、区）骨干水源工程近期建设规划》的重要骨干水源工程之一。工程概算总投资15324万元，建设工期30个月，工程坝址以上集水面积9.83平方千米，主河道河长4.87千米，主河道平均坡降51‰。工程采用坝型为面板堆石坝，水库总库容224万立方米，工程等别为Ⅳ等，工程规模属小（1）型，主要由面板堆石坝、溢洪道、导流洞、输水管网组成。

2015年12月25日，新华大沟水库工程动工平场；2016年4月30日，启动主体工程建设；2016年10月26日，实现截流；2017年1月22日，大坝顺利封顶；2018年4月28日，水库顺利通过蓄水验收；2018年6月8日顺利下闸蓄水，动态监测水库蓄水情况一切正常，蓄水位已至1005米（距正常蓄水位1008米相差3米），枢纽工程部分导流洞冲砂管安装及混凝土浇筑已完成，进场道路已全部硬化，枢纽区附属设施基本完成。配套建成10.18千米输水管线（沿线涉及黄钟、莲池、后庄、金川、银江5个村）。全年完成计划投资1409万元，累计完成工程投资15430万元。

2018年6月8日，金鼎山镇黄钟村新华大沟水库下闸蓄水

【水利精准扶贫——农村饮水工程】 完成脱贫攻坚农村饮水全覆盖工程，年度投资1200万元，涉及西三镇27310人饮水，其中贫困人口1761人。建成12个项目74个饮水点，惠及27310人（含贫困人口1761人），基本完成项目建设及验收。

【小型农田水利重点项目】 区政府通过竞争立项获得2018年中央财政预算小型农田水利重点项目，项目投资1919.57万元（中央补助1000万元、省级补助800万元、区级配套119.57万元）。2018年2月23日开工建设，项目建设涉及金鼎山镇板桥村、银江村、黄钟村、莲池村和岩塘村，建设重力式拦水堰坝4座、提水泵站3座、高位水池7座，改造重力式拦水堰坝3座、泵站11座，安装提水站吸、压水管4.46千米，输水管15.97千米，田间管道（网）34.16千米，倒虹管2条、长244米，新建灌溉渠道2条、长0.87千米，防渗改造渠道57条、27.97千米，改造排涝渠0.97千米，新建渠道人行桥 30 座。新增耕地灌溉面积8180亩（含高效节水灌溉4043亩），保护耕地灌溉170亩。完成工程县级验收和省级考核。完成水利维修养护基金投资100万元及冬修水利工程投资20万元，新建高位水池2座，铺设输水管1950米，改善农灌面积140亩。

【洛江河翻板坝工程】 工程总投资1850万元（区级自筹），2018年计划投资1300万元，项目于2018年10月开工。投资1110万元完成洛江河坝、颜村坝、海风井坝、迎红桥坝基础开挖及颜村坝、海风井坝、迎红桥坝浇筑，建成颜村坝、海风井坝、迎红桥坝附属控制房主体，洛江河坝控制房主体有序推进，工程进度为70%。

【河道综合治理前期工作】 编制完成大江大河湘江治理工程（金鼎山段、清华中学段）可行研究报告（估算投资5700万元）；完成螃蟹河新华大沟至偏龙段治理工程（估算投资3384.49万元）及中小河流湘江河支流洛江河莲池段治理工程（估算投资4906.99万元）初步设计方案的审查批复。

【污水处理工程】 污水处理工程分3个年度（2018—2020年）实施156个站点。2018年投资5400万元，推进金鼎山镇莲池村新天地、云水间、智慧名城、名城小学、遵义市第二看守所、海龙水库、红岩水库二级水源保护区、金鼎山镇黄钟村（4个站点）、后庄村（1个站点）等18个项目建设。其中，4个项目（莲池新天地、云水间、智慧名城、名城小学）验收完成，14个项目建设有序进行。

虾子河鸡市坝应急污水处理工程总投资5300万元，2018年计划完成投资4240万元，11月15日动工，完成项目立项、选址、用地预审，用地许可证、环评有序推进。完成工程主体场地平整、调节池基础开挖、桩基础钢筋铺设，正在进行调节池桩基础浇筑，开挖土石方5000立方米，工程进度70%。

【生态修复和水环境治理】 蚂蚁河红花岗区段（舟水河）水环境整治工程（总投资935.93万元）于3月21日开工，5月30日完工，综合治理河道2.23千米，建设堤防0.3千米、生态岸坡2.2千米。蚂蚁河主河道长22.4千米，其中红花岗区段长2.23千米；主要建设内容是对桩号K0+000—K0+867河段进行淤积体清除，对全河段桩号K0+000—K2+224进行整体清淤，对河段两岸边坡进行绿化、修复毁坏河岸河堤、排污管整治等。

高桥河支流八卦（红花岗区段）水环境治理工程（总投资492.76万元）于3月25日开工，5月30日完工，综合治理河道2.04千米，清淤河道2.04千米，生态护坡0.3千米，建设堤防1.1千米、排污管网1.8千米，已通过验收。投资50万元完成洛江河金鼎山集镇段560米清淤工程，已通过验收。完成喇叭河流域生态修复和水环境治理（投资5000万元）、洛江河生态修复和水环境治理工程（投资2600万元）初步设计方案的审查批复。

2018年8月14日，蚂蚁河红花岗区段（舟水河）水环境综合治理清淤工程完成

2018年11月12日，蚂蚁河红花岗区段（舟水河）水环境综合治理通过验收

【红岩水库饮用水水源一级保护区硬隔离】 由区水务局牵头，巷口镇政府、金鼎山镇政府配合实施红岩水库饮用水水源一级保护区硬隔离。工程于2018年9月中旬完成施工、监理招投标，9月30日进场施工。11月6日，红岩水库饮用水水源一级保护区硬隔离安装工程水库右侧主路5.5千米完工。

【饮用水水源保护区入河排污口拆除整改项目】 投资301.23万元，采用“提、蓄、引”等越域排放方式，拆除海龙水库以红岩水库饮用水源保护区内海龙、巷口集镇污水处理厂入河排污口。建成泵站工程2处、泵站集水池2座，铺设越域排水钢管8.64千米。

2018年11月6日，红岩水库饮用水水源一级保护区硬隔离措施完成

【水土保持及水政监督检查】 督促开发建设单位自行投入水土流失治理资金48543.86万元，治理防治责任范围458.35公顷，征收水土保持补偿费546.35万元。审批开发建设项目水土保持方案21份，推进水土流失1平方千米治理任务。2018年检查生产建设项目40余个，完成2011—2018年水土保持方案60余项。开展水事

综合巡查45次，查处涉水案件2件，处理市民举报涉水案件3起。投资96.96万元实施新华大沟水库工程大坝枢纽景观提升工程，完成水土流失治理任务。

【推行河长制】 制发《红花岗区河长巡河制度》等8项制度；发放河长制宣传手册6000余份，征订河长制宣传资料2000册；制订三级河长巡河服装80套，制作宣传环保袋1000个；竖立河长公示牌共45块。建立区、镇（街）、村（社区）三级河长制，建立各级河长57名，招募区级河库民间义务监督员和水利专家12人、镇（街）级河库民间义务监督员 26人、专职巡河人员10人，组织开展区级、镇级河长巡河65人次。编制完成3条区级、4条镇级河流“一河一策”实施方案，有序推进辖区19条河流“一河一档”和信息化平台建设。节水型社会重点县创建通过省级验收，完成农业水价综合改革任务，抓牢抓实水资源管理，严守“三条红线”，全年安全度汛，年内水利行业未发生安全事件。

【区水务局水政执法监察大队撤销】 按照《中共遵义市红花岗区委办公室 遵义市红花岗区人民政府办公室关于印发遵义市红花岗区综合行政执法局（遵义市红花岗区城市管理局）主要职责内设机构和人员编制规定的通知》和区编委办《关于综合行政执法体制改革涉改部门报送职能调整的通知》要求，区水务局行政执法权划转区综合行政执法局。职权划转后，撤销区水务局水政执法监察大队，其承担的行政监督职能划入区河长制办公室负责。

（田 翠）

供 电

【概况】 2018年，遵义供电局售电量222.47亿千瓦时，成为贵州省第二个供电量超过200亿千瓦时的地区供电局。2018年，遵义供电局获“全市脱贫攻坚先进集体”称号，“爱度”公益品牌获中国企业品牌创新成果奖，“爱度”团队获电力行业雷锋式先进集体。

【供电服务】 遵义供电局开通业务办理“快车道”，通过优化流程、简化业扩办电手续、主动服务客户、推广互联网业务等方式，缩短业扩报装办理时间。低压居民报装接电平均时间3.34个工作日，比国家标准缩短58.25%；低压非居民3.86个工作日，比国家标准缩短78.5%；高压单电源25.59个工作日，比国家标准缩短32.65%。让群众逐步实现简单业务“一次都不跑”、复杂业务“最多跑一次”，增强群众“获得电力”优质服务感。供电可靠性持续提高。成立5个专项工作组，实现规划建设、系统运行、配网管理、客户服务与可靠性管理的深度融合。强化综合停电管理，开展带电作业1776次。客户平均停电时间（低压）20.1小时，同比下降6.67小时/户，降幅24.9%。发挥客户经理“用电管家”作用。深度整合448个“村电共建”点资源，实现客户经理公示牌、连心卡全覆盖。强化1111个片区客户经理作用，全年走访覆盖率100%，问题闭环解决率100%，投诉量同比降低83.72%。确保第一时间为辖区客户提供停电信息、电价政策、业扩报装等供电服务，全面提升客户满意度。

【安全生产】 遵义供电局在贵州省率先实现“一个调度”运行模式，获南方电网公司调控一体化示范基地称号。确保遵义电网安全、稳定、优质运行。完成全国“两会”、贵州省第十届运动会等重点保供电任务148次。全面完成年度安全生产目标。

【电力改革】 应对增量配电业务改革。遵义和平工业园区增量配网试点项目股份占比40%。配合电力市场化改革，电力直接交易电量102.92亿千瓦时，合同履约率98.45%，占遵义供电局大工业电量的86.99%。成立竞争性业务企业管理工作领导小组及工作委员会，分类整合41家竞争性企业资源。竞争性企业营业收入完成104580万元，增长22.96%；实现利润4780万元，增长45%。

（遵义供电局办公室）

供　水

【供水服务】 完善系统服务软硬件升级工作，基本实现智慧供水服务，以支付宝、微信公众号、终端POS机、银联网银等网络平台和媒介为载体，做到信息服务全覆盖，实现网上数据查询、信息交流和缴费等云端服务。截至2018年，第三方缴费平台用户从5%以下扩展到80%以上，客户服务满意度达81.16%。

4月，作为贵州省首家正式启用水费电子发票的供水企业，遵义市供水有限责任公司在红花岗区、汇川区、播州区全面推行水费增值税电子普通发票。11月30日，为优化供水公司营商环境，市供水有限责任公司召开客户代表座谈会，交流、探讨如何提升供水保障能力和服务质量，贵州钢绳（集团）有限责任公司、贵州航天职业技术学院、遵义市第一人民医院等20家单位相关负责人参加座谈会。在中心城区成立客户服务中心，全面落实服务承诺制和首问责任制。全年受理涉水诉求等申请3503件，办结率100%。

【供水保障】 2018年初凝冻灾害期间，免费维修更换水表组及管道949处、水表1011块，出动维修人员1318人次，投入资金200余万元，确保“家家水表正常，户户用水安全”。8月19日，启动重庆路、长沙路应急供水管道安装工程，工程耗资1200余万元。其中，在南部新区湘江大道新装DN500管道1千米，连接播州区供水管网。播州区供水引入南部新区后，将青山水厂约1.5万吨/日供水量置换调入北部城区。该项应急工程于9月5日建成投用。

【城区新水价执行标准】 从2018年1月1日，原涉及相关中心城区供水价格和收费的文件一律停止执行，城区新水价执行标准如下：

1.居民/非居民用水阶梯水价

如下表：

用水性质			单价（不含污水处理费、加压费）	备注
居民生活用水	一户一表	第一阶梯	2.80元/m³	18m³/月·户（含18m³/月·户）
		第二阶梯	4.20元/m³	18—24m³/月·户（含24m³/月·户）
		第三阶梯	8.40元/m³	24m³/月·户以上
	以人为单位的集体户	第一阶梯	2.80元/m³	6m³/月·人（含6m³/月·人）
		第二阶梯	4.20元/m³	6—8m³/月·人（含8m³/月·人）
		第三阶梯	8.40元/m³	8m³/月·人以上
养老机构、学校教学和学生生活用水			3.50元/m³	按照居民生活用水第一阶梯、第二阶梯水价的算术平均价格执行
非居民用水	非居民用水	第一阶梯	4.05元/m³	基准水价
		第二阶梯	6.08元/m³	超定额50%以下（含50%）
		第三阶梯	8.10元/m³	超定额50%-100%
		第四阶梯	12.15元/m³	超定额100%以上
	特种行业用水	第一阶梯	14.50元/m³	基准水价
		第二阶梯	21.75元/m³	超定额50%以下（含50%）
		第三阶梯	29.00元/m³	超定额50%-100%
		第四阶梯	43.50元/m³	超定额100%以上
采用二次供水方式的用户收取加压费：0.7元/m³				
居民生活用水污水处理费：0.95元/m³				
非居民生活用水污水处理费：1.4元/m³				

2.以上价格不含二次加压费0.70元/立方米。

3.养老机构、学校教学和学生生活用水按照居民生活用水第一阶梯、第二阶梯水价的算术平均价格执行。

4.对非居民生活用水和特种行业用水实行超定额累进加价制度，用水定额按照《贵州省行业用水定额》核定。

5.对低收入人群实行照顾政策。低收入人群用水量在第一阶梯以内的，按2.30元/立方米执行；用水量超过第一阶梯的，不再照顾，按现行水价执行。

【缴费网点】 通过支付宝、微信公众号、中国邮政代收网点、中国工商银行、中国建设银行、中国银行、中国交通银行、翼支付及公司营业大厅缴费。1.红花岗区供水服务中心，位于红花岗区延安路机电街中段；2.南部新区供水服务中心，位于南部新区湘江大道第十八小学旁；3.汇川区供水服务中心，位于汇川区珠海路米兰公寓一楼。

（遵义市供水公司）

商 贸

商 务

【增比进位指标情况】 2018年，红花岗区社会消费品销售总额完成504.05亿元，同比增长-9.5%，总量排名全市第二位；全年红花岗区社会消费品零售总额完成185.87亿元，同比增长8.7%，增速排名全市第七位，总量排名全市第一位；全年红花岗区（含新蒲和南部新区）外贸进出口总额完成30639万美元，同比下降68.8%；上半年网络零售总额完成1.5208亿元（含新蒲和南部新区），增速97.13%，总量和增速分别在城区方阵中排名第七位和第八位。

【商贸工作】 走访156家限上商贸企业，了解商贸企业在生产经营过程中的困难和问题，为企业排忧解难。主动对接区国税局、区市场监管局、区统计局等部门，掌握符合批零住餐入库条件企业及时申报为社零限上企业。组织辖区百盛商场、重百商场、苏宁云商、合力超市、岛内价超市等企业开展年货促销活动；组织辖区企业与个体工商户参与市、区两级举办的“大美黔菜·寻味遵义”——遵义美食文化节、“一城一站”国际美食节等展销活动。

【文化产业】 上报数据240家，其中企业18家、个体工商户222家，实现产业增加值1.16亿元。

【成品油管理】 各站点加强“双控”体系建设；开展安全预案演练，严格使用身份识别系统，查验身份证、驾驶证、行驶证，对摩托车进行加油服务；严格身份识别登记售卖散装油。

【储备粮轮换】 2018年，储备粮轮换工作先通过贵州省公共资源交易中心进行公开拍卖，再委托中介代理机构按照流程公开招标。已完成3862.779吨稻谷拍卖工作，粮食正在有序出库，并且与中介代理机构衔接区级储备稻谷采购工作。

【小包装大米品种串换】 将红花岗区益永粮油购销有限公司区级储备成品粮690吨小包装大米品种串换为1000吨稻谷，储入红花岗区益永粮油购销有限公司深溪粮油储备库。

【网络零售】 与全区100家电商骨干企业进行对接。上半年完成商贸流通行业转型升级电子商务人才培训2期，共80人次，参训人员已陆续开店。支持企业开发基于线下实体市场的网络零售服务平台，推进“YOU货”平台建设。

【产销对接】 化解金鼎山镇白菜和绿壳鸡蛋滞销风险，帮助生鲜超市和农业专业合作社、生产大户搭建农超对接。帮助西部三镇的水果和蔬菜进入中心城区百姓的果篮子和菜盘子，辖区农产品产销对接体系已基本形成，农产品有序进入超市销售。举办红花岗区金鼎山镇板桥村红心猕猴桃采摘节。1—10月，销售蔬菜、水果286.34吨，销售额661.87万元。

【冷链建设】 实施冷链电商一体化试点项目，位于金鼎山镇板桥村，占地300平方米，设计库容1000立方米，预计储存水果400吨，总投资89万元，项目已基本完成。

【重点项目建设】 2018年，全区商贸流通类重点项目共3个，年度投资计划3.9亿元，全年累计完成投资9771万元，占任务数的25.05%。其中，富华农贸市场因不具备动工条件，已暂停；坪丰家电市场、侨丰公司管理人与贵州省孝义贸易有限公司解除租赁合同，项目暂停；时代天街商业综合体项目，总投资9.6亿元，完成9680万元；9月28日，岛内价时代天街店开业，经营正常；知名餐饮企业“胖哥俩”入驻。

【粮食管理】 *粮食流通* 审核粮食收购资格，年检粮食收购企业52家，其中合格44家，新办许可证3家，依法注销11家。全年开展粮食专项检查10余次。发现企业不规范行为7起，责令现场整改。开展粮食质量安全和原粮卫生安全督查工作，重点检查地方储备粮和“放心粮油”质量，覆盖率100%，粮食质量合格率100%。

粮食产业化 支持粮油企业开展产业化建设。2018年，遵义市黔兴油脂公司投资建设油脂生产线、包装生产线，推进品牌建设；打造红花岗区万亩生态红高粱及油菜籽种植基地。完成粮油种植订单任务21万亩。

储备粮管理 粮食库存检查仓容27000吨，清查粮油13461吨，其中区级储备稻谷8000吨，区级储备大米小包装690吨（折合稻谷1000吨），市级储备粮4271吨、储备菜籽油500吨。开展库存检查，逐仓多点部位丈量，测量容重和抽包验斤，计算实际库存数，通过测量计算，检查结果账实相符。

仓储基础设施 2018年，完善二期仓储（5000吨仓容量）项目配套设施建设。加强危仓老库的维修改造，对董公寺消防设备及线路进行维修。

粮食应急网点建设与粮食供需平衡工作 全区范围内共建立37个应急供应网点，粮食应急加工企业8个，粮食应急储运企业5个。每周进行粮油价格监测，自2018年玉米种植量调减后，重点加强玉米监测。2018年，调查抽取乡村人口24户、城镇人口33户，内容涉及农户粮食、食用油消费水平、消费结构等基本情况，编制调查报告，为国家粮油宏观调控提供依据。

【安全生产】 联合区消防大队，到星力城、重百商场、岛内价超市等企业，开展消防应急演练3次。对辖区汽车加油站、大型商场超市、粮食储备库、相关专业市场开展安全生产检查12次，出动人员80人次，检查发现隐患420处，均已整改。6月，与市粮食局联合举行2018年全省粮食行业“安全生产月”和“安全生产贵州行”活动及“科技创新，强业兴粮”全国粮食科技活动周宣传活动。

【国资监管】 成立红花岗区商务局改制企业国资领导小组，印发《红花岗区商务局商业系统国资管理暂行办法》，成立红花岗区商业系统改制企业国资管理办公室，推进国资清理监管。

【电商扶贫】 在老城红军街、长征街道黄泥坡社区举办城镇困难群体及个体经营户的电子商务创业培训，参训学员80人。启动电商服务站点建设，一期试点5个（板桥村、岩塘村、遵义市业源种养殖专业合作社、遵义绿悠然专业合作社、遵义市金鼎昱宏葡萄酒庄）。

【帮扶工作】 与金鼎山镇岩塘村共建皇金菊基地，预计投入资金10万元，已投入8万元，解决贫困户就近就业问题。区商务局帮扶金鼎山镇岩塘村贫困户24户60人，已脱贫10户30人。到苟家井社区开展城镇解困工作，为社区19户困难群众送去大米、菜油和慰问金。

（区商务局办公室）

市场服务

【概况】 红花岗区市场发展服务中心于2004年12月8日经红花岗区机构编制委员会批准为正科级自收自支事业单位，直属红花岗区人民政府管理。中心内设10个职能科（室、所），即办公室、财务审计科、物业管理科、市场开发科、市场维修科、综合服务所、苟家井物业管理所、益众物业管理所、延安物业管理所、湘山物业管理所，核定编制人数100人。2010年3月，区市场发展服务中心归口区商务系统及公益二类事业单位。

【编制全区农贸市场规划方案】 委托遵义市规划设计院对接并编制红花岗区（南部新区）农贸市场商业网点规划方案（2018—2030年）工作。

【黔北果蔬批发市场污水处理】 与新蒲新区管委会协商，明确由新蒲新区管委会负责市场内污水处理事宜，已由新蒲新区在市场旁新建污水处理站并投入使用。对污水、雨水分离采取加装管道引流方式进行处理，从市场污水接口处加装直径20厘米的PVC管，直接将污水接入新建污水处理站处理，从市场雨水沟处加装直径16厘米的PVC管将雨水引流到公路边沟。

【玉屏路农贸市场资产置换移交】 6月1日，中心与老城街道办事处、区国投公司等部门工作人员协助遵义军分区做好玉屏路农贸市场资产置换工作，协助军分区工作组与原市场业主完成交接。

【营商环境整治】 开展营商环境整治“百日攻坚行动”工作，按照服务高效便捷和“为民、便民、利民”宗旨，细化办事流程和服务承诺，增强职工大局意识和服务意识。

【市场迁移】 结合中华南路东片区棚户区改造工作，贯彻落实“城中建商场、城郊建市场”城市商业发展规划，鼓励商户到南部新区商贸批发市场开展商贸经营活动。

【安全工作】 对辖区市场的电源电路、照明、库房货物摆放、消防设备、灭火器材、逃生通道、“三合一”场所等进行排查，确保每个环节不留漏洞，对排查出来的隐患立即整改。投入专项资金更换、灌装辖区所有市场的消防灭火器，对消防主机控制柜、消防栓开关进行检修和维护保养，确保各类消防硬件设施完好使用。

【脱贫攻坚】 组织帮扶责任人到金鼎镇板桥村、黄钟村21户贫困家庭开展走访慰问。黄钟村贫困户陈某刚家因住房年久失修，补助资金2000元。

（区市场发展服务中心办公室）

烟草专卖

【概况】 2018年，销售卷烟43446箱，增幅2.96%。全年查处各类涉烟违法案件242起，同比上升24%，案值总计461.96万元。专卖积分102433.3分，位列全市第一。办理公安部督办案件1起；办理国标案3起、省标案2起、双“30”案2起、5万元以上案件16起。

【打假打私】 全年查处案值5万元以上案件15起、真品卷烟案件167起，查获真烟252.83万支，查获假烟案件53起、假烟34.52万支，依法拘留46人、逮捕22人、追究刑事责任15人，其中假冒卷烟主要来源于福建省、广东省，真品卷烟主要来源于重庆市、四川省，非法烟叶主要来源于重庆市、贵州省、云南省。查获真品卷烟案件1起，真烟0.7万支。

【行政许可】 审查零售户4656户，办理延续手续2109户，暂缓发证1238户。

【内部监管】 通过内管预警系统共收到预警37条，其中零售户违规订货预警4条，零售户单次订购数量预警6条，单次订购价格结构预警23条，超量供货预警4条。查找“空壳户”“休眠户”挂户开单、撤单分摊等行为。开展物流抽查，检查卷烟配送损坏情况，捆绑、搭配销售等行为。

【营销活动】 开展重点品牌线上申购、抽奖、抢购，线下消费者品吸、买赠活动。开展“新春有喜·贵烟有情”春节卷烟促销；开展细支贵烟（魔力）、贵烟（细支国酒香30）品牌宣讲；开展云烟（中支金腰带）、玉溪（中支阿诗玛）、红河A7品牌推广活动；开展世界杯贵烟品牌促销活动。

【客户服务】 推广卷烟营销“娄山情”社区云超市模式，客户经理制作客户实操视频，指导客户通过手机App实现实时订货及结算，提高业务拓展效率，累计拓展客户2264户，占区域总客户数的48.7%。推进扫码销售，实现客户扫码率42.8%，引领门店开展商品扫码。持续提高网上订货客户比例，累计达4531户，网上订货率98.2%。加强与金融机构协作，为客户办理烟草e贷大额贷款，降低卷烟经营成本，缓解资金周转压力，享受低利率贷款50户，享受无担保授信310户，实现区域电子结算成功率99.7%、网上结算成功率87.4%。升级终端建设，全年建成标杆终端7户、标准终端14户、标志终端71户、旅游终端5户、交通终端4户、娱乐终端1户、功能终端82户。全年建成零售户自律互助小组229个，城镇覆盖客户2890户，城镇覆盖率97%。

【依法行政】 建立合同管理台账，加大合同审核力度，全年评审合同20份，保障企业合法权益。组织开展案卷随办随查和季度评审，共评查行政处罚案卷136份、行政许可案卷114份，案卷均合格。制定公开目录，每月对照“评价评估台账指南”建立审核报告，全年审核公开事项295项。全年卷烟营销活动备案25份，未发生违规管理情况。

【宣传工作】 截至11月，编发《要闻回顾》10期，在“遵义红花岗烟草”微信平台发布消息19期，发布有关党建、法治、公益、营销、专卖等内容的文章30余篇。在各类媒体上刊载稿件264篇。

【党建工作】 截至11月，各层级围绕“八必谈”开展预防提醒谈话130次，约谈对象250人次。其中，班子成员约谈57人次，各支部约谈80人次，各部门约谈113人次。全年通报批评7人，诫勉谈话2人。

（区烟草专卖局办公室）

供销合作

【概况】 红花岗区供销合作社联合社成立于1952年7月，为红花岗区人民政府管理的全区供销合作社的联合组织，2011年5月设立监事会，共有财政全额预算管理事业编制18名，内设科室6个，下属基层单位16个（社有资产全资企业3个、社有资产控股企业4个、传统老企业2个、基层供销社7个），基层单位职工442人（在职100人、退休342人）。业务管理范围包括红花岗区、汇川区、新蒲新区，覆盖农村综合服务社194家，协办农民专业合作社30家。有党支部7个，有党员111人。

【经济指标】 2018年，完成销售总额7.14亿元，农资供应1.2万吨，农村电商销售额2001万元，农副产品购进总额1.2亿元。资产总额31415.93万元，利润总额360万元，所有者权益总额9062万元。

【专项改革试点工作】 建立资产管理制度，做好改革试点资金使用。明晰资产，对资产进行评估清理。为杜绝社有资产流失、整合资源，区社委托中介机构对全系统社有资产进行资产评估和财务清理。已完成对下属9个企业的资产评估，完成下属8个企业的财务审计。举办贵州省供销社综合改革专项试点现场推进会，邀请全省15家地级以上供销社和12家区级供销社参与。探索“三融三建”工作模式，与专业团队融合建立社有资产管理委员会，与城市发展融合建立供销为农服务机制，与社有资产融合建立供销集团公司。全年律师团队出具法律意见书、工作建议等报告20份，会计师团队出具意见书4份、清理报告8份。2018年，区社下属企业提出涉及社有资产纠纷的诉讼7起，其中胜诉4起、在审3起，挽回经济损失319万元。

【改制、清算工作】 完善遵义市物资回收公司、遵义地区土产公司企业改制工作，推进遵义合展综合市场有限责任公司解散清算工作。2018年9月，成立土产公司、回收公司。完善改制领导小组和综合市场清算领导小组，召开工作调度会议6次、专题会议7次。

【基层供销社建设】 2018年，建成市级“三位一体”新型基层社2个（喇叭益民惠供销专业合作社和海龙供销合作社）。通过共同出资、共创品牌、共享利益等方式，引领发展农民专业合作社联合社，充分发挥供销合作社综合服务平台作用，带动农民专业合作社围绕当地优势产业开展系列化服务。2018年，发展农民专业合作社6个、农民专业合作社联合社2个，社员411名，种养殖面积2500亩。整合城乡供销合作社资源，发展村级综合服务社、庄稼医院，共创建星级综合服务社161家、庄稼医院23家。

【农村金融服务】 成立遵义市红花岗区供销社社员股金服务有限公司，2018年2月28日正式营业，在丁字口、金鼎山、新蒲开设3个股金服务网点。股金公司累计吸收社员2530人，入股股金4541.37万元，调剂总额3040万元。

【农村电商】 发展农村电商，以遵义合展电子商务有限公司为龙头，打通农产品进城和工业品下乡的双向通道。打造金鼎山镇莲池村“乡村振兴战略示范基地”和老城杨柳街“1935黔货出山农产品线上线下体验中心”。示范基地占地2000亩，通过“农民专业合作社+龙头企业+生产大户”模式，统一技术、统一销售，促进农户与经营主体联产联业，基地每年种植蔬菜600吨。在金鼎山镇后庄村建成电商网店1个，帮助销售南瓜和折耳根，增加农民收入。

（区供销合作社联合社办公室）

石油销售

【中国石油天然气股份公司贵州遵义销售分公司】 2018年，主要从事成品油批发和零售经营业务，负责中国石油在遵义市市场开拓和经营管理工作。分公司在营加油站46座，固定资产5.6亿元，营销网络覆盖遵义市中心城区、高速公路、国道、省道、县道等公路主干线。分公司销售成品油29.92万吨，纯枪14.21万吨，以站代库3.07万吨，直销12.64万吨；实现新增批发客户166家，其中终端客户155家，再流通客户11家，销量1.45万吨；综合损耗率比上年下降0.95个千分点，其中汽油损耗率下降0.14个千分点，柴油损耗率下降1.83个千分点；全年开发加油站5座，投运加油站3座，机关综合楼建成投用。忠庄加油站经理获中国石油成品销售“百名好客之星”称号，湘江工业大道一站冯莉莉获中国石油成品油销售“百名明星站经理”称号，鄂奕宏获遵义市“安全生产先进个人”称号。

分公司有综合管理部、财务部、业务运作部、安全工程管理部和投资管理部5个部门，在职员工350人。分公司党委下设6个党支部，其中机关党支部2个、加油站联合部4个；有党员74人。

制定“交界市场为上量重点，市内周边为必要补充”市场开发策略。对重点客户落实专人维系，逐一上门拜访。贴近市场提销量，助力零售提升。持续开展客户普查工作，开发打桶客户和固定客户，分公司上下共同跑市场、做登记，进行拜访和回访，在营加油站均设立客户微信群，覆盖近1000名客户，第一时间在群里发布公司优惠政策、促销活动，方便答疑解惑。以“线上+线下”“互联网+”等方式融合营销与品牌建设，“10惠”活动与教师节相结合，与主题促销新站开业相结合，全面应用信息化支撑平台，通过微信、中油好客e站等信息渠道，借助支付宝、翼支付、App等实现加油卡线上营销，丰富客户体验，提升客户关注度，实现精准营销、精准管理和精心服务。

以店面升级丰富销售种类。完成对忠庄AB、湘江工业大道一站、二站烟草形象专卖店升级改造，“娄山情”柜台亮相，香烟单品各类增加近30种，通过品牌联合，每站每月采购至少增加15万元以上，月度非油收入增加45万元；新增桃溪大道站、湘江工业二站、忠庄A站生鲜水果柜台。分公司成立店面优化小组，开展便利店商品陈列帮扶活动，助推非油销售，优化加油站、美化店面增加非油收入，优化加油站26座，店内销售均有不同程度提高。形成“品牌+商品+服务”非油营销模式，机关联动基层，宣传公司优惠政策，拓展非油、IC卡团购业务，推动润滑油、车用尿素等昆仑系列产品扩销增效。

（丁盛宇）

【中石化遵义石油分公司】 2018年，遵义石油分公司推进“5+5”行动，开展“两大振兴计划”，全年实现平稳运行，稳中向好。由商客牵头，整合商客、零售、非油为大经营部门，3个部门合署办公，强化资源整合和统筹协调。深化竞争合作关系，均衡制定销售价格，争取竞争性购油客户。全年实地走访100余个重点项目，利用“一户一价一策”差别化营销策略引导购油。做实客户预警和客户维护，维系电厂客户。配合政府职能部门加大非标油打击力度，查获黑窝点11个、流动油罐车8辆，有效净化市场环境。

在16座加油站开展“点对点”竞争活动。开展“深化县区管理年”活动，深化信息运用，开发全区加油站上线中控系统和信息云平台，落实培训，员工熟练掌握使用技巧；提升客户满意度，下发“提升加油卡客户满意度”专项工作实施方案；推进“基础管理振兴”计划，制发《遵义石油分公司加油站现场管理考核办法》。全年发现问题313次，处罚20270元，有效改善县区公司和加油站基础管理。加强加油站设备管理和维护，维修队到站维修502次，厂家到站维修600次，确保加油站设备正常运行。持续推动委托管理，成立委托管理办公室，下发文件规范委托管理，防范风险。

非油业务 以烟草为着力点，规范烟草采购、验收、销售流程。利用营销活动提升基础品类销售，利用赖茅专场品鉴会、“易积分”等专项活动，提升核心商品销售。推进电商业务和“店中店”业务，与4家合作单位开展“店中店”业务。加快洗车系统建设，新建洗车台9台。打造综合服务站点，城区沙坝、忠庄东等站达到综合服务站标准。

安全环保 层层落实HSSE安全生产主体责任，加强应急预案演练。全员签订“安全承诺书”1152份，形成一级对一级负责的安全责任体系；各县（区）公司每月在HSSE会议上进行应急预案演练视频展示，分公司给予奖惩，强化应急预案的针对性、实用性和可操作性。深化液位仪运用，加强损耗管理，规范抽检流程，确保油品数量和质量100%合格。稳步推进环保工作，制订绿色企业行动计划，5座加油站开展双层罐改造。

（黄　磊）

燃　气

【贵州燃气（集团）遵义市燃气有限公司】 2018年，贵州燃气（集团）遵义市燃气有限公司销售天然气6000万立方米，居民小区管道燃气签约18500户，公建、工业用户新增180户。

安全生产 组织企业生产运行及消防方面风险点辨识和排查，制定风险点清单，建立安全风险与隐患台账，按风险管控要求实施生产、运行，行政办公区域开展每日、每周安全隐患排查，将排查治理情况录入安监双控平台接受政府监督。6月起，公司“双控”考核在政府、集团各项安全检查与考核中均为合格。开展生产安全事故警示教育和《贵州省安全生产条例》宣传贯彻活动、“燃气安全进校园”燃气泄漏应急演练、公司2018年“安康杯”安全技能竞赛、“安全在你手中”2018车辆安全管理及交通安全知识培训和安全演练、消防演练；安全生产月期间，开展公司主要负责人安全发展主题宣讲活动，在公司各场站、公司大楼、各居民小区悬挂安全生产月活动主题宣传横幅，张贴宣传画，向城市居民用户发放印有燃气安全使用常识、油气化保护知识的扇子等。

服务提升 在加强员工业务技能和服务礼仪培训基础上，提高用户对燃气安全知识的认识了解，提倡居民客户安装使用燃气泄漏报警器、安全自动切断阀、不锈钢波纹管及参加燃气商业投保。开展进机关、进社区、进学校等宣传活动19次，坚持做好入户安检工作，向用户反复介绍燃气安全知识，持续完善居民用户基础信息及隐患追踪等台账。开展全覆盖“七进”活动，上门为客户提供专业咨询及技术服务，及时了解客户所需，确保最大限度满足客户要求，协助客户定期做好设备维保及安全管理工作。为全面优化提升营商环境建设整体水平，成立领导小组，组织开展服务升级化管理，缩短报装时限、规范上网公示报装流程，对入驻政务大厅人员及时集中组织普通话培训等。服务窗口人员始终坚持“用户至上，用心服务”服务理念，耐心解答客户业务咨询，办理流程、收费依据透明，在服务窗口明确公示。投诉反映渠道畅通，内、外共同监督，不断提高服务水平和质量。

（崔琳琳　冯薇霏）

教　育

综　述

【概况】　2018年，全区有学校（幼儿园）143所。其中，公办学校63所（幼儿园12所、普通小学31所、教学点1个、普通初中11所、完中4所、独立高中1所、特殊学校2所、中职学校1所），民办学校80所（幼儿园63所、小学3所、九年制学校7所、完中2所、十二年制学校1所、中职学校4所）。

全区有在校（园）学生97955人。其中，公办在校学生71975人（幼儿园2992人、小学38245人、初中19656人、高中9283人、特殊学校194人、中职学校1605人），民办在校学生25980人（幼儿园12932人、小学4442人、初中1760人、高中1884人、中职学校4962人）。

全区有教职工6544人。其中，公办学校在编教职工4245人（专任教师4169人），全区民办学校教职工2299人（专任教师1373人）。

全区小学、初中、高中有在校随迁子女38727人。其中小学22296人（在公办学校就读17945人，占比80.49%），初中10622人（在公办学校就读8937人，占比84.14%），高中5809人（在公办学校就读4208人，占比72.44%）。

全区有2188个教学班。其中，幼儿班533个，小学822个（公办724个），初中442个（公办398个），高中221个，中职170个。学前教育阶段有“大班额”30个、“超大班额”5个；公办义务教育阶段小学有“大班额”554个；初中有“大班额”196个，无“超大班额”；高中阶段有“大班额”17个、“超大班额”22个。

【基础建设】　2018年实施项目37个，已开工37个。其中，学前教育7个，义务教育阶段项目28个，高中及中职项目2个。已完工30个，在建项目7个。项目总投资8.26亿元，累计完成投资1.81亿元。

学前教育建设项目　2018年，全区共新建、续建红花岗区第十二、十三、十四、十九、二十幼儿园等7个项目。已竣工项目4个，在建项目3个（主体施工项目2个、基础施工项目1个）。

义务教育学校建设项目　全年共改扩建、续建遵义市第六中学等义务教育项目28个，已完工26个，在建2个（二十五中新建学生食堂基础施工、野里小学改造平场阶段）。

高中（中职）教育项目　2018年全区新建、改扩建遵义市第一高级中学等高中（中职）教育项目2个，已竣工项目2个。

2018年共投入820.59万元，完善第十二中学、文化小学、第六中学、第四小学、第五十七中学等21所学校设施设备标准配置；投入235.2万元采购课桌凳1.2万套，调配至36所学校（已调配11700套），不断改善学校办学条件。

【师资力量建设】　2018年补充教师314名，其中免费师范生89名、面向社会招聘170名、公开遴选28名、特岗教师27名。已在2018年秋季开学前全部派遣到各校。

全区中小学组织教师全员培训5500人次，区教培中心组织培训4000余人次，职教园区组织参加培训1000余人次，区属幼儿教师参加培训1100余人次。

选派张建勇等24人参加校长任职资格培训；马明昌、林云、周杜刚等7人参加“影子校长”

跟岗学习、边远贫困地区农村校长助力工程培训、“金种子校长”挂职锻炼；选拔“金种子校长”10名、30岁以下年轻后备干部30名，已陆续开展业务提升培训。

全区有省级名校长5名，市级名校长15名；省级名校长工作室5个，市级名校长工作室4个；省级名师工作室1个，市级名师工作室12个，区级名师工作室15个；省级乡村名师6名；省级教学名师8名，市级教学名师58名，区级教学名师84名；省级骨干教师63名，市级骨干教师300名，区级骨干教师355名。全年推荐评选省级名校长2名，省级乡村名师1名，省级教学名师5名，市级教学名师29名，市级骨干教师52名。蒋家桥等104名校长、教师入选“遵义市省级教师发展中心培训专家库”。8月，红花岗区举办首届“名师名校长”论坛，邀请上海教育专家做主题演讲、现场指导和点评，搭建校长、教师交流沟通的学习平台。

【党风廉政建设】　坚持领导干部“一岗双责”，严格执行“三重一大”制度，强化领导干部监督，开展党员领导干部警示教育活动和整治干部“不担当、不作为、乱作为”专项活动。组织教育系统开展“三亮三比”活动，提高队伍素质，增强服务意识，发挥模范作用。切实规范和治理教育乱收费、有偿补课等问题，严肃查处违反师德师风相关问题。全区各校成立师德师风宣讲团，已宣讲192场，结合新时代市民（农民）讲习所，宣讲优秀教师先进事迹，弘扬新时期党员教师的高尚师德，增强教师光荣感、责任感和使命感，在全社会营造尊师重教的良好氛围。

充分发挥党组织的政治核心和战斗堡垒作用，党组织书记原则上由校长（园长）兼任，并设副书记分管党建工作。全系统有21名校长（园长）兼任支部书记、22名专职书记、16名副书记。2018年发展党员4名。在七一建党节期间，局党委表彰2018年度优秀共产党员171名。

把握意识形态主导权，强化正面引导，加强阵地建设，不断巩固和壮大主流思想舆论。组织校园突发事件应急和舆情处置工作培训会，并现场模拟新闻发布会，有效提高全区学校领导干部应对校园突发事件和舆情处置工作的水平和能力。

【考试情况】　高考：2018年，全区高考考生3412人，其中理科2170人、文科1242人。全区600分以上153人，其中理工类61人、文史类92人。全区（不含体育、艺术）一批次上线748人，二批次上线1914人。遵义市第一中学学生王治江698分获全市理科裸分第一名、全省第十名；江翼帆以696分获全省第十二名；文科实验班平均分628.8分，理科实验班平均分624.9分。

中考：2018年，全市中考考生81790人，全区6921人，占比8%；全市600分以上90人，全区45人，占比50%；市前十名共12人，全区9人，占比75%。遵义市第十二中学学生李林萱626分获全市第二名，周若瑜623分获全市裸分第一名，吴桐雨622分获全市裸分第二名。

联考：全区七、八年级参加全市联考成绩突出，平均分、及格率均为全市第一名。其中七年级平均分为514.08分，全市平均分为434.17分，高于全市平均分79.91分，高于第二名18.91分；八年级平均分为436.59分，全市平均分为361.28分，高于全市平均分75.31分，高于第二名13.71分。

【素质教育】　深入开展社会主义核心价值观教育，正确引导师生汲取先进文化精华，树立正确的世界观、人生观、价值观，动员和激励师生自觉追求富强、民主、文明、和谐的国家理想，弘扬自由、平等、公正、法治的社会价值，遵守爱国、敬业、诚信、友善的道德规范。

组织开展“祖国好·家乡美”“做一个有道德的人”“三生四爱五心五好”“三爱三节”等系列主题教育活动；开展以“讲好长征故事”为主题的“长征故事进校园”活动，在教师中培养一批长征文化专家，在学生中培养一批长征故事讲解员。文化小学等8所学校76名学生作为长征故事宣讲员，到浙江、江苏、陕西等地知名大学和博物馆巡回宣讲，中央电视台及部分党刊做宣传报道。文化小学、长征小学等学校编写以红色文化为主题的系列校本教材，其中《传承红色基因，落实立德树人》被评为评全国中小学德育工作优秀案例。

【大赛获奖情况】　坚持以赛促学，全区初、高中教师参加省、市优质课竞赛，获省级奖励2

人次、市级奖励44人次（全区初、高中教师在遵义市第二届教师基本功技能大赛中获一等奖26人次）。小学教师参加优质课、教师基本功大赛获省级奖励5人次、市级奖励76人次（全区小学教师在遵义市第二届教师基本功技能大赛中获一等奖23人次）。

全区学生参加学科知识竞赛和作文竞赛，获市级奖励375人次；参加奥林匹克竞赛，获国家级奖励83人次。申报省、市级教育科研课题25个，其中省级立项2个课题，市级立项11个课题。

遵义市第一中学在第七届上海国际青少年科技博览会暨“明日科技之星”邀请赛中获一等奖；文化小学红城先锋代表队在中央电视台《极速少年》第三季全国总决赛中获全国冠军；朝阳小学“朵朵”合唱团在第九届中国少儿合唱团展演中获团队“十佳最受欢迎合唱团”称号；在第二十一届全国青少年“五好小公民”主题教育读书活动中，老城小学学生李柠伊获小学组演讲比赛省级一等奖、全国二等奖，第四初中学生吴诗怡获初中组演讲比赛省级一等奖、全国二等奖。

【均衡教育】 采取“名校+分校”“名校+新校”“名校+弱校”等方式，加大集团化办学、学校联盟办学和结对帮扶力度，共享优质教育资源，构建优质资源集群。已建成优质学前教育集团5个、义务教育集团8个、职业教育集团1个。

2018年品质学校创建工作新增16所学校（老城小学、朝阳小学、区第一小学、区第二小学、区第四小学、区第五小学、区第九小学、区第十小学、区第十一小学、区第十二小学、区第十三小学、区第十九小学、市第一初级中学、市第六初级中学、市第九初级中学、市第五十七初级中学）。

城区小学、初中、高中分别与省外一所优质学校对接交流，郊区小学、初中、高中分别与一所城区学校对接托管，全面提高全区各级各类学校办学水平，打造教育升级版。

开展遵义市第一中学升省级一类示范高中、遵义市职教园区申报省级示范学校以及遵义市第十二中学、遵义市第四初级中学、红花岗区第八小学智慧校园示范学校创建工作。

严控义务教育阶段学校班额，顺利化解66人以上超大班额。严控转入学生，避免出现非起始年级新增56人以上大班额，杜绝起始年级出现56人以上大班额；下发《关于进一步规范学校办学行为的通知》，严格规定学生入学均衡分班，均衡配置教师，严禁学校考试分班，分重点班、快慢班；督促学校按照义务教育学校管理标准要求，提升学校管理水平和办学质量，促进义务教育均衡发展。

【督导评估工作】 完成督学换届工作，建立9个督学责任区，聘请9名特约督学、3名专职督学和44名兼职督学。制定《遵义市红花岗区督学责任区管理办法》《遵义市红花岗区督学责任区工作制度》。完成对遵义市第四初级中学等10所中小学、红花岗区机关幼儿园等21所幼儿园规范办学（园）行为督导评估工作，启动对遵义市第二初级中学等学校教育教学常规管理督导评估回访工作。

【基础教育综合改革】 贯彻《遵义市红花岗区基础教育综合改革实施意见》精神，出台《红花岗区深化教育体制机制改革工作实施意见》，实施《红花岗区教育系统薪酬制度改革实施方案》等重点改革任务。每月为教职工预发部分目标考核奖，剩余部分在考核后发放。在全市范围内率先兑现在职在编教职工绩效工资总量25%部分；全额兑现全区在职在编教职工奖励性绩效工资30%部分。实施机关内设机构改革，职成科、学前科、德育科整合到基础教育科，工会工作分解到人事科，新成立审批服务科。

出台《红花岗区高中（中职）学校校长职级资格申报评审办法（试行）》，取消中小学校和校长行政级别，现任中小学校长具有行政级别的纳入档案管理，新聘任校长不再明确行政级别；为进一步完善全区中小学高级教师职称评审评价工作，出台《红花岗区2018年中小学高级教师申报评审进校考核工作方案》，对74名申报高级职称教师进行考核。

【教育资助】 认真落实各项教育资助减免政策，足额发放资助金，县级配套资金及时足额匹配到位。完成资助贫困学生29218人次，资助金额2712.6万元。做好城镇解困工作，协调区个体劳动者协会捐赠12万元，为115名义务教育阶段城镇特困群体子女减免在校费用每人1000~1500元。

按照《遵义市红花岗区全员育人导师制"1+N"智力扶贫行动实施方案》，对贫困家庭子女开展"五扶五导"工作，提高贫困家庭人口素质，切实阻断贫困代际传递；建立留守儿童关爱服务体系，教师牵手留守儿童，"一对一"帮扶结对率达100%，区教育局组织留守儿童平安手环发放活动3次，惠及金鼎山、巷口、海龙3镇近200名留守儿童。

机关干部结对帮扶金鼎山镇岩塘村贫困户，开展进村入户走访，提出脱贫建议，制定脱贫措施，帮助解决实际困难；派出机关党员干部徐国庆驻村并任第一书记；扎实开展学生助学贷款工作，指导困难家庭学生办理贷款；学生资助及脱贫攻坚工作成绩突出，徐丹获"贵州省脱贫攻坚优秀共产党员"称号。

学生营养改善计划在全省实现"四个率先"（率先自筹资金启动农村义务教育阶段学校营养餐改善计划；率先实施学校食堂原材料统招、统购、统配、统送"四统"工作；率先启动学校食堂视频网上监控工作，并实现重点区域监控无死角；率先实行农村学前教育幼儿免费午餐）。2018年1—10月，共投入营养餐资金800余万元，确保义务教育阶段15632名学生和学前教育阶段1284名幼儿享受营养午餐。

【辖区适龄儿童入学】　按照"免试、就近、划片"原则，统筹安排小学、初中新生入学；结合中心城区特点，随迁子女按照"居住证为主、相对就近"原则解决随迁子女入学难题，基本实现随迁子女80%就读公办学校目标；关注特殊群体，化解入学矛盾，针对现役军人子女、高级人才子女、残疾儿童、困境儿童等特殊群体，开通入学绿色通道，做好入学安置，解决后顾之忧。

【校园安全】　下发《遵义市红花岗区教育局校园安全稳定"党政同责一岗双责失职追责"工作实施意见》，落实安全生产目标，安排部署校园安全及"平安创建"工作。组织开展"开学安全第一课"、"做自己的首席安全官——平安校园行"、"5·12"防灾减灾日、"安全生产月"等安全主题教育活动，切实提高师生安全防范意识和能力。采取领导干部包保、学校自查、交叉检查等方式强化校园安全、食品安全、禁毒及综治工作。筹备遵义市第四次安委会现场会，展示红花岗区校园安全管理工作实绩。

（区教育局办公室）

青少年活动中心

【概况】　2018年，红花岗区青少年活动中心紧紧围绕全面学习贯彻落实党的十九大精神，坚持党的教育方针，以加强未成年人思想道德建设为核心，以培养青少年创新精神和实践能力为重点，以丰富多彩的学生课外活动为载体，开展科技、文艺、体育、社会实践等活动，为学生搭建起知识和实践的桥梁，让学生在活动中增长知识、在竞技中增长才干。

【师德师风建设】　中心细化科室和个人岗位指标体系，做到制度上墙，职责明确；制定《遵义市红花岗区青少年活动中心职工考勤与请休假管理规定》，实行人脸签到签退。加强师德师风建设，树立育人至上、德育先行的理念，全体教师做到正衣冠、谨言行、守规矩、树表率。

【公益性校外教育】　中心着力加强符合校外教育特色的文化建设。通过校外活动培训讲座、公益性校外活动的全面实施，不断扩大校外教育受众面。密切与红花岗区、新闻图片社、《今日红花岗》、902电视频道、《遵义晚报》及《遵义日报》等新闻媒体联系，新闻媒体均及时报道中心校外活动，提升中心形象。

【学生课外活动】　3月18日，2018年红花岗区中小学教师模型运动辅导员、裁判员工作培训在红花岗区青少年活动中心圆满结束。由遵义市红花岗区教育局主办、红花岗区青少年活动中心承

遵义市第五届青少年模型锦标赛

2018年10月26—27日，遵义市中小学师生现场书画摄影大赛

办，全市31所中小学校86名教师参加培训。3月24日，第四届红花岗区中小学师生科学记忆法（中级技能）培训在中心多媒体教室举行，区属56所中小学150余名教师参与培训。4月2日，遵义市第三届中小学师生诗词大赛赛前培训在中心举行，全市13个县（区、市）103名教师参加培训。4月6—7日，红花岗区第十届模型赛赛前培训在中心举行，红花岗区及南部新区共78名教师参加培训。4—8月，组织参加全省第十一届“贵青杯”青少年教育系列活动。4月23日，区第四届中小学师生围棋象棋比赛在中心举行。4月28日，举行红花岗区中小学生科技体育模型竞赛。5月30—31日，由区委宣传部、区文明办、区教育局等7家单位联合主办的2018红花岗区“传承红色基因·童心向党”歌咏诵读活动在区政府1号会议大厅举行，全区37所中小学2000余名师生参加活动。6月12—17日，遵义市第六届中小学生美术展演暨第四届中小学艺术活动周。

组织参加遵义市第二届文化创意产品设计大赛，红花岗区4名学生分别获一、二等奖。组织参加遵义市第六届中小学生艺术（音乐）展演暨遵义市第四届中小学生艺术活动周文艺节目征集活动。开展“新时代好少年”主题教育读书活动和“我为祖国点赞”读书交流。

推动开展全区城乡少年宫活动，充分发挥城乡少年宫素质教育普惠功能，中心对全区17所学校少年宫实行包保督促和指导，中心每月至少2次到学校协助和指导开展活动。5—6月，征集全市城乡少年宫作品评选展演，报送全省评选展演。

【家庭教育指导培训】 3月，中心召开区家庭教育指导师会议，安排部署年度工作计划。3—6月，红花岗区家庭教育指导中心11名区级家庭教育指导教师到区属33所中小学（幼儿园）、2所特殊学校开展家庭教育“进学校”活动。

中心召开红花岗区幼儿园家庭教育研讨会，制订区学前教育家庭教育指导计划，区家庭教育指导教师况李云为全区幼儿园教师做家园沟通技巧等讲座。

中心加强同镇（街）、村（社区）、关工委、团委、妇联等联系，召开联席会议，研究学校（幼儿园）家庭教育工作。2018年，指导中心教师到遵义市东风小学、红花岗区第十七小学、遵义市第五十七中学向家长宣传正确的家庭教育观念，提高家长科学教育子女的能力。中心主讲校长陈永红开设“家长如何影响孩子长大”“孩子厌学怎么办”等家庭教育专题讲座活动。

【心理健康辅导】 开展心理教师进社区讲座65次、校园心理讲座40次。中心开展未成年人心理咨询，有效解决困扰家长和孩子的问题，红花岗区未成年人心理中心成为遵义市未成年人解决心理困扰的“开心锁”和阳光成长的“助推器”。

【研学旅行类活动】 中心负责全区中小学研学旅行的组织审批和监督指导工作。中心选取8家旅行和拓展企业作为红花岗区研学旅行合作伙伴。5月，推选全区贫困且品学兼优的中学生10余名参加市教育局组织的研学旅行活动，赴重庆开展以“景区+高校”为主要内容、以“看、听、想、写”为主要形式的游学旅行。

（区青少年活动中心）

职业教育

【红花岗区中等职业学校】 2018年，学校毕业448人，招生 621 人，在校学生总数1530人，在校班级59个。教职工132人，其中专任教师117 人（高级职称26人、中级职称 17 人、初级职称 28 人）。新聘青年教师 21 人（含招考4人）。专业课教师中“双师型”教师比例达46%。全年安排教师参加各级培训523人次。2018年，学校党总支共有党员69人，预备党员1人，入党积极分子2人。

学校开展教研活动

学校占地面积 3.33万平方米，校舍建筑面积 13万平方米，固定资产 5亿余元。教学仪器设备 1800 万元，校内实训基地 3 个（含实训室41个），校内实训工位1178 个；校外实训基地 16 个。教学区、办公区、生活区、体育活动区等功能分区合理，设施完备。

校园景色

学校学生报名参加职业资格鉴定比例100%，全校学生文化课合格率、专业技能合格率、体质测评合格率、毕业率、双证书获取率等指标评价良好。2018 年 6 月，政教处开展在校生满意度调研，872 名在校生参与调研，调研样本数占在校生总数的 57%。学生在理论学习、专业学习、实习实训、校园文化和社团活动、生活、安全等方面满意度高。学校有演讲与口才社、足球社、舞蹈社、礼仪社、篮球社、军魂社、书法社、读书社、动漫社、乒乓球社、创业社等15个学生社团，其中精品社团5 个。2018年，团总支共组织团课 8 次，140 名学生加入共青团。2018 届毕业生就业率 97.8%，与 2017 届相比提高 0.3 个百分点，专业对口就业率 78.8%。学校积极推荐优秀学生进入高职院校学习，2018 年共有97名学生通过中职推优及分类考试升入大专院校。

学生在第四十五届世界技能大赛贵州省选拔赛中获“信息网络布线”项目二等奖；在计算机平面设计项目“动画制作”中获市级一等奖；3名学生获评省级三好学生，4名学生获评市级三好学生，4名学生获评区级三好学生；1个班级获评省级优秀班级。

教师在组织学生参加技能竞赛中获指导教师奖项省级4人、市级43人。其中，谭晓和郭静分别获电商和数学科目说课比赛市级二等奖，刘汉平获遵义市2018年中小学及中职教师基本功大赛市级一等奖，赵波指导2017春计算机班邓兴隆获3D动画市级一等奖，罗亚所带班级2017秋计算机1班被评为省级优秀班集体。

（区中等职业学校）

教师队伍朗诵《我爱你中国》

基础教育

【遵义市第一中学】 学校总占地面积300余亩，建筑面积5万余平方米，教学区、办公区、生活区、体育活动区等功能分区合理、设施完备。2018年，学校毕业1020人，秋季入学1429人。在校学生4225人，有教学班73个。在职教职工299人，其中国家级骨干教师5人，省、市级骨干教师22人；市管专家1人；特级教师4人；正高级教师3人，副高级教师95人，中级教师105人；市级教学名师3人。有18人在市、省各科教学研究会任理事长、副理事长。

2018年9月，学校获遵义市普通高中教育教学质量龙头学校带动效应奖和遵义市普通高中教育教学质量语文学科团队奖；陈鹤等6名教师获遵义市2018年普通高中教育教学质量学科个人奖，徐鸿获遵义市2018年普通高中教育教学班主任管理奖。10月，学校获“空军招飞先进学校”称号。

4月，学校男子足球获红花岗区校园足球比赛高中组第一名；7月，获遵义市校园足球高中组第七名；9月，被授予“遵义市校园足球基地学校”称号，成为教育部认定的校园篮球和校园足球特色学校；11月，在遵义市第五届省级示范性普通高中交响乐（器乐）展演活动中获三等奖；11月，被区人武部及区教育局评为“军民共建国防教育示范学校”。

4月，周德胜名校长工作室组织部分干部赴重庆巴蜀中学跟岗学习；5月，开展青年教师解题大赛，并分别于10月、11月组织部分青年教师到第二十五中开展结对帮扶、送课下乡活动；10月，邀请北京大学4名专家到学校讲学。陈帮强教师工作室在2018年接纳青年教师参加课题研究。全年安排教师参加各级培训共191人次。

学校与重庆巴蜀中学、成都棠湖中学等学校长期保持在教学、教育管理、教师成长等方面的交流。4月，与香港黄楚标中学签署姊妹友好学校。6月20日，香港黄楚标中学8名教师、30名学生到学校开展首次交流活动。11月22日，与南京财经大学签订“优质生源基地合作协议”。

在创新创意大赛中省级一等奖2项2人次、二等奖6项6人次、三等奖4项4人次。由陈炳强、陈帮强和梁碧波3名教师指导的学生陈孟林以“用塑料瓶探究土壤微生物代谢引起的空气压强变化及其在农业生产上的应用”获英特尔科技人才奖。在机器人比赛中，获国家级一等奖1项2人次、二等奖2项4人次、三等奖3项8人次，省级一等奖1项2人次，市级一等奖2项4人次、二等奖1项1人次、三等奖1项1人次。在创客和3D创意、开元电子比赛中，获国家级、省级、市级奖共20项。

龚栩获遵义市地理优质课竞赛一等奖；方媛获音乐优质课竞赛省、市、区一等奖；杨柳和谢晨晨在遵义市第六届高中化学优质课竞赛分别获一等奖；何应通获遵义市第六届物理优质课竞赛一等奖；杨万金获遵义市信息技术优质课一等奖。9月，韦华丽在遵义市中学田径运动会中获优秀教练员称号；耿松参加红花岗区及遵义市青年教师基本功大赛均获一等奖。

2018年高考，王治江698分获遵义市理科裸分第一名，名列全省前十；江翼帆696分名列全省理科第十二名；钟睿煊681分（文科）。全年级600分以上共有140人，理科一本上线506人，上线率63.09%；二本上线766人，上线率95.51%；文科一本上线119人，上线率61.34%；二本上线189人，上线率97.42%。

（遵义市第一中学）

【遵义市第一初级中学】 学校占地面积2.9万平方米，教学用建筑面积1.4万平方米。2018年，学校毕业776人，秋季入学624人。在校生2109人，教学班42个。在编教职工159人，其中高级教师40人，中级教师82人。教师学历达标率100%。学校党支部有在职党员57人，退休党员14人，发展对象1人，入党积极分子1人。

学校有教学楼、办公楼、实验楼、图书馆各1栋；教室43间；学术报告厅1间；音、体、美专用教室各1间；少年宫社团活动专用教室12间，心理咨询室1间；理、化、生实验室共10间；藏书6万册。有200米塑胶跑道、全塑胶田径运动场；硅PU篮球场2个、羽毛球场1个、乒乓球场4个。有多媒体演示厅3间；计算机网络教室2间，电脑148台；建有计算机校园网、校园广播网、校园电话网、清华大学扶贫网络、全国高考监控系统等。

2018年，选派教师参加全国各地培训学习65人次。中青年教师参加区级以上教学大赛23人次，发表论文60余篇。有区级课题3个、校级课题32个。

4月8日，2018年红花岗区第三届青少年机器人竞赛，学校获一等奖7个、二等奖5个、三等奖4个；5月13日，在2018年遵义市第五届青少年机器人竞赛中，学校获一等奖5个、二等奖2个、三等奖1个；WER工程挑战赛获参加2018年度全国赛资格。6月1日，在贵州省青少年学生第五届机器人大赛中，获金牌2枚、银牌1枚、铜牌2枚；FLL工程挑战赛和中鸣超级轨迹赛获参加2018年度全国赛资格。7月20—24日，由中国科协主办的第十八届中国青少年机器人竞赛暨2018世界青少年机器人邀请赛在贵州大学开幕，学校选手获全国二等奖。

（遵义市第一初级中学）

【遵义市第二中学】 2018年，学校毕业1029人，秋季入学1004人。在校学生3123人，教学班65个。专任教师264人，本科以上学历100%；高级教师72人，中级教师84人。国家级优秀辅导员1人；省级名校长1人，省级名校长工作室1个；省级名师1人，省级名师工作室1个；省级骨干教师4人；市级名师工作室1个；市、区级名师和骨干教师共32人。学校党支部有党员87人。

学校占地面积11万平方米，建筑面积12.04万平方米，投入8000余万元新增教育教学实施设备和后勤设施设备。学校教学区、办公区、生活区、体育活动区等功能分区合理、设施完备。学校有春芽社团、棋社、播音社、动漫社、音乐社、美术社及系列体育社团。

学校获“全国足球特色学校”“遵义市阳光体育示范校”“遵义市南部新区先进基层党组织”“遵义市南部新区第一届‘全民阅读·书香校园’中小学师生诗词大赛先进学校”等称号；获2018年遵义市第二届中小学生合唱大赛一等奖、遵义市第五届省级示范性普通高中交响乐（器乐）展演活动三等奖、遵义市第五届青少年模型锦标赛优秀学校组织奖、遵义市南部新区校园足球联赛教工组冠军、遵义市南部新区校园足球联赛高中组冠军。

学校全年安排教师参加各级培训128人次。与毕节市第一中学、上海奉节中学、仁怀一中等学校进行交流学习；派教师到上海市静安新区教育学院、遵义师范学院、海南大学等开展培训活动。在2018年“多彩贵州”好教育联盟同课异构比赛中，教师袁富碧、黄小露、陈红晔代表贵州省参加全国总决赛获一等奖；汪洋获说课第一名、赛课第三名，获二等奖；代驰、蒋文静、范瑾、陈秀兰在说课中获优秀奖。

2018年高考一本上线258人（600分以上21人），二本上线913人。4月，参加南部新区首届机器人大赛包揽参赛项目所有奖项；5月，参加遵义市第五届机器人竞赛获二等奖1人、三等奖1人；8月，在全国青少年“五好小公民”主题教育活动中，李朝雪“红旗飘飘，引我成长”获二等奖；11月，首次参加第十一届“贵青杯”青少年科学影像节比赛，获二等奖1人、三等奖1人。

（遵义市第二中学）

【遵义市第二初级中学】 2018年，学校毕业509人，秋季入学572人。在校学生1756人，有教学班40个。在职教职工149人，其中高级教师32人、中级教师77人；省级优秀班主任1人，省级优秀教师1人，市级优秀班主任、师德标兵、教学名师、德育先进工作者6人；省级骨干教师1人，市、区级骨干教师13人。第二初级中学党总支有党员65人，其中在职党员42人。

2018年，学校全年安排教师参加各级培训122人次。涂天举获红花岗区第二批教学名师称号；谭静、彭良、吴庆、王艳获“红花岗区第五批骨干教师”称号；陈永群获“红花岗区未成年人心理健康教育骨干教师”称号。陈洁有国家级课题1个，吴庆有区级课题1个，陈琳、代莎莎、邱龙梅、包宇梅、吴道美有校级课题共5个；叶显乾有市级课题结题1个，吴庆、韩国平、王用美有校级课题结题3个。

陈琳获“贵州省2018年中小学微课应用”比赛二等奖；何小霞、骆琳分别获遵义市第二届青年教师基本功大赛心理健康组、生物组二等奖；邹沙利、钱润江分获区首届青年体育教师教学基本功大赛二等奖、三等奖；马小梅优质课“老王”获区级一等奖；李世莉获区2018年中小学微课“传递情感正能量”二等奖；郭丽娟获红花岗区第二届初中数学青年教师教学基本功大赛二等奖；陈亚娟获红花岗区第二届青年教师教学基本功大赛二等奖；余庆获红花岗区初中生物教师实验操作竞赛二等奖；何小霞获“遵义市省级教师发展中心培训专家库培训专家”称号。

2018年全校469人参加中考，示范性高中录取166人，占参考人数的36%，学生黄丹艳以613分被巴蜀中学录取。

（遵义市第二初级中学）

【遵义市第三中学】 学校占地面积25685平方米，校舍面积15369.9平方米。学校有教职工151人（高级教师37人、中学一级教师65人、中学二级教师45人、未定级4人），其中特级教师、国家级骨干教师、省级骨干教师、市级骨干教师共14人，市级名师1人，区级骨干教师及教学能手33人。在市、区教育学会中担任理事长、理事、秘书长等在职教师27人。2018年，学校党支部有党员70人，其中在职党员51名。

学校有教学楼、办公楼、实验楼3栋；学生宿舍2栋；教室54间，其中多媒体教室44间；大型会议室1间（容纳180人）；音、体、美专用教室各1间；心理咨询室1间；理、化、生实验室共6间；藏书10.32万册。体育设施齐全，有200米塑胶跑道；有篮球场4个、排球场4个、乒乓球场1个。有多媒体演示厅1间，录播室1间；计算机网络教室4间，电脑400台；建有计算机校园网、校园广播网、全国高考监控系统等。新增“班班通”教室白板电脑54台、投影仪10套，累计投入8万元。食堂（可容纳400人就餐）1个、LED显示屏3个，宿舍可容纳900人。

学校有教学班38个（初中部4个、高中部34个），在校学生1855人（初中部212人、高中部1643人）。2018年高考600分以上4人，二本上线人数336人，上线率70%。

组织教师、学校领导参与各级各类培训和继续教育培训；参加市、区级教研106次；教师参加国家级课题1个，市级课题2个（已结题），区级课题5个；优质课获市级一等奖3个、市级二等奖1个，区级一等奖3个、区级三等奖3个；区级教师基本功大赛获一等奖2个、二等奖1个、三等奖3个；教师论文获省级一等奖4人、省级二等奖4人、省级三等奖18人；教师辅导学生获市级一等奖2人、市级二等奖4人、市级三等奖6人，区级一等奖1人、区级二等奖1人、区级三等奖1人；成立高辉名师工作室，开展活动3期，示范课、观摩课和专题讲座有序进行。

（遵义市第三中学）

【遵义市第四初级中学】 学校有教学班40个，学生1946人。教职工133人，其中专任教师132人。中学高级教师20人，一级教师45人，二级教师35人；省级骨干教师2人、市级骨干教师6人、区级骨干教师13人；市级教学名师1人。

学校占地面积29586.5平方米，有300米环形塑胶跑道，8000平方米足球运动场1个、羽毛球场4个、篮球场4个、室内乒乓球场1个（乒乓球台10张）；图书阅览室757.7平方米，座位199个，藏书6.8万册；理、化、生实验室各2间，通用技术实验室1间；计算机房3间，电脑180台；美术教室1间，音乐专用教室1间，舞蹈室1间；学生宿舍198间，标准化食堂2间。

校长王笃弘主持的初中学科“点化”到“解化”教与学策略研究在贵州省教学成果中获省级三等奖；邹媛、张佼在贵州省第六届中小学幼儿园优质课中分别获初中地理学科一等奖、初中历史二等奖；郑令在贵州省体育优质课中获省级二等奖；张宇在遵义市美术优质课中获市级一等奖；2018年，学校在遵义市第二届青年教师教学基本功大赛初中获市级奖项9人次，在红花岗区第二届初中物理青年教师教学基本功大赛区级奖项16人次，在贵州省2018年中小学“微课”应用活动中获奖项5人次，在2018年遵义市远程“三优”录像优质课中获市级奖项4人次，在2018年红花岗区微课比赛中获区级奖项4人次。

在2018年遵义市学科能力竞赛中，数学学科获奖39人，其中一等奖21人；英语学科获奖61人，其中一等奖33人；语文学科获奖27人；物理学科获奖36人，其中一等奖18人；化学学科获奖36人，其中一等奖18人。在2018年全国中学生英语能力竞赛中获全国奖项40人次，省级一等奖166人。机器人、创客、3D设计、信息学奥赛等竞赛，获全国一等奖1个、全国二等奖3个、全国三等奖2个，省级一等奖2个、省级二等奖3个，市级一等奖10个。

学校为“长征故事进校园”第一批示范学校，培养出长征故事小小宣讲员100名，分别到遵义会议纪念馆和南京、厦门、上海、兰州、西安等高校宣讲长征故事，传承红色精神。学校毒品预防教育基地被评为国家级毒品预防教育基地，是遵义市教育局、红花岗区教育局、老城街道办事处毒品预防教育基地。为辖区各单位提供毒品预防教育活动，接待省内外相关单位参观、学习。

（遵义市第四初级中学）

【遵义市第六中学】 2018年，学校毕业388人，秋季入学295人。有教学班19个。在职教职工74人，其中高级教师13人、中级教师38人。区级骨干教师8人。2018年，学校党总支有党员30人。

组织教师参加网络培训并完成研修。赵银燕、刘光才等24名教师结对成为师徒。与道真县大路学校结对完成教育扶贫工作。学校为遵义市“壮腰项目”学校，数学学科和历史学科完成录像课录制工作。组织语文、化学、英语、物理、历史、地理、数学等学科线上学习各1次，完成英语学科课堂诊断1次。危小娟在七校联盟赛课活动中获第一名。

2018年中考中，示范性高中录取106人，占参考人数32.9%；普通高中录取161人，占参考人数52%。

学校获“名城杯”中小学生足球赛体育道德风尚奖、“弘扬国粹　传承民族文化”中小学生象棋比赛团体一等奖、“弘扬国粹　传承民族文化”中小学生围棋比赛团体三等奖、“传承红色基因·童心向党”歌咏比赛三等奖、红花岗区“6·26”禁毒文艺会演二等奖、遵义市“6·26”禁毒文艺会演三等奖、红花岗区第五届中小学师生诗词大赛团体二等奖、2018年红花岗区中小学生节水主题手抄报比赛组织奖、红花岗区第十届中小学生科技体育模型教育竞赛优秀组织奖。

学校与红花岗区文化馆联合，建成非物质文化遗产传承基地和传统文化进校园示范基地；与迎红街道办事处合作建设成“禁毒基地”。

2018年发展新团员40名。学校设立素质活动课，组建合唱队、足球队、篮球队、舞蹈队、手工艺班、书法班。

（遵义市第六中学）

【遵义市第七中学】 遵义市第七中学始建于1963年。2016年10月，与原忠庄中学合并，迁址至原忠庄中学校址，在忠庄中学校址上改扩建，占地面积78亩。学校增设书法、美术、音乐、地理、历史、通用技术等功能室，学校主体工程已建设完毕并投入使用。

2018年，学校毕业460人，秋季入学449人。在校学生1336人，有教学班35个。教职工147人（其中专任教师144人），其中高级教师38人、中级教师62人，学历达标100%；有省级骨干教师1人、市级骨干教师2人、区级骨干教师6人、校级骨干教师18人。2018年，学校党总支有党员55人。

全年安排教师参加国家级、省级、市级、区级培训193人次。7月，在遵义市第二届青年教师教学基本功大赛中，教师程明维、刘科、李必胜获一等奖，王冰菱、梁欢、王一苇、赵鹏程、赵红双获二等奖，柏铄淳、周玲玲获三等奖；40名教师获贵州省教育科学院、贵州省教育学会2017年教育教学科研论文及教学设计评选奖项，其中一等奖6人、二等奖10人、三等奖24人。

2018年学校参加中考440人。高中上线308人，高中上线率70%；高中录取286人，其中示范性高中135人（含配额）、普通高中151人，高中录取率65%。学生陈婷获遵义市2018年初中理综学科竞赛二等奖；学生杨佳君获遵义市2018年初中理综学科竞赛三等奖；张永鑫、张雨淋、郑寒冰、曹书鸾获遵义市2018年初中语文学科竞赛二等奖，曹星羽、袁梦妮获遵义市2018年初中语文学科竞赛三等奖。学校有合唱团、文学社、书法社等学生社团23个。5月，获遵义市“五四红旗团委”称号。

（遵义市第七中学）

【遵义市第九中学】 遵义市第九中学总占地面积7328.4平方米，建筑面积11081.1平方米，运动场地面积5386平方米（操场1000平方米）；理、化、生实验室各2间；音乐教室1间、美术教室1间、劳技教室1间、禁毒宣传教育室1间、职工书屋1间、多功能会议厅1间、云教室2间，行政和教师办公室共14间。教学区、办公区、体育活动区等功能分区合理、设施完备。

2018年，学校毕业628人，秋季入学614人。学校有教学班33个，在校学生1684人。全校在职教职工129人，其中专任教师127人，学历合格率100%。有市级名师1人，区级名师2人；市级骨干教师7人，区级骨干教师7人。2018年，遵义九中党支部有党员53人。

全年选派教师参加国家级、省级、市级和区各级培训126人次。2018年，在省、市、区优质课、技能竞赛、论文、教学设计比赛中，学校获省级一等奖8人次，市级一等奖6人，参加优质课和技能比赛16人。获“一师一优课”省级三等奖1人，区级一等奖4人；获市级基本功大赛一等奖1人，区级基本功大赛一等奖1人；获区级骨干教师表彰3人。

2018年全校527人参加中考，平均分431.2分，中考450分以上252人，500分以上118人，550分以上18人。学校有书法社、橄榄社、文学社等社团12个。2018年获红花岗区中小学“传承红色基因·童心向党”歌咏诵读比赛“三等奖”。

（遵义市第九中学）

【遵义市第十一中学】 2018年毕业846人，招生1294人，在校学生3350人。教职工人数221人，其中专任教师217人。高级教师67人，特级教师2人；省级骨干教师4人，省级优秀教师1人。近五年参加遵义市中考命题教师9人次。

学校全年安排教师参加各级培训183人次。与美国华盛顿育英公立特许学校进行互访交流活动；12月，与上海中远学校建立“一对一”帮扶。

形成“一校两区”集团化办学规模。老城校区占地面积20808平方米，其中绿化用地面积1780平方米，运动场地面积8700平方米，校舍面积11957平方米。官井校区是集教学楼、办公楼、实验楼、图书馆、师生食堂、学生宿舍楼为一体的全寄宿制初级中学，占地70余亩，建筑面积3万平方米，设计标准为36个教学班，供1800名学生学习生活。标准运动场1个，录播教室1间，电脑300余台，“班班通”多媒体系统85套，多媒体教室3间。

教师获奖情况：市级实验技能竞赛获一等奖1人，区级实验技能竞赛获奖1人；教师论文发表在省级刊物4人；获贵州省教育科学院、贵州省教育学会2018年教育教学科研论文及教学设计评选一等奖4人、二等奖11人、三等奖15人；在“一师一优课 一课一名师”活动评选中，获部级优课1节、省级优课7节、市级优课10节、县级优课15节；在贵州省首届微课大赛活动中获省级一等奖2节。

学生获奖情况：罗一鸣参加遵义市“讲好遵义红色故事”演讲比赛，获一等奖；七、八年级学生参加遵义市羽毛球比赛，获第一名、第二名；获红花岗区首届中学生三对三篮球比赛冠军，遵义市首届校园（小学、初中）三对三篮球比赛第四名。2018年，被遵义市教育局授予“军民共建国防教育示范学校”称号。

（遵义市第十一中学）

【遵义市第十二中学】 遵义市第十二中学有两个校区，总占地面积77690平方米。本部校园与遵义医学院原门诊部毗邻，占地面积15507.2平方米。2016年9月，插旗山分校整体搬迁至工业大道（十二中南部校区），占地面积150亩，全寄宿制标准配置，为遵义市开设的第一个城区全封闭式管理寄宿制初级中学。

在2018届中考中获全市综合排名第一，实现遵义市第十二中学中考十三连冠；在2018年遵义市联考中，七、八年级名列第一名。2018年学校获红花岗区中小学生运动会中学组团体总分第一名，连续五届获第一名。学生参加贵州省青少年机器人竞赛获一等奖。7月，赴贵阳和无锡参加全国机器人大赛的两支队伍分别获全国二等奖。遵义市第十二中学合唱团参加红花岗区“扣好人生第一粒扣子”主题教育实践活动暨“传承红色基因·童心向党”歌咏诵读比赛，以总分第一名获城区中学组一等奖。学生在全区第五届中小学生诗词大赛中获一等奖，学校获“先进学校”称号。在全区“长征故事我来讲，红色基因共传承”演讲比赛中，学生获一等奖。在全区

“弘扬国粹·传承传统文化”中小学象棋比赛中，学生获初中组第一名。获遵义市汉字听写大赛一等奖。学校获“贵州省校本教研示范校”称号。杨再香劳模工作室获“遵义市劳模创新工作室”“遵义市中小学首批名校长工作室终期测评优秀名校长工作室”称号。

教师杨再香在遵义市“有作为、敢担当”活动评比中获二等功；周智军获“贵州省特级教师”称号；肖俊华获遵义市优秀班集体和遵义市“十二五”优秀培训者称号；刘永莉获遵义市优秀班主任称号；罗信宇为市级教学名师；王红霞为区级教学名师；刘梅、杨溢、周芳芳、胡刚为区级骨干教师；梁文刚“经营型课堂探究——初中历史教学的史料选择与问题设置”省级课题结题；过明琴“‘微课’在初中生物教学中的应用研究”省级课题结题；黄代俊、路薇、陶莉、朱兵雪、王静、岳辉、梁万里、李朝迅在遵义市青年教师基本功大赛中获市级一等奖；黄代俊、王静、黄安娇、陶莉、岳辉、付祥丽、穆娟、朱兵雪、王敏在红花岗区青年教师基本功大赛中获区级一等奖；姚元伟获物理创新实验区级一等奖；黄安娇获教师实验操作区级一等奖；6人获省级论文、教学设计一等奖，19人获省级论文、教学设计二等奖，16人获论文、教学设计三等奖；获遵义市学科竞赛一等奖120人次，获遵义市学科竞赛二等奖86人次。

2018年，学校毕业学生846人，秋季入学学生1265人。在校学生3723人，有教学班74个。在编教职工254人（教师224人），其中高级教师50人、中级教师101人。教师学历达标率100%。有贵州省特级教师2人，贵州省级骨干教师1人，省、市级优秀教师各2人，遵义市级名校长1人。全年教师参加各级各类培训239人次。

（遵义市第十二中学）

【遵义市第十七中学】 学校占地面积20536平方米，绿化面积2500平方米，有教学楼2栋、宿舍1栋；教室50间，实验室6间，计算机室3间，音乐室、美术室、舞蹈室、心理咨询室、图书室各1间；有田径运动场1个、篮球场4个、排球场2个、羽毛球场2个。

有初、高中教学班共40个，在校学生2099人，其中初中学生603人、高中学生1496人。有教职工125人，其中高级教师33人、一级教师50人。学校有党员50人，其中在职37人。

学校是全市首批“一带一路”小语种日语基地校，开办日语教学；学校向上海STEM云中心申报STEM科创教育培训计划，利用STEM课程方式渗透于学生综合实践，提升学生科技创新能力。5月，教师江永丽、陈君、文静、张义砂辅导学生获全国中学生英语能力竞赛一等奖；李群、徐兰、梅娜、汪德慧、荀贤仕、孙慧玲等组织学生参加学科竞赛分别获二等奖，李娅丹辅导学生李江雪《潜望镜》获红花岗区青少年科技创新大赛科技创意类三等奖；学校参加红花岗区中学生运动会获团体总分第一名，连续三年获冠军称号。红花岗区“扣好人生第一粒扣子”中学生歌咏比赛活动中，学校参赛曲目《好花红》获省级一等奖、市级三等奖、区级二等奖。7月，教师唐文获遵义市高中教育教学质量班主任工作奖，徐兴芬获遵义市高中数学教学质量奖；11月，在红花岗区第二届中小学师生诗词大赛中，雷进、肖占云分别获教师楹联组一、二等奖，张术木获诗词组三等奖；在高中学生楹联组，学生分别获一、二、三等奖。

（遵义市第十七中学）

【遵义市第十八中学】 2018年，学校初中毕业生291人，高中毕业生547人，在校生2304人，有教学班38个。在编在岗教职工137人，其中本科学历112人，研究生学历5人，教师学历达标率100%。高级教师18人，中级教师45人。2018年，学校党总支共有党员59人，预备党员2人。

学校占地面积25513平方米，建筑面积17558平方米，有教室56间（理、化、生实验室6间，音乐教室1间，美术教室1间，舞蹈教室1间，计算机网络教室2间，禁毒宣传室1间，图书室1间，健身房1间），学生电脑80台，教师办公电脑15台。藏书35748册。有250米跑道和田径运动场，篮球场2个、排球场2个。建有计算机校园网、清华大学扶贫网络等。

组织教师参加2018年省教科所、教育学会教育教学科研论文、教学（活动）设计征集和评选活动，获奖11人次。组织教师参加优质课竞赛、实验操作大赛、指导学生参加青少年科技创新大赛，获奖34人次。其中，获市级一等奖2人次；区级一等奖8人次、区级二等奖11人次、区级三等奖2人次。

2018年，高考一本上线9人，二本上线177人。文科最高分601分，理科最高分598分。2018年获“红花岗区教育系统德育工作规范化示范校”“红花岗区推进义务教育均衡发展工作先进单位”称号；被评为区教育系统2018年度学生资助工作先进单位；获2018年高考目标完成奖；在红花岗区第十一届中小学生运动会高中组中获团体总分第三名。

完成学生资助1042人次148.12万元。其中，高中国家助学金555人次100.5万元；高中免学费资助136人次12.7万元；高中教育精准扶贫资助114人次（免住宿费资助73人次），精准扶贫专项资金资助16.3万元，免书本费4.4万元，免学费4.37万元；初中“大家访”资助72人次3.6万元，初中寄宿生生活费补助100人次6.25万元。

（遵义市第十八中学）

【遵义市第二十五中学】 遵义市第二十五中学占地面积17680平方米，建筑面积18184.3平方米（一期综合教学楼4300平方米；二期食堂1700平方米；三期拟建综合楼2960平方米，保留原有建筑面积9224.30平方米），绿化面积4063.26平方米。

2018年，高中毕业268人，初中毕业270人。学校有学生1928人（高中学生1285人、初中学生643人），其中寄宿学生1235人。在职教师125人，其中副高职称41人、中级职称51人。教师学历达标率100%。有特级教师1人，市级骨干教师9人，区级骨干教师3人。设有贵州省高中语文乡村名师孙瑜豁工作室。2018年，学校党支部有党员52人，入党积极分子2人。10月，获金鼎山镇教育总支“先进党支部”称号和金鼎山镇“先进基层党组织”称号。

2018年，学校被评为红花岗区教育系统2017年度义务教育均衡发展工作先进单位、红花岗区教育系统2017年度学生资助工作先进单位、红花岗区教育教学常规管理督导评估优秀学校。2018年，参加“国培计划”网络培训27人；参加区级以上培训19人次。教师周林梦参加红花岗区初中数学教师基本功大赛获一等奖，代表红花岗区参加遵义市初中数学教师基本功大赛获二等奖；蔡晓霞参加红花岗区初中语文教师基本功大赛获区级二等奖。喻云苹参加初中教师信息技术优质课大赛获一等奖，代表红花岗区参加比赛获市级二等奖。

2018年，参加高考191人，二本上线76人，二本上线率40%，23人被省内优质高职院校自主招生录取，92人被省内外高职院校录取，高考升学率100%。212人参加中考，上示范高中50人，上普通高中81人，29人升入职高，高中升学率80%。学校有动漫社、象棋社等学生社团15个。

（遵义市第二十五中学）

【遵义市第二十六中学】 遵义市第二十六中学总占地面积2.039万平方米，建筑面积4.2万平方米，教学区、办公区、生活区、体育活动区等功能分区合理、设施完备。

2018年，学校毕业180人，秋季入学202人。在校学生582人，有教学班15个。在职教职工63人，其中高级教师18人、中级教师33人。2018年，学校党支部有党员24人。

全年安排教师参加各级培训150人次。2018年11月，易安华代表学校参加遵义市第二届中小学青年美术教师基本功大赛获初中组一等奖；易安华老师辅导的作品《苗女》获遵义市2018年“祖国好·家乡美”绘画大赛（中学组）三等奖。

2018年，参加中考145人，考取示范性高中37人，示范性高中升学率25.5%；普通高中52人，普通高中升学率35.9%。陶丽娜获南部新区中考状元。学校有团员78名；有校园之声普通话社团、动漫社、文学社、英语社、心理社、篮球社、足球社、音乐社、道德与法制社、趣味数学社10个学生社团。

（遵义市第二十六中学）

【遵义市第二十八中学】 学校位于巷口镇，毗邻巷口红岩水库。2018年，学校毕业100人，秋季入学116人。在校生272人，有教学班7个。在编教职工19人，其中高级教师4人、中级教师5人。教师学历达标率100%。2018年，学校党支部有党员

12人，入党积极分子3人。

学校有综合教学楼、宿舍各1栋；教室12间；心理咨询室1间；理、化、生实验室共6间；藏书1.15万册。有篮球场1个、羽毛球场1个、乒乓球台6张。多媒体演示厅1间，计算机网络教室1间，电脑97台；建有校园广播站。

学校获红花岗区教育系统2018年度学生资助工作先进单位；2018年被红花岗区人民政府教育督导室评为遵义市红花岗区教育教学常规管理督导评估良好学校；获2018年红花岗区中小学“童心向党”歌咏比赛三等奖；获红花岗区第十一届中小学生运动会体育道德风尚奖。

2018年，派出6名教师到清华大学、苏州大学、西南大学、华中师范大学、贵州师范大学、遵义师范学院参加培训。张志梅获区级基本功大赛二等奖，王远强获区级基本功大赛三等奖，邓余梅获区级基本功大赛三等奖。14名教师参与省教科院论文征集活动，获一等奖1人、二等奖7人、三等奖7人。“农村寄宿制学校依托种植园提高学生探究能力的研究”“农村初中数学小组合作学习高效策略研究”“微课在农村寄宿制中学的实践研究”3个区级课题顺利结题，课题“提升农村中学生写作素养实践探究”获区级立项。2018年，八年级学生李杨涵翰和汪浩参加贵州省第六届青少年机器人竞赛（太空挑战机器人）初中组中获一等奖。

（遵义市第二十八中学）

【遵义市第二十九中学】 学校位于海龙镇栋青园。2018年，学校毕业94人，秋季入学85人。在校生261人，有教学班6个。在编教职工29人，其中高级教师13人、中级教师11人。教师学历达标率100%。学校党支部有党员9人。

有教学楼1栋、宿舍楼3栋、学校食堂1所；教室8间；多媒体教室、计算机教室、心理咨询室、理化生实验室、准备室、图书室各1间；藏书1.4万册。有篮球场1个、羽毛球场2个、乒乓球桌3张；电脑90台，监控设备2套。2018年8月，升级改造遵义市第二十九中学毒品预防教育园地为海龙镇人民政府禁毒教育基地，改址新建厕所，学校操场、运动场维修改建工程完工。

教师冯荣忠获红花岗区首届青少年科技创新大赛二等奖；胡廷国辅导学生参加演讲比赛获一等奖、辅导学生参加征文比赛获一等奖；石龙飞参加红花岗区音乐优质课竞赛获二等奖、参加遵义市音乐教师基本功大赛获二等奖。2018年12月，举行遵义市第二十九中学第一届校园运动会；2018年12月，石龙飞代表遵义市代表队在2018年贵州省少先队辅导员风采大赛中获特等奖1项和一等奖2项。

做好农村寄宿制学校管理工作。2015年成立学校乡村少年宫，开设书画、棋类、乐器、声乐、体育等兴趣小组，丰富学生课余生活。

（遵义市第二十九中学）

【遵义市第五十七中学】 学校建筑面积6万平方米，教学区、办公区、生活区、体育活动区等功能分区合理、设施完备。2018年9月，学校功能室投入使用。

2018年，学校毕业140人，秋季入学355人。在校学生955人，有教学班20个。在职教职工80人，其中高级教师4人、一级教师26人。

2018年首届毕业生140人，500分以上18人，高中升学上线率84.3%，其中升重点高中67人。

全年安排教师参加市级、区级培训62人次。遵义市青年教师基本功大赛中，陈章红、卢晓钰、田巧娥、方海燕、谭朝会、梁小宝6名教师获市级一等奖；赵刚获贵州省中小学教师微课制作一等奖，罗丹获贵州省中小学教师微课制作三等奖；在贵州省教育科研论文评选中获一等奖1名，获二等奖8名，获三等奖14名。在全国中学生英语比赛中，程彤指导的学生获省级一等奖1名，获国家级二等奖1名；彭敏、翟丽芬、肖琳琳分别指导学生获省级一等奖1名；田巧娥指导的学生获省级一等奖7名；李太玮指导的学生获省级一等奖8名；班主任樊莹获红花岗区“七校联盟”主题班会一等奖。

学校获贵州省“绿色学校”称号；在红花岗区第十届中小学生科技体育模型比赛中获优秀组织奖；红花岗区教育局授予学校“学生资助工作先进单位”称号；在红花岗区中小学“传承红色基因·童心向党”歌咏诵读比赛中获二等奖。

2018年，学校党支部有党员22人，预备党员

2人，入党积极分子2人。5月，团干部周燕、漆小源分别获区级优秀团干部称号。学校有足球社团、合唱社团等学生社团12个。

（遵义市第五十七中学）

【南关中学】 南关中学总占地面积5994平方米，建筑面积2800平方米。2018年，南关中学办学第三年，学校无毕业生，秋季入学140人。在校学生329人，有教学班7个。在职教职工33人，其中高级教师2人、中级教师17人、初级14人。区级骨干教师2人。

2018年5月，学生罗鹏飞和徐会玲参加遵义市第五届青少年机器人竞赛活动获初中组第一名；2018年6月参加贵州省第六届青少年机器人竞赛活动，获初中组第一名。学校获南部新区首届中小学生田径运动会团体第三名。学校开设拳击社团，2018年10月，胡宗婧和钟定爱在贵州省青少年拳击锦标赛中分别获金牌和铜牌。

2018年4月，谢光洁获南部新区首届初中“班班通”教学应用说课一等奖、南部新区首届初中“班班通”教学应用优质课一等奖。9月，南关中学成立教科处。

（南关中学）

【深溪镇大窝学校】 深溪镇大窝学校占地面积19960平方米，建筑面积8299平方米，教学区、办公区、生活区、体育活动区等功能分区合理。2018年小学毕业生53人，中学毕业生63人，在校学生476人；小学教学班7个，中学教学班4个。在职小学教师15人，中学教师21人；市级骨干教师1人，区级骨干教师1人。2018年，学校党支部有党员9人，入党积极分子5人。

学校全年安排教师参加各级培训16次。2018年，刘小平参加区级赛课获一等奖，参加市级赛课获二等奖；卢永俊、邹金洋获微课比赛省级一等奖，李延红获微课比赛省级三等奖。

2018年中考示范性高中7人，普通高中12人。学校有航模、书法、足球、篮球等7个学生兴趣小组。

（大窝学校）

【遵义市文化小学】 2018年，有学生3517人，教学班64个。教职工179人。研究生学历4人，本科学历131人；副高级教师10人，一级教师109人；省级骨干教师13人，市级骨干教师22人；市级名校长和名师4人，区级教学名师10人；省级乡村名师工作室主持人1人，市级名校长工作室主持人1人。

2018年遵义市文化小学首届故事节

教师周斌代表遵义市参加省优质课竞赛

杨柳街总部校区六年级由第四初级中学迁回总部，南门校区全部并入官井分校。开放式书吧主体工程建成，完成少先队活动室、党员活动室、食堂改造、分校3号楼整体改建工程，新建成学术报告厅及“小红军故事园”“红领巾苏维埃银行”投入使用。

全年教师参加区级及以上培训369人次4697个学时。在2018年教师基本功大赛中，语、数、英、科、美、品社均获市级一等奖，周斌、冯莲代表遵义市参加省级教师优质课竞赛。全年校本研修立项29个，校级课题立项26个，成功申报市、区级课题8个，已结题2个，正在进行中的课题10个。82名教师撰写论文，经贵州省教育学会评选，获一等奖6篇、二等奖19篇、三等奖52篇。

开发“遵义小红军”综合实践课程，开发“我是红小鬼”“重走长征路”“今日小红军”等主题课程板块，形成《仰望丰碑》《追寻小红》《先辈邓萍》《浮雕追思》《追忆忠烈》等串烧内容。课程获贵州省教育科研二等奖，在红军长征沿线学校推广。

开展“小红军故事节”“中国，一个都不能少”“致敬英雄　崇尚英雄”“文明过节，传承中国传统文化”“我洗手　我健康”等主题活动。学校接受《中国青年报》记者采访；中央电视台《走进乡愁》栏目在学校拍摄；9月20日，在学校开展的老红军李光捐资助学活动在央视14频道播出；“致敬英雄　崇尚英雄”主题活动在全国少工委未来网上刊发。

2018年，学校获“军民共建国防教育示范校”“遵义市优秀少先队大队”“遵义市中小学生诗词大赛先进学校”称号。获2018年中央电视台第三届“极速少年”全国冠军，原创童谣《薪火相传——红色魂》获红花岗区童谣竞赛一等奖；在“奋进新时代　扬帆新征程”——遵义市红色义务宣讲风采大赛、“长征故事我来讲，红色基因共传承”遵义市首届长征故事进校园讲故事大赛、遵义市第六届中小学生美术作品展等活动比赛中获一等奖；获遵义市科教杯围棋、象棋比赛U9组冠军、U12组亚军，获红花岗区中小学生围棋比赛小学组团体一等奖、象棋比赛小学组团体二等奖、红花岗区创新大赛优秀组织奖、红花岗区男子篮球比赛区级二等奖、红花岗区三人制篮球周末联赛小学男子组第二名。

2018年11月15日，学校学术报告厅落成并正式投入使用

（王昭敏）

【遵义市老城小学】 老城小学位于红花岗区玉屏路5号。校园占地面积13968平方米，校舍建筑面积13545.79平方米。有学生2492人，教学班43个。教职工126人，其中专任教师122人。高级教师4人；省、市、区级骨干教师共17人。2018年获省级“防震减灾示范校”称号。

2018年3月，全国关工委到老城小学指导工作

学校有教学楼、办公楼各1栋；教室43间；音、体、美专用教室各1间；心理咨询室1间；学生发泄室1间。藏书4万册。体育设施齐全，有200米塑胶跑道、全塑胶田径运动场；有篮球场2个。多媒体演示厅1间；500平方米多功能演艺厅1间；计算机网络教室2间，电脑146台；建有计算机校园网、校园广播网、校园电话网。

承接北京师范大学亚太实验学校送教活动；承接清华大学“国培计划”送教红花岗区小学专场活动；承接遵义市语言文字规范化测评培训工作。承办红花岗区语文、数学、英语区级研讨活动及红花岗区“西西弗杯明天数学家”竞赛活动等。承担遵义市小学数学骨干教师培训跟岗研修活动。7月，建设学校关工委红色文化展厅；9月，全国关工委现场会在学校举行。

柳华华作为贵州省小学语文骨干教师团队成员代表贵州省参加全国小学语文非阅读课型优质课竞赛，获全国一等奖。张璟参加市、区品德与社会优质课竞赛获一等奖；刘颖在遵义市“班班通”应用技术优质课竞赛中获二等奖；徐乐乐、

2018年6月，举行“童心向党，红花绽放”学生社团红色文化艺术展演

饶方、姚憧憧、郝维莎、肖湘5名教师参加红花岗区第二届青年教师基本功大赛获一等奖，祝其红获三等奖，徐乐乐、郝维莎、饶方3名教师代表红花岗区参加遵义市青年教师基本功大赛；田甜参加红花岗区“心理健康教育”优质课竞赛获一等奖，代表红花岗区参加市级比赛；艾钰江在红花岗区科学教师实验操作竞赛中获一等奖，鄢家骏获三等奖；在红花岗区“西西弗杯明天数学家”竞赛中，学校学生累计获奖46人次，8名教师获指导奖。刘婷、王艳、代显婧、唐雅棱参与的市级专项课题“小学语文课内外阅读衔接的策略研究”于3月结题。有校级科研课题6个。

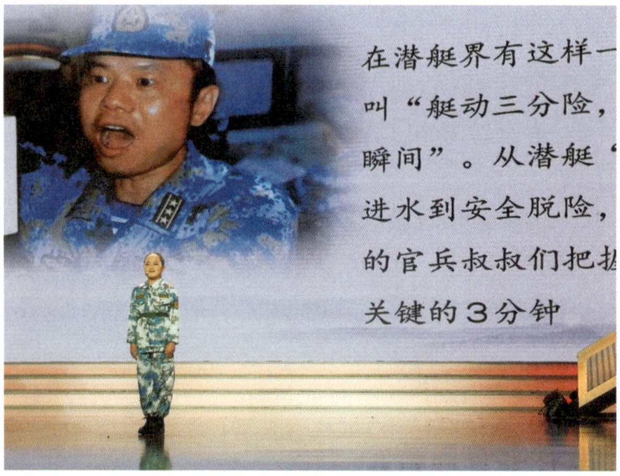

2018年12月，学生张瑞凝代表贵州省参加“全国首届红色故事比赛”

少年宫共有社团19个。2018年，舞蹈社团28名学生排练的舞蹈《我的偶像》参加贵州电视台少儿春晚录播。配合党支部做好“小小红色文化宣讲员”工作，宣讲员张瑞凝代表学校参加遵义市红色义务宣讲风采大赛；12月，张瑞凝代表贵州省到上海参加“全国首届红色故事比赛”，获“全国优秀志愿讲解员”称号。8月上旬，学生李柠伊代表贵州省参加“五好小公民”主题读书教育活动“红旗飘飘，引我成长”演讲比赛，获全国二等奖；组织学生参加红花岗区“传承红色基因·童心向党”诵读比赛获二等奖。城市少年宫组织学生参加2018年遵义市乡村（城市）少年宫作品征集活动获市级奖9人次。30名学生被评为全区“新三好”学生。

（老城小学）

【遵义市丰乐小学】 2017年，在校学生1761人，有教学班33个。在职教职工88人，专任教师87人（副高级教师5人）。省特级教师2人；省级骨干教师2人，市级骨干教师5人，区级骨干教师5人；省级名校长1人，市级名校长1人，区级名师1人。

学校占地12463平方米，建筑面积8167.42平方米，教学区、办公区、生活区、体育活动区等功能分区合理、设施完备。

学校获中国德育创新基地学校、全国传统文化进校园试点学校、贵州省实施素质教育先进学校、贵州省教育学会小学语文专业委员会首批基地学校、贵州省廉洁文化进校园示范校、贵州省“五好”基层党组织、贵州省职工书屋、遵义市书香校园、遵义市文明单位、遵义市安全文明校园、遵义市十佳文明校园、红花岗区减负提质示范学校、红花岗区教育教学常规管理督导评估优秀学校、红花岗区素质教育评估优秀学校、北师大遵义市高端领军人才培养基地校。学校获贵州省首届中小学（幼儿园）教育教学成果评选三等奖、贵州省第四届优秀校园文化活动评比一等奖。

国家级课题和贵州省省级课题“培养小学生阅读习惯和兴趣的实践研究”、遵义市特色学校建设专项课题“课内外结合小学生阅读兴趣与习惯的探索”、市级课题“学会学习”、区级课题“‘自主参与式’作文批改与评价的研究”均已结题。

（遵义市丰乐小学）

【遵义市东风小学】 2018年，有教学班37个，学生2021人；在编教职工146人，其中专任教师144人。副高职称3人，一级教师72人，初级教师69人。党员68人。学校占地面积4915平方米，总建筑面积6625平方米。有教学楼3栋，普通教室37间，计算机80台，实验室、仪器室、标本观察室、心理咨询室、音乐、体育室、多媒体教室、少先队活动室、图书室、阅览室各1间，配备有C级食堂。

申报市级课题1个、校级课题10个。11月中旬，获“省级语言文字示范学校”称号。8月底，五、六年级小班额实验班开班。9月，学校通过“义教均衡”国家级评估验收检查。教师参加各类赛课和基本功竞赛活动，分别获市级一等奖3人、二等奖3人，区级一等奖8人、二等奖3人；辅导学生获市级一等奖2人，区级一等奖13人、二等奖24人、三等奖28人；参加各级各类研讨课获区级一等奖14人；参加校级课题研究、校级研讨课和赛课达50人。12月，刘恋、黄瑛参加教育部“一师一优课、一课一名师”活动，报送课例均被评为优课。

学校获“市级文明校园”称号。学校少先队分别获市级、区级“优秀少先队集体”称号；熊贵兰被评为市级优秀少先队辅导员；孙雨旸被评为市级优秀少先队员，张靖瑜被评为区级优秀少先队员。8月底，遵义市东风小学三叶草校园体育俱乐部开班，开设足球、篮球、美术、科技模型、舞蹈、机器人、书法、器乐、普通话小测试员培训站、武术、象棋、围棋等兴趣课程22门。童心向党系列诵读比赛中，学校推送节目《山河已无恙》分别获省级、市级、区级一等奖；分别获区级学生象棋、围棋比赛团体一等奖和二等奖。

（遵义市东风小学）

【红花岗区第一小学】 2018年学校毕业235人，秋季入学181人。教学班24个，在校学生1314人。在编教职工68人（小学高级教师2人）；市级名师1人；省级骨干教师3人，市级骨干教师3人，区级骨干教师5人。有2人担任区级教育学会副理事长。2018年，学校共有党员35人，培养入党积极分子1人。

校园占地面积7430平方米，绿化园地332平方米，体育运动场地3452平方米。教室24间，图书室、活动室、科学实验室、心理咨询室、保管室、美术室、音乐室、体育器材室各1间；藏书30040册；体育设施齐全，操场2个；计算机网络教室1间，电脑104台；建有计算机校园局域网、校园广播网。

组织教师参加各级各类教学研讨、教学比赛和教育教学能力培训共1411人次4406学时。与重庆市永川区兴龙湖小学、正安县凤仪镇中心学校、巷口镇中心学校等开展教学、教育管理等交流。成功申报市级课题1个、区级课题4个、校级课题12个。开展“1+X”美行课程活动和“美行大课间”活动，设置航模、书法、超强记忆、手工、舞蹈、足球等“美行课程”36个，自编“美行大课间”特色校本教材。

2018年1月，学校获“国家义务教育均衡发展工作先进单位”称号；获中央电视台少儿频道《极速少年》第三季最佳进步奖，在遵义赛区选拔赛中获第三名；6月，获遵义市“萌芽杯”校园足球周末联赛体育道德风尚奖。付顺霞、何晓燕、危登林获红花岗区第二批区级名师称号；黄慰、郑露露获红花岗区第五批区级骨干教师称号。5月，赵萱萱获道德与法治优质课竞赛一等奖、吴有彬获体育教师基本大赛一等奖、熊颖获英语教师基本大赛二等奖、令狐昌浪获音乐教师基本大赛二等奖、贾莲莲获信息技术教师基本大赛二等奖、向应彩获语文阅读优质课赛二等奖；8月，邹洪获科学教师基本大赛二等奖、张良彩获道德与法治教师基本大赛二等奖；9月，杨贞珍获数学教师基本大赛三等奖。6月，余帆、卢纪均、令狐昌浪、王天惠、孙一兰、杜玉霞获第十三届“西西弗杯明天数学家”竞赛指导教师一等奖；吴小菊、杨丽萍获省级优秀论文评选一等奖，郑露露、谢婷、秦玲等38人获省级优秀论文评选三等奖；教师李国伟在“祖国好　家乡美”“童心向党”书法比赛中获市级三等奖。

在“初级遥控平跑车安全行车”竞赛中学生朱雨欣获省级三等奖；在“扣好人生第一粒扣子”优秀童谣征集活动中郭睿哲获市级一等奖；在“五好小公民”征文比赛中王铭嘉荣、李静怡、马玉洁、詹小樱、邱远锐、张欣璨获区级

一、二、三等奖；在“体育模型教育竞赛”中古昕怡、刘思雨获区级二等奖；在“祖国好　家乡美”“童心向党”书法比赛中敖名获市级三等奖；在“红旗飘飘　引我成长”主题演讲比赛中马玉洁获区级三等奖；陈思俊获“弘扬国粹 传承民族文化”中小学围棋U12组区级三等奖；向瑞丰获“弘扬国粹　传承民族文化”中小学象棋组区级三等奖；孔令冰、敖名获“节水主题手抄报”比赛区级优秀奖。郭睿哲、王思齐、陈宇轩、令狐煊赫、马玉洁、陈思俊、张晨获第十三届“西西弗杯明天数学家”竞赛一等奖，张博一、陈思伊、欧家杜、王力获二等奖，陈禹晗、石永毛、李佳仪、钟义豪、赵佳洪、代桂洪、张秋雨桥、杨冰琳、曾凡宇、李浩青、黄浩宇、黄钰捷、涂彩怡、程果获三等奖。

（区第一小学）

【红花岗区第二小学】　2018年，学校毕业314人，秋季入学247人。在校学生1396人，教学班27个。在职教职工74人，其中副高级教师4人、一级教师41人、二级教师28人。特级教师1人；省级骨干教师1人，市级骨干教师2人，区级骨干教师5人，校级骨干教师11人；市级名师2人，区级名师1人；遵义市首批语文名师工作室1个，遵义市音乐名师工作室1个。学校党支部正式党员34人，预备党员1人。

学校占地面积7624.43平方米，建筑面积7501.79平方米，学校教学硬件设施配备齐全，塑胶跑道、音乐教室、美术教室、舞蹈室、图书室、科学实验室、计算机教室（计算机120台）、多功能会议厅等专用教室设备设施一应俱全。图书36390册，已申报省级优秀图书室；实验仪器价值16.2万元，基本满足开展实验教学活动。

2018年6月，教师陈晶执教“绘本里的奇妙想象”在贵州省第四届小学生课外阅读指导课竞赛中获一等奖

2018年秋季学期，学校开展“性别平等教育进校园”系列活动——心理团辅讲座《青春无秘密　男女无差别》

全年区级以上培训200人次。与重庆市渝中区人和街小学签订“友好学校”协议。省级语文课题“小学语文‘原生态习作’教学策略实践研究”进入实验最后阶段；区级数学课题“数形结合思想在小学教学中运用的研究”正在实施阶段；10月，市级音乐课题“探究‘声势律动’在音乐教学中的创设与应用”开题。4月，校长付红宇和教学副校长杨岚分别获市级录像课和区级语文优质课竞赛一等奖。5月，万倩倩获遵义市第七届小学语文非阅读课型优质课竞赛一等奖；吴燕参加红花岗区“品德与社会”优质课竞赛活动获区级三等奖。6月，陈晶执教“绘本里的奇妙想象”获省级赛课一等奖；张乐洪在市、区级体育教师基本功大赛中获一等奖，省级竞赛二等奖。教师参加贵州省教育科学院、贵州省教育学会2018年教育教学科研论文、教学（活动）设计征集和评选，获奖14篇。心理健康咨询师张明芝参加区、市级首届小学心理健康优质课比赛获一等奖。2018年，学校获红花岗区“性别平等教育进校园示范校”称号。

在2018年红花岗区青少年“我爱飞行、爱海疆”航模比赛中，获奖12人次，其中获一等奖4人。在红花岗区青少年机器人大赛中，胡洪憬和张洪睿获区级遥控足球机器人二等奖，毛庭军和陈应煜获三等奖。2018年“传承红色基因·童心向党”歌咏诵读《教育扶贫　情暖童心》获市级一等奖。

在2018年中央电视台“希望之星”英语风采大赛中获市级一等奖1人、二等奖2人、三等奖1人；在2018年“名城杯”中小学生校园足球比赛中获红花岗区第二名。

（区第二小学）

2018年5月4日，学校与重庆市渝中区人和街小学缔结“友好学校”签约仪式举行

【红花岗区第四小学】　2018年，学校毕业374人，秋季入学299人。在校学生1778人，有教学班32个。在职教职工91人，其中高级教师5人、一级教师60人、二级教师24人、未定级2人。省、市级骨干教师11人。学校党支部有党员37人，入党积极分子1人。

校园占地面积8076.6平方米，校舍建筑面积8604.2平方米，教学区、办公区、体育活动区等功能分区合理、设施完备。

学校获贵州省2018年度中国特长生系列活动优秀组织单位、第五届红花岗区中小学师生诗词大赛先进学校、全国青少年集邮活动示范基地、红花岗区“文明校园”、遵义市第二届“全民阅读·书香校园”中小学生诗词大赛先进学校、红花岗区教育系统创建全国文明城市工作先进单位等称号。

2018年5月10日，学校开展防震逃生应急疏散演练活动

全年安排教师参加各级各类培训181人次。在红花岗区第十三届“西西弗杯明天数学家”竞赛中何梓源、林园奕等30名学生分别获一、二、三等奖。7月，郑娟、陈伟被评为红花岗区第五批骨干教师。8月，杜青在红花岗区第二届教师基本功大赛中获一等奖，获市级教师基本功大赛二等奖；何婷庭、彭丹丹、祝应远在红花岗区第二届教师基本功大赛中获二等奖；罗勇在红花岗区首届青年体育教师教学基本功大赛中获三等奖；何跃、张修玉、杜青、黎芝周在全国青少年五好小公民“红旗飘飘，引我成长”主题征文比赛中指导学生获一、二、三等奖；在省级论文和教学设计评比中，22名教师获奖，其中一等奖4人、二等奖4人、三等奖14人。10月，苟红梅在红花岗区教培中心组织的美术学科青年教师教学技能大赛中获一等奖。11月，在第五届红花岗区中小学师生诗词大赛中，获学生团体赛一等奖、学生个人赛一等奖1人，王明玉获个人赛二等奖，陈伟被评为优秀裁判员，李之平被评为先进个人。

（区第四小学）

2018年10月10日，学校举行纪念中国少年先锋队建队69周年活动

【红花岗区第五小学】　2018年，学校毕业313人，秋季入学609人。全校学生2333人，有教学班45个（本部30个、插旗山校区13个、延安校区2

个）。在职教职工114人，其中特级教师1人、高级教师8人；市级名校长1人，市级名师3人，区级名师2人；市级骨干教师5人，区级骨干教师5人；有红花岗区名师工作室主持人1人；有5人在红花岗区各科教学研究会中担任理事会成员。学校党支部有党员47人，其中退休党员9人，在职38人。2018年，获省级“安全文明校园”、区级“关心下一代先进集体”称号；红花岗区教育局推荐学校为“遵义市第一批品质学校”。

学校占地面积13464平方米，建筑面积12333.15平方米。形成中华路本部校区、插旗山校区、延安路校区“一校三区”集团化办学模式。

2018年3月，“平安校园行”启动仪式

2018年11月，一年级新生开笔礼

全年安排教师参加各级各类培训721人次。教师在贵州省教育学会2018年教育教学科研论文及教学设计活动中，分别获一、二等奖共20人；学生参加2018年度中央电视台“希望之星”英语风采大赛分别获市级一、二等奖；王妮、吴明星、冯生在遵义市青年教师基本功大赛中分别获语文、英语、体育学科一等奖；夏庆怡在红花岗区首届中小学青年音乐教师教学基本功大赛中获一等奖；学生在红花岗区第十三届“西西弗杯明天数学家”获一、二、三等奖共30人；李顺英成为红花岗区首届名师工作室——李顺英名师工作室主持人。学生分别在贵州省“青少年我爱飞行·爱海疆模型”、遵义市中小学师生现场书画大赛、首届书画现场区第二届青少年科技创新大赛科技画比赛、区第三届机器人大赛中模仿真机器人、“弘扬国粹——象棋比赛”等活动中获一、二等奖。

2018年4月，与山东济宁学院附二小结对交流

（区第五小学）

【红花岗区第六小学】 2018年，学校毕业362人，秋季入学426人。在校生2158人，有教学班40个。学校有教职工103人，其中专任教师102人。

学校有教学楼1栋、少年宫综合楼1栋。校园占地面积12030平方米，建筑面积10857平方米。有体育活动场地9550平方米，有图书46000册，教学实验仪器配置价值22万元，计算机206台。

区级课题立项6个，校级课题立项27个。7月，28名教师撰写的教育教学论文教学设计在省级论文评选中分别获一、二、三等奖；赵永秀获区级名师称号，陈正银、赵猛获区级骨干教师称号。赵猛代表贵州省参加全国美术优质课大赛获二等奖；代芳丹获语文区级赛课二等奖，赵友蒙获区级品德赛课三等奖。6月，陈家川等6位教师在区级各学科基本功大赛中获一等奖3个、二等奖2个、三等奖1个。

组织学生参加区中小学生航空航天模型竞赛连续五届获小学组团体总分第一。学生在红花岗区第十二届“西西弗杯明天数学家”竞赛活动中，获一等奖6人、二等奖6人、三等奖 10 人。5月，学校编排的大型红色舞蹈《忆长征》获市级一等奖；参加遵义市“学长征精神·做红色传人”作品征集活动，分别获市级一、二、三等奖，共计17个；11月21日，在遵义市首届长征故事进校园讲故事大赛中，学生杨成野获一等奖、王文玉获二等奖。少年宫参赛获市级一、二、三等奖共计37个。在科技航模比赛中获省级第一名1人、省级第三名2人、省级第五名4人、省级第六名2人。12月，学校红星中队获2018年度国家级“全国优秀少先队集体”称号。

（区第六小学）

【红花岗区第七小学】　2018年上半年，有学生1178人，其中进城务工子女1075人，六年级毕业生190人。2018年下半年，有学生1145人，其中进城务工子女1056人，一年级招生人数146人。在编教师53人，其中高级教师3人、中级教师21人、初级教师18人、见习期教师11人。中共党员10人。

学校占地6109平方米，校舍面积5360平方米，学生活动面积5356平方米。有图书23890册；科学实验室1间，计算机教室2间，电脑145台；29间教室和功能室均有“班班通”设备；心理咨询室1间，音、美功能室各1间；校园有光纤网，局域网和新建清华伟新教育扶贫项目二级基站。

第七小学美术多功能室

第七小学音乐多功能室

学校获“遵义市安全文明示范学校”“红花岗区教育系统解决进城务工人员子女入学先进集体”等称号。参加区级及区级以上组织的优质课、青年教师基本功大赛、师生诗词大赛、教育科研论文及教学设计评选等比赛，共获区级三等奖5人、二等奖5人、一等奖5人，市级一等奖2人，省级三等奖10人、二等奖4人、一等奖1人。

组织教师参加各级各类培训177人次。2018年9月，与重庆市江津区菜市街小学精准对标缔结友好学校。申报并立项区级课题2个、校级课题9个。

（区第七小学）

【红花岗区第八小学】　学校教学班32个，学生1703人。专任教师72人，教师学历合格率100%。占地面积3.4万平方米，建筑面积9973平方米，绿地面积1.8万平方米。建有200米全塑胶环形跑道运动场及行道树、草坪等附属配套设施。教学楼3栋，教师办公楼1栋，多功能教室1栋，学生专用食堂1栋。藏书33400册，计算机教室2间，计算机174 台，科学实验室2间，仪器设备价值 138万元。

学校获全国首批青少年校园足球特色学校、全国中小学德育工作典型经验推广学校、贵州省青少年足球布点学校、贵州省青少年科技特色学校、贵州省青少年足球“菁英计划”试点学校、遵义市首批中小学智慧校园示范校等称号。获三亚全国青少年足球邀请赛U12队亚军、U10队第五名；天津市校园足球夏令营（红桥站）优胜奖；遵义市足球特色学校邀请赛第三名、周末联赛季军；红花岗区足球大课间评比一等奖；连续三次

2018年10月12日，区第八小学"践行社会主义核心价值观 争做时代好少年"建队日活动

蝉联红花岗区校园足球比赛小学组冠军。

学校获红花岗区第十届中小学生科技体育模型教学竞赛优秀奖、红花岗区第二届青少年科技创新大赛优秀组织奖、红花岗区第十届中小学科技体育模型教学竞赛暨2018年贵州省青少年"我爱飞行，爱海疆"模型比赛优秀组织奖。参加2018年遵义市科技航模比赛获金牌2枚，市级二等奖5个、三等奖2个。在红花岗区第十届中小学生科技体育模型教学竞赛中获一等奖20人、二等奖18人、三等奖10人；在区第二届创新大赛中获一等奖7个、二等奖11个、三等奖38个。

（区第八小学）

【红花岗区第九小学】 学校占地30720平方米，建筑面积15593平方米。2018年，学校在校学生1847人，教学班37个。有在职在编教师66人，其中高级教师2人、中级教师21人；区级教学名师2人。2018年，全校有党员16人。

全年安排教师外出参加各级培训86人次。校际交流34人次。教师论文获省级二等奖2人、三等奖5人；参加区级赛课获二等奖1人；辅导学生参加全国中小学信息技术创新与实践活动决赛智能机器人航天计划赛项，获全国三等奖。

2018年，学生参加红花岗区第三届机器人大赛，获一等奖3人、二等奖1人、三等奖1人；参加区科幻画比赛，获二等奖4人、三等奖16人；电子模型赛二等奖1人、三等奖1人；参加明天数学家竞赛获二等奖1人、三等奖1人；参加全国小学英语竞赛，获二等奖1人、三等奖6人。

（区第九小学）

【红花岗区第十小学】 2018年，学校有教学班20个，在校学生1083人，其中留守儿童16人。教职员工58人（党员25人），其中专任教师57人、工勤人员1人。高级教师2人、一级教师37人、二级教师20人。

学校占地8901.5平方米，建筑面积3861平方米。普通教室20间，计算机教室有计算机61台，"班班通"24套，实验室、仪器室各1间，标准化心理咨询室1间，音乐、体育、美术室各1间，多媒体教室1间，少先队活动室1间，书法室1间，书吧4处，图书室1间，藏书 32078 册。

学校申报陈静语文课题、毕晶晶数学教研组区级课题2个；由周渝萍、罗其等参与的省、市级课题已结题。2018年，教师教学论文有17人分别获省级论文一、二、三等奖。教师黄瑞、李卉、李莉、徐兵分别代表学校参加优质课竞赛、教师基本功大赛，获区级第一名3个、第二名1个、第三名1个。学校参加红花岗区第十一届中小学生田

开展禁毒宣传

红花岗区第十小学课间活动

径运动会，总分名列第八位。城市学校少年宫开设兴趣班16个，开展丰富多彩的社团活动。

（区第十小学）

【红花岗区第十一小学】　2018年，学校毕业173人，秋季入学148人。在校学生873人，有教学班18个。在职教职工48人，其中一级教师26人、二级教师19人。市级骨干教师2人，区级骨干教师2人，学历合格率100%。学校党总支共有党员24人，预备党员1人。学校获2018年红花岗区“优秀德育示范校”、2018年“关心下一代工作先进集体”称号。

学校地处红花岗区兰家堡小区，校园面积5594.4平方米，校舍面积2930平方米，活动场地面积4327.76平方米。教师电脑36台，藏书12760册；音乐、美术、体育等教学器材齐全，数学、自然（科学）实验仪器能满足教学所需。学校有七彩书吧、七彩合唱队、七彩科学兴趣小组等学生社团4个。

全年安排教师参加各级各类培训305人次。5月，胡国莲获红花岗区小学语文优质课竞赛一等奖；刘银银被评为红花岗区第五批区级骨干教师。7月，张安平获省级教学论文评比一等奖；胡国莲、沈登化、李静、刘银银获省级论文评选二等奖；宋德凤、王伟、龙金妹、孔艳、徐雪、何兰英、张安平获省级论文评选三等奖；邓艳琴获红花岗区第二届品德青年教师基本功竞赛一等奖；沈登化获红花岗区第二届数学技术基本功竞赛一等奖；周玥获红花岗区第二届小学语文技能大赛二等奖。8月，邓艳琴获遵义市第二届道德与法治青年教师基本功竞赛二等奖；薛亚芬在红花岗区小学品德与社会优质课评选活动中获区级二等奖；龙金妹获红花岗区第二届小学英语基本功竞赛二等奖；宋德凤获红花岗区第二届信息技术基本功竞赛三等奖；王伟获红花岗区科学基本功竞赛三等奖；姜勇获红花岗区小学科学实验操作比赛三等奖。9月，张安平、陈小东、陈良芳分别在红花岗区首届中小学青年体育教师基本功大赛中获小学组一、二、三等奖。11月，张安平在遵义市首届中小学青年体育教师基本功大赛中获一等奖。

（区第十一小学）

【红花岗区第十二小学】　2018年，学校毕业231人，秋季入学187人，在校学生1327人，有教学班24个。教职工63人，其中专业教师62人。学校党支部共有党员49人，预备党员1人。

学校占地面积8186平方米，建筑面积8873平方米，学校建有教学楼、综合楼、办公楼以及运动场，设施齐全，办学条件完善。

全年安排教师参加各级各类培训198人次。校级课题10个，邓融参加的省级课题“大班额背景下提高小学英语课堂教学有效性策略”已结题。田维易参加区级品德优质课竞赛获一等奖；王丽参加区级语文优质课竞赛获二等奖；罗玥参加区级心理健康优质课竞赛获二等奖。陈霞、杨正冬、李磊磊、杨茂红、田维易、申欢6名教师参加语文、数学、英语、科学、品德、计算机基本功技能大赛，英语获区级一等奖，数学、语文、计算机、科学获区级二等奖，品德获三等奖。

学校有足球、乒乓球等学生社团23个，2018年城市少年宫工作获市级“十佳少年宫”称号。

2018年5月31日，城市少年宫成果展演

2018年9月14日，新生开笔礼

5月，在第十一届中小学生运动会（田径比赛）中获小学组团体总分第一名；获红花岗区中小学象棋比赛（小学组团体）三等奖。8月，在遵义市少儿书画展和书画奖项评比中获优秀辅导奖。

（区第十二小学）

【红花岗区第十三小学】 2018年，学校占地面积5656平方米，建筑面积9596.3平方米。有教学班35个，学生1983人。在编教职工96人，其中副高级教师5人、一级教师51人、二级教师37人。市级教学名师 1人。教师学历达标率100%。2018年，学校党总支有党员41人，预备党员2人，入党积极分子2人。

学校有教学楼、综合楼各1栋；教室35间，美术专用教室2间，心理咨询室1间，科学实验室2间，舞蹈室1间，音乐室2间，图书室1间，藏书43340册。风雨操场1个，篮球场2个；多媒体教室1间，计算机网络教室2间，电脑211台；建有校园网、校园监控系统等；遵义市B级学校食堂1个，安装监控设备。

2018年组织教师参加培训活动390人次。申报、参加区级课题5个、校级课题12个。教师参加各级各类比赛（含指导学生参赛）获奖187人次。其中，组织教师参加贵州省教育科学院、贵州省教育学会2018年教育教学科研论文及教学设计评选获奖24人次；组织学生参加2018年度中央电视台“希望之星”英语听写大赛获奖9人，参加全国青少年“五好小公民”主题教育读书活动获奖2人，参加“长征故事我来讲，红色基因共传承”遵义市首届中小学生长征故事进校园讲故事大赛获奖2人，参加2018年遵义市“学长征精神·做红色传人”城乡少年宫作品征集活动大赛获奖5人

红花岗区第十三小学第一届校园体育节棋王争霸赛

9月，“健康 文明 快乐 向上”第一届校园体育节开幕

（一等奖2人）。

（区第十三小学）

【红花岗区第十四小学】 2018年，学校毕业227人，秋季入学470人。在校学生1822人，有教学班36个。在职教职工69人，其中高级教师1人、中级教师30人。省、市级骨干教师2人；省级乡村名师1人，区级名师2人。学校党总支共有党员26人。

学校占地面积15587平方米，建筑面积12475平方米，教学区、办公区、体育活动区等功能分区合理、设施完备。

学校有足球社团、篮球社团、墨舞湘江诗词社团、经典诵读社团4个社团。7月，副校长周万英辅导学生参加区级第三十四届创新大赛获区级一等奖，教师何志强、杨方楷、黄成裔辅导科技小组成员获区级一等奖，副校长张小敏及教师何志强、张霞辅导墨舞湘江社团成员获区级二等奖。

全年安排教师参加各级各类培训158人次。

开展教研活动

学校校级课题立项6个；周万英分别承担国家级课题1个、省级课题 1个、区级课题1个；教师刘莉、陈海燕分别承担区级课题1个。5月，有22名教师参加省级论文评比分别获一、二、三等奖。7月，副校长张小敏与教师王冬娟承担区级课题结题共2个；教师印红代表学校参加遵义市信息技术基本功大赛获一等奖。9月，5名学生分别获国家级“五好小公民”作文竞赛一、二、三等奖。

（区第十四小学）

【红花岗区第十五小学】　2018年，学校毕业 46人，秋季入学 265 人。在校学生1037 人，有教学班24个。占地面积32400平方米，建筑面积7498平方米，教学区、办公区、生活区、体育活动区等功能分区合理、设施完备。

学校获全国国防教育特色学校、贵州省“安全文明校园”、2018年遵义市十佳学校少年宫等称号。有绘画、手工、合唱、电脑制作等学生社团30个。学生华泽睿、唐哲豪获遵义市第五届机器人竞赛太空挑战赛项目一等奖，刘哲熙获遵义市第五届青少年模型锦标赛小学男子组烈风遥控安全行车赛项目二等奖；朱梓萌获第二十届“飞向北京飞向太空”全国青少年航空航天模型教学竞赛活动总决赛“翼神”橡筋动力扑翼机竞时赛小学女子组一等奖，张涵获小学男子组二等奖。12月，学生华泽睿、唐哲豪获2018年贵州省青少年教育系列活动——第十一届“贵青杯”第六届学生机器人竞赛太空挑战赛项目小学组一等奖。获遵义市首届“上港杯”五人制足球比赛第二、三名。

郭溯、刘易矗分别获遵义市第二届青年教师教学基本功大赛一等奖、二等奖；王婷和胡微分

2018年4月，学校举行汉字听写大赛

2018年6月，学生参加南部新区英语短剧比赛

别获遵义市2018年中小学现代信息技术应用优秀论文评比（优质微课）一等奖、二等奖。

（区第十五小学）

【红花岗区第十六小学】　2018年，在校学生536人，其中外来务工人员子女192人、福利院学生8人。学校教职工32人，其中中级教师20人、初级教师11人。有在职党员12人、退休党员2人、积极分子1人。

学校占地面积4548平方米，操场面积2650平方米，校舍面积2349平方米，绿化面积520平方米。有教室13间，多媒体教室1间，计算机室1间，学生机58台；广播室1间，科学实验室1间，科学器材室1间，心理咨询室1间；图书室1间，图书 14041册；有篮球场1个、乒乓球台6张。足球活动常规化，与302金润豪足球俱乐部联合建立足球基地；开发“幸福农场”实践基地，定期开展以“种植绿色，播撒幸福”为主题的实践活动。

全年安排教师参加各级各类培训194人次。成

2018年3月，教师袁小勇在全区音乐示范课上

2018年10月，302金润豪足球俱乐部校足球运动员进行开幕式展演

立校级课题10个，开展课题研究和校本教研。

2018年4月，黄宇“走在上学路上”一课获南部新区首届品德与社会优质课比赛一等奖；卢洪英“一个特点鲜明的人”获南部新区语文优质课赛课一等奖；范倪强“鸽巢问题”说课获南部新区“班班通”教学运用比赛二等奖。6月，谭瑾获遵义市第二届青年教师基本功大赛一等奖、南部新区春季学期小学青年教师基本功一等奖。崔喜红、李娜等28名教师撰写的论文分别获省级一、二、三等奖；李体利、陈燕辅导学生参加第五届《当代教育》贵州省小学生作文比赛分别获佳作奖。

2018年7月，李天红辅导学生宋雯丽获省级科技模型小学女子组“烈风”号第三名；李天红带领学生姜钟杰、刘德翔获省级“机器人足球”项目一等奖；杨秀星带领杨星星获遵义市第五届机器人“中鸣仿真”项目三等奖。

（区第十六小学）

【红花岗区第十七小学】 学校占地面积20012平方米，校舍建筑面积9520平方米，教学设施完善，功能室齐全。2018年，在校学生1527人，有教学班31个。在职教职工63人。市级名师1人，骨干教师2人，区级骨干教师2人。

全年安排教师参加各级各类培训105人次。赵红敏参加“班班通”比赛，获区、市一等奖，参加市、区品德与社会优质课竞赛，分别获一、二等奖；学校组织学生参加汉字听写大赛，获市级三等奖、区级一等奖；组织青年教师参加区青年教师基本功大赛均获一等奖。

学校获2018年遵义市第五届青少年机器人竞赛“优秀学校”称号，获2018年遵义市第五届青少年模型锦标赛暨2018年贵州省青少年模型锦标赛优秀学校组织奖、2018年遵义市第三届中小学创客项目评选活动优秀组织奖。少年宫有戏曲小组、手工制作等活动小组24个。手工制作小组作品《孔雀》获市级一等奖。校科技航模活动小组参加贵州省机器人比赛获一等奖2个、二等奖1个；参加市级机器人大赛获一等奖2个、二等奖1个、三等奖1个；参加南部新区首届机器人比赛，获一等奖3个、二等奖2个；7月，组织学生参加省级、市级航模比赛，获省级第一名、第四名、第五名各1人，市级一等奖1人、二等奖2人、三等奖3人。科技小组参加遵义市第三届创客项目评选活动中获一等奖4个、二等奖2个。学校川剧节目《变脸》参加2018年遵义市“扣好人生第一粒扣子”主题教育活动、沪遵学生艺术交流活动、遵义第六届中小学文艺展演。

（区第十七小学）

2018年，“六一”儿童节拔河比赛

【红花岗区第十八小学】 2018年，学校毕业162人，秋季入学247人。在校学生1171人，有教学班23个。全校教职工39 人。2018年，学校党支部有党员27人，其中在职党员23人（含第三幼儿园党员1人），退休党员4人。

学校占地面积24454.4平方米，建筑面积15789.63平方米，绿化率35%。有足球场1个、篮球场2个、羽毛球场4个。2018年添置校园录播系统1套，新建校园广播电视台1个。

全年安排教师参加各级各类培训190人次。4月，喻荣庭获区级语文优质课二等奖，刘青兰获区级品德与社会优质课二等奖，杨洪波获区级“班班通”使用二等奖，李明洋获市级“班班通”使用竞赛二等奖、遵义市美术学科优质课一等奖。7月，杨洪波获市级青年教师基本功二等奖、市级数学优质课一等奖。

5月，在2018年遵义市“学长征精神·做红色传人”城乡学校少年宫作品征集活动中，教师李明洋获绘画类一等奖、书法类二等奖，梁佳璐获书法类一等奖，贺东获书法类二等奖，合唱曲目《弯弯的月亮像牛角》获艺术团体类市级一等奖。8月，学校在遵义市少儿书画展和书画奖项评比中获优秀辅导奖，学生余博栏获二等奖。10月，获省级“节水示范学校”称号。

学校有城市少年宫1个，下设创客组、机器人社团等30个社团。4月，李云鹏、钱庆生获南部新区首届青少年机器人大赛小学组遥控足球机器人

2018年6月14日，关爱留守儿童共度端午佳节活动

2018年7月，留守儿童暑期安全培训

项目区级一等奖。6月，钱庆生、李云鹏参加遵义市青少年第五届机器人竞赛遥控足球项目，获市级三等奖。

（区第十八小学）

【红花岗区第十九小学】 2018年，学校毕业156人，秋季招生199人，在校学生1306人。有教学班28个。在职教职工65人，其中专任教师61人。一级教师34人、二级教师22人。

学校占地面积14278.5平方米，校舍建筑面积17163.22平方米，有普通教室30间，设有科学实验室、信息技术教室、美术室、音乐室、体育器材室、心理咨询室、留守儿童之家及图书馆、多媒体教室、卫生保健室、报告厅等功能性教室和教学辅助设施设备，有200米环形跑道、足球场、风雨操场、篮球场、乒乓球场、羽毛球场等室内外运动场所。有折纸社、足球社等学生社团9个。

学校获遵义市安全文明示范学校、市级园林式单位等称号；腾飞中队获红花岗区2017—2018年度“少先队先进集体”称号。获“弘扬国粹·传承民族文化”红花岗区中小学生象棋比赛（小学组团体）二等奖、红花岗区（小学、初中）三人制篮球周末联赛（小学组）体育道德风尚奖。

学校成立课题领导小组，有校级课题10个，其中课题“小学数学统计与概率教学策略研究”“小学生课外阅读兴趣策略研究”已申报为区级课题。雷会敏、杨江友等7名教师分别获贵州省教育学会论文比赛二、三等奖；黎家静、钟爱华分别获区教育局优质课竞赛二、三等奖；周洪、姜文婕等8名教师分别获区教育局基本功大赛一、二、三等奖。教师辅导官佳怡、王亚亚等20余名学生在市、区教育局举办的各类比赛中均获一、二、三等奖项。

（区第十九小学）

【红花岗区第二十小学】 2018年，学校毕业 148人，秋季入学274人。在校学生1310人，有教学班26个。在职教职工46人（市级骨干教师 2人），其中中级教师 32 人。2018年，学校党总支有党员20人、入党积极分子1人。

学校占地面积10761平方米，建筑面积6496平

方米，教学区、办公区、生活区、体育活动区等功能分区合理、设施完备。

2018年学校被评为辖区共驻共建先进单位；6月，获遵义市南部新区汉字听写大赛优秀组织奖；7月，教师杨秀林代表学校参加市级教学基本功大赛获小学数学学科三等奖，李青获市级教学基本功大赛小学英语学科三等奖；刘汉英代表学校参加市级小学现代信息技术应用优质课获一等奖。在南部新区机器人大赛中，获二等奖学生5人、教师1人。7月，张菁津、高绍静、汪开山、江海琴、陈正云、汤正芬、李青芳、刘南丽、李梅、李光红、黎静、刘汉英等教师在省教育教学会科研论文及教学设计评选中获奖。

学校开展少年宫活动项目19 个，其中拳击、美术、陶艺项目为学校特色项目。

（区第二十小学）

【金鼎山镇中心学校】 2018年，学校毕业238人，秋季入学324人。在校学生1837人，有教学班58个。在职教职工113人（含特岗教师10人），其中高级教师2人、中级教师86人、初级教师25人；省、市级骨干教师2人。2018年，牛蹄片区教育党支部共有党员53人，预备党员2人，入党积极分子2人。

全镇学校占地面积36363平方米，建筑面积11461平方米。各学校配有图书室、实验室、计算机教室等功能室，每班教室安装“班班通”，教学设施较完备。2018年7月，红花岗区教育局筹措资金，完成全镇7间小学厕所重建。

2018年4月，学校完成国家义务教育质量监测工作。全年安排教师到城区学校跟岗学习18人次、参加各级各类培训362人次。镇中心小学熊志秋、张小华、郑罗娟组织学生开展综合实践研究活动，获红花岗区综合实践类比赛一等奖。由杨仕龙、熊志秋、陈明强负责的3个区级课题获立项。熊志秋、陈明强等论文获省级二、三等奖；熊志秋参加科学教师实验创新大赛，分别获全区一等奖和市级二等奖；谭天静参加红花岗区品德优质课竞赛获一等奖，参加遵义市品德优质课竞赛获一等奖。

中心小学乡村学校少年宫投入使用，开设书法、美工、电子琴、葫芦丝表演艺术团、金百灵童声合唱团等14个兴趣小组。参加区中华经典诵读优秀童谣传唱，获三等奖；帅立秋、张婧等学生在“西西弗杯”数学竞赛中获三等奖。

（金鼎山镇中心学校）

【巷口镇中心学校】 学校生源主要为辖区户籍人口及外来务工人员子女，2018年，有学生1018人，教学班级24个。在编教师46人，特岗教师11人。高级教师1人、中级教师19人、初级教师20人、未定级教师5人；区级骨干教师2人；区级名师1人。2018年，学校党支部共有党员33人，入党积极分子2人。

巷口镇中心学校下辖4个学校，总占地面积23681平方米；拥有科学实验室3个、“班班通”教室24个、计算机云教室3个；图书室4个，藏书21423册。静华森林小学即巷口镇中心小学，建有省级乡村学校少年宫，辐射带动其他3所学校学生课外生活；建有200米塑胶环形跑道、硅PU篮球场、五人制人工草坪足球场、羽毛球场等。

巷口镇中心学校运动会

巷口镇中心学校开笔礼仪式

5月，经典诵读节目《英雄王二小》获区经典诵读郊区组一等奖。6月，静华森林小学通过红花岗区政府教育督导室教学常规督导评估，获优秀等次。11月，参加红花岗区第五届中小学生诗词大赛获组织奖；静华森林小学获市级安全文明校园称号。

犹忠容、杨美、葛洪倩、刘欢参加红花岗区中小学教师基本功技能大赛分别获数学组一等奖，美术组二等奖和三等奖，信息技术组二等奖；犹忠容获遵义市数学技能大赛一等奖；肖琴获红花岗区第五届中小学诗词大赛教师组三等奖，伍建华获先进个人奖；马家平获遵义市语文优质课竞赛一等奖；夏颖获红花岗区品德优质课竞赛二等奖；杨美获遵义市“学长征精神，做红色传人”绘画征集二等奖。

（巷口镇中心学校）

【海龙镇中心小学】 学校位于红花岗区西郊海龙镇，建在贡米村东山寺。占地面积5198平方米，建筑面积1626.3平方米，体育活动面积2180平方米。有教学班10个，学生394人。在职教师22人，专任教师学历合格率100%；副高1人、一级教师16人、二级教师4人、未评1人。中共党员8人。

学校有教学楼1栋，教室16间；有电脑室、图书室、实验室、少先队活动室、道德讲堂、留守儿童之家、心理辅导室各1间，医务室1间，门卫室1间。食堂1个，安有监控。操场2个，设有篮球场、乒乓球场等。各班安有“班班通”。

海龙薅秧歌传承实践活动获遵义市青少年科技创新大赛一等奖。

学校被评为红花岗区先进关工委。2018年5月，遵义市关工委“胡芳容老校长下乡（校）工作室”在学校挂牌，对学校进行“一对一”为期三年的帮扶。

教学常规（区级）督导评估获优秀等次；“区级文明校园”验收以优秀等次通过，被推荐为“市级文明校园”创建单位；完成“义教均衡”国检复检工作。

海龙镇中心学校新貌

（海龙镇中心小学）

学前教育

【红花岗区机关幼儿园】 区机关幼儿园为省级示范二类幼儿园、遵义市红花岗区第一幼教集团总园、遵义市第一责任区核心指导园、贵州省邱复遵名园长工作室基地。幼儿园有班级9个，350余名幼儿。有教职工55人，其中具有中级职称资格教师14 人，高级营养师1人，中级烹饪师2人，专职保安3人，保育员全部具有相关从业资格。2018年，学校党支部有正式党员25人（其中退休党员7人），预备党员2人。教师参培率达100%。幼儿园开展示范工作，走访全市各级园所100余所，走访分园40余次，里程2.2万余千米。

表3

获奖时间	获奖教师	获奖内容	颁发部门
2018年4月	陈桦	红花岗区2018幼儿教师技能竞赛讲故事一等奖、弹唱二等奖、绘画二等奖、舞蹈一等奖、全能一等奖	红花岗区教育局
2018年7月	陈桦	遵义市第二届青年教师教学基本功大赛学期教育学科一等奖	遵义市教育局
2018年7月	柯林孜	遵义市第二届青年教师教学基本功大赛学期教育学科二等奖	遵义市教育局
2018年7月	钱清秀	红花岗区第五批区级骨干教师	红花岗区教育局
2018年7月	鲁慧丽	红花岗区教育系统优秀共产党员	红花岗区教育局
2018年9月	陈桦	遵义市第六届幼儿园优质课竞赛语言领域教学评比二等奖	红花岗区教育局
2018年9月	阳成霞	红花岗区2018年优秀教师	红花岗区教育局
2018年9月	鲁慧丽	红花岗区2018年优秀教育工作者	红花岗区教育局
2018年12月	鲁慧丽	2018年遵义市学前教育质量提升项目责任区推进课程游戏化成效突出优秀指导教师奖	遵义市教育局
2018年12月	范佳曼、杨福丽、钱清秀、柯林孜	红花岗区幼儿教师区域游戏案例比赛中一等奖2人、二等奖2人	红花岗区教育局

2018年5月30—31日，在老城小学演艺厅开展幼儿园60周年园庆活动

2018年6月14日，省级示范幼儿园复查评估反馈会

（区机关幼儿园）

【红花岗区第一幼儿园】　有班级11个，幼儿410名。教职工61人（在编35人、聘用25人），专任教师34人。幼儿园聘有保安3人、厨房人员5人、保洁员1人、保育员15人，各班均达到“两教一保”配备标准。投入144.45万元用于基础建设，投入119623元用于购置教学设施设备。

6月1日，红花岗区第一幼儿园开展“六一”儿童节义卖活动

2018年度，幼儿园整理出《教师学习故事集》《家长学习故事集》《大型活动集》《民间游戏集》等。教师申报“运用互动式亲子分享阅读模式促进4~5岁幼儿叙事能力的实践研究”“基于家园共育背景下的幼小衔接早期阅读实践研究”“大班幼儿入学前的准备实践研究”“一幼园本课程开发——‘红润’课程在幼儿园的实践研究”“幼儿自我保护能力培养的实践与研究”“幼儿园音乐活动游戏化教学的实践研究”“以教师为主题的发展性评价在幼儿园的实践与研究”7个区级课题，均已开

12月30日 红花岗区第一幼儿园开展“中国娃过中国年——金猪纳福”迎新年活动

题；组织教师参加国家级培训2人次、省级培训6人次、地市级16人次、县级96人次、园级180人次。

2018年，幼儿园获“贵州省校本研修示范校”“学前教育提升项目暨贫困村小规模幼儿园质量提升优秀帮扶团队”称号；教师教学（论文）一等奖7人次、二等奖8人次、三等奖15人次，获区级以上荣誉称号11人次。

（区第一幼儿园）

【红花岗区第二幼儿园】　2018年，在园幼儿242人，教学班6个。在职教职工34人，其中中级教师4人。区级骨干教师1人；区级名师1人；1人担任区级名师工作室主持人。2018年4月，幼儿园党支部成立，有党员5人。建筑面积2344.38平方米，其中幼儿园活动用房1709.72平方米，厨房93.12平方米，门卫室10.77平方米。

2018年4月，红花岗区第二幼儿园党支部书记选举

全年安排教师参加各级培训177人次。教师王顺宇、王露露、谢淑梅分别在省级教学活动设计、论文比赛中获二等奖、三等奖；余立静、杨烨、冯一珂分别获区级游戏案例设计一等奖、二等奖；钱忠秀、杨烨、邹旭梅分别获区级论文比赛三等奖；陈开碧在区级教师技能教学活动设计比赛中获三等奖。

（区第二幼儿园）

【红花岗区第三幼儿园】　幼儿园有教职工41人。专任教师16人，保育员8人。有党员2人，在区第十八小学党支部指导下开展党员党建工作。2018年3月，有教学班8个，幼儿290人；9月，有教学班8个，幼儿300人。

幼儿园有图书室、建构室、美劳室、烘焙坊、操场、沙池等活动区。2018年8月，改建操场，增加绿化场地；8个教学班每班配备电脑1台。幼儿园获“A级食堂”称号。

2018年3月，开设幼儿国画、分享阅读等课程；9月，开设烘焙课程。全年开展“植下一棵树，收获万点绿”系列植树节活动、“最美教师”亲子摄影、亲子运动会、“欢乐中国年，快乐中国娃”等活动。

2018年5月17日，区第三幼儿园参加南关片区优质课评比

全年组织教师参加国培、省培、名园长、名师工作室等培训174人次。开展园本培训、业务学习、网络教研、成立教师社团等活动。5月，林雪、许家凤、何永丽参加市级教玩具比赛获二等奖；陶永丽指导王雅楠、王晟许诺两名幼儿获遵义市第五届青少年机器人竞赛幼儿园组《小手拼出大世界》二等奖；参加区级教玩具比赛获一等奖6人、二等奖6人；张庆、陶永丽参加区级《指南》比赛分别获二等奖、三等奖。6月，林雪、陶永丽撰写的师德师风征文获区级二等奖；13名教师撰写的论文获省级二等奖1名、三等奖11人。园长周光艳参加遵义市学用“指南”“专标”竞赛园长组比赛获一等奖，团体组一等奖。8月，周光艳获贵州省张文秀名园长工作室“优秀成员”称号，何永丽、陶永丽、陈静获“优秀学员”称号。9月，陈静参加区级优质课比赛获二等奖；园长周光艳获区级优秀校（园）长称号，林雪获区级优秀教师称号，张庆、傅雨佳、何永丽、程先燕、刘雪获镇级优秀教师称号。开展“最美教师”演讲比赛、读书分享会、教师技能评比、保育教师技能评比、厨房技能成果展示等活动。2018年帮扶深溪镇清江村村级幼儿园、正安县和溪镇幼儿园，通过网络教研、示范课展示、跟岗学习等方式促进帮扶工作。

2018年9月12日，教师教研“幼儿建构能力指导”

（区第三幼儿园）

【红花岗区第四幼儿园】 幼儿园有班级4个，在园幼儿153人。在编教职工15人，聘用职工11人，教师学历达标率100%，普通话达标率100%。

幼儿园占地面积500平方米，使用面积1500平方米，活动室、睡房、盥洗室、办公区等功能分区较合理、设施完备。2018年幼儿园筹措资金，全园走廊吊顶、更换四楼洗手池、安装五楼窗户、安装三楼雨阳棚、每层楼栏杆加高等，改善办园条件，全面提升教育教学质量。2018年春季全园环境美化，装饰园内走廊、楼梯墙面，增添楼道窗户窗帘。班级增加一体机，增加户外大型玩具、墙面科学益智类玩具。开展“六一”会演活动、“重阳节——走进社区，关爱老人”、“我和秋天做游戏”——亲子活动等外出实践活动；开展“祖国妈妈的生日”、家长开放日、2018年学前教育宣传月启动会、大班毕业典礼、班级迎新活动暨家长开放日、以语言为重点开展讲故事主题活动等园内活动。

选派教师参加区级以上教学研讨、教学比赛和教育教学能力培训。组织教师到重庆市渝中区幼儿园、上海市静安区学习观摩。2018年，教师詹云获红花岗区教育局“我是幼儿园教师”演讲比赛一等奖，陈欣欣获贵州省教育学会2018年教育教学科研论文及教学设计评选三等奖，陈学丽论文《浅谈幼儿园一日活动中随机教育存在的问题及对策》获红花岗区教育局一等奖，谢雪论文《浅谈幼儿园与家庭如何促进幼儿心理健康教育》获红花岗区教育局三等奖。3月8日，组织全园教职工开展“美丽春光，花香满溢”插花品香会；7月6日，组织全园教职工户外拓展训练；9月11日，组织开展“动感篮球，欢乐我秀”欢庆教师节活动。

（区第四幼儿园）

【红花岗区第五幼儿园】 幼儿园（原长征幼儿园）位于外环路朱家湾，占地面积795平方米。2014年3月正式开园，有大、中、小班各1个，幼儿共计99名。教职员工23人。

2018年1月，更换厨房液化灶，软化幼儿园地面；6月，维护幼儿园窗帘设施；9月，添置操场玩具架和班级玩具柜。组织开展庆祝“六一”儿童节活动；开展“再见啦！我们的幼儿园”大班毕业活动；10月10日，遵义医学院附院口腔儿童口腔科在幼儿园举行“关注口腔卫生 保护牙齿健康”小小牙医及口腔义诊活动。

定期开展以“食品安全”为主题的学习活动和教师师德师风培训；5月，胡秀亚获红花岗区2018幼儿教师论文评比“二等奖”；9月，胡秀亚获区级“优秀班主任”称号。

（区第五幼儿园）

【红花岗区第六幼儿园】 红花岗区第六幼儿园总占地面积3346平方米，建筑面积3708平方米，各功能分区合理、设施完备。2018年，在园幼儿287人，有班级7个。在职教职工23人，其中中级教师4人。2018年，党支部有党员9人。全年安排教师参加各级培训135人次。杨晓辉被红花岗区政府评为优秀教育工作者；幼儿园组织幼儿参加区电视台组织的“我要上春晚”活动并获优秀奖；太山被忠庄街道办事处评为优秀园长，向新梅、邹会被忠庄街道办事处评为优秀班主任，何桃被忠庄街道办事处评为优秀教师。

（区第六幼儿园）

【红花岗区第八幼儿园】 区第八幼儿园位于红花岗区舟水桥镇隆社区，占地面积835平方米，建筑面积1400平方米。2018年2月，幼儿园隶属机构变更，直管单位由舟水桥街道办事处变为红花岗区教育局。2018年，幼儿园有班级6个。在校幼儿总数207人。在职教职工30人，其中在编教师员工16人、外聘职工14人。幼儿园有党员5人，幼儿园党组织关系挂靠遵义市第十九小学。全年安排教师参加各级培训57人次。获红花岗区学前游戏案例分析二等奖。2018年7月，幼儿园进行外墙改造，班级监控实现全覆盖。

（区第八幼儿园）

【红花岗区第九幼儿园】 2018年，在园幼儿418人。其中，总园教学班8个幼儿277人，大窝幼儿园教学班2个幼儿82人，清江幼儿园教学班1个幼儿37人，永安幼儿园教学班1个有幼儿22人。在职教职工30人，学校党总支有党员7人。2018年遵义市红花岗区第九幼儿园分别获评深溪镇、南部新

区第九幼儿园2018年学前教育宣传月活动

2018年6月28日，幼儿话剧表演《动物狂欢》

区教育教学先进集体。2018年教师外出培训共计24人次，教师获得区（镇）级奖项共24人次。

幼儿园占地面积4768平方米，建筑面积2268平方米，绿化面积576平方米。班级衣帽间、活动室、睡房、盥洗室分区合理、设施完备。班级开展建构区、美工区、语言区、科学区、益智区、生活区、表演区等区域活动，配有舞蹈室、阅览室、美劳室等功能室。

（区第九幼儿园）

【红花岗区第十幼儿园】 幼儿园总占地面积2909平方米，建筑面积1818平方米，教学活动、户外活动区、生活区、体育活动区等功能分区合理、设施完备。

2018年，区第十幼儿园有第十幼儿园中心园、贡米村幼儿园、龙泉村幼儿园、温泉村幼儿园4个教学点，在园幼儿251人，有教学班6个。在职教职工28人，其中中级教师1人、初级教师14人；省级名师1人。党员2人。全年组织教师参加各级培训198人次。

（区第十幼儿园）

【红花岗区第十一幼儿园】 第十一幼儿园属乡镇园，占地面积1047平方米，建筑面积616平方米，教学楼、办公楼、功能室、多媒体教室等设施设备齐全。2018年，中心园班级4个，在园幼儿129名；村级中山园班级2个幼儿42名。在园教职工25人。2018年，学校党员2人，预备党员2人，入党积极分子1人。幼儿园全年安排教师参加各级培训5人次。3月，通过遵义市关工委“老校长下乡”项目精准帮扶，幼儿园8位教师获名师名园长工作室学员名额。2018年获红花岗区第一集团优秀园所奖、红花岗区区级资助优秀奖。

（区第十一幼儿园）

【红花岗区第十二幼儿园】 2018年，幼儿园在园幼儿442人，班级15个。教职工60人，普通话达标率88%。

幼儿园有园址5个，1个新建中心园位于金鼎山镇中心，新建中心园于2018年9月投入使用，占地面积3258平方米，建筑面积5767平方米。村级幼儿园4个：下庄幼儿园（莲池村），占地面积800平方米，建筑面积1560平方米；黄钟村幼儿园（黄钟村），占地面积975.3平方米，建筑面积1759平方米；野里幼儿园（野里村），占地面积990平方米，建筑面积2523.21平方米（和小学共算）；板桥幼儿园（板桥村），占地面积120平方米，建筑面积360平方米。新建中心园投入基本教学设备、设施、教玩具、厨房设备、配套LED和音响设备等。各村级幼儿园园内教学设备、设施、教学玩具基本齐全，每班配有空调、电视机等教学设备，有规范的幼儿活动桌椅，保证一人一床一椅，做到一人两巾，饮水设备符合卫生要求。中心幼儿园厨房设施设备齐全。村级幼儿园实行国家免费营养餐，全园订有保教书籍、业务刊物、幼儿画报。

幼儿园获2018年红花岗区第一幼教集团优秀分园，2018年3月获遵义市红花岗区教育系统2017年度学生资助工作先进单位，2018年10月获2017—2018学年度教育质量先进单位。2018年6月，周娟成立贵州乡村名师工作室（学前教育）。

（区第十二幼儿园）

特殊教育

【遵义市启智学校】 2018年，学校有智力障碍儿童、脑瘫儿童、唐氏综合征儿童、孤独症谱系障碍儿童（俗称自闭症）、多重障碍儿童、苯丙酮尿症儿童等残疾儿童。有教学班9个。上半年，学生171人，其中义务教育学生126人（其中送教上门16人）、0~7岁学前康复学生45人；下半年，学生181人，其中义务教育学生127人（其中送教上门16人）、0~7岁学前康复学生54人。有教职工43人。2018年，学校党支部有党员7人。市级骨干教师1人、区级骨干教师2人；高级职称1人、中级职称6人；1人在遵义市智力残疾亲友协会任会长。教师论文获省级一等奖2人、二等奖6人、三等奖14人，获市级二等奖5人、三等奖7人。副校长周捷拥有市级重点课题1个，张绍容拥有实际一般课题1个，周兴露拥有校级课题2个。选派教师参加市级以上教学研讨、教学比赛和教育教学能力培训。全年安排教师外出参加各级培训共54

人次。

学校占地面积4146平方米，建筑面积3173平方米，运动场面积1086平方米，有专门训练学生的功能室15间。教学区、生活区、体育活动区等功能分区合理、设施完备。学生宿舍10间，每间宿舍床位6个，有60名学生住校，由4名生活教师负责管理。2018年投入27万余元采购“智慧康复”器材，在启智学校建成语言评估室；投入84.65万元对启智学校办学条件全面升级改造。

10月18日，遵义市第二届特殊教育学生艺术节在务川县中职学校举行。学校《娃》《为你点赞》两个节目参赛，分别获一等奖和三等奖

9月，贵州师范学院授牌遵义市启智学校为教育实践基地；12月，获区教育局颁发的“学生资助工作先进单位”称号。学校有足球兴趣小组、陶艺兴趣小组等6个学生兴趣小组活动。5月，七年级学生卢涵旭参加在贵阳市举行的“体彩杯”2018年全国残疾人羽毛球锦标赛获银牌1块、铜牌1块；10月，在遵义市全市残疾学生艺术节比赛中，学校《娃》《为你点赞》两个节目分别获一等奖、三等奖。

医教结合工作 学校每学期请医生进校评估学生2次以上，派遣教师到医院培训，分别与红花岗区人民医院、遵义市第五人民医院、遵义市妇幼保健院签订医教结合工作协议书，请医生进

2018年8月29日，贵州师范学院授牌遵义市启智学校为教育实践基地，签订实习协议书

校培训、做讲座。学校创立以医为前提、教为重点、医教结合、康教一体的课程理念，构建校本化课程体系，基本形成专家引领、骨干带头、整体发展的梯队式医务特教队伍。4月12日，学校作为贵州省第二期特殊教育提升计划部署推进会现场观摩示范点之一，创建“医教结合”实验项目示范区工作得到充分肯定。

康复工作 2018年，学校学前康复儿童54人，在训学生年龄2岁半至7岁。有日托和周托训练、亲子同训等服务形式，学生主要安置在康复3个班级，采取3人包班方式，负责学生康复训练和日常管理。

送教上门工作 学校对辖区内16名残疾儿童开展上门送教工作。承担送教上门学校责任巡回指导任务，选派精通业务的教师对送教上门学校业务校长、班主任、任课教师进行专业培训，到普通学校指导教师。

随班就读工作 区特殊教育资源中心建立在启智学校内，区特教中心统筹安排随班就读学校、教师指导和考核工作。11月，全区随班就读、送教上门专题教研培训在红花岗区东风小学凉水校区举行，参训人员100余人，教师张绍容面向全区随班就读教师上展示课。学校派遣特殊教育学校专业教师到金鼎山镇中心学校、东风小学凉水校区等学校巡回指导。

（遵义市启智学校）

文化·旅游·体育·档案

综 述

【公益性文化演出】 全年开展公益性文化演出活动，观众达3万人次。春节期间，开展“我们的中国梦 文化进万家”贺新春系列文化活动、“文明行动进千家万户，我们的节日——春节”、贺新春戏曲专场、庆元宵灯谜竞猜活动等活动；清明节，以爱国主义教育形式在红军山烈士陵园开展祭红仪式；中秋节，在纪念广场开展2018年中秋之夜音乐会；重阳节，在1935文化广场开展“敬老爱老话重阳”送文化进社区演出活动。

开展以“精准扶贫·文化先行”“扶贫先扶志”为主题的演出活动，开展文化惠民活动，重点实施文化惠民重大工程，农村电影放映、全民阅读和全民健身。年初，组织群众文艺团队在红军街开展农民工、城镇贫困家庭、外来务工人员艺术培训；配合完成省文化厅到红花岗区开展下基层慰问演出活动；开展“十九大精神暖人心——大型文艺展演暨学习雷锋”志愿服务、遵义市第三届社区广场舞大赛多彩贵州文化云上线启动仪式、红色文化大讲堂——红色基因代代传、国际护士节庆祝大会、双提升、改革开放40周年等文艺活动演出。开展“送文化下乡”文艺演出20余场，参与红花岗区首届农民丰收节文艺演出；12月12日，由贵州省文化和旅游厅主办，贵州省文化馆、黔南州文化广电新闻出版局、都匀市文化和旅游局承办的“群星奖”文艺作品大赛，文化馆曲艺类原创作品《山魂》获一等奖；12月20日，到长征街道凉水村、沙坝村开展“四在农家·美丽乡村·扫黑除恶·禁毒巩文·打造文明乡村”文军扶贫送文化下乡系列文艺演出。

2018年1月18日，“新时代 新征程——扶贫先扶志送文化下乡”文艺演出

【艺术培训】 组织专业技术人员、社会文化志愿者、文化馆办团队师资力量到中山路街道、迎红街道、南关街道、老城街道、延安路街道、海龙镇对群众文化团队开展社区文艺骨干艺术培训，全年开展辅导培训70期，培训艺术团队人员4000余人次。

开展“送文化进校园”主题实践活动，分别到老城小学、洛江小学、市第六中学、区中等职业学校辅导培训，为期5个月，开展书法、声乐、民族音乐、戏曲、舞蹈等培训80期，培训未成年人800余人次，为未成年人创作艺术作品7个。“快乐暑期”借助社会培训机构开设钢琴、民族舞、流行舞、美术、书法、合唱班6个，为期90天，96课时，培训学员120人次；8月22日，开展“文明遵义·快乐暑期”汇报演出。

【公益性宣传展览】 举办创建全国文明城市、禁毒知识宣传、关爱未成年人思想道德建设、公共文化服务成果等公益性宣传展览，共计展出作

2018年12月6日，庆祝改革开放40周年图片展

品350余幅，展线长达600米。为禁毒工作帮扶点南关街道提供帮扶资金4.8万元，开展专题文化宣传表演活动。

【广电工作】 截至12月，贵州广电云“户户用”工程建设累计完成1673户，完成率100%；全年完成公益性电影放映1419场，观影群众164147人次。

【文物申报】 区文物管理所组织专家对罗家寨营盘遗址、四衙古墓群、国立浙江大学黔省校舍记碑、杨静澄墓4处文物保护点进行县级文物保护单位评审，并通过；遵义碱厂旧址等已被列入重要史迹及代表性建筑，为贵州省第六批省级文物保护单位；区文物保护单位郑莫祠进入复建收尾阶段，投入资金约1500万元，已完成陈列大纲（通过专家评审）、设计方案。

【非物质文化遗产申报】 挖掘川剧、汇集药堂、盆景制作、古法榨油、牛角手工制作等非物质文化遗产项目。拟申报遵义市级传承人7人。

【文化设备投入】 为区9个社区文化活动中心（室）配置文化设备。全区有农家书屋23个，完成农家书屋图书补充更新工作，每间书屋均增加图书105册，共投入47766元。

【图书馆服务】 红花岗区图书馆每周免费开放56个小时，周六、周日不闭馆。截至12月30日，接待到馆读者29490人次，馆藏书刊文献外借1299册次，电子书刊借阅1110册次。

庆祝第23个“4·23”世界读书日，进一步巩固文明城市建设成果，形成“好读书、读好书、善读书”的社会文明风尚，与樊登书会携手在遵义1935纪念公园内举办红花岗区传承经典诵读会，向市民宣传文明、介绍好书、诵读经典；制定《2018健康向上人文环境工作方案》，召开小组会议，每周调度，每周报送工作情况。

【文化市场管理】 完成文化市场经营单位年检，开展文化经营单位负责人政策法规培训，开展文化经营单位负责人政策法规培训并签订责任书。与区关工委联合举办网吧“五老”义务监督员培训活动，所有义务监督员已正式上岗。调整制定红花岗区文体广电新闻出版局文化行政审批办事指南及网吧审批结构，重新调整责任清单目录报至区编办。

【印刷出版监管】 完成全国新闻出版统计网年报统计工作。完成印刷企业年检，2018年，有印刷企业27家（含南部新区），销售收入11452.74万元，利润总额425.34万元，实现税收68.41万元。完成出版物零售单位年检，有出版物经营单位87家，销售收入1537.51万元，利润总额34.32万元。

【扫黄打非专项整治】 全年共开展扫黄打非专项整治网吧1300家次，出动人员3900人次、车辆230车次，取缔擅自从事互联网上网服务营业活动场所（黑网吧）10余家，移送电信、联通、长城宽带公司进行断网处理，对3家违规网吧给予停业整顿行政处罚，对1家网吧罚款；娱乐场所400余家次，出动人员900人次、车辆70车次，对存在消防安全隐患场所，移送至消防、安监等部门；文具店100余家次，出动人员330人次、车辆20车次；打印复印书报刊店200家次，出动人员500人次、车辆20车次，收缴非法出版物1000册。查到中、小学图书馆馆藏书籍存在不适合学生阅读书籍的问题，要求限期整改，将“护苗行动”落到实处。

对校园周边的歌舞娱乐场所开展专项整治，下达责令改正通知书。

【政务公开】 2018年，区文体广新局政务中心服务窗口打造“一窗口受理、一条龙服务、一站式办结”服务平台，实现“互联网+政务服务”办理模式，缩短承诺时限，方便办事群众。2018年窗口受理、办结各类文化许可证共计26件。其中，互联网上网服务营业场所变更许可3件，歌舞娱乐场所设立许可2件、变更许可1件，电子游戏场所设立许可1件，出版物零售单位经营设立、变更许可12件，印刷经营设立、变更许可4件，受理南部新区委托办理文化许可证3件。接受咨询100余人；年审许可证共计400余件，办结量100%，工作中全部实现“一站式”服务。

【重点工程】 红花冈剧院升级改造工程预计总投资8000万元，正在推进；图书馆建设项目占地面积2628平方米，总建筑面积6787平方米，投资3000万元，已投入使用；郑莫祠周边环境整治工程占地2800平方米，开展周边环境整治及藏书阁修缮工作，预计投资2980万元，主体工程已完工，正在进行藏书阁修缮及内部装修方案制定。

【体育活动】 2018年组织参加全市第二届体育运动会获全市第一名；参加省十运会，获评省十运会承办先进单位。2018年，举办、协办各类运动会、单项赛事12次。2017年12月下旬至2018年12月中旬，在老城纪念广场、湘江河道等场地举办2018年红花岗区“迎新春红红火火过大年”健身展示，围棋、桥牌比赛，健步行徒步活动，猜灯谜，骑行等系列活动。3月8日，在凤凰山文化广场举办红花岗区第三十三届纪念“三八”妇女节趣味活动，42支队伍报名参加活动。3月22日至4月8日，35所学校参加红花岗区“名城杯”中小学生校园足球三级联赛。5月4—6日，与区城投公司联合举办红花岗区第一届“红城杯”羽毛球赛，有18支代表队300人参加。5月8—14日，组织117人参加遵义市第二届运动会足球、篮球、气排球等项目11个，获金牌6枚、银牌7枚、铜牌3枚。5月16—22日，与区教育局联合举办第十一届中小学生运动会，41所学校1000余人参加。5月18—20日，区文体广电新闻出版局主办川黔毗邻八县（区、市）第六届老年乒乓球协作赛，9支代表队100人参加。5月24日至8月18日，红花岗区代表遵义代表团参加贵州省第十届运动会，获金牌51枚、银牌33枚、铜牌38枚；红花岗区承办山地自行车赛、体育舞蹈、舞狮3个项目。6月5日，与区总工会共同承办红花岗区职工“欢乐跑”比赛，共计队伍23支。8月，举办“体育进社区”活动，为社区青少年免费培训羽毛球、足球项目。9月27日，在金鼎山镇举办红花岗区第三届红色体育运动会，300余人共计23支队伍参加比赛。10月16—25日，在红花岗区体育运动中心举办2018年红花岗区第二届篮球比赛，共计28支队伍参加比赛。10月5—6日，在红花岗区体育运动中心举办2018年魅力遵义第六届体育舞蹈公开赛暨全国城市邀请赛，全国代表队90支，选手3700人参加。12月，开展红花岗区迎新春拔河比赛。

2018年2月，红花岗区游泳队代表遵义市参加“贵州动起来　体育彩票杯”2018年贵州省青少年游泳冠军赛，获金牌3枚、银牌4枚、铜牌4枚，共计奖状36张。组队参加遵义市第二届运动会，获团体总分第一名、男子篮球第一名、女子篮球第三名、足球第二名、气排球第一名、武术第五名、广场舞第四名、羽毛球团体第一名、游泳团体第一名、乒乓球男子团体第一名、女子第四名。

【体育健身管理】 成功申请村级健身路径3套。审批轮滑协会、跆拳道体育单项协会、钓鱼体育单项协会、傲风跆拳道俱乐部、三叶草校园体育俱乐部（东风小学）。

9月，组织相关体育产业开展2018年大健康产业普查工作，体育大健康产业13家；9月，组织各协会、社区居民、各单位人员进行三级社会体育指导员培训，向114名考试合格人员颁发三级社会体育指导员等级证书、三级社会体育指导员培训合格证。10月，核实体育产业名录；组织人员参加省、市体育局召开的一级社会体育指导员培训。12月10日，全面接收南部新区社会事务处文体广电新闻出版工作。

（区文体广新局办公室）

文物管理

【文物安全工作】 对全区烈士陵园、爱国主义教育基地及各级文物保护单位开展自查。对辖区内文物建筑保护单位进行安全监督，与各文物保护单位签订安全责任书，制定巡查表，联合区消防大队定期进行安全检查，全年开展消防安全培训、演练2次，文物建筑安全检查30余次。

【文物保护单位申报】 配合区委宣传部完善爱国主义教育基地的申报资料。对遵义县革命委员会旧址、邓萍墓两处文物作为全国第八批国家级文物保护单位申报；对八卦村红军战斗遗址、国立浙江大学黔省校舍记碑两处文物进行遵义市第三批市级文物保护单位申报。

【文物保护评审】 组织专家对罗家寨营盘遗址、四衙古墓群、国立浙江大学黔省校舍记碑、杨静澄墓4处文物保护点进行县级文物保护单位评审并通过。

遵义碱厂旧址被列入重要史迹及代表性建筑，为贵州省第六批省级文物保护单位。对新进省级文保单位进行“四有”资料整理。

【郑莫祠复建】 郑莫祠复建保护工作于2017年3月启动，2018年5月完工，投入资金约1500万元。正在进行陈列布展，已完成陈列大纲编写并通过专家评审，完成设计方案，正在完善上报审核资料。

2018年5月18日，“5·18”国际博物馆日主题宣传活动

【文物工作宣传】 在5月18日，红花岗区文物管理所在遵义市纪念公园内开展“5·18”国际博物馆日宣传活动，搭建博物馆与公众沟通与互动平台。编写、设计“莲池·新天地”宣传册，至2018年3月，完成文本制作，并向相关部门、单位进行发放、宣传。

（区文物管理所）

图书管理

【图书借阅管理】 为社会公众提供免费开放，创新图书借阅方式，简化图书借阅管理，实施凭二代身份证免费借阅，促进公众便捷有效阅读；服务每周开馆时间56小时，周六和周日不闭馆，所有书刊文献实行全开架开放。至9月30日，接待到馆读者23490人次，馆藏书刊文献外借899册次，电子书刊借阅910册次。设立志愿服务站、学雷锋志愿服务岗，设置当班志愿服务岗位牌，穿志愿者服装，佩戴工作证、吸烟劝导证；制作展板在显著位置展示站点简介和服务内容、工作制度，建立工作台账、签到册和服务记录；备有针线包、饮用水、创可贴、感冒药、解暑药及旅游地图等物品。

【数字图书馆建设】 推进数字图书馆及配套阅览设施建设，电子图书借阅机、电子期刊借阅机为读者免费提供正版图书、期刊下载移动数字阅读服务；与贵州黔越建设工程有限公司签订图书馆机房气体灭火改造安装合同，与贵州博达云科技发展有限公司签订遵义市红花岗区图书馆机房UPS不间断电源及监控系统采购合同，设备安装已完成，验收合格并投入使用，确保免费开放后的公众安全、资源安全、设施设备安全；继续完善图书馆网站、微信公众号服务平台，无线网络全覆盖，扩大图书馆影响面。

【全民阅读推广宣传】 制定年度“书香遵义”全民阅读活动实施方案，充分发挥公共图书馆引导阅读作用，“好书推荐”常态化，向公众推荐

文明行动进千家万户——“书香遵义 全民阅读”红花岗区传承经典诵读会

优秀图书阅读书目；与区委宣传部、区文体广新局、区文化馆等7个单位联合承办，与樊登书会联合在遵义1935纪念公园内举办“书香遵义 全民阅读”红花岗区传承经典诵读会，区图书馆制作展板宣传讲解《中华人民共和国公共图书馆法》。

（区图书馆）

旅 游

【增比进位指标】 组织辖区内旅行社、酒店、景区（点）等企业开展宣传推介，加大引客入区力度。2018年，全区共接待入境游客4972人次，同比增长88.2%；完成旅游综合收入408.42亿元，同比增长39.1%。

【全域旅游示范区创建】 根据《红花岗区推进国家全域旅游示范区创建工作实施方案》，联系景域集团上海奇创旅游景观设计有限公司编制合作协议。完成政府采购程序，委托贵州志来工程项目管理咨询服务有限公司公开采购。《遵义市红花岗全域旅游总体规划（2018—2025年）》通过区级、市级评审。

【A级景区创建】 完成思达·欢乐谷国家AAAA级景区以及莲池新天地、板桥猕猴桃基地、遵义喀斯特温泉公园、深溪莲池湿地公园、百草园5个国家AAA级景区创建工作。

【重点旅游项目】 **红花岗区老鸦山生态修复及战斗遗址保护项目** 规划按照国家AAAAA级旅游景区标准建设，用地面积3443亩，其中允许建设区89亩、有条件建设区1258亩，总投资10亿元。主要建设内容包括将原有气象塔改建为景观瞭望塔，建设红军纪念碑、礼仪广场、老鸦山战役纪念馆、长征文化培训中心、健身步道、游客中心、参与体验区、将军园，打造景区智能灯光景观。区级已办理立项手续，估算总投资10亿元。经市规划局同意，已办理选址意见书。红线范围内，限制建设区部分已报省国土资源厅进行调规处理，文物保护线按照项目用地情况调整。设计单位正在编制修建性规划及总平面图。

毛主席住居文旅综合体一期 位于红花岗区中心区桃源路以南、中华南路以东、延安路南延线以西的原毛主席住居片区，总用地面积20240平方米，总建筑面积20212平方米，主要建设内容有商业、办公、展览馆、地下车库、地下展厅等。总投资2亿元，与湘江河对岸的遵义会议会址红色旅游核心区遥相呼应，形成“一江两景”红色文化旅游区。正在进行土石方施工。

“厕所革命”旅游厕所 2018年，由区旅游局、区国投公司共同组织实施旅游厕所9座，总投资53万元。老城郑莫祠1座、莲池村2座、金川村2座、温泉村1座、黄钟村3座。9座厕所升级均已完工，获上级补助资金17万元。

【脱贫攻坚】 协调指导相关单位实施旅游项目建设、景区带动、旅游资源开发、乡村旅游、旅游商品、“旅游+”产业融合发展、旅游结对帮扶、乡村旅游标准化建设、旅游教育培训9项旅游扶贫工程。全年旅游助推脱贫攻坚共带动1102人受益。开办乡村旅游专题培训班，148名群众参加培训，其中建档立卡贫困户78户。开展农旅一体助推脱贫攻坚蓝莓季系列活动。

【旅游宣传】 加强同上海、重庆旅游企业的交流合作，到重庆、上海开展旅游宣传推介4次，邀请上海、重庆旅游企业到红花岗区踩线座谈；依托传统节假日、民俗文化节庆、时令果蔬季节，发挥全区各部门、镇（街）职责职能，举办羊肉粉旅游节、猕猴桃节、蓝莓节等活动；参与遵义十大旅游商品评选，通草堆画、老谢氏鸡蛋糕、冯老头辣椒、刘姨妈黄粑、金鼎山绿壳鸡蛋等获“遵义十大旅游商品”“遵义优秀旅游商品”称号，收集珍酒、董酒、剪纸、石佛洞牛肉干、粒粒香等商品设计制作旅游商品礼盒。

【行业管理】 制定《红花岗区旅游局2018年安全生产及市场秩序监管执法工作计划》《红花岗区旅游局关于加强旅游市场综合监管的通知》《关于进一步做好小长假和旅游旺季期间服务质量和安全工作的通知》《红花岗区专项整治旅游行业不合理低价游行动实施方案》。完成20家旅行社服务网点登记备案工作、1家旅行社分社登记备案工作。成立旅游法庭、旅游公安，编制完善旅游突发事件应急处理预案。结合“中国旅游日”“安全宣传月”开展主题宣传，发放宣传资料；组织旅游企业开展倡导“安全出行、文明旅游、依法经营、共筑诚信”主题的服务质量公开承诺宣传活动。开展旅游行业从业人员文明服务、安全服务培训，组织14名旅游从业人员参加第四届职工技能大赛；联合各镇（街）做好青壮年劳动力及旅游从业人员培训工作；开展消防安全、应急演练及业务培训4次，参加培训人员470人。联合消防大队、区市场监督管理局等单位开展安全及市场秩序专项检查17次，检查企业54家次，排查出一般隐患90处，已整改84处，整改率93%。接到旅游投诉30起，处理完毕29起，正在办理1起，确保旅游投诉处理率100%。

（区旅游局）

少儿体育

【竞赛获奖情况】 2018年2月，“贵州动起来体育彩票杯”2018年贵州省青少年游泳冠军赛，少儿体校游泳队获金牌3枚、银牌4枚、铜牌4枚，共计奖状36张。6月26—30日，贵州省青少年田径锦标赛暨十运会测试赛，获第四名1个。6月28日至7月1日，2018年贵州省青少年游泳锦标赛暨省十运会测试赛于2018年在新蒲新区奥体中心游泳馆举行，红花岗区少儿体校游泳队35名运动员代表遵义市参赛，获金牌9枚、银牌5枚、铜牌6枚。7月25—30日，遵义市第九届中学生田径运动会，获第一名7个、第二名2个、第三名1个、第四名3个、第五名5个、第六名6个，谢雨珂获“优秀教练员”称号。8月13—17日，贵州省第十届运动会“七冶杯”田径比赛，获第一名4个、第二名1个、第五名1个、第六名1个。8月，省十运会少儿游泳比赛，少儿体校游泳队获金牌7枚、银牌5枚、铜牌10枚，第四名4个、第五名5个；省十运会少儿乒乓球比赛，少儿体校乒乓球队获金牌11枚、银牌7枚、铜牌4枚。

【训练基地建设】 学校有游泳训练基地、乒乓球训练基地两个市体育局认定命名的青少年训练基地。少儿游泳坚持常年不间断训练，有学生33人，代表红花岗区、遵义市参加全省游泳比赛。2018年，分别获贵州省、遵义市“优秀训练基地”称号。乒乓球训练基地训练常年不间断，基地负责人有完善的制度和训练计划、工作计划、工作总结，教练员对运动员的管理要有基本情况、考勤记录，每周有3~5堂训练课，每堂课训练时间不少于2小时。

【教练队伍建设】 谢雨珂参加以下比赛裁判工作：2018年3月4日，参加中国道真国际半程马拉松比赛；3月15—16日，参加第十四届亚洲越野跑锦标赛暨第十六届全国越野跑锦标赛；6月15—17日，参加全国田径冠军赛暨大奖总决赛（亚运会选拔赛），并获“优秀教练员”称号；6月18日，参加全国田径省市分区邀请赛（贵阳站）；6月26日至7月1日，参加贵州省田径锦标赛暨十运会调试赛；8月13—17日，参加贵州省第十届运动会“七冶杯”田径比赛，并获“优秀裁判员”称号。8月7—10日，谢雨珂参加贵州省一级田径裁判员培训。

8月3—4日，谢雨珂、刘挥、万成芳参加贵州省第十届运动会大众组舞龙比赛裁判工作。9月12日，谢雨珂获遵义市承办贵州省第十届运动会“优秀裁判员”称号。

（区少儿体校）

档案（地方志·党史）

【档案查阅服务】 截至11月，区档案馆查阅利用窗口提供档案查阅利用2597人次，提供档案2475卷次，复印12377页。配合区直机关单位第四轮巡查工作提供档案查阅利用服务，提卷1285卷560盒。认真做好档案库房“十防”措施，经常对档案库房进行安全大检查，发现问题及时向分管领导汇报，并安排人员及时采取措施解决。

【档案接收进馆】 2018年，接收区教育局、区民政局、区审计局、区纪委（含案件档案）、市蔬菜水产公司和区政府办文书档案。接收忠庄镇政府和万里路街道办婚姻档案单位。2018年，区档案局配合区人民政府开展红花岗区老鸦山战斗遗址方案设计、方案论证、现场勘查等前期准备工作，将设计公司设计相关资料归档入库，提高区馆藏红色档案的数量和质量。

【档案业务指导】 到国际商贸城、区园林局、区农牧局（土地确权档案）、区审计局、区委督查局、区直机关工委、区政府办、区商务局、区民政局、思达置业集团10家单位开展档案业务指导。

【档案信息化建设】 馆藏档案已达267487卷（册），1万余件。其中，永久保存档案数量占馆藏总量的30%。对馆藏2号、15号、26号、127号4个全宗目录开展计算机录入。永久档案数字化工作已经完成案卷级和文件级目录25万余条。全文数据录入工作正在进行中，共计已完成录入872卷，目录25112条，扫描完成105481页，其中A3幅面及以上共计290页，照片档案共计95页。

【“国际档案日”宣传】 2018年6月14日，区档案局联合区法院在河滨公园开展“6·9”国际档案日档案法律法规政策宣传、咨询活动。发放《小红的兰台奇遇记》等宣传资料，展示档案知识展板，现场开展政策咨询。

【年鉴编纂】 《红花岗年鉴（2016）》出版发行，全书约95万字、彩图60幅。《红花岗年鉴（2017）》已完成组稿、编辑、发送印刷厂。《红花岗年鉴（2018）》已完成文字组稿任务，正在开展收集彩图、大事记、领导名录等工作。

（区档案局）

卫 生

综 述

【概况】 2018年，区卫生和计划生育局推进医药卫生体制改革和健康红花岗建设，加快卫生与健康事业改革创新，全面深化健康扶贫，提高医疗卫生服务能力和水平，切实加强医疗卫生队伍建设，为人民群众提供全方位健康服务。

【公立医院改革】 履行医改牵头职责，成立区公立医院管委会及监事会，审议并投票通过《红花岗区公立医院章程》等相关制度；深入开展分级诊疗工作，区属各二级医疗机构、各镇卫生院及各村卫生室之间已全面签订转诊协议，对7个病种进行分级诊疗。向上级医院转诊治疗患者325人次，向下级医院转诊治疗患者152人次。开展家庭医师签约服务。组建87个家庭医师团队为辖区居民开展签约服务，高血压、糖尿病、重性精神病等重点人群签约服务覆盖率达60%以上，贫困户、计划生育特殊家庭签约服务100%。实现远程诊疗全覆盖。区属4家公立医院远程会诊中心实现与省级平台对接，以区人民医院为主体成立红花岗区影像会诊中心，与重庆医科大学第一附属医院实现网络连接，直接接受重庆医科大学附属医院专家的指导。全年通过“基层检查、上级诊断”新模式，会诊21064人次。全面控制公立医院医疗费用不合理增长。全区实施临床路径管理病例数达到出院病例数60%以上；采取处方负面清单管理，落实处方点评制度，加强临床使用干预，推进医院合理用药，各公立医院药占比24.7%，门急诊人次同比增长14.5%，出院人次同比增长13.5%。

【居民健康管理】 建立纸质及电子居民健康档案568293份，电子建档率90.69%；管理高血压患者32471人、糖尿病患者11763人，均已完成市级下达任务；建立65岁以上老年人健康档案66848人，建档率10.67%；确诊并登记在册的严重精神障碍患者2035例，检出率3.25‰，治疗率77.35%，管理率90.66%。

【疾病预防控制】 全区无甲类传染病发生，甲、乙、丙类传染病发病率576.9/10万，较上年同期下降5.6%；完成免疫规划预防接种冷链运转12轮次，各类疫苗接种率95%以上；有效调查处理疫情19起，有效控制疫情；调查处理6例疑似预防接种异常反应，排解预防接种纠纷2起；艾滋病常住人口检测覆盖率23.64%；承办艾滋病全国性干预培训班，国家级交流发言2次，省级交流发言2次。

【妇幼健康服务】 开展孕前检查、孕产期保健、儿童保健等覆盖生育全过程的基本医疗保健服务。2018年，孕产妇死亡1人，孕产妇死亡率8.75/10万，高危产妇管理100%；5岁以下儿童死亡数53人，5岁以下儿童死亡率4.75‰，婴儿死亡率3.76‰；新生儿死亡率1.84‰。叶酸增补9145人。完成国家免费孕前优生健康检查4502人；新增市级药具服务管理示范镇2个、药具服务管理示范村4个，安装免费避孕药具自助发放机25台。

【爱国卫生】 金鼎山镇、海龙镇、巷口镇通过国家卫生乡镇复审；组织开展健康教育活动，组织开展大型健康教育宣传咨询活动6次，咨询人数

3000人，发放宣传资料2万份；各镇卫生院、社区卫生服务中心组织开展公众健康咨询活动204次，咨询人数2万人，发放宣传资料3万份，全面提升居民健康素养；开展城乡环境卫生整治行动，持续做好病媒生物防治工作；完成红花岗区农村户厕、公厕、医疗机构和学校厕所全面普查，科学评价农村厕所革命的进展和效果。

【医疗服务】 加强全区医疗质量控制体系建设，落实《医疗质量管理办法》，重点推动医疗质量安全核心制度落实。加强医疗技术临床应用管理，强化事中、事后的监管。继续开展医疗质量督导检查，在日常督导过程中加强督导，加强质控中心体系建设，建立健全医疗质量控制长效机制。区人民医院重症医学科、急诊急救科的建设顺利通过省卫计委专家组检查，全面达到《县医院医疗服务能力基本标准》。扎实开展医师定期考核工作，严把医疗质量关。组织全区医师定期考试，合格率达95%以上，组织参加各级各类医疗培训30次。全面推进“互联网+医疗服务”。区域检验平台、影像平台、电子病历系统分级评价平台已基本建成，与上级平台数据完成接入工作，运行状态良好；区人口健康信息平台项目已完成调研分析和第一阶段硬件建设等工作，已初具正常运行条件；基本完成各镇卫生院信息系统建设，实现院内HIS系统与患者检验信息、影像资料共享。强化医患沟通，依法做好医疗纠纷的处理，受理医疗纠纷投诉75起，重大医疗纠纷4起，申请医疗鉴定处理17起，协调解决49起。接待群众或电话来访192人次。组织50家医疗机构投保医疗责任险，总计保费361万元。组织专家完成辖区内14医疗机构临床用血资格现场审查，确保临床用血安全。

【健康扶贫】 全区“新农合”参合率99.80%，补偿参合群众14万人次，补偿金额7706.47万元；加强定点机构管理，对25家违规定点医疗机构进行处罚，扣除违规申报金额和协议扣款共计52.28万元。推进精准扶贫工作，取消健康扶贫对象起付线。提高健康扶贫对象的报销比例，凡健康扶贫对象在区内县、镇级定点医疗机构住院，转诊到省、市级定点医疗机构住院的基本医疗保险比一般对象提高5个百分点报销比例，大病保险比一般对象提高5个百分点报销比例，慢特病提高5个百分点报销比例。全面落实健康扶贫医疗保障救助“一站式”结算，实现建档立卡农村贫困人口住院实际补偿比达90%报销。健康扶贫对象享受新农合“一站式”兜底报销2431人次，报销金额287.49万元。落实跨省异地就医即时结报，解决跨省异地就医人员垫资问题。全区有46人次办理跨省异地就医备案登记，已办理出院手续26人次，总费用51.98万元，补偿金额23.87万元。开展大病集中救治，全面完成9类15种农村特困人员和低保对象的大病专项救治任务，依托全国健康扶贫系统，对救治患者实行动态跟踪管理。实施农村贫困人口光明工程，免费救治农村贫困白内障患者。红花岗区有大病专项救治人员34人（其中白内障患者10人），完成救治7人，正在救治27人。全年派遣区级医疗机构30名医务人员到各镇卫生院对口帮扶基层医疗卫生工作；精心组织区属9家医疗卫生机构的70名医护人员开展“万医下基层——2018年医疗卫生健康扶贫大型义诊巡诊活动”3次，接待就诊群众1100人，发放宣传画册2100份。

【计划生育服务】 全区人口出生率16.08‰，人口自然增长率11.87‰，政策外多孩率2.23%。全面落实计划生育家庭奖励和扶助政策，兑现目标人群63151人，资金1681.346万元。“一站式”报结农村计划生育“两户”家庭成员住院医疗费补助2503人次，结算医疗补助费用169.67万元。开展全程服务管理和数据比对监测工作，加强对重点人群的孕情追踪管理和出生人口信息核查。2018年人口性别比为105.47（以女性为100），在正常值范围内。加大“两非”打击力度，开展集中整治专项行动，查处“两非”案件1件，罚款5000元。

【项目建设】 完成金鼎山镇野里村、后庄村、板桥村卫生室及海龙镇桂花村卫生室脱贫攻坚项目装修改造工程，完成投资8万元。完成金鼎山镇卫生院装修改造工程；区精神病专科医院实施面貌改造及环境绿化整治工程（完成工程量的50%），完成投资350万元。配合南部新区推进区人民医院经开区新院、区中医院项目建设进度，区人民医院经开区新院完成投资6470万元；区中医院完成投资10472万元，主体完工进入装修阶段。配合万里路街道完成紫薇商住楼入户调查及房屋面积测绘工作，征收方案已报区政府审批。与中天集团就万里社区卫生服务中心购置业务用房签订购房合同，合同价9763.435万元，已付款1000万元，完成投资1021.5万元。

【卫生监督和行政审批】 开展医疗市场、饮用水卫生、学校卫生、公共场所卫生等卫生监督工作。打击非法行医17户，立案查处17户，行政处罚9.2万元，收缴混装药品器械32箱（袋）、牙椅2台，净化医疗市场；对100家民营医院存在的问题进行立案查处，收缴罚款6.1万元；日常监督检查公共场所2085户次。全面加强驻区政务服务中心窗口建设，不断规范和完善办事流程，缩短办理时限，群众满意率大幅度提升。受理各类卫生许可申请996件，办结993件；完成医师电子化注册2386人，护士3312人，医疗机构318家，激活率100%。推进“互联网+政务服务”，将服务事项办理由实体大厅向网上大厅延伸，凡具备网上办理条件的事项可实行网上办理、网上反馈，实现办理进度和办理结果网上实时查询；受理网上申请14件。

（区卫生和计划生育局办公室）

疾病预防控制中心

【概况】 2018年，区疾控中心按照“预防为主”工作方针，完善疾病预防控制体系，履行工作职能，落实重大疾病防控措施，加强党组织建设和队伍建设，保障全区人民群众身体健康。

【传染病防控】 **传染病发病情况** 2018年，全区无甲类传染病报告；乙、丙类传染病18种4993例，发病率620/10万，死亡25例，死亡率2.89/10万；发病数同比上升298例、发病率同比下降5.63%、死亡率同比下降13.79%。发病率下降主要是艾滋病、伤寒和副伤寒、猩红热和流行性腮腺炎下降明显。报告的死亡病例为艾滋病和肝炎，报告死亡病例数均下降，死亡率下降。

报告乙类传染病12种，报告发病数1802例，死亡数25例（艾滋病23例、肝炎2例），报告发病率和死亡率分别为208.24/10万和2.89/10万，与上年同比发病率上升7.01%，死亡率下降13.79%，发病率上升主要是肝炎、痢疾、百日咳、布病和淋病上升。报告丙类传染病6种，报告发病数3191例，无死亡病例报告，报告发病率为368.75/10万，与上年同期比发病率下降11.53%，主要是流行性腮腺炎下降。

发病数排前五位的传染病占总病例数的80%以上。发病排前五的病种为：手足口病（2195例）、肺结核（687例）、乙肝（563例）、其他感染性腹泻病（518例）、梅毒（369例）、合计发病占总发病数的86.76%。

死因监测 报告死亡率5.28‰，报告合格率91%。

【突发公卫应急管理】 调查处理突发公共卫生事件4起，处置聚集性疫情250起，其中不明原因肺炎1起、布病2起、手足口病133起、流行性腮腺炎25起、疑似食物中毒7起、胃肠道症状3起、重症手足口病9起、水痘66起、急性出血性结膜炎2起、感染性腹泻1起、输入性疟疾1起。散发疫情5522起。2018年处置疫情21起，其中不明原因肺炎1起；水痘15起，消杀面积6550平方米；手足口病1起，腮腺炎1起；痢疾2起，消杀面积550平方米；布鲁氏菌病1起，消杀面积1000平方米。

【免疫规划】 截至12月28日，红花岗区完成免疫规划预防接种冷链运转12轮次，其中脊灰疫苗63034剂次（接种率99.09%），乙肝疫苗42208剂次（接种率99.33%），百白破疫苗58770剂次（接种率99.08%），卡介苗10584剂次（接种率99.32%），含麻疫苗31080剂次（接种率98.64%），流脑A群疫苗28586剂次（接种率99.95%），流脑A+C疫苗24465剂次（接种率98.76%），乙脑疫苗29641剂次（接种率99.19%），甲肝疫苗15710剂次（接种率99.23%）。

全区无麻疹阳性病例、无高危AFP病例，监测未发现AFP病例，医疗单位无AFP病例报告，脊灰病例排除率为零，未达到1/10万的排除率。麻疹疫情调查处理11例，排除11例，基本达到麻疹报告病例排除率2/10万的监测指标。

调查处理6例疑似预防接种异常反应，其中1例经红花岗区预防接种异常反应专家组认定为因接种卡介苗接种引起颈结核性淋巴结炎。调解预防接种纠纷3起。

【艾滋病防治】 按住址累计HIV/AIDS 1723例。其中男1303例、女420例，男女比例3.1∶1；死亡292例，查无此人3例，失访23例，存活可随访1405例。性传播为主（98.1%），其中异性传播1274例（74%）、男男同性传播415例（24.1%）、吸毒传播32例（1.8%）、母婴及其他传播2例（0.1%）。重点分布在中心城区，覆盖辖区所有乡镇和社区。现住址新增HIV/AIDS 258例（存活可随访242例），与上年同期201例相比病例数增加57例、上升28.36%；死亡49例，死亡率19%，与上年同期46例相比增加3例；男女比例2.63∶1（187/71），均为性传播。辖区7家初筛实验室、33个快检点，通过采集血液和口腔黏膜渗出液，筛查各类人群HIV抗体170943例，占常住人口的19.75%（国标22%）；检测总量与往年同期135768例相比增加35175例、上升20.58%。特殊行业检测220人（市标300人），检出HIV阳性5人；男男检测690人（市标200人），检出阳性43人。完成吸毒与男男性行为人群哨点采血问卷任务。强化对存活病人管理工作，存活可随访病例1405例中，CD4检测1121例，检测覆盖率79.79%（国标85%）；肺TB筛查100%；配偶应检测229例，已检测196例，检测覆盖率85.6%（国标90%）；新增存活随访病例242例，转介治疗218例，转介覆盖率90.1%（省标95%）；单阳家庭应转介治疗229例，已治疗222例，治疗覆盖率96.94%（省标90%）。加强病例治疗，第四人民医院在治病人532例、红花岗区人民医院在治751例，共计1283例，治疗覆盖率90.1%（国标90%）。1—9月，转入两院227例、治疗216例，转入治疗覆盖率95.2%（国标95%）；病毒载量应检测980例，已检测938例，检测覆盖率95.71%；病毒抑制率92.72%，治疗总体情况保持稳定。强化高危及重点人群干预，减少HIV从高危人群向一般人群扩散。

【美沙酮社区维持治疗】 截至12月28日，累计入组治疗2000人，2018年在治人数730人；新增受治者13人，其中男性5人、女性8人；脱失341人，其中死亡7人、公安局抓获180人、自述戒断25人。日均服药人数365人，年保持治疗率85%；治疗剂量最大160毫克，最小剂量5毫克，平均剂量30毫克，HIV检测率88.09%，HCV检测率88.3%，梅毒检测率87.68%，尿吗啡检测5022人次，阳性989例，阳性率19.7%。10月1日，对病人实行药费减免，减免药费40万元。

【结核病防治】 全区肺结核报告发病数648例，报告发病率81.93/10万，较上年同期报告发病率下降2／10万。发病率最高的为长征街道，发病率最低的为海龙镇。

初诊查痰率 指标要求100%，定点医院共登记肺结核可疑症状者和疑似患者819例，初诊查痰819例，初诊查痰率100%。

病原学阳性检出率 指标要求40%，共登记肺结核患者440例，其中涂阳186例，病原学阳性检出率42.27%。

肺结核患者成功治疗率 2017年1月1日至11月30日，结核病信息管理系统共登记435例，治愈134例，完成疗程261例，肺结核患者成功治疗率90.80%。

病原学阳性患者密切接触者筛查率 指标要求1∶3，对登记的186例病原学阳性肺结核患者开展密切接触者筛查，共筛查对象560例，筛查出活动性肺结核1例，病原学阳性患者密切接触者筛查率301.75%。

肺结核患者总体到位率 指标要求95%，应追踪人数971人，到位人数932人，总体到位率95.98%。

肺结核患者登记管理率 指标要求95%，按发病日期大疫情报告肺结核患者648例，到定点医院登记治疗患者598例，登记管理率92.28%。

肺结核患者管理率 指标要求90%，共登记肺结核患者440例，实际管理430例，肺结核管理率97.73%。

结核病患者艾滋病病毒感染的筛查率 指标要求90%，对登记的440例肺结核病患者中，提供HIV检测430例，艾滋病病毒感染筛查率97.73%。

肺结核患者开展痰培养率 登记治疗患者440例，开展痰培养440例，痰培养率100%。

耐多药肺结核可疑患者筛查率 指标要求95%，耐多药肺结核患者筛查率93.33%。

学校结核病防控 2018年采用结核菌素试验（PPD）对全区学生开展主动筛查，筛查学生96660人，筛查率64.87%，筛查发现阳性7458例，阳性率7.72%；对PPD强阳性的学生进行胸部X线检查，发现活动性肺结核病例103例，对确诊的结核病学生进行流行病学调查处置，将确诊学生纳入结核病信息管理系统进行规范治疗。

【地方病、慢性病管理】 **健康档案** 全区建立纸质居民健康档案563259份，电子居民健康档案563259份，电子建档率89.89%，超过75%的指标要求，各镇（街）均完成电子建档任务。全区有动态使用记录的档案98920份，档案动态使用率19.17%，未达到35%的指标要求。

高血压患者管理 市级下达的高血压管理任务22000人，已管理31535人。

糖尿病患者管理 市级下达的糖尿病管理任务10600人，已管理11310人。

65岁以上老年人管理 全区对65岁以上老年人建档66053人，建档率10.54%，达到10.32%的老年人建档水平。按照国家基本公共卫生服务规范（第三版）要求，全区2018年完成65岁及以上老年人年检21740人，规范管理率33.62%，未达到67%的指标要求。

严重精神障碍患者管理 全区累计确诊并登记在册的严重精神障碍患者2136例，检出率3.41‰，未达到4‰的指标要求；对1793例患者进行随访管理，在册患者年管理率83.94%；1526例患者在接受住院或居家服药治疗，治疗率71.44%。2018年，收集线索119例，确诊43例，排除39例，拒绝排查4例，未找到33例。

严重精神障碍患者管理治疗项目 全区应完成应急处置42例，已完成24例，完成率57.14%；专科医生技术指导应完成168例次，已完成86例次，完成率51.19%；家属护理教育应完成5288例次，已完成707例次，完成率13.37%；免费服药任务数134例，累计服药161例，完成率120.15%；专项化验应完成536例次，已完成84例次，完成率15.67%；复诊应完成268例次，已完成74例次，完成率27.61%。

中国成人主要慢性病风险评估体系监测项目 7月，省级培训结束，启动中国成人主要慢性病风险评估体系监测项目，11月底完成。

碘缺乏病项目 按照东、南、西、北、中各抽取1所小学完成40名的学生尿碘、盐碘监测，100名孕妇的尿碘、盐碘监测，已完成240名学生的尿样、盐样采样收集，孕妇尿样、盐样采集正在开展中。

麻风病管理 全区有存活病人16例（治愈15人、现症病人1人），均按时进行随访及相关检查。全年新发现病例1例，已纳入管理。

【病媒生物防治】 完成1—12月病媒生物监测；完成红花岗区春季灭鼠前鼠密度调查；完成“四害”滋生地调查评估。发放鼠药2500千克、灭蟑螂药29箱、灭蝇药15件。

【健康教育】 发放健康教育印刷资料27.67万份；播放音像资料2.78小时；更新健康教育宣传栏749次；开展公众健康咨询活动204次，居民参与26468人次；举办健康知识讲座618次，听众18442人次；接受个体化健康教育服务22264人次。在红花岗区902频道滚动播放《禽流感病毒低湿高温灭活》《校园结核病防治》公益广告，每月播放超过150次。

【实验室建设】 1—11月，检测从业人员体检血（甲肝、戊肝）2741人份，肛拭（沙门氏、志贺氏）2741人。HIV检测样品6689份，丙肝样品2447份，梅毒样品2554份，CD4检测1465份，麻风杆菌镜检2人份，麻疹病毒抗体IgM检测1人份，抗HBC-IgM1检测1000人份。6月，对辖区医疗机构疟原虫理论和镜检培训1次。

食品风险监测理化监测 微生物自行检测6个样品，其中糕类2份样品致病菌检测大肠菌群、金黄色葡萄球菌、沙门氏菌，结果显示为阴性；婴幼儿食品（奶粉、米粉）各1份，致病菌检测肠杆菌科、克罗诺杆菌属、蜡样芽孢杆菌和单核细胞增生李斯特氏菌4个项目，检测结果全部为阴性；香辣河粉和凉米皮各1份，检测指标为大肠埃希氏菌、单核细胞增生李斯特氏菌、沙门氏菌、蜡样芽孢杆菌、金黄色葡萄球菌和致泻大肠埃希氏菌，检测结果全部达到国家卫生标准。

农村饮用水监测 完成国家饮用水卫生监测项目枯、丰水期102份水样监测检验。红花岗区（含新蒲）枯、丰水期对51个监测点采样102份（农村集中式供水52份、农村学校供水6份、城市自来水40份、企业自建供水4份），全年合格水样87份，合格率85.3%。枯水期合格45份，合格率88.2%；丰水期合格42份，合格率82.3%。红花岗区集中式农村饮用水水样全年合格水样43份，合格率74.1%，其中枯水期合格23份，合格率79.3%；丰水期合格20份，合格率68.9%。开展公共场所健康危害因素监测试点工作，完成15家第一轮检测。处理1起农村集中式饮用水投毒喂鱼污染水库事件，水质取样检测农药残留为阴性。

禽流感检测 禽流感外环境春季监测，采集板山活禽批发市场环境拭子样本180份，通过市级实验室核酸病原学检测，H5亚型禽流感检出7份，阳性率3.89%；H9亚型禽流感检出阳性32份，阳性率17.8%；人、禽高致病性H7亚型均未检出。

（区疾病预防控制中心办公室）

妇幼保健计划生育服务

【概况】 2018年，区妇幼保健计划生育服务中心围绕全区妇幼健康工作目标，开展生育服务，以孕产妇健康管理、0~6岁儿童健康管理、免费提供药具项目和国家免费孕前优生健康检查项目工作为重点，提高孕产妇、儿童健康水平。开展出生缺陷三级预防，降低出生缺陷发生风险，提升计划生育服务质量，全面推进妇幼健康工作。

【孕产妇、0~6岁儿童健康管理】 全区活产数11433人，产妇11324人，孕12周建卡10418人，建卡率92%；产前检查11324人，产前检查率100%；住院分娩活产数11427人，住院分娩率99.95%；产后访视10519人，产后访视率92.01%；孕产妇系统管理10519人，系统管理率92.01%；高危产妇4501人，高危产妇管理率100%；孕产妇妊娠风险筛查分色管理孕妇4010人，高危孕妇1881人，专案管理1881人；医疗机构孕产妇妊娠风险筛查分色管理孕妇24046人，高危孕妇9860人，专案管理9860人；全区孕产妇死亡1人。全区0~6岁儿童63544人，建档57633人，建档率90.70%；3岁以下儿童数30141人，系统管理27563人，系统管理率91.45%；5岁以下儿童死亡数53人，5岁以下儿童死亡率4.75‰（婴儿死亡数43人，婴儿死亡率3.76‰；新生儿死亡数21人，新生儿死亡率1.84‰）。

【监测工作（国家监测点）】 **孕产妇死亡监测** 活产数11433人，育龄妇女死亡139人，孕产妇死亡1人，孕产妇死亡率8.75/10万。

医院出生缺陷监测 全年上报围产儿7646人，出生缺陷368例（不包含小于28周的缺陷儿37例），出生缺陷发生率481.30/万；围产儿死亡67人，围产儿死亡率8.76‰；双胎发生数90例，双胎发生率1.18%。

人群出生缺陷监测 上报出生围产儿11465人，其中死产32例、双胎109例、出生缺陷294例，出生缺陷发生率256.43/万。

危重症孕产妇医院监测 孕产妇监测4309人，其中妊娠合并症或并发症3539人，妊娠合并症或并发症的患病率82.13%；危重症孕产妇6人，危重症孕产发生率1.39‰。

【预防艾滋病、梅毒、乙肝母婴传播工作】 **艾滋病检测** 接受咨询门诊孕产妇9817人、产科住院9175人，接受检测门诊孕妇9817人、住院检测9175人，检测率100%。感染孕产妇6人，其中3人已分娩，终止妊娠1人，继续妊娠2人（均在服药）；活产3人，均在出生后给予预防性服药，婴儿早检3人，2次早检结果均为阴性，迁云南1人，随访2人。

梅毒检测 接受咨询门诊孕产妇9817人，产科住院9175人，接受检测门诊孕妇9817人，住院检测9175人；门诊感染孕妇52人，产科病房感染产妇23人，治疗19人，治疗率82.6%；所生婴儿23人，正随访中。

乙肝检测　接受咨询门诊孕产妇9817人，产科住院9175人，接受检测门诊孕妇9817人、住院检测9175人，门诊感染孕妇283人，住院感染277人，感染产妇分娩儿童数277人，接受乙肝免疫球蛋白注射婴儿277人，接受乙肝免疫球蛋白干预率100%。

【新生儿疾病筛查】　新生儿疾病筛查12639人，新生儿疾病筛查率达96.98%，先天性甲状腺功能减低症可疑阳性儿138例，确诊6例；苯丙酮尿症可疑阳性19例，确诊1例。新生儿听力筛查4164人，无确诊人数。

【增补叶酸预防神经管缺陷项目】　2017年10月至2018年9月，增补叶酸9145人。

【免费孕前优生健康检查】　2017年10月至2018年9月，全区完成国家免费孕前优生健康检查4502人，其中女性 2251人、男性2251人，完成年度孕前优生健康检查目标任务的112.6%。全年常住人口出生11433人，其中出生缺陷儿294例，出生缺陷发生率为25.71‰；出生低体重儿57例，发生率4.98‰；早产儿56例，发生率4.89‰。

【药具管理服务】　将药具工作纳入人口计生“三按月”同等管理（同任务、考核、奖惩），创新管理服务模式，2018年新增创建市级药具服务管理示范镇（街）2个（长征街道办事处、老城街道办事处）、药具服务管理示范村（社区）4个（黄泥坡社区、杨柳堰社区、府后山社区、纪念馆社区），在城区及试点镇（街）、村（社区）配置安装免费避孕药具自助发放机25台，使用药具12253人。药具不良反应监测，上报可疑医疗器械不良反应249例。

【托幼园卫生保健管理】　1—11月，对全区234家托幼园进行督导，新办托幼园卫生保健评价11家，合格10家（不合格1家）；在托幼园卫生保健评价17家，合格14家（不合格3家）；托幼园教职工3766人，持健康证上岗教职工3664人，教职工体检率97.3%；全区新入园儿童10487人，健康检查合格入园9262人，新入园儿童体检率88.3%；开展镇（街）卫生院妇幼人员业务培训1次，各托幼机构卫生保健知识培训1次。

【等级保健院建设】　开展“妇幼健康优质服务示范工程”创建活动，提高妇幼健康服务能力。围绕《妇幼健康优质服务示范工程评估指标》要求开展评估活动，完成首次评估工作。根据国家妇幼健康发展要求，2020年前红花岗区必须建成一所二级甲等妇幼保健院，红花岗区妇幼保健院是以区妇幼保健计划生育服务中心为框架，新建妇幼保健院正在选址中，国家前期专项经费已到位1200万元。

（区妇幼保健计划生育服务中心）

医　疗

红花岗区人民医院

【概况】　区人民医院始建于1958年，原名遵义市人民医院，2011年更名为遵义市红花岗区人民医院，是全区唯一集医疗、预防、保健、康复、教学和科研为一体的二级甲等综合医院。医院占地面积1.86万平方米，建筑面积5万平方米；全院有职工1035人，其中在编人员313人，自主聘用人员701人；卫生技术人员902人，正高9人，副高74人，博士研究生3人，硕士研究生21人。医院设置临床医技科室33个。2018年4月，医院通过三级综合医院初评。

2018年指标完成情况一览表

表4

项目	2018年	同比增长（%）
门诊（人次）	391142	13.53
出院（人次）	45326	12.59
业务收入（万元）	33957.5	12.02
药占比（%）	22.99	-0.01
耗占比（%）	20.87	-2.61
门诊均次（元）	211.71	-14.22
住院均次（元）	5182.75	-1.57

【学科建设】　2018年4月，引进重庆医科大学医学博士2人，组建呼吸与危重症医学科，设有呼吸科门诊、呼吸科普通病房和呼吸重症监护室（RICU）；拥有肺功能室、气管镜室等功能科室，该科诊疗技术达到省内先进水平，尤其在下呼吸道感染、呼吸衰竭、肺癌、间质性肺疾病等呼吸系统疾病及呼吸康复、呼吸系统疑难危重病诊治等方面在省内居领先地位。承担省级课题1项，市、厅级课题5项。5月29日，通过贵州省卫计委组织专家组对医院急诊科开展“三年提升计划”重点科室（重点专科）建设现场考核评估。6月13日，贵州省县级医院“三年提升计划”心血管内科建设评估专家组对医院心血管内科进行全面评估并通过。6月29日，通过贵州省卫计委组织评审专家组对医院泌尿外科“三年提升计划”重点学科建设情况开展考核评估。10月，引进首都医科大学在站博士后1人，在原遵义市血栓病中心基础上，以专病专治为原则，将原神经外科及神经内科脑血管病组整合，成立神经系统疾病临床诊疗中心。该中心设置床位116张，开展脑血管病筛查防治工作，中心承担国家自然科学基金项目1项、省级基础研究重点项目1项，参与国家自然科学基金项目1项。完成以神经内科、心血管内科、泌尿外科、产科、中医科、重症医学科和急诊科为重点的学科建设。

【医疗质量】　严格医疗文书检查和处方管理，共抽查临床及医技科室77次，检查手术55台次，归档病历检查份数2960份，其中乙级病历26份，运行病历检查813份，病案室质控病历3341份。加强临床路径管理，全年医院临床路径开展18个专业108个病种。

【护理质量】　落实护理敏感质量指标监测，全年住院患者跌倒发生率0.081‰、院内压疮发生率0.009‰；推进责任制护理，落实护士分层使用及培养，全院性护理业务培训20次52项，共计4299人次，全院平均参培率63.37%，全院性三基理论考试4次，考核1093人次，合格率100%；全院性护理技术操作培训6次，共计培训14项护理技能，全年共计考核309人次；2018年共完成季度大检查4次28项；专项检查8项（危重患者转运、围手术期护理、护理文书、输血管理、压疮、身份识别、分级护理、基础护理）共15次；片区护理质量检查12次；终末病历检查80份，输血病历检查80份、死亡病历检查95份；加大护理不良事件及压疮管理力度，全院上报不良事件115例，开展全院性警示教育2次；定期组织召开护理管理各种会议，其中召开季度质量检查及质量反馈会议4次、护士长例会12次。

【安全保障】　1—11月，发生投诉事件168件，其中无效投诉21件，发生医疗纠纷事件23件，未处理9件，赔偿806269.86元；全年鉴定医疗事故1起。回访患者41796人次，回访率100%，满意率92.49%；回访成功32124人次，成功率76.85%；住院患者现场调查6446人次；回访中心共收集不满意见226条，已整改164条；表扬优秀人员317人次；接受电话咨询、健康咨询1057人次。加强平安医院建设，加强日常安保巡逻和视频监控，加强消防安全巡查，强化消防安全知识培训和应急演练，及时排查安全隐患。

【药事管理】　定期召开药事管理工作会议，解决各阶段药事管理及药物治疗问题。对新申购药品逐级把关，通过会议统一确定。审核分析药物使用情况，组织专家评价药物临床疗效与不良反应，提出淘汰药品意见，研究持续改进措施。严把药品采购关，实行网上采购，严格验收，确保药品质量安全有效。重视药品使用环节质量和疗效，进行严密临床观察，掌握药品使用的信息反馈意见，为药品采购提供质量依据。

【预防控制医院感染】 发生院内感染158例次，感染率0.35%，无漏报。加强医疗废物的全程安全无害化管理与处置，督促临床各科严格按感染性废物、病理性废物、损伤性废物、药物性废物、化学性废物分类收集医疗废物，全年产生感染性医疗废物68611.5千克、损伤性废物6163.2千克，全部交由贵州省瑞康危险废物处理有限责任公司处置，未发生医疗废物遗撒、非法买卖及传染病扩散事故。全年无院内感染引起的重大疫情或死亡事故。

【医保管理】 全面落实医疗政策，确保健康扶贫，提高建档立卡农村贫困人口保障水平。及时公示医保、新农合出院病人补偿兑付情况。严格管理、督导临床医技科室执行医保、“新农合”政策，督查科室执行最新物价收费标准，指导科室合理治疗、合理检查、合理收费。

【教学科研】 医院以微创、介入为突破，提高疑难及危重症的救治能力，落实开展新技术、新项目奖励制度。全年新技术、新项目申报立项20项，其中国家自然科学基金项目1项、省级基础研究重点项目2项。接收遵义医科大学、遵义医专、铜仁职院、黔西南职院等院校实习生479名。

【公立医院综合改革】 全面开展公立医院改革，取消药品加成，采取有效措施，解决群众关心、关注的热点难点问题，实现社会效益、经济效益持续增长。继续稳步推进医院法人治理结构改革，建立健全现代医院管理制度，分别于1月、5月召开全区公立医院管委会、监事会会议。实施基层医疗卫生机构服务能力提升计划，推行现代医院管理，协同推进医疗、医保、医药“三医”联动。整合区域内基层医疗卫生机构资源，与深溪镇、忠庄街道等5家卫生院共同组建功能齐全、层级分明、资源共享的新型医疗卫生集团——医联体，缓解辖区内群众看病难、看病贵的问题。加强与基层医疗机构联系，搭建双向转诊医疗平台，与40家一级医疗机构、2家养老院、3个医疗定点协议单位友好合作，完善医技直通车住院绿色通道服务。2018年，影像、超声、检验等医技检查700例，转入患者120例。

【硬件设施及信息化建设】 医院投资1286万元购置进口德国耶格肺功能仪、超声支气管镜、床旁B超、血液透析机、呼吸湿化器、纤维喉镜、呼吸机等先进医疗设备；与上海中山医院远程会诊平台正式启用；完成医院数据库中心扩容，医保、新农合接口改造升级工作；红花岗区域平台（三大中心）建设完成并投入使用，医院微信挂号、缴费已上线运营，健康贵州“12320”预约挂号平台、贵州省统一支付接口投入使用，促进医院全面发展。

【公共卫生】 开展基本公共卫生服务，完成传染病防治、计划免疫、健康教育、儿童保健、围产保健、托幼园所管理、死因疾病监测、食源性疾病监测、职业暴露防治管理等工作。规范家庭医生签约服务，签约10131人，签约率30.74%。其中，0～6岁儿童签约1904人，签约率74.6%；65岁及以上老年人签约2680人，签约率78.8%；高血压患者签约2163人，签约率67.3%；糖尿病患者签约1317人，签约率88.5%；肺结核患者签约37人，签约率100%；严重精神障碍患者签约120人，签约率90.9%；残疾人签约125人，签约率26.6%；计划生育特殊家庭签约56人，签约率100%。

【妇幼保健】 开展国家孕前优生健康检查项目、唐氏筛查项目、基本公共卫生妇幼健康项目和重大公共卫生等项目。作为全区孕产妇急危重症救治中心和新生儿急危重症救治中心，医院整合优势资源，健全母婴安全管理机制，强化孕产妇和新生儿急危重症服务管理，成立抢救领导小组、救治专家组、质量控制组和救治保障组，保证急危重症孕产妇和新生儿得到及时救治，提高抢救成功率，降低孕产妇和新生儿死亡率、致残率，确保孕产妇和新生儿生命安全。

【应急工作】 完成20次政府指令性任务，派出医护人员63人次，完成应急医疗职责。120救护车出诊收治病人2249人次，其中120出警1183次，院内急救1066人次。完成高考体检9123人次，小饭桌体检13000人次，征兵体检1283人次，特岗教师体检1123人次，残疾人鉴定50人，驾驶员体检34898人次。

【文化建设】 加强医院宣传，在《遵义日报》刊登文章2篇、《遵义晚报》刊登文章7篇、区级以上媒体播放新闻6条，双月刊《院报》如期发行，通过微信公众平台发布报道64篇，编辑医院简报79篇。

【获奖情况】 手术室李芳护士长的《手术室护理实践指南》获遵义市首届授课比赛二等奖、贵州省第二届《手术室护理实践指南》授课比赛三等奖。手术室《目视化管理在手术室仪器设备管理中的应用》参加遵义市第二届临床护理质量改善成果项目评比，获一等奖。儿科《降低新生儿住院期间疼痛率》获2018年贵州省护理质量改善项目三等奖、临床护理质量改善成果项目二等奖。

【脱贫攻坚】 开展医疗扶贫健康行工作，全年开展10次医疗帮扶活动，参与党员干部100人次。医院为困难群众减免自付部分医药费用，为贫困户开展免费体检。为贫困户开辟“先诊疗、后付费”绿色就诊通道，入院时不需缴纳押金即可住院治疗。

【党建工作】 10月，完成总支换届选举工作。11月，医院党总支部升级为区卫计局党委下属二级党委。定期开展党的理论知识学习专题会，增强党员及班子成员的政治理论素质；制订党员发展计划，转正党员1人，发展预备党员2人。开展“最满意医护人员”评选活动，医德医风纳入绩效考核。

（区人民医院办公室）

遵义市骨科医院

【概况】 2018年，遵义市骨科医院以病人为中心，全面提高医疗质量，以建立和谐医患关系、深化优质服务、确保医疗安全、改善就医环境为目标，落实医疗规范和核心制度，从源头上防控医疗隐患，创新思维，转变观念，有序开展各项工作。推进跨省异地就医工作，全年异地就医报销203人次。

2017—2018年指标完成情况一览表

表5

项目	2018年	2017年	增幅（%）
业务收入（万元）	2446.64	3109.79	-21.32
医疗收入（万元）	2438.69	2452.47	-0.56
药品收入（万元）	616.65	846.99	-27.20
卫生材料收入（万元）	488.51	575.91	-15.18
检查检验收入（万元）	412.54	488.75	-15.59
卫生材料费（万元）	514.29	722.41	-28.81
医务性收入（万元）	920.99	540.82	70.30
药占比（%）	13.75	24.90	-44.80
医务性收入占比（%）	37.64	17.39	116.45

【公立医院改革】 深化医药卫生体制改革，加强人才培养引进工作，推进法人治理结构改革，落实公立医院独立法人地位和经营管理自主权。规范内部管理，提高医院运行效率。建立公立医院综合绩效考核制度。

【紧急救护】 承担临时性和指令性任务，全年出动医疗救护40次，救护车出动30辆次，累计出动医护人员120人次。

【医院感染控制】 开展医院感染控制知识培训，举办各类培训班，提高全院职工对院内感染控制意识，预防院内感染。

【党建工作】 2018年，发展新党员1名。规范药品、耗材采购；推进党员干部约谈常态化，2018年预防提醒干部约谈60人次。全年收到投诉8起，涉及12人，处理5人。

（市骨科医院办公室）

红花岗区口腔医院

【概况】　2018年，区口腔医院坚持以口腔专科为发展方向，坚持以病人为中心、以质量为核心，加强管理、改进服务，业务发展稳步上升，规范诊疗秩序，稳步推进各项工作。门诊住院楼占地面积1216平方米，建筑面积4500平方米；实际开放住院床位100张，开放椅位30张；固定资产总值 856万元；全院在岗人员163人，其中在编职人员数62人（医院42人、社区20人），招聘人员101人。

2017—2018年指标完成情况一览表

表6

项目	2018年	2017年	增幅（%）
总诊疗（人次）	62887	56393	11.52
出院（人次）	1919	2008	-4.43
病床使用率（%）	61.46%	51.92%	9.54
平均住院日（天）	13.14	15.67	-16.15
门诊次均费用（元）	361.34	492.55	-26.64
住院次均费用（元）	3337.1	3652.14	-8.63
药占比（%）不含中药饮片	13.62	18.83	-5.21
医疗服务收入占比（%）	37.94	42.58	-4.64
医疗收入（万元）	3718.76	3510.97	7.8

【医疗质量管理】　强化制度管理，规范医疗行为；强化“三基三严”训练，提高诊疗水平，杜绝医疗差错事故，防范医疗纠纷。全年医疗投诉7起，其中医疗服务型投诉1起，医疗争议6起，与患者沟通解决4起，3例医疗争议经协商已妥善处置。

【学科建设】　引进专业技术人员3人，其中口腔硕士研究生1人、口腔规培生2人。全年派出进修人员5人。加大继续教育和专业技术培训力度，全年举办院内讲座14场次，参加350人次；组织全院“三基”考试2次；参加省外学术会议3次，参加省内学术会议25次。10月，组建成立口腔儿童牙科、中医皮肤科两个门诊科室。

【信息化建设】　投入45万元，完成省电子病历共享平台、医药监管系统、贵州省统一支付平台、病案直报系统等接口开发工作。

【公共卫生服务】　完成计划免疫各项工作任务，开展传染病防治工作。截至12月，辖区常住人口41727人，建立居民健康档案35723份，建档率85.6%。其中，高血压病人3481份，建档率8.34%；糖尿病病人1604份，建档率3.84%；65岁以上老年人5449份，重性精神病人157份；产妇建档468份，建档率91%；0～6岁儿童1809份，建档率63.2%。组织开展高血压病管理、糖尿病管理、65岁以上老年人健康管理、重性精神病管理、卫生监督协管、孕产妇及0～6岁儿童管理、艾滋病管理、避孕药具管理、健康教育、中医药健康管理服务、家庭医生签约服务、健康素养等工作任务。全年参与政府指令性救护任务24次，义诊宣传19次。组织辖区文化小学、遵义四中（初中部）、老城小学、十一中等中小学学生体检8683人，春季小饭桌体检850人，秋季学生结核菌素检查3485人。为朝阳小学和新文小学2009名适龄学生开展口腔健康检查，对1254名适宜儿童实施人窝沟封闭牙齿4000颗。

【传染病防控】　全年检测42222人次，上报疫情卡85张，死因监测卡308张。完成传染病个案调查494人次，其中流行性腮腺炎77例、水痘140例、手足口211例、流感24例、伤寒2例、甲肝1例、出血性结膜炎1例、细菌性痢疾2例、感染性腹泻36例。管理结核病人16人。

【帮扶工作】　帮扶巷口镇卫生院，抽调内科副主任医师、口腔主治医师等学科带头人共110人次到巷口镇卫生院开展技术指导，并定期查房。

（区口腔医院办公室）

红花岗区精神病专科医院

【概况】　2018年，区精神病专科医院坚持“以病人为中心，以质量为核心”宗旨，以“三好一满意”、优质护理工程、平安医院创建等活动为载体，不断加强医院内涵建设，落实各项制度。全年未发生重大安全事故。

2017—2018年指标完成情况一览表

表7

项目	2018年	2017年	增幅（%）
总收入（万元）	1139	926	23
总支出（万元）	921.6	818.23	12.63
住院（人次）	1401	1051	30.3
门诊（人次）	4053	2841	42.66
门诊次均费用（元）	152.71	195.2	-21.76
住院次均费用（元）	4977.1	5280.4	-5.7
药占比（%）	15.8	18.79	-2.99
医疗服务收入占比（%）	78.26	74.5	5.05

【队伍建设】 招聘工作人员6人，其中护士5人，药剂科工作人员1人。公开招考医生2人，遴选医生1人。医院制订专科人才培养计划，新参加工作人员经院内培训合格后上岗。工作年满1年的送到贵州省第二人民医院、四川华西医院、上海市精神卫生中心进修半年或一年以上。引进执业医生1名。

【公立医院综合改革】 医院自2015年9月20日起对全部药品实施药品零加成销售。规范药品采购供应，在省集中招标采购的基础上，提高网采率，规范药品统一采购和配送，降低药品价格，严格落实“两票制”。规范“合理检查、合理治疗”，优化诊疗流程，提升服务能力，改善就医环境，建立和完善咨询、投诉机制。加强服务能力提升。全面开展便民惠民服务，开展优质护理服务，加强预约和分诊管理，不断优化医疗服务流程，改善患者就医环境。按照分级诊疗双向转诊协议，建立分级诊疗服务，形成双向转诊、上下联动的分级诊疗模式，全年完成下转社区康复病人147例，较上年同比增长13.95%。

【信息化建设】 网上预约挂号平台和电子病历平台与省平台完成接口开发，系统正在试运行。

【重性精神疾病管控】 定期安排医生对包片区域开展重性精神病患者排查。出动医生86人次，排查108人次，技术指导458人次，看诊541人次。

【新技术治疗】 医院首次开展生物反馈仪治疗精神分裂症康复期、焦虑抑郁等新技术。

【项目建设】 5月，医院改造项目开工建设，计划投资986万元，已完成投资700万元。

【医疗扶贫】 全面实行“先诊疗后付费”、大病医保报销90%以上，参与开展各种义诊活动。对精神疾病患者实行全程导医服务；成立医疗专家队下乡排查随访，解决精神病人“看病难”问题。

（区精神病专科医院）

社会生活

民政救济

【概况】 2018年，区民政局围绕全区发展大局，紧盯“保民生、促和谐、助发展”工作目标，以党建为引领，以民政事业发展规划为指南，以“六定一化”试点工作和“庸政懒政怠政、不作为慢作为乱作为”专项整治行动为载体，加强党的建设，落实党风廉政建设责任，坚持依法行政，坚持为民服务，以优良的作风为人民群众办实事、解难题，发挥民政部门作为党和政府联系广大群众的桥梁纽带作用，完成民政工作各项目标任务。

【城乡低保】 按照2018年红花岗区城乡居民最低生活保障年度核查和提标工作实施方案要求，扎实开展城乡低保提标工作。2018年，城市低保标准从每人600元/月提高到636元/月，增幅6%。农村低保标准从每人3612元/年提高到3936元/年，增幅8.97%。对全区原城乡低保对象和新申请户开展入户普查。9月，城市低保4025户6741人，1—9月累计支出3319.84万元；农村低保保障980户1972人，1—9月累计支出340.02 万元。2018年农村低保、特困人员季节性缺粮救助150户292人，发放救助粮9960千克；农村特困供养人员96人，发放救助粮4320千克。开展低保集中核查整治工作。精准实施特殊人员分类施保政策。城市低保对象中重度残疾人、长期患重大疾病人员、在校学生、60岁以上老年人，按城市低保标准的30%增发分类施保金190元/月；低保对象中单亲人员按城市低保标准20%增发分类施保金127元/月。农村低保家庭中的重残人员、患重大疾病人员、在校学生、60岁以上老年人，按照农村低保年保障标准的30%增发特殊困难补助金98元/月；独生子女和符合计划生育政策纯女户的农村低保家庭成员、单亲农村低保家庭成员、失地农民，按照农村低保保障标准的20%增发补助金66元/月。一般残疾（残疾等级为三级、四级）增发50元/月。同一人只按一类增发条件执行，实行就高原则。

【医疗救助】 对全区2018年特殊困难群众参合参保进行资助。资助农村参合对象1936人，资助金额23.23万元；资助城镇参保对象8262人，资助金额8.262万元。将重特大疾病患者年度医疗救助提高到4.5万元。加强与城镇居民医保、新农合等基本医疗保险制度的衔接，建立定点医疗机构即时结算医疗救助费用的“一站式”管理服务模式，形成制度衔接、服务共用、信息共享、结算同步、监管统一、快捷便民的城乡医疗救助工作新格局。2018年，全区医疗救助累计救助2846人次，发放救助金386.3万元。

【临时救助】 2018年临时救助324人次，发放救助金104.67万元，其中“救急难”16人次，救助金额43.84万元。

【特困人员救助供养】 2018年，特困供养人员基本生活标准按827元/（人·月）发放，照料护理标准按全护理人员1680元/（人·月）、半护理人员1008元/（人·月）、全自理人员（集中供养）336元/（人·月）发放，实现特困供养对象“应保尽保”和“老有所养、老有所依、老有所乐”基本目标。2018年农村特困人员101户102人，支出农村特困供养金10.4514万元；城市特困人员60户61人，支出城市特困供养金9.5135万元。

【冬春救助】 坚持重点救助、分类救助的原则，确保受灾困难群众冬春期间基本生活。2017—2018年度冬春救助工作共计投入资金191万元，其中中央、省级安排163万元，市级落实8万元，区级财政安排20万元。全区发放资金191万元，发放棉衣被2100床件，救助款全部实行社会化发放，口粮和其他救灾物资折算成资金，通过“一卡（折）通”形式直接发放到受灾群众手中，救助受灾困难群众3660户8536人。

【养老服务】 提高养老机构服务质量，加强养老机构服务质量监管，加快养老机构服务质量标准化和认证建设，提升医疗卫生服务水平，提高养老机构管理服务人员素质能力和“敬老文明号”创建活动等，推进养老机构服务质量大转变，夯实养老机构服务质量可持续改善基础。2018年，为全区80岁以上高龄老人7235人发放补贴238万元。为60岁以上老年人办理老年优先证5603个。2018年，启动插旗山、金狮山、洗花井、白杨洞、新华桥、兰家堡、黄泥坡、民政、凉厅、南宫山10个社区老年人日间照料中心项目建设，已完成项目立项10个，实施方案批复7个，预算评审6个，完成设计单位招标8个、施工单位招标6个，编制完成2019年金鼎山镇中心敬老院二期工程等预备项目。

【防灾减灾救灾】 6—7月，连续高温致全区各镇大面积农作物干旱，各镇不同程度受灾，其中金鼎山镇、巷口镇、海龙镇受灾情况较重。受灾农作物主要以水稻、玉米、蔬菜等为主。旱灾造成受灾人口26600人，农作物受灾面积940公顷，农作物绝收241公顷，直接经济损失1560万元。开展政策性农房灾害保险工作，政策性农房灾害保险工作为23831户符合政策农户投保，保费229079元，为全区19988户农村低保户和散居“五保户”增保投保9338元；发动群众开展自愿投保增量工作共收保费1057户15870元。2018年，赔付36户29600元。有效减轻灾害损失，提升灾后重建能力，防止受灾农户因灾返贫，拓宽扶贫途径。

【优抚安置】 全区共有重点优抚对象1724人，其中“三属”人员19人、在乡老复员军人38人、企业老复员军人48人、带病回乡军人22人、参战人员1024人、伤残军人264人、60岁以上农村籍退役老兵309人，发放生活补助经费968.1万元。开展烈士褒奖和烈士墓搬迁工作。2018年，共接收退役士兵121人，其中转业士官18人、自主就业退役士兵103人。参加职业技能培训的退役士兵103人，兑现培训经费24万元。落实复退军人困难帮扶政策，解决优抚对象临时困难61人，发放临时困难补助金31.5万元；优抚对象住院二次报销170人次，报销金额51.6万元。将84名生活困难的优抚对象纳入低保；优抚对象身份证扫描率99.1%；落实优抚对象定期体检制度，设立50万元享受抚恤补助复员退伍军人医疗补助专项资金，列入年度财政预算。全区累计审核办理“公交拥军卡”8325人次；义务兵优待金发放，全区2016年城镇入伍的81户、2017年城镇入伍的57户，合计138户，每户标准16495元/年，合计发放2276310元。

【“双拥”工作】 构建拥军优属服务网络，发动各社会阶层广泛开展拥军优属活动。春节、“八一”建军节期间由区四大班子领导分别带队慰问驻区14支部队及老红军李光，送上慰问品或慰问金；3月，区双拥办慰问遵义市军分区在红花岗区巷口镇组织的第一季度拉练的全体官兵；6月，配合中国人民解放军陆军边海防学院（昆明校区）2018届毕业班450名学员，到遵义开展“传承红色基因，担当强军重任”综合演练活动；10月，区民政局领导带队赴乌鲁木齐，对红花岗区2018年入伍的新战士进行回访。

【基层组织建设】 加强村（居）委会日常工作指导工作，全区调查处理涉及第十届村（居）委会换届选举的来信来访13件，回复各镇（街）补选村干部、社工请示15件。规范镇（街）政务公开和村（居）务公开民主管理工作。完善村规民约，全区87个村（居）委会建立自治制度，修订完善村规民约，开展居民自治。4月，提高村（社区）干部待遇，各镇（街）补贴兑现到位。在长征街道河北井社区开展“情暖童心·爱在社区”关爱进城务工人员随迁儿童社会工作者服务活动。

【脱贫攻坚】 挂帮海龙镇龙泉村、温泉村，涉及21个村民组46户156人，2018年度已脱贫37户、未脱贫9户，2019年计划脱贫9户。2018年，帮扶贫困户5.27万元，结对帮扶海龙镇龙泉村23户、温泉村3户发展产业，帮扶购买鸡、鸭、鹅、猪、牛、羊、玉米饲料、复合肥肥料、种畜产床、生产机具等配套种植养殖物资，助力贫困户脱贫。

【社会事务】 2018年，办理结婚登记4151对，离婚登记2473对，补办结婚登记2155对，补办离婚登记254对。开展救助管理工作，加强对流浪乞讨人员的巡查和救助，开展“夏季送阴凉”等专项街头救助行动，接待和劝导救助人员165人次，对符合救助条件的158人给予救助，站外医疗救助24人。全年办理社会组织登记9个、社团登记2个，全区共有社会组织249个。

【殡葬服务】 加大公墓管理力度，完善公墓管理制度，整治不文明治丧行为，开展殡葬领域突出问题专项检查整治。2018年，区殡葬服务中心共火化尸体5053具，灵车接运3496具，入馆治丧数量1652具，达到“三个一百”（火化率达100%、骨灰入墓率100%、入馆率100%），实现收入2551.37万元 。

【行政区划管理】 开展第二次全国地名普查工作，地名数据库第二次修改数据已报民政部。启动《中华人民共和国标准地名词典》和《地名志》编撰工作。已完成《中华人民共和国标准地名词典》红花岗区的第二至第八部分词目及《地名志》词目的上报工作。推进地名标准化工作。推进虾子镇行政区划调整工作，已完成申报资料的收集、编制，待区政府同意后上报。推进平安边界建设工作，做好界线管理的日常工作，对行政区域界线进行管理维护界桩，按照《遵义市播州区红花岗区汇川区勘界工作方案》，红花岗区与汇川区、湄潭县、绥阳县联合勘界方案，完成对交界的乡镇、村（社区）的摸底调查工作，对有争议的地段实地踏勘，制定调整方案，经区人民政府同意后报市民政局。

【儿童权益保障】 2018年，办理收养3例，解除收养1例；散居孤儿发放孤儿生活费275420元；完成孤儿基本生活费和孤弃儿童大排查及问题整治工作，梳理整改问题12项；做好53名集中供养儿童的养育管理工作。健全工作机制，开展结对帮扶，做好兜底保障，丰富活动载体等措施，加强留守儿童困境儿童关爱救助保护工作，1500名困境儿童中，纳入低保1232人，临时救助87人，医疗救助150人，住房救助140人，其他救助150人。发放留守儿童平安手环594个。在春节、中秋节慰问留守儿童、困境儿童300人次。

（区民政局办公室）

人力资源和社会保障

【城镇就业服务】 完成城镇新增就业30100人（全年任务3万人）；城镇登记失业率2.98%，控制在4.2%以内。实现农村劳动力转移就业8040人（全年任务8000人）。完成职业技能培训1883人（全年任务1850人）。审核小额担保贷款96笔960万元，带动就业480人。

【职业培训】 2018年，开展技能培训44期，培训1883人，培训内容包含中式烹调、电工、挖掘机、家政护工及种植养殖等。其中，技能培训1146人、大学生创业培训184人、电子商务培训90人，其他培训463人。全年完成精准扶贫培训451人，易地扶贫搬迁培训36人，共计就业脱贫563人。在金鼎山镇组织贫困户开展中式烹饪培训；在第一强制隔离戒毒所组织戒毒人员开展中式面点、美发培训各1期；组织巷口镇、海龙镇和金鼎山镇社区康复人员开展创业培训1期；组织城镇困难人员开展护工、育婴师培训3期；组织易地扶贫搬迁人员开展制衣工、消防和劳动政策法规培训；在航天职业技术学校组织开展大学生创业培训等。遵义重美职业培训学校获省级“职业培训示范基地”称号，并获省级示范基地创建补助资金60万元。

【公共就业服务】 举办脱贫攻坚春季攻势暨就业援助月专场招聘会、遵义市2018年“春风行动”暨沪遵劳务协作大型招聘会、红花岗区2018年脱贫攻坚春风行动系列招聘会、城镇解困专场招聘会、遵义市公共就业服务校园行大型专场招聘会等10场公共就业活动，参加企业1400余家，进场求职人数3万人，提供就业岗位4.5万个，达成意向性协议1万余人。开展返乡农民工“三送”活动，现场为返乡农民工送服务、送政策、送岗位，引导农民工返乡就业创业。依托人力资源网及各类就业平台，分类建立岗位数据库，共有416家企业，提供就业岗位22712个；全区有泓搏仕、遵义市鼎德裕鞋业有限公司等5家企业为扶贫示范企业，为贫困劳动力提供就业岗位300余个，吸纳就业450人，其中贫困劳动力65人。

【易地扶贫搬迁就业帮扶】 全区易地扶贫搬迁人员84户329人，有劳动力家庭79户，劳动力154人。通过举行现场招聘会、就业培训、岗位推荐、公益性岗位安置、扶贫车间等方式促进他们实现就业，累计就业创业138人，其中扶贫车间4人、公益性岗位5人、劳务输出13人、单位就业17人、灵活就业99人，实现有劳动力家庭“一户一人”就业。易地扶贫搬迁安置点就业创业服务中心已建成使用，专人负责，开展标准化、规范化、系统化就业创业服务，促进扶贫搬迁劳动力就业。

【城镇解困】 2018年，为243名城镇解困人员开展职业技能培训，其中护工培训3期131人；累计帮助城镇困难群体实现就业328人。

【劳务协作输出】 召开红花岗区沪遵劳务协作调度会，统筹安排各镇推进沪遵劳务协作工作。实现贫困劳动力转移就业300人，其中，省内转移就业121人、省外转移就业179人。

【小额担保贷款】 开展微利项目贷款，全部实行全额贴息。严格遵循创业担保贷款对象、条件，严把贷款贴息对象主体资格审查。建立完善创业担保贷款财政贴息资金信息管理系统。核实数据，精确计算贴息资金分担情况。

【创业服务】 2018年，兑现创业奖励补贴54.81万元，其中一次性创业奖励补贴兑现91人33.93万元、场租补贴59人20.88万元。开展红花岗区2018年“青春遵义　激情创业”设计大赛初赛，红花岗区推送选手江贵义获市级企业组一等奖，选手潘万康获项目组三等奖；成立红花岗区就业创业联盟，促进就业创业教育、调研、指导、咨询服务等合作，推进“大众创业、万众创新”，实现创业带动就业目标；打造4个市级技能大师工作室，向上争取经费40万元用于支持技能大师工作室技艺传承、以师带徒、交流培训等。

【充分就业社区创建】 全区2017年获省级充分就业星级社区1个、市级充分就业星级社区 7个和市级充分就业社区5个；2018年10月，全区申报充分就业星级社区14个（市局审核中）。全区累计有55个社区获国家、省、市充分就业（星级）社区，其中国家级1个、省级4个。

【就业见习社保补贴政策】 兑现复员退伍军人灵活就业人员社保补贴385人143.45万元；兑现高校毕业生就业见习补贴30人29.09万元；兑现社保补贴31人4.76万元；兑现高校毕业生到非公有制企业就业社保补贴6.97万元。

【公益性岗位管理】 严格按照“总量控制、适度开发、贫困优先”原则，安置101名就业困难人员到公益性岗位就业。全年清理退岗222人；审核公益性岗位人员劳动合同1100份。按规定对身份证年龄当月年满50周岁（女）和年满60周岁（男）的人员，在次月予以清退，并停发公益性岗位补贴。

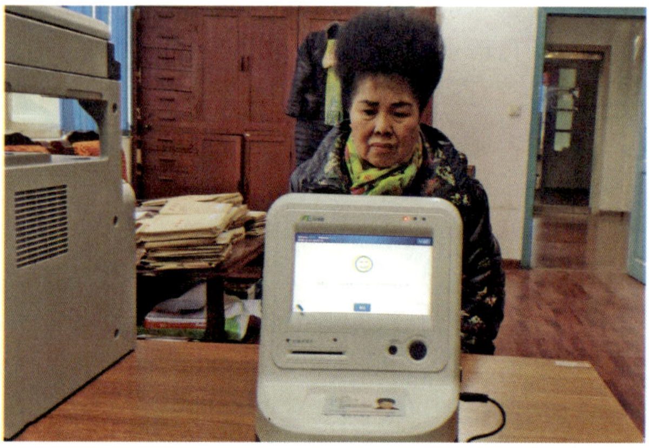

2018年12月24日，原八五厂退休人员正在进行生物识别身份认证

【效能建设】 全年审核发放“就业创业证”805本；办理档案托管6429人次，其中企业职工档案托管3073人次、高校毕业生档案托管3356人次；办理档案转移881份，办理档案查询1103人次。办理失业人员开具求职登记和开具求职证明1045人。为红花岗区人民医院、清华中学等单位办理人事代理手续，提供档案保管、转正定级、年度考核、职称评审、完善人事档案材料、出具证明等代理服务。

【社会保险】 1—11月，社会保险各项基金总收入158225万元，支出138395万元。

企业养老保险 全区有参保企业2830家，有参保人员151730人（在职120657人、离退休31073人），征收养老保险67842万元（银行代收1639万元）；有离退休及遗孀遗属人员31651人，支出78094万元，其中发放离退休人员养老金76648万元、支付丧葬抚恤费及遗孀遗属生活费1201万元、转移支出245万元。

机关养老保险 全区共有参保单位208家，有参保人员15489人（在职9677人、离退休人员5812人），征收养老保险26570万元（财政12109万元、清算549万元、利息27万元），征收职业年金7651万元（清算5438万元、利息48万元），支出养老金25633万元，支出职业年金130万元。

城乡居民养老保险 城乡居民养老保险参保69378人，基金收入2564万元（财政补贴11840万元、利息60万元、转移2万元），基金支出2336万元。

被征地农民社会保障 被征地农民参保6160人，已领取养老金1191人，基金收入4996万元，支出保障金428万元。

【医疗保险】 参保270232人，征收医疗保险43093万元，医疗保险总支出28329万元。

职工基本医疗保险 职工基本医疗保险参保2250户98306人（在职人员70126人、退休人员28180人），医疗保险收入35013万元（统筹17514万元、个人12401万元、大病2343万元、公务员补贴2755万元）；职工基本医疗保险支出17314万元，其中基本医疗保险支出3477万元、大病基金支出225万元、公务员补贴支出802万元、个人账户支出12810万元。

城镇居民医疗保险 全区城镇居民基本医疗保险参保171862人；基金收入6879万元（财政补贴5824万元），基金支出10871万元。

离休干部医疗管理 管理离休人员63人，基金收入1201万元，支出老干部门诊费住院费144万元。

【失业保险】 全区有参保单位2037户，共有参保人员46821人。其中，事业单位161户，参保人员7309人；企业1876户，参保人员39512人。共征收失业保险基金1779万元，支出失业保险费1213万元。

【工伤保险】 参保2250户64023人，征收工伤保险费2021万元，支出工伤保险费1385万元。2018年4月，启动稳岗补贴申报工作。截至6月，申报企业66家，补贴1364975.26元。

【生育保险】 生育保险参保57938人，生育保险基金收入1709万元，基金支出847万元。

【被征地农民就业和保障】 全年完成2037户5184名被征地农民审核和身份认定，增发补发760名被征地农民基础养老金574万元。

【优化营商环境】 压缩企业开办时间，完善企业社会保险登记业务流程，提高参保登记服务效率。落实“多证合一、一照一码”，取消社会保险登记证。阶段性降低社会保险费率，从2018年5月1日至2019年4月30日为期1年，企业职工养老保险单位缴费比例仍为19%，失业保险单位缴费比例仍为0.7%，工伤保险以“八类行业”基准费率为基础下调20%，通过降低费率，有效优化营商环境，减轻企业负担。

【减证便民】 推进减证便民，优化服务流程，精简办事材料，在服务意识、服务能力上做加法，为群众办事减门槛。畅通异地就医直接结算渠道，将红花岗区按县级收费的综合医院（含民营）和乡镇卫生院（社区卫生服务中心）22家接入跨省异地就医结算平台，168家连锁定点零售药店接入省内异地就医结算平台。全面推广市社保局“遵义社保”微信公众号和“遵义人社通”App，让群众办事更加方便快捷。推动社保服务延伸到社区和家庭。

【档案管理】 入库档案50153卷（业务档案32789卷、城乡居民养老保险业务档案2211卷、会计档案7857卷、文书档案7296卷）。全年业务档案查阅（借阅）592人次、人事档案查阅221人次、复印档案资料1997份。

【社会保障卡发放】 全年新制社会保障卡8万张，其中0～6周岁社会保障卡28983张，收集个人证件照制卡8970张。

【行政审批】 劳务派遣机构行政许可新增3家，续证3家，共计20家。人力资源许可新增1家，共计2家。全年审查用人单位集体合同1份，涉及员工25人；审查用人单位工资集体协商合同3份，涉及员工257人；特殊工时工作制审批3家，涉及员工294人。全年开展劳动用工备案企业1898户，涉及职工32124人。

【仲裁案件】 2018年，受理劳动争议案182件，准予仲裁立案176件（劳动报酬50件，社会保险争议30件，确认劳动关系20件，因未解除、终止、订立劳动合同争议76件）；法律规定不予受理6件。调解处理86件，仲裁裁决90件，调解结案率49%，劳动者维权金额722.3万元。

【劳动监察】 全年受理劳动监察案件47件，涉及劳动者821人，在规定时间内结案率100%，为劳动者讨回工资900万元，责令补签劳动合同300人。推进农民工实名制管理，在建项目48个，纳入实名制管理32个。

【人才工作】 组建专家服务组，解决产业经济发展中的瓶颈问题。组织参加人才博览会，为全区引进紧缺人才6人。组织参加高校招聘工作，为教育系统引进人才48人（免费师范生19人、硕士研究生29人）；为医疗卫生系统引进硕士研究生2人；为全区其他事业单位引进硕士研究生47人；为区城投公司招聘本科生8人。全区发放人才津贴522.7万元。

【事业单位管理】 事业单位考核　全区事业单位应参加年度考核人员6074人，因6人立案审查未参加年度考核，实际参加考核6068人。其中，专业技术人员5044人，管理人员368人，工勤人员662人；优秀等次908人，合格等次4660人，不合格等次11人，见习期人员255人，另9人因受处分考核未定等次，未定等次人员共264人。审核发放优秀人员奖金68万元。

事业单位工作人员统计年报　年报统计全区事业单位236家，参公事业单位14家。236家事业单位中包括全额事业单位218家、差额事业单位4家、自收自支事业单位14家，机关工勤人员未纳入统计范围。按照事业单位人事制度改革参加事业单位岗位设置的单位、已完成岗位设置的单位、实行聘用管理制度的单位、实行公开招聘制度的单位共236家。事业单位工作人员6458人，其中管理人员564人、专技人员5243人、工勤人员651人；层次分布为县级6036人，占93.47%；乡镇级422人，占6.53%。退休人员3511人。

事业单位管理人才、专业技术人才、技能人才统计　全年上报管理类人才564人，比上年减少101人；专业技术类人才5243人，比上年减少872人；技能人才651人，比上年减少15人。

人员招聘　全区事业单位公开招聘工作人员279人（教育系统下属事业单位公开招聘计划170人）。办理卫生系统订单定向免费医学生4人，免费师范生（研究生）90人；办理各类人员岗位聘用365人。

人事档案专项审核　全区事业单位人事档案共2106卷，通过清理、登记、造册、初审、复审及组织认定等程序，完成事业单位人事档案专项审核工作。

【职称评审和初任培训】 全区事业单位获初级、中级、高级、正高级专业技术人员任职资格证书180人；年审资格证书1933个。对全区事业单位专业技术人员91人进行初级任职资格审核评审；组织专家对教师系列专业技术人员的一级教师任职资格进行审核评审认定。举办全区事业单位新进人员初聘培训3期，参训478人。

【军转服务】 自主择业军转干部服务 完成自主择业军转干部基本医疗保险、补充医疗保险和生育保险，截至10月，缴费983590元。完成自主择业军转干部2017年住房公积金补缴工作，共缴纳住房公积金1677205.44元；完成2013年以来军转干部党组织关系清理登记工作，建立工作台账和服务平台。

企业军转干部服务 完成2018年元旦、春节、“八一”建军节期间走访慰问，发放慰问金13.2万元。发放半年个案解决企业军转干部生活特殊困难经费3.6万元。帮助贫困企业军转干部解决特殊个案补助3批共10人，共计3万元。为3名在职企业军转干部解决社均工资补助29694.9元，协助办理2名企业军转干部退休，落实2017年1月以后退休人员社均工资补差待遇。

（区人力资源和社会保障局办公室）

移民工作

【概况】 红花岗区水利水电工程移民局于2010年3月成立，经2010年9月《遵义市红花岗区人民政府办公室关于印发〈遵义市红花岗区水利水电工程移民局主要职责、内设机构和人员编制方案〉的通知》（区府办发〔2010〕182号）明确为区人民政府直属正科级事业单位。2014年区级政府机构改革，《遵义市红花岗区人民政府办公室关于印发〈遵义市红花岗区水库和生态移民局主要职责内设机构和人员编制方案〉的通知》（区府办发〔2014〕298号）明确在原有职责的基础上，划入区发展和改革局扶贫生态移民工程领导小组办公室职责，名称变更为遵义市红花岗区水库和生态移民局。

【水库移民规划安置】 完成新华大沟水库建设永久性土地征用434.487亩，兑现土地补偿款1487.704万元；临时征用土地83.7265亩，兑现土地补偿款114.922万元；安置水库移民搬迁3户13人，兑现补偿资金69.256万元。4月，完成新华大沟水库下闸蓄水阶段区级移民安置验收工作。推进新华大沟输水管线建设，临时征用土地112.516亩，兑现土地和青苗补偿资金143.77万元。

【水库移民后期扶持】 现金直补发放情况 海龙水库有移民后期扶持人口4823人。全区享受水库移民现金直补2237人（海龙水库2186人、水电移民现金直补51人），发放水库移民后期扶持现金直补资金134.295万元；项目扶持人口2586人。

后期扶持项目实施情况 完成移民后期扶持项目区级验收、项目审计工作。项目建设主要为农村机耕道、提灌站、供水管网等基础设施建设等11个项目，项目资金159.2万元。其中，桂花村移民小区文体活动中心项目资金13万元，桂花村黄家湾、付家坝、将军堰提灌站设备更新项目资金10万元，桂花村栋青组提灌站项目资金38万元，海龙镇桂花村移民安置小区供水管网改造项目资金13.5万元，龙泉村鱼华组机耕道项目资金24万元，龙泉村天桥组文化广场项目资金5万元，贡米村200亩蔬菜种植项目提灌站资金30万元，贡米村垃圾池项目资金6万元，海龙镇尖山上半段道路维修公路资金4.3万元，海龙镇尖山下半段道路维修公路资金3.2万元，海龙镇贡米村农兴组电力提灌站项目资金12.2万元。

8月，完成前期未实施的8个后期扶持项目方案编制、评审和项目执行计划备案工作，项目建设投入资金566万元（海龙镇桂花村移民小区房屋美化项目、海龙镇桂花村移民小区环境设施建设项目、海龙镇桂花村栋青组太阳能路灯项目、海龙镇桂花村水井湾排洪渠项目、海龙镇龙泉村百年龙泉移民新村雨污分流项目、海龙镇龙泉村鱼华组和陆庄组抽水泵房机器设备更新项目、海龙镇贡米村梁家湾至龙泉村牌坊路面柔化项目、海龙镇贡米村果园基础设施配套项目）。

【产业扶持】 开展海龙镇桂花村特色水果猕猴桃项目，项目建设以村级合作社——遵义海桂种植养殖专业合作社采取“村合作社+农户土地无偿入股”形式进行，利用移民后扶资金70万元，建成海龙镇桂花村150亩猕猴桃高效生产基地。该项目于2018年4月完工；5月，区移民局组织镇（村）对项目打孔、栽桩、拉网建设情况进行工程量收方确认；12月，已完成区级验收工作。特色水果猕猴桃种植涉及农户51户（纳入计划48

户、未列入计划3户），猕猴桃种植面积154.51亩，打孔8069个，栽桩8069根，项目建设初具规模；抓好建档立卡贫困移民户“因户施策”项目扶持，计划实施年度为2018年至2020年，重点对建档立卡贫困移民进行扶持，项目扶持规划资金72万元。全区有建档立卡贫困移民40户84人（纳入“因户施策”项目扶持范围有23户55人，因老、弱、病、残无力发展或清退户17户29人）。“因户施策”项目扶持主要以发展家庭小规模种植养殖业为主，已发展养殖业9户，圈养仔猪23头、仔牛3头；发展种植业1户，栽植经济果枇杷、李子6亩。2018年12月，兑现“因户施策”扶持资金7.928万元。

【易地扶贫搬迁】 全区2017年易地扶贫搬迁任务81户326人。实际确定搬迁对象84户330人（金鼎山镇50户210人、海龙镇18户68人、巷口镇6户17人、南部新区深溪镇10户35人）。2017年11月，安置房主体工程完工。2018年3月，完成安置房室内地砖铺设、安装套装门、墙面贴瓷或挂瓷、灶台等简装修工程。2018年4月，完成小区绿化、路面及环境绿化工程建设，小区水、电及天然气已全部开通。2018年5月25日，在区司法局及搬迁群众全程参与监督下，开展搬迁群众集中抽号选房工作，与84户搬迁对象全部签订搬迁安置合同，涉及安置房屋89套（5户分户）。2018年6月4日，会同各镇、安置点物管单位组织搬迁群众逐户发放安置房钥匙，搬迁群众已全部入住。84户搬迁户（12户无房户）中有48户已拆除旧房，拆除面积4995.36平方米，拆除率67%，已复垦复绿土地2287.19平方米。

就业培训 全区搬迁对象84户330人，有4户为零劳动力家庭，16～60周岁211人，劳动力154人。其中，已就业136人，完成搬迁家庭劳动力培训133人（挖掘机操作员5人、家政服务员3人、种植养殖4人、制衣工14人、政策培训107人）。

【水源保护区居民搬迁】 搬迁饮用水水源一级保护区居民，搬迁工作涉及海龙镇海龙水库和巷口镇红岩水库，根据2018年5月调整审批的一级保护区红线划定范围，海龙水库需搬迁居民132户780人，涉及房屋77栋；红岩水库需搬迁居民63户209人，涉及房屋58栋。海龙水库和红岩水库分别于2018年5月3日和5月7日启动搬迁工作。海龙水库一级保护区和二级保护区共计搬迁123栋246户，拆除面积35021平方米（二级保护区部分房屋未拆除），覆土植绿24000平方米；红岩水库一级保护区和二级保护区搬迁86栋140户，拆除面积43750平方米，覆土植绿42000平方米。

【移民资金管理】 移民资金实行专户存储，专款专用，开展移民资金使用管理自查工作。后扶资金专户财政拨入资金215万元，项目资金支出202万元。新华大沟水库移民资金专户，严格实行水库移民资金县级报账制，按规定程序完善手续资料，直接兑现新华大沟水库建设征地土地补偿补助款及经费开支等支出315万元。

（区移民局办公室）

遵铁管理中心

【管理服务】 根据原八五厂退休人员、过渡性安置人员和供养人员集中居住的分布情况，分别在红花岗区舟水桥片区、镇隆社区、万里路街道和桐梓县城设立4个年审点，就近方便年审；对异地居住的人员通过简便易行的方式进行年审和发放。做好死亡人员家属的关怀和待遇结算工作，并对供养人员生存状况及时核实和清理，确保国家社保资金的准确发放。为63名原八五厂过渡性安置人员办理退休手续；管理原八五厂殡仪馆，方便附近群众，减轻丧葬负担。

【困难帮扶】 建立健全《遵铁管理中心困难帮扶台账》，确保困难帮扶程序规范化，把困难帮扶资金全部用在困难人员身上。困难人员分为三类：过渡性安置人员和残疾人；低保人员、孤寡老人和孤儿；绝症患者和遭受重大灾害的人员。遵铁管理中心管理原八五厂移交的“四类”人员5594人（离休干部10人、退休人员4858人、过渡性安置人员181人、供养人员545人）。有老工伤人员1000余人，困难人员1000余人，其中癌症、瘫痪和残疾等患者200余人（纳入遵义市总工会精准识别帮扶人员43人），低收入人员800余人（主要为供养人员），精神疾病患者47人。

【开展“两节送温暖”和“金秋助学”活动】 2018年，开展“两节送温暖”活动，为803名困难人员发放帮扶金44.92万元。开展“金秋助学”活动，为5名困难人员子女发放助学金2.5万元；为单亲困难人员子女毛某某和周某争取到遵义市总工会协议助学金各2.544万元。

【原八五厂危旧公房后续管理】 对抢险搬迁安置后空置的原八五厂危旧公房进行全面摸排，建立危旧公房“一栋一档”台账；组建工作组，对原八五厂危旧公房集中的长沟、凉厅和木材厂片区开展安全隐患巡查，确保人民群众生命财产安全。

【党建工作】 遵铁管理中心有党员1280人，其中机关在岗23人，机关退休6人，原八五厂移交党员1251人（离休党员9人、退休党员1010人、过渡性安置党员232人）。

（遵铁管理中心办公室）

个体劳动者协会

【概况】 2018年，区个协主动适应新形势，不断创新服务机制，用更顺畅的渠道反映会员的心声和诉求，用更有效的做法引导会员培育自律氛围，用更精准的服务为会员排忧解难，助力个体经济健康发展。协会已完成机构、职能、财务与区工商局分离，人员和资产分离已专题上报。老城分会会员封珍会获评遵义市“最美创业女性”，中华路分会会员夏明亮获评红花岗区“诚实守信道德模范”。从2018年8月30日起，全面停止收取会员会费。

【禁毒宣传】 开展集中培训、到戒毒所聆听现身说法、发放宣传资料、张贴宣传标语、开展拒毒签名、走访社区吸戒毒人员家庭等宣传教育活动，配合公安、工商、文化、卫生等有关部门，对饮食业、旅店、公共娱乐场所等特种行业进行监督检查，开展对娱乐场所经营者、个体从业人员的禁毒宣传教育，提高从业人员“拒毒、防毒”意识。

【会员会籍登记管理】 按照省个协、私协关于会员会籍登记工作要求，建立会员会籍登记“一表一台账”，会员会籍登记率100%。

【扶贫工作】 11月29日，区个协万里路分会联合红瑞集团贵州公司，到海龙镇桂花村开展精准扶贫工作。走访海龙镇桂花村贫困户金寿光家，了解近期生活生产情况，送去3000元现金和3床棉絮。

【城镇解困】 3月14日，区个协开展捐资助学活动，捐资12万元帮助城区9所学校115名困难学生。

【党建工作】 按照“行业相近、地域相邻”原则，根据个协会员分布情况和经营情况，分区域设置党支部和成立党小组，形成总支、支部、党小组三级工作网络，党组织覆盖全区所有个体工商户。5月27日，个协党总支选派10名党支部书记和党务干部参加个协组织的非公企业党建工作培训。9月4日，邀请区委组织部为20名党务工作者开展党务知识培训。红花岗区个协党总支为有经营门店的110名个体党员制作“党员示范岗”牌，发挥个体党员在经营户中的示范带头作用。

（区个体劳动者协会）

消费者协会

【概况】 区消协以构建品质消费美好生活年为主题，推进和完善消费维权体系建设，为消费者投诉维权提供服务，全面推进消费维权各项工作的深入开展，更好更快地完善消费维权组织建设，拓宽消费维权领域，打造安全、健康、和谐的消费环境，将消费维权工作事后调处与事前教育有机结合起来，受理消费者咨询，处理消费者投诉，不断提高消费维权质量，树立窗口服务新形象。

【开展活动】 采取城乡联动、社会互动、广泛参与等方式，开展纪念活动，活动现场设立咨询点13个，出动工作人员400人，接待消费者咨询4126人次，受理投诉102起，为消费者挽回经济损失6万元；制作专题宣传展板36块，参与遵义市工商局、遵义市消费者协会和遵义市电视台联合开展的《“3·15”在行动》特别节目，通过报道消费维权典型案例电视短片，将消费纠纷信息、法律信息、服务信息展示给消费者。运用食品安全移动监测执法车宣传活动主题及法律法规。参加 2018年遵义市“3·15”电视主题晚会；3月15日，接到“12315”分流投诉4件，增设固定电话0851-28212315，消费者投诉举报2件，现场受理投诉6件，各消协分会受理投诉举报12件。通过电视、报纸杂志、广播等宣传媒体发布消费警示3期，发表报刊宣传文章2篇。

【组织建设】 区消费者协会下辖消协分会6个，设立投诉联络站共161个，在中小学建立消费维权联络站21个。编印“一会两站”培训教材，举办人员培训班6次，参训人员460人次。

【投诉受理】 2018年，消协受理各类消费投诉591件，成功调处575件，办结率97%，接待来访1000人次，为消费者挽回经济损失61万元，收到市消协转办案件5起，办结5起。

（区消费者协会）

私营企业协会

【私营企业基本情况】 新注册登记私营企业1974户，注册资金709717.37万元，从业人员11843人；私营企业12156户，注册资本金4637206.53万元，从业人员10130人。全年会员企业完成工业产值131148.72万元，同比增长8%；商业企业实现营业额189675万元，同比增长8%；上缴财政税收1154886.11万元，同比增长7%。全区私营企业的行业分布比例为第一产业占15%、第二产业占10%、第三产业占75%。

【社会事务】 会员企业积极参加光彩事业和社会公益活动，继续关心资助贫困失学儿童、留守儿童和扶贫、助残等社会公益事业。遵义市春江月服装贸易有限公司向红花岗区第四小学（建文小学）捐赠服装（价值18705元），向红花岗区第十一小学（龙门小学）捐赠服装（价值18700元）。贵州盛世辉煌酒业有限公司为“阳光工程”车间装修捐款64900元，为贫困学生捐资助学8000元。华丰公司解决播州区石板镇池坪村贫困户高朝君长期就业，增加年收入4万元；解决池坪村贫困人口39人临时就业；向石板镇中学提供赞助物品（价值3000元）。凤凰山矿泉水公司帮扶红花岗区困难群众1万元；为汇川区泗渡镇幸福村袁先林（肝硬化患者）捐款2万元；为播州区马蹄镇洋河村代销生态鸡1.3万元；为红花岗区纪念馆社区贫困大学生捐资助学4000元。遵义华南企业集团慰问海风井社区困难党员群众、“空巢”老人，慰问金额5000元。看望桐梓县羊登镇102户贫困户，向每户贫困户赠送米和油，总计价值1.5万元。7月，贵州爱唐文化网络科技有限公司为红花岗区万里路街道捐赠1.8万元用于帮扶劳教人员；赞助贵州省十运会（在遵义市召开）5万元。12月，遵义汉唐文旅公司及贵州爱唐文化网络科技有限公司捐赠海风井社区电脑7台（价值3万元）。遵义市广电酒店资助困难大学生5000元。遵义市正大交电有限公司帮扶因病致贫的癌症患者熊某医疗费2万元；7月，专访延安街道较场坝社区贫困群众谷某某，捐助500元，与之结对帮扶资助其子学习，计划从2018年开始每年资助2000元至高中毕业，考上大学后继续每年资助生活费5000元直至大学毕业；帮扶务川县贫困大学生周某某，每年资助大学生活费8000元，直至大学毕业。

【会员企业服务】 围绕促进私营经济发展，以促进私协科学发展为目标，为企业发展出谋划策。做好会员咨询接待工作，全年接待会员企业咨询450人次，协会与200家重点会员企业建立工作联系制度。

（区私营企业协会）

镇

深溪镇

【概况】 2018年，规模以上工业总产值完成18.81亿元，同比增长7.5%；工业增加值完成4.32亿元，同比增长4.5%；农业总产值5.8亿元；招商引资到位14.65亿元，固定资产投资完成20.8亿元。一般公共预算收入完成6490.79万元，城乡居民人均可支配收入15440元。

【产业发展】 争取中央专项资金58万元，整合产业发展资金100万元，调减玉米3000亩，发展辣椒4000余亩，种植业产值15181万元，畜牧业产值12018.4万元。园区建设整体推进，药业园区、深溪IT产业园区、国家新材料生产坪桥基地等园区形成“一城多园”格局；IT产业园区二期、110千伏长永变电站、容百锂电池、赛德水泥厂技改搬迁项目快速推进。莲池湿地公园、百草园成功申报国家AAA级旅游景区，旅游经济持续向好。

【基础设施】 完成示范小城镇重点项目28个，建成深溪新城2号路，有序推进南溪大道、新龙大道建设。安居工程加紧实施。启动集镇棚户区综合整治，推进4号、5号还房点和花园庄、坪桥、深溪老街棚户区等工程建设。

【脱贫攻坚】 全年脱贫118户464人，巩固清江村脱贫成效，实现大窝村脱贫摘帽。投入669.35万元，实施小康房、小康路、小康水建设，实现“村村通”“组组通”，完成10户35人易地搬迁。通过“支部+合作社+农户”模式发展蔬菜种植、龙虾养殖等产业，扩大无息创业贷款、农村贫困劳动力技能培训范围，有效促进贫困群众增收。完成大窝村街道立面改造，开展人居环境整治大行动，农村环境持续改善。落实贫困人口教育、医疗保障。

【社会事业】 巩固义务教育均衡发展成果，开展“助学圆梦”计划和“四在学校”创建，启动清江小学综合楼、龙江小学、大窝幼儿园建设。完善村级卫生室设施配备，完成大窝村卫生院镇村一体化建设。常住人口符合政策生育率93.13%，城镇登记失业率控制在4%以内，民政救助154人。举办深溪镇首届龙灯文化节、中国农民丰收节等活动，龙灯协会、诗词协会、篮球协会开展各类文体活动。获“中华诗词之乡”称号。

【生态文明建设】 开展造林绿化工作，全镇植树8000株，森林覆盖率49%。开展环境整治，办结中央环保督察案件16件。开展“治污治水·洁净家园”行动，清运河道垃圾40吨。

【综合治理】 全面启动扫黑除恶专项斗争，加强禁毒工作治理，落实涉毒人员管控。设立“公共法律服务”工作室9个，刑释帮教率100%。

【民生实事完成情况】 完成集镇停车场、完成集镇公厕（2座）、集镇农贸市场的修建；完成危房改造48户、“三改”149户；完成村级文化活动场所4个，清江村因土地原因，未完成建设；完成连户路6.5千米、小康路15.3千米；完成“广电云”户户通447户。

（深溪镇党政办）

巷口镇

【概况】 2018年，巷口镇以转变经济发展方式、提高经济发展质量为方向，以做强产业为支撑，以项目建设为载体，以打造“生态和谐小镇”为目标，落实全年目标任务，保持经济稳定健康发展。

【扶贫工作】 推进小额信贷资金管理使用问题专项治理，发放“特惠贷”84笔，贷款金额396.5万元。推进教育扶贫问题专项治理，切实保障贫困学生教育资助；推进健康扶贫问题专项治理。聘请项目专业管理人员2名，规范项目申报、立项等工作，已拟定项目45个。全镇4个村全部建立村级合作社，采取“支部+合作社+基地+农户”模式，实现村支“两委”、合作社、贫困户三方利益联结，达到项目收益全覆盖。整合财政扶贫专项资金495.5万元，实施扶贫项目6个，覆盖全镇70%以上贫困户；建成食用菌种植基地60亩，其中大棚种植5亩、林下种植55亩；种植以黑土豆为主的特色蔬菜640亩，中药材基地100亩，猕猴桃100亩。到户产业补助196户。

【项目建设】 实施“一事一议”项目22个，覆盖全镇4个村25个村民组，受益995户2851人。启动2018年“一事一议”项目11个，财政奖补资金213.73万元，涉及全镇3个村8个村民组，受益445户1426人。其中，人行道硬化9.8千米，财政奖补资金49万元；太阳能路灯安装项目6个，安装16.92千米，共安装太阳能路灯563盏，财政奖补资金148.73万元；小型引水工程项目1个0.8千米，财政奖补资金16万元。完成8个人饮工程及管网改造工程，待验收；配合区水务局完成岩口水厂排污管道改建工程；协调规划设计院完成对巷口村桂花组、石巷口组合作社流转的土地的灌溉规划。完成红岩水库饮用水源一级保护区村民移民搬迁工作，全镇完成签约142户，拆除房屋86栋43750平方米，赔付房屋补偿款5083.08万元；覆土植绿面积4.2万平方米。对红岩水库硬隔离设施及界桩界碑、标识标牌进行修补、更换，修补硬隔离10千米，新增标识标牌19处。实施巷口镇污水管网连接工程，新建主管3.67千米、支网3.91千米，收集红岩水库周边5个村民组300户村民的生活污水，已完工。完成中山村红星组、巷口村蹇家组两个污水处理点，实施巷口村同心组、桂花组两个污水处理点，已投入使用。投入29.62万元实施人饮工程建设，启动巷口村同心组人饮工程，解决45户农户饮水问题；启动八卦村人饮工程改建项目，解决124户农户饮水问题。主体工程和配套设施已完成；蹇家组农灌配套设施建设工程已基本完成，保障农业生产用水。2017年底，全镇“三改”工程共1366户，已完工，正在验收。启动2018年“组组通”公路建设3条8.821千米，已完成。

【生态农业】 全年调减玉米种植任务为1450亩，实际完成调减1990亩。打造精品果林570亩、食用菌60亩、黑土豆640亩、中药材100亩、猕猴桃种植100亩。全年完成肉类总产量2245.372吨。生猪存栏7199头，出栏14600头；牛存栏695头，出栏380头；羊存栏251只，出栏316只；禽存栏23227羽，出栏18338羽。加强非洲猪瘟防控工作；组织防疫员开展春季动物防疫检疫工作。完成2018年政策性农业保险投保工作，投保险种覆盖辣椒169.45亩、水稻706.14亩、玉米89.7亩。完成农村土地承包经营权确权颁证农户2881户，确权面积13907.7亩，完成率90%。

【计划生育】 全镇常住人口出生242人，政策内出生223人，政策外出生19人。完成上环107例、补救11例，完成孕优检查111对，征收社会抚养费13万元；完成“四项制度”中节育奖、计划生育二户“新农合”缴费补助的审核发放，兑现手术和孕优误工费。

【救灾救济】 全年组织发放各项民政救灾救济款278.94万元，救助各类贫困群众1040人次。其中，争取农村医疗救助专项资金148255元，救助重大疾病患者18人；发放农村低保金1251615元，城市低保金17811元，农村“五保”供养金405118元，保障农村“五保”供养对象30人；发放民政临时救助款29940元，救助各类民政救助对象20人次；发放优抚补助资金401349元，保障重点优抚对象90人次；发放义务兵优待金23人253228元；发放立功受奖11人10100元；发放优抚临补3人10000元；优抚医疗救助5人50277元；发放低保户季节性缺粮共3600千克，保障低保户63户92人；发放80岁以上老人高龄补贴248人151700元。

【社会保障】 为200名村民办理城乡居民养老保险，年审2123人；对辖区企业就业和劳动用工情况进行备案登记，接待政策咨询15人次；完成新增就业800人；多次组织辖区企业和村民参加就业招聘会和培训会。4月19日，召开脱贫攻坚巷口专场招聘会，40家企业参加，提供岗位300个；组织辖区农户参加挖掘机培训并召开种植养殖培训专班，参加人数66人，其中精准扶贫对象40人。2018年，新型农村合作医疗参合14214人，共征收合医款1705680元，登记补卡1549张。

【林业工作】 完成补植补造林共计2900亩，共计用苗83640株（脆红李63880株、春桃12760株、冬枣7000株）。实施“绿色贵州三年行动”计划，开展植树造林活动1次。

【环境整治】 对巷口镇临时菜市进行升级改造，改建摊位21个，新建雨阳大棚210平方米，制定和完善农贸市场管理制度。在集镇、水库、主次干道、村民聚居点摆放垃圾收运设施，其中挂臂式垃圾箱76个、果皮箱76个、散户塑料垃圾收集桶165套；安排20名保洁员对全镇主干道、集镇、水库沿线进行卫生保洁。

【拆违控违】 全年拆除违法建设189户49121.2平方米。其中，存量138户45070.7平方米，遏制新增违法建设51户4050.5平方米。

【危房改造和“三改”工作】 2018年，危房改造11户（贫困户7户），已完成10户（贫困户6户）。2017年至2018年，累计实施“三改”（改厕、改厨、改圈）1331户。

【综治工作】 排查矛盾纠纷221件，解决213件，化解率达到96.38%。全年接待上级转办群众来信来访69件，办结61件，正在调查处理8件。有吸毒人员92人。

（巷口镇党政办）

海龙镇

【概况】 2018年，各项存款余额20300万元，各项贷款余额10200万元，其中涉农贷款947户，余额6674.1万元（含82户特惠贷299.5万元），较年初新增42.5万元。

【脱贫攻坚】 全年新识别贫困户11户39人，有建档立卡贫困户397户1239人；投入扶贫资金182.38万元，实施扶贫项目4个，帮助142户518人发展种植养殖业，补齐95户贫困户短板。推进易地扶贫搬迁工作，18户68人全部迁入新居，推进复垦复绿和旧房拆除，解决就业6人。解决贫困户财政供养岗位47个。享受教育扶贫政策学生249人；补齐住院报销比例不足90%的贫困户28人，合计资金7.7万元；家庭医生签约全覆盖，落实“一站式”减免政策。10户贫困户完成住房改造；财政代缴养老保险661人、医疗保险1235人，累计发放小额贴息贷款80户293.5万元，应保尽保低保户127户；完成贫困户就业培训76人；解决安全饮水困难点9个，涉及建档立卡贫困户87户247人。完成10.03千米“组组通”公路建设，打通桂花村尖山组、贡米村关合组“最后一公里”，解决群众出行难。2018年，贫困人口脱贫234人。

【生态环境】 *居民搬迁* 2018年4月，启动海龙

2018年9月，红花岗区首届农民丰收节暨海龙镇土司贡米节

水库一级保护区内居民搬迁工作，推进水库一保区搬迁工作，完成一级保护区签约132户，搬迁拆除77栋132户；二级保护区签约119户35栋，拆除14户9栋；累计拨付资金4041万元。

饮用水源保护　规划水库二级保护区污水处理项目站点17个，已完成建设5个。修复水库硬隔离工程破损400处，修复面积700平方米。建立饮用水源保护综合执法队，对库区周边影响饮用水源水质安全的行为开展执法工作，关停饮用水源保护区内农家乐11家，制止库区范围内钓鱼700人次，没收销毁渔具200余套，罚款1350元。制止放养畜禽100余人，制止旅游烧烤60余人次，清除饮用水水源保护辖区野广告和残存标语600条。

集镇卫生　完善垃圾收运体系，改建完成垃圾中转站设施、设备，投入垃圾转运车8辆，新增46个垃圾箱，实现垃圾日产日清。累计出动保洁员、安保人员500人次，对集镇乱停乱放、占道经营、骑门摊、乱搭建简易雨阳篷（伞）等情况进行整治，保证集镇街道干净、环境卫生整洁，取缔集镇占道经营20家、冲洗集镇街道50次、整治大小野广告2000处。

林业管护　落实森林管护，与各村及乳品公司签订森林管护合同6份，落实管护人员6人，拨发林业管护经费1.98万元。实施红花岗区"绿色贵州三年行动"，考核整改补植重造林工程3600亩，补植3200亩、重造400亩。全年取样送检33样次，清理枯死松树25株、朽木73株，挂设诱捕器22个，防治松线虫病发生。审批非商品木材采伐11户24.08立方米。排除存在严重安全隐患树木7处；全年无林政案件发生。

【国土资源保护】　全年累计上报村民宅基地202户，总面积18860.4平方米（老宅基地15860.4 平方米、未利用地3000平方米）；占耕地建房18宗，面积1700平方米。进行土地、矿产巡查共99次，未发现违法用地。全年立案查处卫片案件2宗，涉及土地面积12828.6平方米，已全部结案，共处罚款13.13万元，没收地上建筑物4469.82平方米。累计进行地质灾害巡查99次，发现地质安全隐患点2处，全年未发生地质安全灾害事故。

【农业发展】　全面推广杂交水稻种子6180千克，栽植面积3800亩；推广高粱种100千克，栽植面积200亩；组织发放各种肥料5000吨、农膜2.5吨、农药2.7吨。全年累计生猪存栏5000头，出栏10000头；牛存栏1000头，其中奶牛存栏300头；羊存栏500头，出栏700头；禽存栏9000羽，出栏30000羽。全面开展"非洲猪瘟"联防联控工作，设立检查点4个，检查车辆2049辆，生猪1853头。调减玉米种植2680亩，同比减少50.7%。推进农村集体产权制度改革及"三变"改革试点工作，加快土地确权登记，颁证2853本；探索"公司+合作社+农户"模式，建立村级经济合作组织4个；抓实产销衔接，温泉水晶葡萄、海龙西瓜、海龙蔬菜批量进入城区生鲜超市；提升产业品牌效应，举办红花岗区首届农民丰收节暨海龙贡米节，中央电视台财经频道《生财有道》栏目专题报道海龙贡米。

2018年9月，中央电视台财经频道报道贡米丰收

【卫生和计划生育】　完成卫生院装修改建，中医馆建成投入使用；开展健康档案清理。落实生育服务登记制度，依法落实利益导向"四项制度"，全年兑现资金130万元，控制政策外多孩生育，符合政策生育率94.9%。

【教育工作】　中心学校、第二十九中学顺利通过区政府教育督导室教育教学常规评估。实施全员育人导师制"1+N"智力扶贫行动，贫困学生导师帮扶42人。通过教师大家访活动，审核通过75名学生享受贫困生补助。提高学前儿童入园率，开展学前教育资助工作，全额资助21.26万元，园内保教费资助36人9650元。营养餐资助136人8.16万元。

【社会保障】　完成统筹城镇新增就业实名制登

记736人。举办就业招聘会1场，达成就业协议120人次；组织辖区群众到镇外参加招聘会3场，达成就业协议28人次。精准扶贫对象培训103人，完成劳动力转移200人次、劳动力调查11600人。完成城乡居民养老保险参保6541人、城镇居民基本医疗保险参保854人。完成北环、润丰温泉、污水处理厂3个项目征地农民养老保险前期资料上报。完成新型农村合作医疗资金筹集15478人，发放新型农村合作医疗补偿款363人次55.15万元；完成意外伤害调查97例；慢特病申请办理106例，转诊办理10人次。全年发放冬春救助款46万元、救助受灾群众806户2061人，发放衣服151件、被子141床，发放临时救助金61户7.648万元，发放大病医疗救助金19户13.48万元，发放残疾护理补贴5.43万元，发放优抚金35.59万元。城镇低保对象15户19人，月发放城镇低保金7515元；农村低保对象148户305人，月发放农村低保金4.79万元；特困人员14户15人，月发放困难补助金1.24万元。按月发放1名孤儿生活费800元。白内障患者筛查登记18人，为15名残疾人发放辅助器具，为62名农村贫困重度残疾人缴纳2018年新型农村合作医疗保险。上报残疾人无障碍设施改造1户，申报残疾人危房改造1户；对9名“阳光家园”计划托养受助残疾人发放资金共计9000元（1000元/人）。

【综治工作】 全年重点管理人口136人，抓获各类违法犯罪分子46人，立案4起，破案4起，刑拘8人；查处治安案件30起，治安处罚24人，批评教育30人，治安和行政拘留25人，调整纠纷120起，收缴毒品20克。进行交通安全宣传6次，查纠交通违章128起，劝导3500余人次，开展交通安全隐患排查6次。安置帮教人员28人，4名社区矫正人员纳入正常管理。全年受理纠纷62起，调处成功58起；接待法律咨询80人次。

【安全生产】 建立安全生产风险分级管控和隐患排查治理双重预防体系，检查加油站4家、烟花爆竹零售经营户9户、冶金等工贸企业5家。在海龙加油站、贵安新能源海龙加油站开展危险化学品消防应急演练2次，开展各行各业检查966人次，排查隐患767处。全年未发生重大安全事故。

（海龙镇党政办）

金鼎山镇

【概况】 2018年，金鼎山镇坚持红色传承，推动绿色发展，紧紧围绕“文化古镇·果蔬之乡”发展定位，扎实做好基层党建、脱贫攻坚、乡村振兴等工作，完成全年工作任务。2018年，完成地区生产总值16亿元，增幅9.5%。农村居民人均可支配收入14508.2元，比上年增长17.06%。减少农村贫困人口148户451人，后庄村整村脱贫出列，全镇贫困发生率下降到2.82%。

【产业发展】 启动金鼎山镇金川生态农场建设项目，流转土地1400亩，完成投资1200万元。引进永康绿、新绿兴、绿悠然、黔兆贤、榆苗公司、稻之源等16家企业发展农业产业，发展种植金丝皇菊500亩，鲜果7500亩，蔬菜1万亩。板桥村冷链库建设项目主体完工，板桥绿壳鸡蛋获“遵义市十大旅游商品”称号。投入500万元提升“莲池·新天地”景区建设，被评定为国家AAA级景区。利用板桥核桃湾水库、连片猕猴桃种植基地等乡村旅游资源，发展乡村旅游。主办蓝莓采摘季、猕猴桃采摘节，增强农特产品吸引力，多渠道增加农民收入。

【脱贫攻坚】 2018年，金鼎山镇减贫148户451人。申报实施人饮项目、“五小”水利项目、土地提质改造项目、特色村庄项目等各类扶贫项目34个7407.98万元，其中财政专项扶贫资金项目3个316.1万元。实施“组组通”公路20条共30.77千米。解决7个村59个村民组2062户8204人的饮用水困难。为贫困户提供公益性岗位96人，完成易地扶贫搬迁49户205人。完成农村危房改造173户；贫困人员住院补偿661人次，总费用311万元，“新农合”补偿280万元。改造电力线路5.67千米。全年发放小额信贷（特惠贷）30户140万元。

【项目建设】 实施后庄村特色村庄建设项目，总投资1950万元。启动板桥村乡村振兴项目，实施道路、水利、土地等建设工程，完成投资500万元。完善黔北生态镇附属设施，项目累计完成投资1.91亿元。实施土地提质改造项目，改造土地2350亩，总投资4674.5万元；推进高标准农田建设项目，整治土地855亩，完成投资700万元。推动遵松公路改扩建工程征地工作。完成金鼎特色小镇项目规划，开展特色村庄建设规划。

【社会事务】 全镇动工水利工程158处，完成总投资3705万元，改善灌溉面积1500亩，解决饮水困难8450人。采集农村劳动力个人数据21198人，农村劳动力转移就业2288人，组织劳务输出175人，完成新增就业950人。发放养老金540万元，发放率100%。2018年新型农村合作医疗参合33499人，参合率98%；全年住院补偿1397万元，门诊补偿金额175万元。为重度残疾人发放护理补贴11万元。实施二孩政策，发放各类奖励扶助资金139.67万元，惠及群众7234人次。完成莲池村、岩塘村、野里村光纤网络安装1600户。启用金鼎山镇垃圾中转站，对垃圾集中进行处理。

【生态文明建设】 落实大板水森林公园环境保护工作，大板水内所有“农家乐”全部关停，协助编制《遵义市红花岗区大板水自然保护区总体规划（2018—2028）》。加强二级水源保护地环境保护，开展污染源普查。建设集镇污水处理厂1个，建设农村污水处理点5个，铺设污水管网10千米。完成水库河库名录登记。实施绿色贵州增比进位补植造林4500亩，其中补植3700亩、重造800亩，总投资550万元。

【专项整治】 开展设施农业项目用地清理整治专项行动，排查大棚房建设情况，组织落实专项整治工作方案。配合执法部门对小溪葡萄园、金川村园外源进行整治拆除。落实“非洲猪瘟”防控工作，对全镇生猪养殖户开展“非洲猪瘟”防控宣传，对全镇餐厨剩余物实施专项治理，严厉打击生猪私屠滥宰行为，设置“非洲猪瘟”防控检查卡点加强防控检查。

【党建工作】 在全区率先成立区委党校镇级分校——红花岗区委党校金鼎山镇分校，举办培训3期。后庄村、莲池村成为全省人大代表现场视察点。金鼎山镇被市委确定为全市组织工作现场会观摩点之一，接待参观考察300人次。野里村第一书记吴坤获评全省脱贫攻坚优秀第一书记，莲池村党总支获评全省脱贫攻坚先进基层党组织。

（金鼎山镇党政办）

街　道

老城街道

【财政税收】　1—9月，财政总收入为9115433.31元，基本支出5852739.54元，项目支出3335904.79元，财政拨款收支差额-73211.02元。

【社会事务】　救灾救济　实施城市医疗救助77人次199120元，特困人员救济99人58410元，临时救助43人19100元；发放离职居干补贴120人44160元；发放救急难资金4万元。

拥军优抚　开展军民共建社区活动，发放“三属”定补73人126629元，参战人员及复退军人定补1397人791910元，“两参”及伤残军人临补、医疗救助共32人135296元，发放60岁农村籍士兵生活补贴71人15610元，涉军群体春节、“八一”建军节慰问511人86700元，退役军人驾驶培训补贴7人28000元，退役军人一次性自主创业补贴10人126000元，2016年和2017年义务兵优待金共24人395880元，立功受奖12人12600元。

残联及老年工作　为4户残疾人申请无障碍通道改造项目，10位残疾人申请用品、用具全部落实到位；为10位残疾人提供岗前培训，发放重度残疾人护理补贴696人次94420元。为60岁以上老年人办理“老龄证”共310本，发放80岁以上老人高龄补贴4313人716950元。

城镇解困　完善困难群体入户、排查工作，有解困户883户1503人，其中低保户771户1218人、边缘户29户31人、困难职工38户103人。已解困197户374人。

【城市管理】　联合区交警四中队规范小街小巷摊点。实施环卫管理体制改革，老城街道环卫保洁移交给遵义市豪庭公司管理，辖区各社区坚持日常管理和集中整治相结合，保持卫生整洁；联合区环保局和区城管局对老城辖区烧烤摊开展环境污染专项整治。

【教育工作】　开展校园周边环境整治9次，出动工作人员600人次，清理取缔违规摊点商户30余户，提出整改要求100余条。开展2018年辖区适龄儿童入学工作，入学率100%，无辍学、失学情况，及时滚动文化户口。帮困助学，为教育工作办实事20余件，帮扶留守儿童15人、残疾儿童7人；通过区红十字会长期资助困难大学生2人，帮助申请困难补助5人。组织开展高考、中考、成人高考、高考听力、公务员招考等考点周边环境整治及维护工作，确保考试顺利进行。

【计划生育】　全年常住人口总出生592人，其中政策外出生24人；流动人口出生227人，政策外出生2人。完成手术310例，“三结合”帮扶135户，折合资金5万元；兑现各项奖扶政策，发放独生子女保健费44760元，奖扶慰问金670370元。审核办理计划生育证件1000余份，开展出生性别比专项整治4次，进行流动人口集中宣传服务活动4次，完成免费孕前优生健康检查218人。

【安全监管】　定期开展季度大检查，检查重点娱乐场所、网吧、酒店、学校居民院落等35家；对单位、工地施工安全和特种设备进行重点检查，检查特种设备104台，全部在编在册。检查辖区企业、单位549家次，排查隐患173处，整改171处，正在整改2处，整改率98.8%。开展“七进”

宣传活动，街道办事处拨付派出所经费5万元，拨付各社区安全经费5000元。组织各社区开展消防安全演练8次。

【人力资源与社会保障】 配合参与“春风行动”大型现场招聘会、遵义市2018年高校毕业生就业服务月活动大型现场招聘会，组织辖区人员参加招聘会。受理劳动人事争议案件13起，处理协调解决拖欠工资、退还保证金9起，涉及金额46088元；组织辖区86家劳动用工企业、单位参加用人单位劳动用工年检。完成城镇新增就业2993人。为创业人员办理“就业创业登记证”113个。办理城镇居民医疗保险1702人，新参保467人，新生儿156人，收缴251851.3元，发放居民社保卡408张。办理城镇居民养老保险32人；组织3000名企、事业离退休人员参加年审；采集劳动力个人参保信息18843人，采集单位信息1291家。建立困难退伍军人台账70人，申报创业补贴、小额贷款、场租补贴各1人，上报居民养老身故人员12人，残疾人享受优惠政策认证87人。组织就业困难群众150人免费参加电工、菌类种植、养蜂、护工、育婴师培训。

【综治工作】 到楼栋院落入户2180户，发放宣传资料和宣传礼品9000件，提高辖区群众对“双提升”工作的知晓率和满意率。加强社区巡逻队伍“三定”（定人、定线、定时）工作要求，动员居民群众安装超C级锁芯，为7个社区安装67道单元门智慧门禁系统，惠及群众13264人；加强校园周边整治，将“平安校园创建”纳入常态工作，对辖区12所学校和幼儿园周边环境开展联合整治，安排专职巡防队员、公益性岗位人员在上学、放学期间巡逻守护，确保学校师生安全。全年开展联合整治行动17次，出动整治人员300人次，清理校园周边占道经营、乱设乱摆摊点20家，规范校园周边经营秩序18次，检查食品店100家，责令3家“三无”食品门店立即整改。截至10月，辖区排查矛盾纠纷256件，成功调解249件，调解成功率97.3%；完成各类各级信访维稳安保任务136次。投入40万元，建成红花岗区首个“阳光驿站”；建成遵义市首家禁毒预防教育基地——遵义市第四初级中学毒品预防教育基地。

【司法普法】 2018年，累计接收社区矫正对象149人，解除矫正129人。在册社区矫正对象20人，其中缓刑对象17人、假释对象1人、暂予监外执行对象2人。全年新接收刑释解教人员42人，无重新犯罪。有调解委员会7个，成员54人；在府后山社区、红花岗社区和纪念馆社区设立公共法律服务工作室。

【党风廉政建设】 2018年，开展整治“庸政懒政怠政、不作为慢作为乱作为”行动，分别就印章管理、医疗救助、公车管理开展预防警示提醒集中约谈3批次200人次。配合区纪委查办案件，立案审查7人，党纪处分3人，移送检察机关4人。

（老城街道办事处党政办）

中山路街道

【招商引资】 招商引资4亿元，引进聚源美食城、艺素化妆美甲培训中心、白马广告公司、翁金木珠宝城、丁字口居家酒店等公司。

【项目建设】 7月，浙大西迁文化巷一期竣工。桃源洞片区按期完成模拟征收，片区棚改492户，已签约454户，未签约38户，交房60户。刘家湾片区棚改项目完成模拟征收，红线规划范围内被征收3063户，被征收房屋面积24.37万平方米，12月6日模拟签约期结束，签约2785户，签约率91.35%。

【就业工作】 落实创业就业政策，切实做好就业创业培训，全年向辖区求职者发布用工单位招聘信息600条，求职登记401人，实现就业145人。城镇新增就业实名登记2901人；健全劳动保障协管员制度，2018年人社中心劳动监察共收到投诉9件，调解成功9件。

【城市管理】 创新垃圾清运模式，实行服务外包，确保无滞留垃圾；下沉管理体制，实现城管工作常态化、长效化；清理野广告2000条，更换、修复宣传标语60条，更换宣传专栏24块。严肃查处违法违章建筑，全年制止新建违法建筑行为8起，拆除违法搭建160平方米。

【治安管理】　新华路派出所接处警1744起，同比下降40.8%；刑事受理184件，同比下降39.6%。

【桃源洞社区打造“一站式”服务大厅】　桃源洞社区申请“四民”社区资金20万元，打造“一站式”服务大厅，方便群众办事。“一站式”服务大厅内设有党政综合、民政低保、卫生计生服务、人力资源劳动保障窗口和综治、禁毒等窗口。

【新华桥社区成立惠康劳务服务有限公司】　实施扶贫项目，成立就业创业培训机构，承接蔬菜及日常用品配送、下水道疏通等，解决辖区困难人员就业问题。

（中山路街道办事处党政办）

中华路街道

【城市建设】　完成凤新快线征拆工作　2016年3月，启动凤新快线红花岗区段征收工作，征收任务2800户，占红花岗区段总任务的85%以上。

完成毛主席住居片区棚户区改造　2017年11月，启动毛主席住居片区棚户区改造项目，毛主席住居片区城市棚户区改造工程北起中华南路绿色茶坊直上至桃源公寓（不含），南至幸福巷路口（华海酒店旁）直上至幸福巷统建楼，东靠幸福巷统建楼和邮政家属楼，西临中华南路，涉及房屋23栋637户（住房504户、营业房133户），拆迁面积54149平方米，基本完成征收任务。

中华南路东片区（向阳片区）棚户区改造模拟搬迁　2018年9月3日，公布《向阳片区棚户区改造项目房屋模拟搬迁补偿安置方案》，正式启动模拟搬迁签约，涉及5个社区，征收任务2867户，其中住房2066户、营业房801户。已签订模拟搬迁协议2732户，签约率95.28%，其中货币补偿1673户（含营业房717户），区域内产权调换签约831户，外迁房签约228户（含营业房39户），已进入资金兑付阶段。

外环路轻工片区（东方大道棚户区二期）改造项目　5月18日，启动模拟征收签约，总征收户247户，签约247户，签约率100%；实现房屋安置320套，实现安置面积约3万平方米、货币安置12户、商业安置2500平方米；补偿资金预计2019年1月兑现；房屋拆除已接近尾声。

零星棚户区改造　1月，启动零星棚改，已完成苟家井苟十组、凤朝门社区群力巷、凤朝门供销社家属楼三单元等零星棚户区改造项目共计142户；11月，资金已全部兑现到位。

【城市管理】　清除广告和残标5万条，墙壁粉刷8000平方米，清理卫生死角2000余处，清运建筑、白色垃圾1000余吨。每日巡查占道经营、骑门摊，开展大型综合整治30余次，参与800人次。取缔占道经营8000处，规范骑门摊9000处，整治摩托车、电动车乱停现象1300辆，批评教育700人。拆除乱搭乱建2处148平方米，组织拆除私自安装地锁7次83个。

【招商引资】　强化营商环境整治，优化街道服务环境，提升辖区企业、商户及居民群众满意度。引进招商引资项目3个，到位资金24868万元。

【社会事务】　组织用工单位25家和失业人员100余人次参加2018年遵义市“春风行动”大型招聘会，推荐30名困难群众参加护工和育婴师技能培训，完成新增就业实名制登记2780 人。辖区低保户511户785人，发放5761909元。为50户低保户和低收入户申请医疗救助225575元，为26户贫困户发放临时救助金15000元，为辖区2户困难家庭申请“救急难”救助金60486.94元。办理医保续保6048人，新办医保428人；办理发放60岁以上居民社保补贴55人，办理各类缴费档次新参保人员270人。开展劳动纠纷调解10起，涉及23人，涉及金额30万元。

【计划生育】　辖区总人口57667人，常住人口38804人，流动人口18863人；年出生人口611人，其中常住人口出生504人（符合政策生育率98.3%）、流动人口出生107人（符合政策生育率98%）。

【安全生产】 落实责任包保制；完善企业基础台账，对106家重点企业详细登记，建立管理档案。完善三级检查巡查机制，出动检查人员382人次，对辖区“九小”场所、集贸市场、公共娱乐场所全面排查。检查各类企业和场所352家次，发现安全隐患82处，处罚82家，处罚金额20万元。10个社区完成微型消防站建设。组织开展消防安全知识培训34次、消防应急逃生演练18次。

【综合治理】 投入综治工作经费45.4万元。创建7个“平安小区·和谐家园”，硬件设施全部按星级小区标准建设，形成平安和谐片区。培训人民调解员120人次，协调化解各类矛盾纠纷87起。立案251件，破案183件。投入禁毒经费28万元，新建禁毒“阳光驿站”80平方米，新建学校禁毒教育基地3个；办理涉毒案件18件，强制隔离56人，治安拘留67人，刑事拘留18人，起诉15人，送桐梓关爱医院3人；缴获毒品435克。

【党建工作】 街道有党员714人。推进基层党组织标准化建设工作，评出四星级党组织1个、三星级党组织4个、二星级党组织7个、一星级党组织1个。在中华南路东片区（向阳片区）棚户区改造项目3个标段分别成立临时党支部，以“党建+棚改”助推项目建设，将“三亮三比”主题教育活动延伸至临时党支部。

（中华路街道办事处党政办）

北京路街道

【项目建设】 2018年，北京街道办事处招商引资任务5亿元，已招商引资2.6亿元，完成率52%。棚改项目顺利实施，环城路棚户区后期建设及招商引资工作全力铺开，总投资23亿元，已完成21亿元，建筑总面积38.19万平方米，已经完成38.19万平方米，已招商200家，完成招商率70%。长征八厂片区棚户区改造项目进入扫尾阶段，红花岗区域内改造户1560户，已兑付1434户，兑付9.85亿元，已拆除空房159栋11.9万平方米。零星棚户区改造有序推进，街道有8栋C级、D级危房纳入零星棚改，已征收2栋，资金正在兑付。2018年3月，“一城一站”城市生活空间建设完成并投入运营，形成集娱乐、休闲、餐饮、酒店等为一体的新型商业综合体，提供就业岗位400个，解决就业人员1500人。

【社会事务】 2018年，完成城镇新增就业实名制登记2450人，办理“就业失业登记证”或“就业创业登记证”41个；已推荐8人申请小额担保贷款，成功申请贷款金额80万元。新办理养老保险13人，享受待遇人员18人，办理医疗保险369人。2018年，街道享受城镇低保304户532人，月发放低保资金293347元；农村低保1户1人，月发放低保金326元。全年城市医疗救助48人144775元，临时救助51人26900元；发放优抚金268795元，其中办理优抚医疗补助9人51355元，优抚困难救助2人3500元；优抚对象“八一”慰问80人1.6万元，义务兵优待金12人197940元。

【城镇解困】 2018年，因病致贫91户，子女入学致贫73户，因灾致贫35户，突发事故致贫52户，残疾无劳动力致贫54户，无住房或住房简陋40户，有技能无资金来源5户，吸毒或“两劳”释放48户。全年就业帮扶59户，已解困19户；创业帮扶2户，已解困1户；教育帮扶46户，已解困12户；医疗帮扶90户，已解困14户；安居保障46户，已解困5户；政策性兜底157户，已解困45户。对辖区低保、低收入群体医疗救助48人138760元，对困难群众临时帮扶救助23人26300元；办理低保和低收入家庭住房保障53户。

【城市管理】 2018年，数字化城市管理系统案件70件，纸质督办案件30件；整治小街小巷车辆乱停乱放，劝导8500辆次，处罚10万元。每天清运垃圾30吨，集中清运垃圾130吨。规范骑门摊点1200次，清理流动摊位2000户；联合社区取缔违章占道经营60处，制止城市通道内乱搭乱建行为8起，拆除违法建筑4处254平方米。取缔经营性燃煤炉具125个；对北京路沿线夜间烧烤摊进行专项整治，取缔烧烤摊15家，重点整治任家坳市场及火车站周边占道经营，联合多部门集中整治50余次，出动人员700人次；原军嫂街53家摊主搬至原客运总站。

【环保督察】　办结中央环保督察组受理转办信访投诉件13起，其中路面硬化80余平方米，修补破损地面150处，改造排污沟10处，疏通清理5处，更换沿线破损井盖40个。

【教育工作】　4月，劝返辍学学生1名。登记327名适龄儿童，达到条件入学的有161人。随迁子女入学登记84人。开展集中整治3次，重点整治学校及幼儿园周边网吧、餐饮店、占道经营、危险建筑等，及时排除安全隐患。

【安全工作】　开展“安全生产月”文艺会演宣传活动。打造火车站社区安全生产示范点和修补辖区安全生产文化长廊宣传标语等80条（幅）。开展安全专题培训6次和消防演练2次。全年安全生产检查企业共计705家次，排查安全隐患1411处，现场整改1408处。

【综治工作】　2018年，调解委员会化解各种矛盾纠纷44起，调解率100%，化解率93.37%。检查特种行业、公共娱乐场所7次，排查治安隐患3处，当场整改3处。捣毁赌博场所2家，查处涉黄涉赌案件19起。

【党建工作】　街道有党支部18个、党总支2个、非公党支部7个，有党员337名。开展“一把手”上党课17次，参加500人次；开展党员活动日主题活动42次，参加120人。全年立案2件，纪律处分2人，查找问题线索8件，省委巡视交办4件，区委第四巡察组交办问题线索12件、交办信访件7件，开展集体约谈和个别约谈19人次。投入40万元，完成插旗山社区养老驿站阵地升级创建工作。

（北京路街道办事处党政办）

延安路街道

【概况】　延安路街道办事处辖区面积4.5平方千米，街道总人口72125人，其中户籍人口39857人。下辖雷台山、松桃路、延安路口、锦江路、聚泉阁、较场坝、金狮山、金银新村、爵仕蓝岛、珍珠路、建材路11个社区居委会。

【经济发展】　2018年，街道实现地方财政一般预算收入9120万元，同比增长5.2%；一般预算支出1255.06万元，同比增长9.8%；重点民生支出209.59万元。完成街道非公有制经济增加值59.08亿元，同比增长7.6%。引进番茄述、都市欣城等项目，与重庆富森房地产公司、遵义市广信房地产有限公司和遵义市祥林宇房地产开发公司签约8亿元，到位资金5亿元。

【文化教育】　联合区教育局清理辖区非法民办教育机构2个。2018年发入新生入学通知书393份，其中户籍儿童277份、非本辖区户籍116份。建设综合文化服务中心1个、社区综合文化服务站11个，道德讲堂、市民学校12个；高标准建设金狮山社区基础设施、金银新村社区图书室，配有图书8000册。

【卫生健康】　2018年，街道人口出生符合政策生育率94.94%，长效避孕措施及时率和长效避孕措施落实率分别为95%、90%，妇幼健康妇检率98.2%，城镇居民健康档案建档49038人。

【社会事务】　2018年，街道城市低保对象892户1319人，累计发放低保金额7557978元；发放定期优抚补助145人836885元；发放高龄补助817人378800元。2018年，城镇新增就业2703人，完成城镇居民基本医疗保险新办1530人，续办2100人，基金上缴651600元，基金收缴率100%。发放居民社保IC卡110张；城镇新增就业2703人。解除困难户400户605人。全年办理城镇居民养老保险32人，累计认定离退休人员9200人。成立日间照料中心1个。完成劳动用工单位年检63家，受理劳动用工投诉10件，为劳动者追回报酬3000余元。

【创建“四民社区”】 持续以“安民、便民、乐民、康民”社区创建为主线，全面推行“1+N”社区警务活动模式，开展“平安文明小区”“安全文明楼院”创建活动，与社区警务室、治安岗亭、巡逻守护队伍形成“四位一体”人防、物防、技防和意防相结合的社区防范机制和防控网络；完成金狮山和金银新村社区“四民社区”提升工程。

【城市管理】 2018年，开展联合整治17次，整治社区15次，整治车辆乱停乱放1300次，暂扣摩托车、三轮车350辆，劝导延安路摩托车逆行1500次，对占人行道乱停车辆罚款300次，取缔流动摊点500处，规范门店经营1300户，清理堆积物562处，取缔燃煤炉具350起。安装烧烤油烟净化器25处。完成军嫂街夜市搬迁工作。

【综合治理】 全年排查各类矛盾纠纷2481起，化解2477件，调处成功率99.8%；受理信访案件33件，其中网上信访 22件；接待群众来访750人次，排查辖区重点信访案件11件，转办上级交办信访案件11件，领导带案下访20次，化解案件23件。在册信访案件41件，其中群体22件、个案19件；重点信访人员6名。辖区吸毒人员登记在册 825人，按照分类措施管理。

【安全生产】 将辖区划分为11个中网格、60个小网格。与11个社区、驻辖区企事业单位签订安全生产目标责任书。成立安全生产突发事件指挥中心，下设特别行动组6个。严厉打击和严肃查处各类非法违法行为。排查各类安全隐患173处，下达整改指令书48份，完成整改173处，整改率100%。执法32次，罚款企业31家，金额4.89万元。全年开展安全生产法律法规和政策宣传32场次，文艺演出1场，举办生产经营单位负责人、社区网格员开展培训20次。

【项目建设】 2018年，延安路东片区一期棚户区改造项目总签约1203户，签约金额82811.94万元，签约率96%；兑付1042户，兑付金额67332.18万元；已拆除面积24000平方米。零星棚改C级危房70栋1019户，累计搬离82户，签订征收协议582户31041万元，兑现零星棚改签约户563户金额30526万元。D级危房50栋286户，累计搬离272户，完成征收户268户，剩余征收户18户（其中营业房10户）。对珍珠路公安局家属房强制搬离和硬隔离，D级危房已拆除31栋；完成凤新快线275户征收工作和楼栋拆除工作，项目进入施工阶段。延安路东片区二期棚户区改造项目完成签约2594户，签约金额18.8亿元，签约率91.4%，完成兑付1805户11.4亿元。

社区基本情况一览表

表8

社区名称	居民小组数（个）	总户数（户）	总人口（人）	占地面积（平方千米）
雷台山社区	17	823	2350	0.82
较场坝社区	13	1226	3100	0.7
金银新村社区	29	3638	8623	0.7
松桃路社区	5	518	1554	0.08
锦江路社区	8	1420	5236	0.5
爵仕蓝岛社区	7	2131	5338	0.38
珍珠路社区	5	1895	4862	0.4
金狮山社区	17	1489	4189	0.8
聚泉阁社区	17	2631	6532	0.52
建材路社区	4	1403	4209	0.5
延安路口社区	18	2385	3856	0.5

（延安路街道办事处）

万里路街道

【财政税收】 2018年，上级财政拨款收入1003.63万元，支出1047.53万元，上年财政拨款结转84.6万元，当年财政收支相抵结余-43.9万元，累计结余40.7万元（其中湘江河景观打造拆迁专项30万元）。

【招商引资】 分别与白杨主题商务酒店、慧选酒店、莱斯文化酒店和星宿酒店4个酒店各签订

500万元招商引资项目，总共签订2000万元招商引资项目。

【城市管理】　加大基础设施投入，凸显社区自治管理，强化市容市貌和秩序管理机制建设，探索试点城市管理购买服务，以改善和优化人居环境为目标，推进城市管理精细化、网格化、信息化，成效明显。落实河道巡查工作；开展病媒生物防治工作；开展“五小行业”整治工作；开展食品安全和菜市场整治工作。

【棚户区改造】　推进三中家属院及白杨坡四合院零星棚户区改造。推进万里路片区城市棚户区改造项目。

【就业工作】　完善就业援助制度，重点帮助高校毕业生、城市就业困难人员和农村转移劳动力等特殊群体就业，确保零就业家庭动态为零。开展“春风行动”“民营企业招聘周”“2018高校毕业生就业服务月”等专项招聘活动。通知低保户、困难人员及时申请办理城镇居民医疗保险。开展劳动力就业信息数据采集工作。开展劳动监察，受理投诉13起，调解13起。申报小额担保贷款1家，申报创业补贴9家，已上报区就业局。复员退伍军人实现灵活就业申报补贴32人。

【文化教育】　推进公共文化服务体系建设，形成图书馆、综合文化服务站、社区文化服务中心三级公共文化服务体系。在节日期间开展送春联、拔河、欢乐跑等活动。召开2018年“控辍保学”座谈会，签订责任书。对辖区2018年适龄儿童情况进行调查统计。组织教育、卫计、公安、城管、安监等部门对辖区学校和幼儿园周边环境进行整治清理和安全检查。加强对街道“民办公助”幼儿园省级示范点的协调服务。

【人口与计划生育】　以“婚育新风进万家”“关爱女孩行动”等活动为载体，开展计划生育优质服务，巩固推进社区居民自治，提高人口计划生育工作水平。

【综合治理】　以网格化服务管理为基点，开展“平安万里”创建工作。开展居民群众安全感和对政法机关满意度“双提升”工作。加强宣传动员，组建兼职义务巡逻队，促进平安建设。全年无安全生产事故。

【党建工作】　发挥新时代市民讲习所作用，宣传党的政策。规范街道党务政务服务中心及各社区党员群众综合服务站建设，加强服务接待窗口建设，完善服务制度，规范推行限时办结制、服务承诺制等制度。全年查处社区干部违纪1起。

（毛天婧）

迎红街道

【概况】　2018年，迎红街道办事处坚持党建引领，围绕发展和服务两条主线，履行职责，抓党建，谋发展，保稳定，充分发挥班子整体合力，守好安全、稳定、廉洁三条底线，推动迎红片区经济社会平稳健康发展，合力在黔川渝接合部中心城市建设中当先锋走前列。2018年，工业生产总值 4.6亿元，同比增长9.1%；第三产业营业收入15.1亿元，同比增长8.8%；完成招商引资5亿元。1—11月，总计收入9570681元，支出9832133元。街道办事处连续8年实现安全生产零事故。

【服务项目】　有棚改项目3个，分别为遵义市兰家堡片区城市棚户区改造项目、迎红片区棚户区改造项目和海风社区仰天窝零星棚户区改造项目。完成签约4027户9.05亿元，完成兑付1815户

2018年6月27日，迎红街道庆“七一”文艺会演暨文明行动进千家万户主题文化活动

5.4亿元，已拆除面积38624.88平方米。

【城市管理】 对辖区农贸市场、公厕、背街小巷、校园周边环境等重点区域的环境、设施、车辆乱停乱放等现象进行巡查整治，严格落实商户包保责任，做到辖区干净整洁有序，累计办理市容环境卫生案件2760起，犬声、商业促销噪声扰民等案件170起，违章建筑投诉举报35起，处理率、回复率均为99%。占道经营清理力度不减，继续聘用29名保安，由10名城管队员带队，分两班从早上7:30值守到晚上12:00，整治占道经营、无证经营等案件1774起，确保辖区占道经营不反弹。环境卫生保洁力度不减。严格执行《迎红街道办事处城管队员、环卫工人管理制度（试行）》，根据卫生状况等对保洁人员进行奖惩，街道办事处成立督查组，对城管队员、环卫工人工作情况进行督查，确保辖区环境卫生保持干净整洁。2018年，共清理卫生死角741处，清运废旧家具、杂物1317车，清理广告残标4627处，清理沟渠161米；继续依托社区LED屏、宣传栏、市民讲习所等阵地，宣传核心价值观、文明新风等公益广告，对辖区居民进行宣传教育。

【综合治理】 截至12月，刑事案件105件，案件数与上年138件相比下降33件，同比下降23.91%。治安案件160件，累计破获各类案件65件，刑事拘留65人，逮捕27人，起诉43人，涉毒破案7件，缴毒300克，治安拘留160人（涉赌拘留31人、涉黄拘留28人、其他拘留30人、涉毒治安拘留71人）。抓获在逃人员3人，送新雨学校3人。

2018年12月18日，迎红街道共青团代表大会召开

【信访工作】 协助处理海尔大道拆迁还房问题（42户），协助洛江商住楼、南苑小区房产证办理（350户）；落实33个重点稳控事项。排查各类矛盾纠纷326起，调处326起，成功率100%。

【禁毒工作】 辖区在册吸毒人员462人，其中强制隔离戒毒119人、社区戒毒61人、社区康复55人、服刑人员23人、看守所（拘留所）人员6人、查获处置3人、药物维持治疗33人、有吸毒史26人、死亡29人；戒毒3年未复吸人数111人，社康社戒人员建档116份，建档率100%。

【民生工作】 截至12月，辖区有低保户317户，发放城市低保金2586451元；发放医疗救助金117725元，帮助32户因病陷入困难的家庭；发放优抚资金543660元。辖区困难群体426户635人。开发80个灵活就业岗位，以“社区+企业”联动方式推荐就业。

【劳动保障】 2018年，办理“就业失业登记证”40个。完成新增就业2780人、下岗失业人员再就业120人、就业困难人员再就业21人、技能培训24人，职业培训70人，统筹城镇培训401人。城镇登记失业率控制在4.5%以内。对实现灵活就业的复员退伍军人开展社会保险补贴申报，共申报17人。申报3个社区为市级充分就业社区。办理申报创业补贴6家，审核通过3家。全年组织辖区670人次到招聘会现场应聘。2018年，巡查辖区各类企业、个体经济组织、民办非企业等用人单位168户，涉及劳动者863人。辖区内无使用童工现象，签订劳动合同率90%，接到劳动者投诉25起，涉及劳动者人数102人，移交上级部门9起，结案16起，为35名劳动者追回工资29.3万元。

【计划生育】 街道总人口54235人，其中常住人口51567人，流动人口2668人。育龄妇女13923人，占总人口26.62%；已婚育龄妇女10400人，占总人口19.17%。常住人口新出生871人，其中男孩475人，女孩396人，性别比119：100；一孩出生309人，二孩出生505人，多孩出生57人。常住人口政策内出生853人，政策外出生18人；流动人口新生共211人，政策外三孩以上5人。落实帮扶计生"三结合"家庭25户，每户300元，合计7500元；群众计划生育手术实行即办即奖，奖励297人20750元；帮扶独生子女伤残、死亡家庭8户142800元；孕前优生健康检查完成126对，完成率157%；征收社会抚养费18.1万元。

（迎红街道办事处党政办）

舟水桥街道

【会展新城项目建设】 3月27日，启动南部新区会展中心项目建设，已完成土地的摸底与测绘，土地净地价值预评估和征收经费预测算等工作。12月，对舟水辖区红线范围内所有实物指标开展摸底调查，航拍数据采集，完成风险评估报告。

【棚户改造】 舟水棚户区改造新签约67户，资金兑付886户，完成搬家967户，房屋拆除58栋。罗家坝社区棚改纳入全区棚改攻坚扫尾工作。舟水坡还房工程4号、5号、8号、10号和幼儿园主体工程修建完毕。

【服务经济】 开展营商环境整治，实施简政放权、服务监管和便捷服务，建立长效机制，收集意见200条，发放满意度调查问卷500份。开展第四次全国经济普查，共清查企业416户、个体856户。完成年度微企申报目标。

【城镇解困】 有城镇困难群体921户1686人，已解困394户784人。组织开展技能培训班2期，组织5名就业困难人员参加护工培训。推荐群众到保安公司就业，组织困难群众参加区级以上招聘会3次，达成就业意向24人；凉厅社区红火火就业服务公司累计推荐就业17人。

【救助救济】 有低保户488户700人，全年发放低保金486.15万元。及时发放优抚对象（104人）和高龄老人（759人）补贴。发放临时、医疗、冬春等救助138人15.459万元。申报低收入住房保障81户。

【教育和计生工作】 发放入学通知书168份。取缔无证幼儿园2家、黑网吧3家。3月，第八幼儿园移交区教育局。落实计划生育利益导向及"四项制度"政策882人19.73万元。

【城市管理】 加大综合执法监督力度，开展乱停乱放、乱堆乱放、燃煤炉具和夜间烧烤等巡查整治，处理"12139"投诉案件20次，处理群众投诉犬类整治案件3起。开展占道经营、车辆乱停乱放等集中整治活动51次，开展校园周边环境、食盐质量、节日期间食品安全等整治活动17次，开展病媒生物整治工作。投入小微循环改造项目资金600万元，对新店子、河舟、南宫山社区道路进行改造。全年拆除违章建筑15户2603.73平方米。开展河流环境治理，征收土地12.073亩，完成2.23千米河道边坡治理和0.97千米河道清淤工作。管理在册吸毒人员471人。

【劳动保障】 城镇新增就业人员2400人，城镇居民基本医疗保险新增参保320人，城乡养老保险年审610人，企业退休职工年审1580人，用工单位备案17家。受理调解劳动用工纠纷6起。

【安全生产】 加强"双控"体系建设，检查永龙冷冻厂、中国石油天然气股份有限公司等7家企业"双控"工作，全部合格。开展企业安全生产检查161家次，排查治理一般隐患301项，已整改301项，行政处罚1100元。开展危房、汛期安全隐患排查整治、巡逻值守等工作，杜绝D级危房住户返迁。配合组织安全应急演练6次。全年未发生生产安全事故。

【基层党建】 以规范化建设为依托，通过服务阵地打造、党建创新等措施，发挥党建引领基层治理的作用。加强党组织标准化建设。加强阵地建设，打造凉厅社区党建示范点，在凉厅社区、南宫山社区实施社区办公服务阵地、老年人日间照料中心等项目，完善服务设施；河舟社区打造"15分钟生活服务圈"城市特色服务品牌。实施党建创新项目，发展村级集体经济，筹建云舟物业管理公司，成立红舟租赁公司。

【党风廉政建设】 加强民生监督，将纪检监察工作纳入舟水棚户区改造全过程，对上级反馈的17户低保户和民生资金监督系统反馈的117条信息核查回复，开展国家公职人员、村（社区）干部其配偶及近亲属享受非普惠制惠民政策核查。办理信访件1件，区纪委转办问题2个，立案3件，已结案1件，正在调查2件，给予党纪处分1人。

（舟水桥街道办事处党政办）

长征街道

【概况】 2018年，长征街道辖6个社区、4个行政村。全年财政收入2403.83万元，财政支出2403.83万元，达到收支平衡；国资收益48.3万元。拨入项目资金4583.6万元，兑付唐家井片区、汤家湾、朱家湾等零星棚户区征拆项目资金4441.89万元。2018年，辖区完成固定资产投资24.34亿元，招商引资10.02亿元，新增市场主体1456户。各项目累计征收土地1490亩，被征收3100户，签约2718户，兑付资金2459户，兑付金额25亿元。

【城市管理】 2018年，街道办事处投入“巩固提升全国文明城市创建成果”经费共计382万元，区级下拨经费50万元，其中下拨各村（社区）30万元。清理野广告51万条，占道经营2.73万处，乱搭乱建、乱堆乱放1550处，受理群众投诉问题300起，已全部回复。处理环保督察等511件，整改回复511件，整改率100%。发放资料5000份，出宣传栏30期，更新公益宣传广告1500幅。

【综合治理】 立案“两抢一盗”刑事案件196件，比上年245件下降20%。打击处理496人次，同比上升62%。排查调处矛盾纠纷373起，已化解361件（其中成功化解处置重大矛盾纠纷71起），调解率97%。受理网上来信来访交办件109件，已办结94件。

【民生保障】 完成城镇解困对象141户295人，建立“一户一档”。为城乡低保对象争取医疗救助金34560元，发放特困供养金和护理补助金52799元，争取“救急难”解决困难群众临时救助金11万元，发放临时救助8户9000元。新增就业项目目标1900人，实际完成情况2000人，完成工作任务；完成劳动力培训就业信息数据采集40708人；开展贫困劳动力培训，组织参训22人；组织就业困难人员参加招聘会4次，实现农村劳动力转移12人。推进失地农民养老保险申报工作，已审批1712人，已享受养老金204人；城镇居民医保总参保人数14799人，新增441人，实缴金额504566.4元；发放一次性医疗补偿报销1.68亿元。开展关爱留守儿童系列活动50余次。

【项目建设】 **重点项目** 市政基础设施征收安置项目：涉及原凉水棚户区凉重、平还、石佛路改造等10个项目764户遗留问题，已处置752户，预计兑现资金和房屋价值10亿元（8500万元未兑现），每年节约过渡费3000万元。坪丰中学项目：已在东联线晋家湾完成选址，准备启动征地工作。坪丰小学项目：已在坪丰村革新组城东华府旁完成选址，全面完成51亩土地及房屋征收工作。还房工程：东联线1号还房工程正在主体施工，2号还房主体已完工，3号还房和4号还房已完成还房工作，渝黔铁路2号还房正在进行主体施工，长征片区棚户区还房工程已动工建设22栋（共33栋）。长征派出所项目：已完成选址，正在办理手续。航新快线工程：涉及198栋房屋450户，已签约272户，兑付254户，拆除房屋100栋。

棚改项目 完成征收2个，正在开展建设工作。零星棚户区鸡市坝片区污水处理站已完成70%工程量；朱家湾片区污水处理厂主体工程已完工；汤家湾片区改造项目完成土地房屋征收工作；唐家井片区项目基本完成征地迁坟，250户群众已签约215户，120栋房屋已拆除108栋；沙河小区1号和2号楼改造项目预计征收240户，正在兑付191户补偿资金9144万元。模拟搬迁坪丰段一期项目104栋房屋已拆除19栋；模拟搬迁坪丰段二期项目待明确拆除主体后开展拆除；老旧危房28栋（纳入零星棚户区处置），已兑付、拆除房屋16栋。

社会投资类项目 坪丰村革新组居家养老服务中心：业主为革新村民组，总投资1800万元，可行性研究方案已批复，正在完善立项等手续。圣城华府三期项目：用地面积405亩，建筑面积25

万平方米，总投资5.5亿元，已完成投资4.2亿元。理想城项目：用地面积155亩，建筑面积57万平方米，总投资25亿元，已完成投资2.1亿元。

【坪丰村】 辖7个村民组，有1.3万户6万余人。坪丰村党委下辖10个党支部、20个党小组，有党员158名。辖区面积2.5平方千米，耕地面积193亩。辖区商贸繁荣、人口聚集，有青少年儿童1万人，有私立学校6所和幼儿园16所。

【沙坝村】 辖区面积2.5平方千米，常住人口2413户7962人。位于红花岗区东面城郊接合部，城市主干道外环路横跨其中，沙河、永城、石佛路纵横交错、交通便利，是典型的物资集散地。

【民政村】 有12个村民组，常住人口5516人，土地面积2.3平方千米。辖区内有公办民政小学、名城小学、在建中学各1所。

【凉水村】 全村总面积4.16平方千米，下辖7个村民组，全村传统农业产业主要种植蔬菜、水果、花卉及部分养殖业，逐步形成加工、维修、租赁服务等第三产业。

【河北井社区】 辖区面积0.25平方千米，总人口2792户9214人，其中本地户籍居民368户923人，规模化企业62家、个体工商户600家。

【春天堡社区】 面积0.6平方千米，有居民小组15个，常住人口2247人，流动人口4631人，户籍人口2973人；有党员36人。辖区内有企事业单位11家，商业门点550家。

【青菜关社区】 占地0.2平方千米，有958户2836人，有党员23人。

【纪念街社区】 辖区面积0.23平方千米，有8个居民小组，有1562户4787人。

【杨柳堰社区】 社区总面积0.18平方千米，有1540户5270人，辖区有户籍人口153人，流动人口3730人。有经营户230户，从业人员890人。

【黄泥坡社区】 辖区面积0.1平方千米，总人口6361人；有3个党小组，有党员51名。

（长征街道办事处党政办）

忠庄街道

【概况】 忠庄街道地处红花岗区南部，2018年11月底，原南部新区撤销，忠庄街道划由红花岗区管理。辖区有国土面积47.67平方千米，辖4个村6个社区145个村（居）民小组。党工委下设1个村党委，3个村党总支，30个党支部（非公有制企业支部10个、社会组织支部2个），有党员870人。辖区户籍人口39379人，常住人口89933人。2018年，忠庄街道办事处完成固定资产投资36.5亿元（其中5000万元以上投资项目10个，完成投资12.4亿元；房开项目22个，完成投资24.1亿元），完成工业总产值0.6亿元，招商引资全年报送到位资金项目2个，总投资40亿元。辖区有桃溪片区路网、市第五人民医院改扩建、红花岗区中医院、遵义大健康·母婴护理中心（忠庄勤乐、幸福片区棚户区改造项目）、碧桂园环线道路、仁遵高速南部新区段和大健康产业园等实施项目。

【饮用水源地保护】 2018年，在一、二级饮用水水源保护区公路沿线配备垃圾桶72个，压缩式垃圾收集车1辆，负责农村垃圾收集清运；投资500万元，实施第三期南郊水库硬隔离工程，在饮用水水源上游安装硬隔离防护网，由水源保护工作分队持续开展饮用水水源执法综合整治行动；

2018年1月22日，忠庄街道桃溪社区联合东欣书画院开展以“文化迎春·书香祝福”为主题的送春联活动

投资1400万元，在马坎村和勤乐村实施“治污治水、洁净家园”垃圾污水处理系统，对农村散户产生的垃圾实行统一收集、处理。

【优化辖区环境】 2018年，忠庄街道办事处加大对大气环境污染整治力度，完成辖区建成区餐饮行业油烟治理，取缔露天烧烤、流动烧烤摊位100个；集中开展取缔经营性燃煤炉具12次，取缔炉具60个；制止和扑灭焚烧垃圾（秸秆）100起。每日出动环卫工人22人次，对辖区环境卫生进行保洁，每日用8立方米的洒水车对主干道冲水。每日收运垃圾30车，确保垃圾日产日清。

【计划生育】 2018年，辖区常住人口出生1379人，其中男孩740人、女孩639人，符合政策生育率96.01%；落实各种手术789例；做好卫计服务，保障人民健康，免费孕前优生健康检查310对，开展生育关怀进千家活动。

【社会保障】 忠庄街道办事处组织参加招聘会5次，农村劳动力转移技能培训225人，新增城镇就业1750人，全部实名制录入就业网，帮助就业困难对象再就业42人，失业人员再就业58人，统筹城镇培训98人次。启动失地农民养老保险工作，推进城乡居民医疗保险和新型农村合作医疗保险。全年协调处理各类劳动争议案件97起，结案率98%，督促发放农民工工资128万元。

【民政救抚】 2018年，全面完成城乡低保提标工作，有城市低保户335户407人，发放低保补助金200余万元；农村低保户78户135人，发放低保补助金40万元；为16名特困人员发放供养资金182976元，为725名特困残疾人和204名重度残疾人发放残疾人两项补贴资金101940元，为5名孤儿发放救助金43200元，发放80岁以上老人高龄补贴，办理70岁以上老年“优待证”330个；审核经济适用房10户、廉租房20户，入驻银河星辰廉租房小区贫困户76户；关爱留守困境儿童常态化，为留守（困境）儿童建立一户一档，组织包保干部定期走访。

【农业工作】 完成水稻种植面积4600亩，产量2760吨；玉米种植面积2500亩，产量1250吨；辣椒种植500亩，产量1250吨；草莓种植350亩，产量350吨；葡萄种植300亩，产量300吨。以勤乐村马兰蔬菜协会为基点新建蔬菜保供基地1个，面积280亩；扩大勤乐村银安庄组的食用菌种植基地，种植面积100亩，菌棒120万棒，品种包含平菇、香菇、姬菇、木耳、羊肚菌等，产值1440万元。在勤乐村、马坎村投入资金15.7万元，完成经果林种植1000亩，完成800亩玉米调减任务，带动贫困户51户119人。对有养殖能力的贫困户，发展猪仔养殖，完成发放87户160头，投入使用资金16万元；帮助贫困户发展食用菌种植15户，投入使用资金2.73万元，帮助贫困户发展家禽养殖47户。

【党风廉政】 全年摸排问题线索13条，查处问题线索13条，办结6条，办结率46.2%；立案1件，结案1件，党内警告处分1人。

【安全生产】 开展辖区学校食品安全大检查3次，对校车安全大检查3次50人。在村（社区）聘用食品安全协管员10个，协助对辖区食品安全进行检查。开展消防安全检查工作130次，开展消防培训20次、消防演练8次，完成村（社区）微型消防站建设。完善“六级六覆盖”责任体系建设，加大排查整治力度，重点对烟花爆竹、道路交通、非煤矿山、特种设备、危险化学品、工商贸易企业等领域进行安全检查，全年开展检查160次，发现安全隐患298起，复查整改率100%。

2018年3月19日，共青大道四号还房回迁暨新房交付仪式举行

2018年11月26日，忠庄街道开展环保整治

【项目建设】 以东欣城市综合体和天蕴南加州商业体为基础，打造东欣商业街；推动碧桂园·遵义1号、碧桂园·城央壹品、恒大·翡翠华庭、橄榄郡、祥龙御府等商业楼盘开发建设。桃溪片区棚户区改造项目签订房屋征收协议450户，移交财务407户，已兑付323户；忠庄勤乐、幸福片区棚户区改造项目完成征地445.22亩，征地资金3750万元；忠庄片区棚户区改造项目总户数1161户，建筑总面积171500平方米，已完成入户摸底意愿调查。

【教育和文化】 2018年，开展小学新生入学登记1195人。完成遵义市红花岗区第十七小学（忠庄小学）、遵义市红花岗区第十五小学（银河小学）改扩建征地拆迁工作。社会爱心人士捐款为明德小学采购教学物资41万元，不断改善教学条件。完成校外培训机构摸排登记25家，现场检查25家。参加南部新区第二届社会主义核心价值观暨南部新区社区群众广场舞大赛，桃溪居委会代表队、海尔居委会代表队分获二等奖和三等奖；桃溪社区举办第四届社区文化节，着力打造大型社区群众文化品牌。

（钱　燕）

南关街道

【概况】 2018年，南关街道完成财政总收入11650万元，城镇人均收入24934元，同比增长8.2%。规模以上工业企业13家，完成工业总产值15.2亿元，同比增长11.25%；工业增加值3.76亿元，同比增长15.1%；固投项目有25个，完成固定资产投资25.2亿元。辖区内有企业1687家，个体工商户4268家。稳步推进碧云峰片区棚户区改造项目、大雁湿地公园景观建设项目等48个重点项目建设。

【精准扶贫】 2018年1月，有建档立卡贫困户236户677人，其中已脱贫190户566人，未脱贫46户111人。截至12月，有建档立卡户87户226人，已脱贫52户146人，未脱贫35户80人。发展农业产业，种植绿色蔬菜1000亩，基地主要种植西红柿、辣椒、茄子等。加大贫困劳动力转移输出力度，全面完成各类贫困人口技能培训，确保贫困家庭的劳动者至少有1人就业，已推荐7户贫困家庭人员出任巡河员、停车场管理员等，增加贫困户收入。

【环境卫生】 集中治理8家不合规范的“散乱污”企业，督促业主办理环保审批手续。办理上级督查、督办35件，处理群众投诉24起。加强环卫日常管理，累计清运垃圾4万吨。

【项目建设】 道路建设　完成南山公路和南门官井中小学道路、镇隆集镇至遵义大道800米连接线项目；完成小康路建设；遵义市忠深大道西延线已征收土地120亩，签订房屋征收协议64份，正在开展征收工作；遵义市新南快线北延伸段建设项目，完成房屋征收工作；遵义市东快线建设项目正在征收工作。

民生项目　完成东联线8号还房小区建设，启动6号、7号、9号还房小区建设；和平大道还房二期应还281户601套，已还274户588套；遵义市第二高中改扩建项目完成征拆工作，主体建设全面完成；大堰湿地公园完成工程量80%；完成蚂蚁河湿地公园项目征拆工作；金华村“风行天下”果蔬项目已完成建设，农作物产品已上市销售。

棚改项目　镇隆片区棚户区改造项目：完成房屋征收工作，签订征收协议802户，征收补偿协议正在审计，已完成审计征收补偿协议602份，兑付26户9523031.85元，拆除房屋面积2815.13平方米。南岭片区棚户区改造项目：完成房屋征收工作，签订协议1787户，完成审计征收补偿协议

1685份，兑付资金21户9263197.1元；护城片区棚户区改造项目：已签订征收补偿协议747户，涉及57栋房屋273户，兑付金额7759万元，其中产权置换163户，货币化安置112户，房屋已拆除完毕。征收土地74亩，拨付资金6161139.41元。

【安全工作】 全面落实安全生产责任制，检查非煤矿山4家、加油站3家、烟花爆竹经营户5家，对119家工矿商贸行业开展检查138家次，消防重点单位检查66家次，下达现场检查记录80份，排查出安全隐患403处，整改率100%。对2户未达生产标准的烟花爆竹零售经营商户不予颁发2019年经营证书。

【综治工作】 办理网上信访案件30件。调解纠纷313件，涉及人数656人，调解成功300起，调解成功率96%。全年接处警1290起，同比下降11.7%；治安案件同比下降18%；抓获违法犯罪嫌疑人164人，刑拘37人，罚款15100元。调解治安、民事纠纷500起，同比上升5%。发现安全隐患53处，整改53处。

【民生工作】 养老保险和城乡居民医保 有10245人参加城乡居民养老保险；调查参合农民因意外就医群众101人，办理农民报销申请351人，医保报销600820.33元。

保障农民工合法权益 在建工程项目及其他用人单位拖欠农民工工资6000余人，涉及金额3.5亿元。追讨南茶锰矿、益精粮油等企业农民工工资300万元。

民政救助 发放临时救助金额50800元。春节发放特困户慰问金1万元。全年兑付大病救助67人次 91930元。为贫困残疾人子女考入学院补助2500元。发放低收入保障金110356元，发放孤儿救助金35200元。资助城乡参合参保150人14260元。推荐残疾人就业14人。开展留守儿童帮扶救助工作，发放留守儿童困难救助和慰问金2000元，手环33套。

农村危房改造及保障性住房工作 全年核实评定廉租房21户，经济适用住房19户。实施农村危房改造5户，发放建房款8.42万元。拆除违法违章建筑177户15320平方米。出动人员巡查危房30次，新增排查委托鉴定危房15栋，鉴定C级和D级危房2处，其中石龙桥外贸公司仓库（D级危房）已拆除。

（南关街道办事处党政办）

附 录

经济社会统计资料

2018年红花岗区国民经济和社会发展统计公报

2018年，全区以习近平新时代中国特色社会主义思想为指导，在区委、区政府的坚强领导下，全面贯彻党的十九大和十九届二中、三中全会精神，深入学习贯彻习近平总书记在贵州省代表团重要讲话精神，深入贯彻落实区委、区政府的决策部署，坚持稳中求进工作总基调，坚守发展和生态两条底线，坚决打好“三大攻坚战”，深入实施“三大战略行动”，奋力在建设黔川渝接合部中心城市中当先锋走前列，着力打造“三区三高地”，统筹做好稳增长、促改革、调结构、惠民生、防风险各项工作，全区经济稳中向好、社会和谐稳定。

一、综合

初步测算，2018年，全区实现地区生产总值（GDP）500.24亿元，按可比价格计算，比上年增长7%。分产业看，第一产业实现总产值34.4亿元，比上年增长6.8%；第二产业实现总产值175.53亿元，比上年增长4.3%，其中工业实现

2018 年红花岗区地区生产总值分行业情况表

表9

指标名称	绝对值（亿元）	比上年增长（%）
地区生产总值	500.24	7.0
按三次产业分		
第一产业	34.40	6.8
第二产业	175.53	4.3
第三产业	290.31	8.6
按行业分		
农林牧渔业	35.77	6.7
工业	129.01	1.7
建筑业	46.52	12.5
批发和零售业	108.38	-1.0
交通运输、仓储和邮政业	28.14	8.9
住宿和餐饮业	13.32	-0.7
金融业	25.41	2.1
房地产业	11.61	36.8

续表9

指标名称	绝对值（亿元）	比上年增长（%）
其他服务业	102.07	19.6
营利性服务业	71.02	26.4
非营利性服务业	31.05	4.9

说明：农林牧渔业含农林牧渔服务业

总产值129.01亿元，比上年增长1.7%；第三产业实现总产值290.31亿元，比上年增长8.6%。三次产业比例由2017年的7.0∶35.1∶57.9调整为6.9∶35.1∶58。人均地区生产总值达58269元。

二、脱贫攻坚

全年实现脱贫1345人，后庄村、大窝村实现脱贫摘帽。有序开展“春风行动”“夏秋攻势”和“1+5”专项治理。“一长两短”扶贫产业加快发展。带动5231人增收；大力开发村民自治补贴性“五员”岗位，解决贫困劳动力就业154人。易地扶贫搬迁工作顺利完成，84户329人全部迁入新居。教育医疗住房“三保障”加快落实。减免670名建档立卡贫困户学生费用39.18万元，发放1241名学生精准扶贫资助金285.21万元。实施“新农合”大病医疗救助补偿3639人次，发放补助款681.3万元。“三改”工程加快推进。完成农村危房改造246户。发放农村低保金629.41万元，惠及困难群众2642人。

三、农业

2018年全区实现农林牧渔业总产值544206万元，按可比价计算，比上年增长7.2%。其中，农业实现总产值422750万元，比上年增长8.8%；林业实现总产值11435万元，比上年增长7.8%；畜牧业实现总产值78552万元，比上年增长2.5%；渔业实现总产值16343万元，比上年增长7.0%；农林牧渔服务业实现总产值15126万元，比上年增长12.7%。全年完成农林牧渔业增加值357726万元，比上年增长6.7%。

2018年农林牧渔业增加值构成及增长速度一览表

表10

指标名称	增加值（万元）	比上年增长（%）
农林牧渔业增加值（万元）	357726	6.7
农　业	278957	8.0
林　业	5901	7.3
畜牧业	47254	2.0
渔　业	11887	6.5
农林牧渔服务业	13727	12.4

2018年，全区粮食种植面积19334公顷；蔬菜种植面积21363公顷。年末水果园种植面积2367公顷。全年粮食总产量146375吨；油料作物产量11559吨；蔬菜产量432092吨。

2018年粮食作物种植面积及增长速度一览表

表11

指标名称	种植面积（公顷）	比上年增长（%）
稻谷	6855	6.8
玉米	4798	-21.0
高粱	759	93.0

全年畜牧业增加值47254万元，较上年增长2.0%。肉类总产量13586吨；生猪出栏108911头，牛出栏6362头；年末大牲畜存栏23634头；年末生猪存栏99024头。

四、工业

年末规模以上工业法人企业95户，比上年末增加10家。其中，红花岗区45家，新蒲新区50家。

全年规模以上工业增加值比上年增长-7.4%。其中，轻、重工业增加值分别占规模以上工业增加值的比重分别为8%和92%；非公有制经济企业增加值占规模以上工业增加值的比重为66.4%，国有控股企业增加值占规模以上工业增加值的比重为33%。

规模以上工业中增加值占比前三的分别为，计算机、通信和其他电子设备制造业增加值占比35.3%；非金属矿物制品业增加值占比15.8%；金属制品业增加值占比13.4%。

2018年规模以上工业主要行业增加值增长速度及比重一览表

表12

指标名称	比上年增长（%）	占规模以上工业增加值比重（%）
规模以上工业增加值	-7.4	100
计算机、通信和其他电子设备制造业	-33.2	35.3
非金属矿物制品业	-15.2	15.8
金属制品业	9.9	13.4
电气机械和器材制造业	14.5	7.9
有色金属冶炼和压延加工业	43.0	7.5
水的生产和供应业	18.1	4.7
汽车制造业	12.3	3.6
医药制造业	-14.3	2.5
食品制造业	25.1	2.3

2018年规模以上工业主要产品产量及增长速度一览表

表13

指标名称	绝对值	比上年增长（%）
辣椒制品（省级产品）（吨）	33962.0	-53.6
纱（吨）	4580.0	4.3
中成药（吨）	23.0	-14.5
水泥（万吨）	84.57	-17.44
商品混凝土（万立方米）	503.65	17.84
海绵钛（吨）	9397.8	35.0
钢丝绳（万吨）	10.75	10.94
电子计算机整机（台）	14314	-75.9
移动通信手持机（手机）（万台）	342.74	-36.87
集成电路（万块）	54.76	-98.09
光电子器件〔万只（片、套）〕	5750.17	6.94
印制电路板（万平方米）	219.4	70.1
自来水生产量（万立方米）	7872	3.19

五、固定资产投资

全年完成500万元及以上固定资产投资比上年增长18.8%。其中产业投资占总投资比重为26.4%。

2018年固定资产投资主要指标及增长速度一览表

表14

指标名称	绝对值	比上年增长（%）
500万元以上固定资产投资（亿元）	-	18.8
房屋施工面积（万平方米）	1087.1	81.5
住宅	739.9	21.0
房屋竣工面积（万平方米）	25.2	-66.2
住宅	21.4	-62.5
房屋销售面积（万平方米）	407.1	69.7
住宅	350.2	71.6
房屋销售额（亿元）	243.2	120.4
住宅	195.0	128.1
房屋待售面积（万平方米）	47.5	-32.8
住宅	5.9	-46.9
建筑业总产值（亿元）	208.15	10.1

2018年完成建筑业总产值208.15亿元，较上年增长10.1%。

六、国内贸易和旅游

全年完成社会消费品零售总额185.88亿元，比上年增长8.7%。全年完成社会消费品销售总额504.05亿元，比上年增长-9.5%。

年末全区共有AAAA级旅游景区1个、AAA级旅游景区6个，全年共接待外省游客1154万人次，同比增长16.9%；入境游客4900人次，同比增长82%；旅游总人数2934.37万人次，同比增长31.7%；实现旅游总收入408.42亿元，同比增长39.1%。

七、财政

2018年，全区完成财政总收入99.75亿元，比上年增长20.5%。其中，完成一般公共预算收入31.03亿元，比上年增长12.1%；完成税收收入26.36亿元，比上年增长19.3%，税收收入占一般公共预算收入比重为84.9%。

2018年财政收入主要指标及增长速度一览表

表15

指标名称	绝对值（万元）	比上年增长（%）
一、财政总收入	997501	20.5
二、一般公共预算收入	310335	12.1
其中：税收收入	263628	19.3
其中：增值税	94799	11.6
企业所得税	25645	37.6
个人所得税	11236	27.1
城市建设维护税	10751	15.4
非税收入	46707	-16.5

2018年财政支出主要指标及增长速度一览表

表16

指标名称	绝对值（万元）	比上年增长（%）
一般公共预算支出	723059	13.2
其中：八项支出合计	456401	9.0
其中：一般公共服务支出	76263	37.4
公共安全支出	40534	28.4
教育支出	152574	26.2
科学技术支出	4937	-54.0
社会保障和就业支出	44788	-1.4
医疗卫生与计划生育	79867	3.8
节能环保支出	8702	47.5
城乡社区支出	48736	-32.0

八、教育和卫生事业

2018年全区幼儿园专任教师954人，小学学校专任教师数为2506人，初中专任教师数为1812人，高中专任教师数为1294人，特殊教育学校专任教师14人，工读学校专任教师17人。学前教育在校学生人数为19090人，小学在校学生人数为51845人，初中在校学生人数为24404人，高中在校学生数为14564人，特殊教育在校学生人数为127人，工读学校在校学生人数为90人（教育数据不含新蒲新区）。

年末拥有医疗卫生机构324个，其中医院、卫生院49个。专业公共卫生机构4个，其中疾病预防控制中心1个。医院、卫生院床位4694张，比上年末增长1.1%。

九、人口和人民生活

年末常住人口（含新蒲新区）86.03万人，比上年末增加3600人，同比增长0.42%。年末全区总户籍人口804306人，比上年增加8652人，其中乡村人口273456人。全年红花岗区常住人口出生9610人，出生率为15.19‰，死亡人口2516人，死亡率为6.4‰，自然增长率为8.79‰；新蒲新区出生人口5312人，出生率为16.91‰，死亡人口2011人，死亡率为8.59‰，自然增长率为8.32‰（因市卫计局分别考核红花岗区和新蒲新区计划生育情况，无法提供合计计生数据）。

人民生活环境进一步优化，城市环境空气质量达标率98.2%（不含新蒲新区），集中式饮用水源水质100%达标。居民收入进一步提高，城乡居民收入差距缩小，2018年全区城镇常住居民人均可支配收入34849元，农村常住居民人均可支配收入14586元，分别比上年名义增长8.6%和9.8%。城乡居民人均可支配收入比值2.40，比上年同期下降0.02。

十、社会保障

2018年，旧城改造持续推进，完成征收房屋9855户，兑付资金35.28亿元。征收零星棚户区房屋3476户，处置C、D级危房107栋。多途径推动还房安置，安置群众12394户。累计购买房源用于征收安置3970套，建成7603套保障性住房。城市低保标准为636元/月，同比增长6%；农村低保标准为3936元/年，同比增长9%。城镇新增就业27444人，城镇登记失业率为2.95%。

说明：因行政区划调整，公报中部分数据不含新蒲新区数据，已在相应指标后备注。

（区统计局）

综 合

全区人口变动情况表

表17

指标名称	单位	2016年	2017年	2018年
户籍人口				
一、总户数	户	200544	236878	281323
二、总人口数	人	545124	550958	804306
1. 按性别分				
男	人	271873	272719	404834
女	人	273251	278239	399472
2. 按城乡属性分				
乡村人口	人	138610	99157	273456
城镇人口	人	406514	451801	530850
三、出生人口	人	8330	9786	9876
四、死亡人口	人	2012	6463	1996
五、常住人口	万人	85.26	85.67	86.03
六、出生率	‰	12.62	14.64	15.19
七、死亡率	‰	6.17	5.72	6.4
八、自然增长率	‰	6.45	8.91	8.79

说明：2016年红花岗区行政区划调整，但公安部门无法提供新划入五镇人口数据，故2016年、2017年户籍人口数据不含新划入五镇人口数据

历年地区生产总值表

表18

年份	地区生产总值（万元）	第一产业	第二产业	工业	第三产业	人均地区生产总值（元）
1999	383628	29195	128010	109151	226423	7762
2000	422296	32418	138699	120625	251179	8705
2001	492069	34284	171079	147591	286706	10247
2002	542647	35756	161635	136086	345256	11190
2003	612774	37694	189039	159817	386041	12324
2004	715200	41800	223600	190200	449800	13371
2005	720246	38458	243458	221461	438330	12014

续表18

年份	地区生产总值（万元）	第一产业	第二产业		第三产业	人均地区生产总值（元）
				工业		
2006	900368	48965	320988	298866	530415	14843
2007	1089589	53650	385268	355866	650671	17594
2008	1279045	60209	425523	392057	793313	20257
2009	1440749	67104	473121	432772	900524	22410
2010	1627523	75006	520505	456367	1032012	24939
2011	1971334	80765	628974	539394	1261595	29738
2012	2214888	93231	660837	534712	1460820	33058
2013	2560145	107085	808619	636206	1644441	38024
2014	2993920	135700	929130	707930	1929090	44282
2015	3321900	135800	1023100	769300	2163000	48780
2016	4259023	312643	1461700	1125000	2484680	49953
2017	4799562	336300	1685000	1289900	2778262	56159
2018	5002359	343999	1755300	1290100	2903060	58269

说明：因2016年红花岗区行政区划调整2015年前数据不含新划入五镇数据，2016年以后数据含新划入数据

农 业

农作物播种面积一览表

表19　　单位：亩

指标	2017年	2018年	增长（%）
总 计	743346	735616	-1.0
一、粮食总面积	302160	290008	-4.0
其中：夏收粮食	600	658	9.7
（一）谷 物	193890	187051	-3.5
其中：水 稻	96300	102827	6.8
小 麦	600	658	9.7
玉 米	91095	71964	-21.0
高 粱	5895	11377	93.0
（二）豆 类	25575	22447	-12.2
（三）薯 类	82695	80510	-2.6

续表19

指标	2017年	2018年	增长（%）
二、经济作物	441186	445608	1.0
（一）油　料	86562	79215	-8.5
其中：油菜籽	80176	74700	-6.8
（二）烤　烟	9315	6105	-34.5
（三）中药材	13144	12632	-3.9
（四）蔬　菜	304788	320439	5.1
（五）瓜果类	4397	7537	71.4
（六）其他农作物	22980	19680	-14.4

农作物总产量一览表

表20　　单位：吨

指标	2017年	2018年	增长（%）
一、粮食总产量	102347	146375	43.0
其中：夏收粮食	200	122	-39.0
（一）谷　物	81238	63508	-21.8
其中：水　稻	49200	34005	-30.9
小　麦	200	122	-39.0
玉　米	31000	26378	-14.9
高　粱	838	2969	254.3
（二）豆　类	811	2183	169.2
（三）薯　类	20298	80684	297.5
二、经济作物	461413	467274	1.27
（一）油　料	14688	11558	-21.31
其中：油菜籽	13554	10990	-18.92
（二）烤　烟	1313	862	-34.35
（三）中药材	1211	1748	44.34
（四）蔬　菜	421725	432093	2.46
（五）瓜果类	8922	10024	12.35

说明：2017 年为省修订数据（其中薯类是折粮后的数据）；2018 年薯类未折粮

农业总产值一览表

表21

指标	计量单位	2017年	2018年	增长（%）
农林牧渔业总产值（现价）	万元	543027	544206	7.2
农　业	万元	364098	422750	8.8
林　业	万元	10429	11435	7.8
牧　业	万元	140643	78552	2.5
渔　业	万元	14436	16343	7.0
服务业	万元	13421	15126	12.7

农业增加值一览表

表22

指标	计量单位	2017年	2018年	增长（%）
农业增加值（现价）	万元	348553	357726	6.7
农　业	万元	235372	278957	8.0
林　业	万元	5407	5901	7.3
牧　业	万元	85012	47254	2.0
渔　业	万元	10549	11887	6.5
服务业	万元	12213	13727	12.4

工　业

按经济类型分规模以上工业企业单位数一览表

表23

指标名称	企业单位数（个）	
	2018年	2017年
总计	96	91
1. 内资企业	94	89
其中：国有企业	2	1
集体企业	—	—
有限责任公司	28	34
股份有限公司	2	1
私营企业	62	53
2. 港、澳、台商投资企业	1	1
3. 外商投资企业	1	1

说明：规模以上工业企业统计范围年主营业务收入在2000万元及以上的工业企业，含军工企业

按行业分规模以上工业企业分行业工业总产值一览表

表24　　单位：亿元

指　标	工业总产值（当年价）	
	2018年	2017年
按行业分类	172.33	339.68
1. 黑色金属矿采选业	0.38	0.48
2. 农副食品加工业	2.46	6.89
3. 食品制造业	1.57	4.50
4. 酒、饮料和精制茶制造业	0.23	0.26
5. 纺织业	0.91	1.18
6. 造纸和纸制品业	1.19	—
7. 化学原料和化学制品制造业	—	2.01
8. 医药制造业	2.45	9.27
9. 橡胶和塑料制品业	0.07	0.25
10. 非金属矿物制品业	19.41	17.35
11. 黑色金属冶炼和压延加工业	6.53	5.12
12. 有色金属冶炼和压延加工业	10.14	7.12
13. 金属制品业	20.42	17.38
14. 通用设备制造业	5.12	2.06
15. 专用设备制造业	0.33	0.37
16. 汽车制造业	3.18	14.37
17. 电气机械和器材制造业	8.21	8.39
18. 计算机、通信和其他电子设备制造业	85.85	240.16
19. 废弃资源综合利用业	0.31	0.42
20. 燃气生产和供应业	0.93	—
21. 水的生产和供应业	2.64	2.10

说明：1.规上工业指2000万元以上统计口径，均为年报数，所有指标均含军工企业；2.本表数据包含原南部新区三镇（街）及新蒲新区的数据

按行业分规模以上工业企业分行业增加值一览表

表25　　单位：万元

指标名称	2018年	2017年
总计	273208.4	592062.9
黑色金属矿采选业	1344.5	—
非金属矿采选业	20.5	—
农副食品加工业	2647.7	9117.7
食品制造业	6182.3	15615.7

续表25

指标名称	2018年	2017年
酒、饮料和精制茶制造业	727.5	872.6
纺织业	1647.1	2402.1
纺织服装、服饰业	—	36.5
造纸和纸制品业	2386.6	1107.2
化学原料和化学制品制造业	0.0	4378.2
医药制造业	6734.0	32990.7
橡胶和塑料制品业	876.9	15102.5
非金属矿物制品业	43041.5	24826.4
黑色金属冶炼和压延加工业	2153.2	10030.9
有色金属冶炼和压延加工业	20477.2	6961.6
金属制品业	36654.3	31357.5
通用设备制造业	4697.4	3646.7
专用设备制造业	2455.4	1380.3
汽车制造业	9793.8	38459.6
电气机械和器材制造业	21503.8	69175.4
计算机、通信和其他电子设备制造业	96544.4	315089.5
废弃资源综合利用业	367.9	746.3
水的生产和供应业	12952.4	8765.5

说明：1.规上工业指2000万元以上统计口径，均为年报数，所有指标均含军工企业；2.本表数据包含原南部新区三镇（街）及新蒲新区的数据

按经济类型分规模以上工业企业主要经济指标一览表（之一）

表26　　单位：亿元

指标名称	固定资产原值		流动资产合计		主营业务收入	
	2018年	2017年	2018年	2017年	2018年	2017年
总计	57.48	56.21	106.35	126.70	178.70	288.60
1. 内资企业	57.22	55.96	105.18	125.49	178.05	287.96
（1）国有企业	2.93	—	5.25	—	4.25	—
（2）有限责任公司	19.09	32.81	30.81	75.58	62.92	140.81
（3）股份有限公司	20.50	9.99	23.96	5.11	25.71	3.63
（4）私营企业	14.70	13.16	45.16	44.80	85.17	143.52
2. 外商及港、澳、台商投资企业	0.25	0.25	0.07	0.12	0.18	0.26
3. 外商投资企业	—	—	1.08	1.09	0.47	0.38

注：1.规上工业指2000万元以上统计口径，均为年报数，所有指标均含军工企业；2.本表数据包含原南部新区三镇（街）及新蒲新区的数据

按经济类型分规模以上工业企业主要经济指标一览表（之二）

表27 单位：亿元

指标名称	利润总额		利税总额	
	2018年	2017年	2018年	2017年
总计	0.26	6.00	3.59	8.20
1. 内资企业	0.18	5.87	3.47	8.01
（1）国有企业	0.25	—	0.26	—
（2）有限责任公司	1.21	4.23	2.32	5.87
（3）股份有限公司	–0.84	–1.16	0.08	–1.00
（4）私营企业	–0.44	2.80	0.81	3.14
2. 外商及港、澳、台商投资企业	0.01	0.01	0.01	0.01
3. 外商投资企业	0.06	0.13	0.12	0.18

说明：1.规上工业指2000万元以上统计口径，均为年报数，所有指标均含军工企业；2.本表数据包含原南部新区三镇（街）及新蒲新区的数据

按行业分规模以上工业企业主要经济指标一览表（之一）

表28 单位：亿元

指标名称	固定资产原值		流动资产合计		主营业务收入	
	2018年	2017年	2018年	2017年	2018年	2017年
总计	57.48	56.21	106.35	126.70	178.70	288.60
黑色金属矿采选业	1.40	1.35	1.46	1.42	0.85	0.60
农副食品加工业	1.24	1.24	2.50	2.51	2.40	7.07
食品制造业	0.06	0.15	2.94	0.19	1.44	3.11
酒、饮料和精制茶制造业	0.25	0.25	0.07	0.12	0.18	0.26
纺织业	0.17	0.17	0.31	0.31	0.86	1.15
造纸和纸制品业	0.12	—	0.53	0.26	1.02	0.57
医药制造业	1.46	1.70	1.42	1.72	2.52	7.09
橡胶和塑料制品业	0.03	0.03	0.04	0.04	0.02	0.18
非金属矿物制品业	9.24	6.10	12.39	11.07	18.56	16.46
黑色金属冶炼和压延加工业	1.76	1.34	3.28	0.64	6.69	4.84
有色金属冶炼和压延加工业	13.86	13.15	8.82	7.05	10.23	6.58
金属制品业	10.57	10.43	18.04	17.52	20.43	17.82
通用设备制造业	2.76	0.10	6.04	0.99	4.15	0.80
专用设备制造业	0.10	0.10	0.42	0.43	0.33	0.36
汽车制造业	1.58	1.52	2.88	3.61	3.40	4.54
电气机械和器材制造业	1.23	2.89	9.28	6.08	8.02	6.23

续表28

指标名称	固定资产原值		流动资产合计		主营业务收入	
	2018年	2017年	2018年	2017年	2018年	2017年
计算机、通信和其他电子设备制 造业	5.44	11.62	28.80	68.19	94.12	208.45
废弃资源综合利用业	0.21	0.01	0.42	0.44	0.35	0.24
燃气生产和供应业	1.27	—	0.68	—	0.50	—
水的生产和供应业	4.71	4.05	6.03	4.08	2.64	2.13

说明：1.规上工业指2000万元以上统计口径，均为年报数，所有指标均含军工企业；2.本表数据包含原南部新区三镇（街）及新蒲新区的数据

按行业分规模以上工业企业主要经济指标一览表（之二）

表29　　单位：亿元

指标名称	利润总额		利税总额	
	2018年	2017年	2018年	2017年
总计	0.26	6.00	3.59	8.20
黑色金属矿采选业	0.10	–0.20	0.28	–0.06
农副食品加工业	–0.03	0.13	0.10	0.20
食品制造业	0.11	0.25	0.16	0.41
酒、饮料和精制茶制造业	0.01	0.01	0.01	0.01
纺织业	0.01	0.02	0.02	0.03
造纸和纸制品业	0.01	—	0.07	—
医药制造业	0.16	0.47	0.42	0.76
橡胶和塑料制品业	–0.04	—	–0.04	—
非金属矿物制品业	1.25	0.92	2.06	1.72
黑色金属冶炼和压延加工业	0.10	–0.02	0.18	–0.02
有色金属冶炼和压延加工业	–0.48	–1.31	–0.23	–1.14
金属制品业	0.03	0.03	0.76	0.65
通用设备制造业	0.51	0.32	0.61	0.51
专用设备制造业	—	0.01	0.01	0.01
汽车制造业	0.10	0.09	0.16	0.10
电气机械和器材制造业	0.02	0.49	0.22	0.53
计算机、通信和其他电子设备制造业	–1.70	4.67	–1.53	4.17
废弃资源综合利用业	—	—	0.03	—
燃气生产和供应业	0.11	—	0.11	—
水的生产和供应业	–0.01	0.13	0.17	0.29

说明：1.规上工业指2000万元以上统计口径，均为年报数，所有指标均含军工企业；2.本表数据包含南部新区三镇（街）及新蒲新区的数据

商业、规上服务业

限额以上社会消费品销售总额、零售总额分行业完成情况表

表30　　单位：万元

指标名称	社会消费品销售总额	社会消费品零售总额
总计	2118897	1191509
批发业	698683	7087
零售业	1386037	1164377
住宿业	22810	8746
餐饮业	11367	11299

全区限额以上批发和零售业、住宿和餐饮业法人企业数一览表

表31　　单位：个

地区	批发业	零售业	住宿业	餐饮业
红花岗区	65	69	19	9
老城街道	3	7	2	2
万里路街道	4	4	2	1
中华路街道	4	4	1	1
迎红街道	2	1	1	1
延安路街道	2	3	2	—
舟水桥街道	3	—	—	—
中山路街道	4	4	2	—
北京路街道	3	5	3	—
长征街道	12	2	2	—
南关街道	12	1	—	—
忠庄街道	7	31	1	1
深溪镇	4	—	—	—
虾子镇	2	—	—	—
礼仪街道	1	—	—	—
新蒲街道	2	5	3	1
新中街道	—	1	—	2
海龙镇	—	1	—	—

全区限额以上批发和零售业、住宿和餐饮业分镇街零售总额完成情况表

表32　　单位：万元

地区	批发业	零售业	住宿业	餐饮业
红花岗区	7087.1	1164377.1	8746.4	11298.8
老城街道	3474.9	38299.7	1826.8	1448.9
万里路街道	—	31712.4	34.7	1612.1
中华路街道	255.7	6853.0	—	435.4
迎红街道	—	6176.9	190.4	179.9
延安路街道	104.0	633482.7	2345	—
舟水桥街道	—	—	—	—
中山路街道	369.9	27922.6	273.3	—
北京路街道	—	54772.8	27.7	—
长征街道	278.5	4410.1	—	—
南关街道	544.9	8191.0	—	—
忠庄街道	2059.2	314909.4	2720.6	1617.2
深溪镇	—	—	—	—
虾子镇	—	—	—	276.2
新蒲街道	—	35894.2	1327.9	936.3
新中街道	—	1155.6	—	4792.8
海龙镇	—	596.7	—	—

全区限额以上批发和零售业、住宿和餐饮业销售总额完成情况表

表33　　单位：万元

地区	批发业	零售业	住宿业	餐饮业
红花岗区	698683.3	1386037.1	22809.7	11367.0
老城街道	34003.2	38299.7	5595.6	1448.9
万里路街道	11482.5	31712.4	1196.2	1612.1
中华路街道	28749.9	6853.0	46.2	435.4
迎红街道	12541.1	8699.1	609.6	248.1
延安路街道	31096.9	811565.8	4279.1	—
舟水桥街道	26135.8	—	—	—
中山路街道	44594.0	27922.6	1230.7	—
北京路街道	3483.0	54772.8	848.1	—
长征街道	201624.5	4683.4	1446.1	—
南关街道	108216.7	8191.0	—	—
忠庄街道	68264.0	355690.8	4695.7	1617.2
深溪镇	39675.0	—	—	—

续表33

地区	批发业	零售业	住宿业	餐饮业
虾子镇	5144.1	—	—	276.2
礼仪街道	6672.5	—	—	—
新蒲街道	77000.1	35894.2	2862.4	936.3
新中街道	—	1155.6	—	4792.8
海龙镇	—	596.7	—	—

全区规模以上服务业企业分行业经营情况表

表34　　单位：万元

指标名称	单位数（个）	营业收入	其中：主营业务收入	营业税金及附加	固定资产原价	本年折旧	营业利润	应付职工薪酬	从业人员平均人数（人）
总计	71	485715	478479	2817	772605	68176	32395	106282	13727
交通运输、仓储和邮政业	12	145209	142731	945	203439	21658	−220	48016	5353
其中：道路运输业	7	65006	65001	476	90240	16504	−3045	21902	2937
航空运输业	1	9291	8157	146	65882	2635	−2534	4854	280
管道运输业	1	2233	2233	0	13413	850	463	117	12
装卸搬运和仓储业	2	5600	5600	29	3657	259	−1012	4251	499
邮政业	1	63080	61740	294	30248	1410	5908	16893	1625
信息传输、软件和信息技术服务业	9	201254	196828	720	479703	40189	33699	23623	2256
其中：电信、广播和卫星传输服务	2	194718	190292	698	475907	40021	33373	21063	1326
互联网和相关服务	2	1368	1368	3	166	20	1	354	42
软件和信息技术服务业	5	5168	5168	18	3630	148	325	2205	888
房地产业	7	12205	12205	71	492	102	496	6412	1056
其中：物业管理	6	10866	10866	66	448	91	488	6380	1048
房地产租赁经营	1	1339	1339	6	43	11	9	32	8
租赁和商务服务业	19	54618	54566	536	55175	2147	−4973	9720	1956
其中：商务服务业	19	54618	54566	536	55175	2147	−4973	9720	1956
科学研究和技术服务业	11	54756	54742	499	19309	2817	5081	11186	1356
其中：专业技术服务业	11	54756	54742	499	19309	2817	5081	11186	1356
水利、环境和公共设施管理业	3	6811	6811	36	332	72	103	3300	951
其中：生态保护和环境治理业	1	877	877	5	89	23	41	204	21
公共设施管理业	2	5935	5935	31	244	49	62	3095	930
居民服务、修理和其他服务业	1	584	584	4	327	15	−83	74	24
其中：居民服务业	1	584	584	4	327	15	−83	74	24
卫生和社会工作	7	8516	8513	3	4475	548	−291	3169	633

续表34

指标名称	单位数（个）	营业收入	其中：主营业务收入	营业税金及附加	固定资产原价	本年折旧	营业利润	应付职工薪酬	从业人员平均人数（人）
其中：卫生	7	8516	8513	3	4475	548	-291	3169	633
文化、体育和娱乐业	2	1762	1499	3	9355	627	-1417	783	142
广播、电视、电影和录音制作业	1	692	692	3	269	3	-5	164	45
娱乐业	1	1070	807	—	9085	624	-1412	619	97

固定资产投资

全区固定资产投资完成情况表

表35

指标	项目个数（个）	投资总额增长（%）
500万元及以上固定资产投资（万元）	309	18.8
5000万元以上项目	177	—
5000万元以下项目	36	—
房地产	96	38.2

全区房地产开发投资完成情况表

表36

指标名称	单位	2017年	2018年	2018年比 2017年（%）
一、全区完成投资情况	万元	929688	1284898	38.2
二、房屋施工面积	平方米	9172597	10871524	—
三、商品房销售面积	平方米	2398596	4070622	18.5
四、商品房销售总额	万元	1103444	2431921	69.7
五、商品房住宅销售套数	套	16774	28798	120.4
六、待售面积	平方米	705906	474560	71.7
七、单位个数	个	130	122	-32.8

财政

2018 年财政收入主要指标及增长速度一览表

表37

指标名称	绝对值（万元）	比上年增长（%）
一、财政总收入	997501	20.5
二、一般公共预算收入	310335	12.1

续表37

指标名称	绝对值（万元）	比上年增长（%）
其中：税收收入	263628	19.3
其中：增值税	94799	11.6
企业所得税	25645	37.6
个人所得税	11236	27.1
城市建设维护税	10751	15.4
非税收入	46707	-16.5

2018年财政支出主要指标及增长速度一览表

表38

指标名称	绝对值（万元）	比上年增长（%）
一般公共预算支出	723059	13.2
其中：八项支出合计	456401	9.0
其中：一般公共服务支出	76263	37.4
公共安全支出	40534	28.4
教育支出	152574	26.2
科学技术支出	4937	-54.0
社会保障和就业支出	44788	-1.4
医疗卫生与计划生育	79867	3.8
节能环保支出	8702	47.5
城乡社区支出	48736	-32.0

教育、卫生

红花岗区教育情况一览表

表39

指标名称	单位	2016年	2017年	2018年
一、学校数				
幼儿园	个	89	79	91
小学	个	51	37	49
初中	个	20	18	23
高中	个	8	8	9
特殊教育	个	1	1	1
工读学校	个	1	1	1
二、专任教师数				

续表39

指标名称	单位	2016年	2017年	2018年
幼儿园	人	1074	893	954
小学	人	2128	2020	2506
初中	人	2385	1558	1812
高中	人	602	770	1294
特殊教育	人	15	14	14
工读学校	人	14	14	17
三、在校学生数				
学前教育	人	18610	15924	19090
小学	人	50595	42761	51845
初中	人	24540	21540	24404
高中	人	14688	11180	14564
特殊教育	人	82	108	127
工读学校	人	100	89	90

说明：2017 年数据不含南部新区三镇（街）数据

红花岗区卫生系统基本情况表（2018年）

表40

指标	机构数（个）	病床数（张）	职工人员数（人）									
			总计	卫生技术人员						其他技术人员	管理人员	工勤人员
				小计	执业医师	护理	药师（士）	技师（士）	其他卫技人员			
总计	68	5979	6500	5432	1918	2486	267	334	427	272	340	456
一、医院合计	42	4334	4462	3691	1320	1768	183	205	215	177	232	362
县人民医院	1	776	1030	897	326	433	30	33	75	56	28	49
县中医院	—	—	—	—	—	—	—	—	—	—	—	—
二、中心卫生院	2	350	392	361	120	172	14	25	30	5	5	21
三、镇（乡）卫生院	8	513	377	300	102	95	21	29	53	54	13	10
四、社区卫生服务中心	12	305	470	402	119	165	18	27	73	14	31	23
五、县疾病预防控制中心	1	—	61	49	21	7	2	11	8	2	4	6
六、卫生监督所	1	—	27	25	—	—	—	—	25	—	—	2
七、妇幼保健院	2	477	711	604	236	279	29	37	23	20	55	32

规范性文件

遵义市红花岗区人民政府办公室
关于印发红花岗区重大招商引资项目引进事前评估实施细则（试行）的通知

区府办发〔2018〕03号

各镇人民政府，街道办事处，区人民政府各工作部门：

《红花岗区重大招商引资项目引进事前评估实施细则（试行）》已经区人民政府同意，现印发给你们，请认真抓好落实。

2018年1月10日

红花岗区重大招商引资项目引进事前评估实施细则（试行）

第一章　基本原则

第一条　为科学决策项目准入，进一步提高招商引资项目质量和效益，根据《贵州省重大招商引资项目引进事前评估及责任追究办法》（黔府办发〔2017〕30号）和《遵义市重大招商引资项目引进事前评估实施细则（试行）》（遵市招领通〔2017〕1号）文件精神，结合我区实际，特制定本实施细则。

第二条　重大招商引资项目是指为促进我区经济发展，引进投资人在我区投资并拟纳入区级及以上重大招商引资活动签约的项目。引进事前评估是指在重大招商引资项目签订合同（协议）之前，对项目实施论证评估的过程。

第三条　评估决策坚守发展和生态“两条底线”，坚持统分结合的原则。

第二章　评估组织

第四条　成立红花岗区招商引资项目评估委员会（以下简称评估委员会），负责统筹领导全区重大招商引资项目引进事前评估和决策工作。评估委员会主任由区人民政府分管负责人担任，副主任由区人民政府办公室分管负责人、区投资促进局主要负责人担任，成员单位由区发展和改革局、区工业经济局、区财政局、区人力资源和社会保障局、区环保分局、区规划分局、区交通运输局、区农牧局、区商务局、区水务局、区林业局、区旅游局、区国土资源分局、区市场监督管理局、区国家税务局、区地方税务局、区金融办等部门组成。评估委员会下设办公室在区投资促进局，办公室主任由区投资促进局主要负责人兼任，负责组织、协调相关部门对重大招商引资项目进行筛选，确定纳入区级及以上重大招商引资活动签订合同（协议）项目。

第五条　成员单位职责

各成员单位要认真参与区评估委员会办公室组织的项目评估工作，在职能范围内对项目的基本情况、经济效益、社会效益，项目合规性、风险因素、区域承载能力等进行评估，并及时向区评估委员会办公室反馈评估意见。

在区级重大招商引资活动上成功签订投资合同（协议）的重大招商引资项目，各成员单位要积极推进项目快速落地、开工建设并投产。

第三章　评估内容

第六条　综合考虑项目的经济效益、社会效益、合规性、风险因素和区域承载能力，包括项目建设内容、用地规模、技术水平、财政贡献、财政成本、劳动用工、安全生产、环境保护和资源消耗等内容指标，并根据产业特点，突出不同评估内容。

主要从以下几个方面进行评估：

（一）是否符合国家法律法规；

（二）是否符合国民经济和社会发展规划、产业政策、行业准入标准和本地产业布局；

（三）项目选址是否符合土地利用规划、城乡建设规划、林业用地规定；

（四）是否合理开发和有效利用资源；

（五）是否符合环境保护、节能减排和生态建设要求。对可能存在高环境风险项目，应先行完成环评预评估；

（六）是否危害经济、社会和国家安全，是否对重大公共利益产生不良影响；

（七）项目投资规模、投资强度、投资时限、投入产出强度，主导产品的技术领域、市场竞争力及发展潜力，项目的税收贡献、带动就业能力及人力资源储备等情况；

（八）投资主体的资金实力、信用信息、经营业绩和研发创新能力等情况；

（九）是否达到需要达到的投资强度、税收产出及其他相关要求；

（十）项目的其他情况。

第七条　符合以下条件之一的重大招商引资项目，优先评估。

（一）投资方为无失信记录的世界500强企业、中国500强企业、民营500强企业、行业优强企业项目；

（二）投资方拥有项目自主知识产权或国际国内领先水平的独特核心技术；有科研机构或高端人才参与，在招才引智方面贡献突出，对推进地方政府与科研院所合作起到积极作用的项目；

（三）产业关联度强、附加值高、具有引领性的项目；

（四）经济效益好，对地方税收贡献大，带动就业能力强的项目；

（五）符合我区发展方向的战略性新兴产业项目。

第四章　评估程序

第八条　评估采取限时评估制，原则上在项目签订合同（协议）两周前完成评估。

第九条　引进项目，在规定的时限内，由区评估委员会组织评估，对不符合要求的项目原则上不予洽谈引进。对符合要求的项目，评估完成后，形成项目事前评估情况报告及项目清单，报区人民政府分管领导签字同意并加盖政府公章。

第十条　重要紧急事项经区评估委员会办公室审查，报评估委员会主任同意后，按照尊重程序、效率优先的原则，可实行“一事一议”。

第五章　责任追究

第十一条　未经区评估委员会评估或评估未通过的招商引资项目，不得作为区级及以上重大招商引资活动签订投资合同（协议）备选项目。

第十二条　区投资促进局负责对已签订投资合同（协议）的重大招商引资项目的推进情况进行督促检查。

第十三条　在督查过程中发现的问题，根据《省人民政府办公厅关于印发〈贵州省重大招商引资项目引进事前评估及责任追究办法〉》（黔府办发〔2017〕30号）文件执行。

第六章　附　则

第十四条　本细则由区投资促进局负责解释。

第十五条　本细则自印发之日起施行。

遵义市红花岗区人民政府办公室
关于印发《红花岗区畜禽养殖禁（限）养区划分优化方案》的通知

区府办发〔2018〕7号

各镇人民政府、街道办事处，区政府各工作部门、工作机构：

《红花岗区畜禽养殖禁（限）养区划分优化方案》已经区人民政府研究同意，现印发给你们，请认真抓好贯彻落实。

2018年1月12日

红花岗区畜禽养殖禁（限）养区划分优化方案

为进一步加强红花岗区畜禽养殖业污染防治，合理布局畜禽养殖场所的空间以及结构，促进畜牧业持续健康发展，保护和改善生态环境，保障人体健康，全面构建和谐社会，有效保护辖区内饮用水安全及生态环境安全，根据《中华人民共和国环境保护法》《中华人民共和国畜牧法》《中华人民共和国水污染防治法》等有关法律、法规的规定及遵义市农委、遵义市环保局《关于加快完成畜禽养殖禁养区和限养区优化完善工作的函》（遵市农函〔2017〕98号），特重新优化完善我区畜禽养殖禁（限）养区划分方案。本方案适用于红花岗区所辖行政区划畜禽养殖场、养殖小区的养殖污染防治。

一、指导思想

随着中国特色社会主义进入新时代，坚持以全面落实“创新、协调、绿色、开放、共享”的发展理念，全面落实城镇化、工业化、农业现代化带动发展战略为指导思想，按照建设生态文明、加强生态环境保护、提高可持续发展能力的要求和部署，科学划定畜禽养殖禁（限）养区；以调整优化畜禽养殖业的生产布局，促进地方经济又快又好、更快更好地发展，及构建和谐社会为目标，实现农业经济可持续发展。以国家和地方环境保护法律、法规、行政规章为依据，依法划定畜禽养殖禁（限）区范围；以畜禽养殖业可持续发展和改善农村生态环境质量为切入点，科学划定与畜禽养殖业发展以及环境保护相适应的畜禽宜养殖范围。全面开展辖区内畜禽养殖污染综合防治，保障以海龙水库、红岩水库等地的环境安全为重点，保护和改善农村生态环境，改善生态环境质量，保障人民群众身体健康，实现畜禽养殖废弃物减量化、无害化、资源化、生态化，促进畜牧业生产与生态环境全面协调发展。

二、划分原则

依据指导思想，在划定畜禽养殖禁（限）养区的过程中坚持的原则是：

（一）生态环境保护与畜禽养殖业持续健康协调发展的原则；

（二）依法保护生态环境的原则；

（三）生态环境保护与农业经济结构调整相一致的原则；

（四）维护群众合法权益，改善生态环境质量的原则；

（五）符合动物防疫条件的原则；

（六）突出重点和可操作性原则。

三、划分依据

（一）《中华人民共和国环境保护法》；

（二）《中华人民共和国畜牧法》；

（三）《中华人民共和国水污染防治法》；

（四）《中华人民共和国大气污染防治法》；

（五）《畜禽规模养殖污染防治条例》；

（六）《水污染防治行动计划》；

（七）《饮用水水源保护区划分技术规范》（HJ/T 338–2007）；

（八）其他有关法律法规和技术规范。

四、划分类型

畜禽养殖区划分为禁养区、限养区和非禁养区。

畜禽养殖禁养区是指按照法律、法规、行政规章等规定，在指定范围内禁止存在任何畜禽养殖（场）的陆域范围。禁养区内不得新建和改扩建各类畜禽规模养殖场，现有规模化畜禽养殖场在一定期限内实现关、停、转、迁。

畜禽养殖限养区是指按照法律、法规、行政规章等规定，在一定区域内限定畜禽养殖数量。限养区内不得新建和改扩建各类畜禽规模化养殖场，限养区内的现有各类畜禽养殖场不得扩大养殖规模。在限制养殖区域内进行畜禽养殖活动，应当符合县级以上地方人民政府规定的品种、规模、总量等要求。

畜禽养殖非禁养区是指除禁养区、限养区以外区域，原则上作为畜禽养殖可养区。在畜禽养殖非禁养区内从事畜禽养殖的，应当遵守国家有关建设项目环境保护管理规定，开展环境影响评价，其污染防治措施及畜禽排泄物综合利用措施必须与主体工程同时设计、同时施工、同时投产使用，其污染物排放不得超过国家和地方规定的排放标准和总量控制要求。

五、划分对象

依据贵州省农业委员会畜牧兽医局《关于加强畜禽养殖场备案和粪污资源化利用机构信息管理的通知》：生猪存栏300头或年出栏500头以上、奶牛存栏100头以上、肉牛存栏100头或年出栏50头以上、肉羊存栏100只或年出栏100只以上、蛋鸡存栏2000只以上、肉鸡存栏5000只或年出栏10000只以上，其他畜禽按粪便排放当量折算后参照上述标准执行。

六、划分区域

（一）畜禽养殖禁养区范围

1. 红花岗区三镇九街道建成区及其机关事业单位办公区、商业区、居住区、工业区以及科研、教学、文体、卫生区等功能区。各镇不在城镇建成区的机关、学校、科研（种养殖试验场除外）、医院、疗养院以及其他文化体育场馆等人口集中的环境敏感点周边200米以内区域。

2. 红花岗区城镇规划区，产业园规划区（中华土司园、黔北佛教文化一条街）、各镇（街）人民政府所在地规划区及新农村集中住宅规划区。

3. 饮用水源地保护区

（1）喇叭河

①一级保护区：北郊水库拦河坝至海龙水库正常蓄水位上游沿喇叭河上溯4000米的河道，河道两侧纵深各1000米的陆域；北郊水库、海龙水库水域及沿库1000米陆域；流入北郊水库、海龙水库库区的各支流，其入库河口上溯2000米河道及河道两侧纵深各1000米的陆域。

②二级保护区：自一级保护区上游界起上溯至喇叭河源头的各支流水域，河岸两侧纵深各500米的陆域。

（2）洛江河

①一级保护区：南郊水库取水口至南郊水库正常蓄水水位水库上游沿洛江河上溯4000米的河道，河道两侧纵深各1000米的陆域；南郊水库水域及沿库1000米的陆域；流入南郊水库的各支流，其入库河口上溯2000米河道及河道两侧纵深各1000米的陆域。

②二级保护区：自一级保护区上游界起上溯至洛江源头及各支流水域，河道两侧纵深各500米的陆域；红岩水库水域及沿岸500米的陆域。

山泉深井型生活饮用水水源为山泉深井周边500米以内的陆域范围；

河道型生活饮用水水源地取水点上游500米，河岸两侧400米以内的陆域范围。

4. 重要地表水体功能区范围内畜禽养殖禁养区范围：

红花岗区境内湘江河、洛江河两岸500米内陆域；

执行Ⅰ类、Ⅱ类水质标准河流、湖泊、水库的水域及其400米内的陆域。

5. 凤凰山国家森林公园、大板水国家森林公园、城市公园及其他有保护价值的文物周边500米范围陆域。

6. 主要交通干线两侧范围

遵绥高速红花岗区境内段两侧外延200米范围内；巷三公路红花岗区境内段、301县道、303县道两侧外延200米范围内。

7. 山洪、泥石流、滑坡、雷击区等自然灾害多发地带，自然环境污染严重的地区。

8. 其他法律、法规、行政规章规定禁止规模化畜禽养殖的区域。

禁养区划分总计两片221.63033平方千米。

（二）畜禽养殖限养区范围

1. 涉及各镇（街）建成区、人口集中的环境敏感区域（含政府、学校、科研及其他文化体育场馆等场所）、城镇规划区、工业园规划区、政府所在地规划区、新农村集中住宅规划区的畜禽养殖限养区范围：

所划定的禁养区外侧再向外延伸500米范围内的陆域，若是人口集中的居民区以及公共建筑群附近的限养区则是将禁养区向外延伸3000米的陆域范围，且新建的规模化养殖场（小区）不得位于居民小区以及公共建筑群常年主导风向的上风向处。

不在城镇建成区和规划区的学校、机关、医院、疗养院、科研及其他文化体育场馆等人口集中的环境敏感点周边大于200米小于等于700米以内的范围，且新建的规模化养殖场（小区）不得位于上述敏感点常年主导风向的上风向处。

2. 涉及饮用水水源地的畜禽养殖限养区范围：

饮用水水源保护区的一级、二级保护区禁养区再向外延伸1000米以内的陆域范围；

湖库山塘型生活饮用水水源周边500米以外、汇水面上游3000米以内的陆域范围；

山泉深井型生活饮用水水源周边500米以外、汇水上游1000米以内的陆域范围。

河道型生活饮用水水源地取水点上游500米以外、上游3000米以内，河岸两侧400米以外、500米以内的陆域范围。

3. 重要地表水体功能区范围内畜禽养殖限养区范围：

红花岗区境内干流两岸500米以外3000米以内的陆域；

执行Ⅰ类、Ⅱ类水质标准河流、湖泊、水库的水域及其400米以外900米以内的陆域。

4. 凤凰山国家森林公园、大板水国家森林公园、城市公园及其他有保护价值的文物禁养区外延500米范围。

5. S02遵绥高速红花岗区境内段、巷三公路红花岗区境内段、301县道、303县道两侧大于200米小于等于1000米以内范围。

6. 行政村、自然村人口聚集区及规划农村住宅区周边大于200米小于等于700米范围内的区域。

7. 根据城镇发展规划和区域污染物排放总量控制要求，应当限制养殖的区域。

限养区划分总计17片35.48697平方千米。

（三）畜禽养殖非禁养区范围

区辖行政区域内除禁养区和限养区以外的其他区域为非禁养区。

在非禁养区新建、改建、扩建规模化畜禽养殖场、养殖小区，应当符合畜牧业发展规划，符合畜禽养殖污染防治规划，符合法律和政策要求，不得影响居住环境和生态环境，满足卫生防护距离要求和动物防疫条件，并进行环境影响评价。在畜禽养殖场、养殖小区的环境影响评价以及项目建设运行过程中，应当包括畜禽养殖废弃物综合利用方案和措施，实行污染物集中治理和废弃物综合利用。

七、工作要求

（一）在禁养区，严禁新建、扩建各类畜禽养殖场。禁养区内现有的畜禽养殖场污染物的排放要符合《畜禽养殖业污染物排放标准》的要求，并限期实行关停、转产或搬迁。

（二）在限养区内，原则不再批复新建各类畜禽养殖场的申请，不得改建、扩建各类畜禽养殖场，本方案公布实施日前建成的原有畜禽养殖场应按照环境保护的有关规定，控制畜禽养殖规模，并严格落实污染防治措施，实现污染物达标排放。

（三）在非禁养区，要大力提倡适度规模化养殖，优化养殖小区布局，实行污染物集中治理，总量控制，达标排放。

（四）新、扩、改建畜禽养殖场时必须严格执行环境影响环评制度和“三同时”制度。

（五）各镇人民政府、街道办事处应严格按照畜禽养殖禁养区、限养区划分优化方案，结合本辖区发展规划，把好畜禽规模养殖户发展关口，实现畜禽养殖业适度发展，严禁“先污染，后治理”现象出现。

（六）区发改、环保、农牧、国土、住建等部门在规划、立项、审批畜禽养殖项目时，应根据本方案要求严格审批程序，切实推进全区畜禽养殖业可持续健康发展。

八、保障措施

（一）广泛宣传，公众监督。各镇人民政府、街道办事处及有关部门要充分利用广播、电视、报刊、网络等新闻媒体向全社会广泛开展多层次、多形式的宣传。特别是要大力加强面向农村的宣传，及时报道对环境造成严重影响的畜禽养殖污染事件和治污典型，形成强大的舆论监督声势。

（二）加强领导，落实责任。畜禽养殖禁养区限养区划分方案是保护和改善我区农业农村生态环境，保证畜牧业持续健康发展的依据，区人民政府将根据划分要求，把任务指标作为目标责任制，落实到各镇（办）和部门进行考核，做到任务具体，责任到位。各镇（办）和有关部门要按照本方案，尽快制订关停、搬迁和整治方案，做到统一规划，逐个落实措施，使畜禽养殖业尽快步入良性循环。

（三）完善法规，严格执法。区环保部门应加大环保执法力度，对严重污染环境的养殖场依法严厉查处。及时要求各类畜禽养殖场依法进行排污申报登记，经审核批准后发放“排污许可证”。并要求各类畜禽养殖场按照“排污许可证”核定的排放总量排放污染物，同时应按国家有关规定收取排污费。

（四）树立典型，稳步推广。区环保、农牧等部门应加强对畜禽养殖业的指导和管理，采取切实措施，大力推广雨污分流、干湿分离、沼气化处理、有机复合肥加工、养殖—沼气—种植等畜禽养殖污染防治实用技术和生态养殖模式，进一步加大畜禽粪尿综合利用力度，促进畜牧业的健康持续发展。

本方案从施行之日起，2014年12月26日区人民政府办公室印发《红花岗区畜禽养殖禁（限）养区划分方案》（区府办发〔2014〕276号）文件即行废止。

遵义市红花岗区人民政府
关于印发红花岗区棚户区改造区域内区属直管公房租赁户安置方案的通知

区府发〔2018〕9号

各镇人民政府、街道办事处，区各有关工作部门：

《红花岗区棚户区改造区域内区属直管公房租赁户安置方案》已经区人民政府研究同意，现印发给你们，请认真贯彻落实。

2018年3月26日

红花岗区棚户区改造区域内区属直管公房租赁户安置方案

为切实推进我区棚户区改造建设，根据《行政单位国有资产管理暂行办法》《事业单位国有资产管理暂行办法》《国有资产评估管理办法》有关规定，结合我区棚户区改造工作实际，特制定本方案。

一、安置范围

棚户区改造范围内已正式发布征收公告的直管公房住房租赁户。

二、安置对象

1. 对公房权属有争议的住房租赁户；

2. 公私混合产住房租赁户；

3. 纯公产住房租赁户。

三、处置方式

（一）对公房权属有争议的住房租赁户。总原则为“证据保全、临时周转；依法处置、妥善安置”。

1. 证据保全、临时周转。由区司法局牵头，辖区办事处、房管所配合，公证处对租赁户书面提出权属有异议的公房进行证据保全。由区政府提供临时周转房（简易装修达到入住条件），周转期为自本方案正式下发时间起，时限一年。周转期内租金按原租赁房面积及标准收取。在此期间如租赁户未向法院提起诉讼的，视为无争议的纯公产，区政府有权无条件收回周转房，用新建公房予以安置（新建公房套内面积在50平方米以内）。如租赁户在周转期向法院提起诉讼的，法院判决生效后，按法院判决执行，法院判决为纯公产的，周转期相应顺延，由区住房和城乡建设局安排在二化厂、舟水桥、长征片区等地新建公房（新建公房套内面积在50平方米以内）给租赁户继续租住。周转房和新建公房具体办理流程如下：（1）周转房办理流程：证据保全后，租赁户到区棚改指挥部选定临时周转房，区棚改指挥部出具《临时周转房确认通知书》，7日内租赁户持《临时周转房确认通知书》和租赁户相关证件到房管所签订《临时周转协议》并公证，协议签订后7日内租赁户腾空原租住公房、交钥匙。（2）新建公房选房程序：新建公房达到交房条件后，由区住房和城乡建设局按照“原租住公房先搬离、先选房”的原则进行选房。

2. 依法处置、妥善安置。针对租赁户提出的公房权属争议问题，租赁户须提供书面申请及相关证据材料依法诉讼解决争议。为确保租赁户合理诉求依法、公平、公正解决，租赁户可申请法律帮助。在周转期和诉讼期间，原租住公房棚改征收的所有补偿款和奖励资金由区棚改指挥部负责保管（可按标准发放搬迁费），待法院判决后按法院判决执行。

（二）公私混合产的租赁户。结合《关于遵义市凤新快线（红花岗区段）建设工程项目区域内公有住房、房改房、公私混合住房的处置办法》、《遵义市红花岗区人民政府关于棚户区改造涉及公房处置问题的会议纪要》（区府专〔2017〕160号）、《红花岗区城市棚户区和农村老旧房改造指挥部指挥长办公会会议纪要》（会议纪要〔2017〕指纪36号）将公私混合产征收政策归纳如下四点：

1. 混合产中的公产部分：只享受公产面积20%上浮奖励，不享受补足60平方米奖励及其他所有奖励。

2. 混合产中的私产部分：享受私产面积20%上浮奖励及其他所有奖励，不享受补足60平方米奖励（不足60平方米的公私混合产且愿意放弃公产部分租赁权的除外，再由不动产登记部门出具唯一住房证明）。

3. 原房面积超过60平方米（含60平方米）的公私混合产：按“双评估，互补差”的原则，超出原公房货币作价部分由租赁户出资购买，按公私混合产安置。原租赁户提出购大面积的，租赁户必须缴纳购房差价，形成公私混合产。

4. 原房面积不足60平方米的公私混合产：一是继续形成公私混合产，原租赁户同意产权调换，但不补差价的，由公房产权人统计后按批次向区政府申请财政补助，并不享受补足60平方米奖励；二是若住户愿意放弃公产部分租赁权的，私产按征收方案中“不足60平方米且只有唯一住房的补足60平方米”的规定执行（放弃租赁权后不得再租赁直管公房）。

（三）纯公产租赁户。参照《关于遵义市凤新快线（红花岗区段）建设工程项目区域内公有住房、房改房、公私混合住房的处置办法》归纳如下两点：

1. 租赁户选择解除租赁关系的：由区住房和城乡建设局按500元/平方米对租赁户进行补偿解除租赁关系，除公房面积上浮20%奖励以外的其他货币奖励由租赁户享受（租赁户享受奖励需结清租金并由房管所出具证明，放弃租赁权后不得再租赁直管公房）；

2. 租赁户要求继续租赁的：经查实，夫妻双方名下无其他房产的，可以继续租赁新的直管公房（目前，暂按现行租金收取，新的租金标准由区房改办根据最新政策制定，并报政府批准后实施），除公房面积上浮20%奖励以外的其他货币奖励由租赁户享受。公房产权人应在房源库中选择小面积房源，如无小面积房源，超出公产面积部分，由公房产权人统计后按批次向区政府报批，由区财政局和区城投公司进行最终结算。

四、处置时间

自棚改项目征收方案公布后在规定时间内签约并交钥匙搬迁的，按本方案实施；超出棚改征收方案规定的签约时限，不享受本方案相关政策。

遵义市红花岗区人民政府办公室
关于印发《遵义市红花岗区中等职业学校教师岗位管理暂行办法》的通知

区府办发〔2018〕160号

各镇人民政府、街道办事处，区政府各工作部门：

《遵义市红花岗区中等职业学校教师岗位管理暂行办法》已经区人民政府同意，现印发给你们，请认真抓好落实。

2018年8月17日

遵义市红花岗区中等职业学校教师岗位管理暂行办法

第一章　总　则

第一条　为改革和创新遵义市红花岗区中等职业学校（以下简称中职校）人员编制和教师岗位管理，根据相关法律、法规和政策规定，按照《区人民政府办公室关于印发〈遵义市职教园区办学方案〉的通知》（区府办发〔2014〕139号）精神，结合我区中等职业教育教学特色和工作实际，制定本办法。

第二条　教师岗位，是指中职校按照科学性、规范性、适用性原则设置的教育教学岗位。

教师岗位的管理，坚持党管人才的原则，坚持公开、平等、竞争、择优的原则，依照相关规定权限、条件、标准和程序进行，切实控制运行成本，注重提高学校教育教学效能和服务水平。

第三条　教师岗位管理由区机构编制委员会办公室（以下简称区编委办）、区人力资源和社会保障局（以下简称区人社局）、区财政局、区教育局按照各自职责负责。

第二章　教师岗位设置

第四条　中职校依据本地区职业教育发展规划、生源数量，结合校企办学特点，合理确定教育教学任务，按班师比1：3.4科学设定教师岗位，教师岗位分专任教师岗位和兼职教师岗位。

教师岗位应当具有明确的岗位名称、职责任务、工作标准和上岗条件。

区编委办核定的中职校事业编制总量不能满足教师岗位设置时，可按教育教学实际需要在核定的事业编制总量外设置教师岗位。

第五条　中职校依照宗旨业务范围、事业编制和区人社局确定的岗位设置范围等，制定中职校教师岗位设置方案。

中职校设置的教师岗位方案应报区编委办、区人社局、区财政局、区教育局备案核准。

第六条　教师岗位设定实行动态调整、有增有减管理模式，每年秋季开学前，中职校向区编委办、区人社局、区财政局、区教育局报送教师岗位设置备案材料。

备案材料包含机构编制管理证、编制内人员在专任教师岗位情况、学生数量情况、班额设置情况、文化课和专业课设置情况、管理人员任课情况等。

第三章 教师岗位管理

第七条 中职校现有事业编制内人员（学校管理岗位除外）用于专任教师岗位，实行竞争上岗，应制定竞争上岗方案，并报区教育局审核批准后组织实施，被淘汰人员转入学校教学辅助或者后勤内保岗位。

教师竞争上岗工作应在区教育局和区人社局的指导下进行。

学校在编人员按照现行机构编制及事业单位人事管理法律、法规、规章和政策进行管理，杜绝“吃空响”。

第八条 按照“从严控制、规范管理”的原则，中职校根据教师岗位的空缺情况和教育教学工作的实际需求，每年秋季开学前，可由区教育局向区编委办申报编外公开招用教师计划，区编委办会商区人社局、区财政局并经区人民政府分管领导同意后，报请区编委审定，并下达编外公开招用教师计划，其人员经费列入区财政预算管理。

第九条 中职校编外公开招用教师工作要严格程序、公开透明，应制定招用方案，并报区教育局审核批准后向社会公布。

因专业特殊难以形成公开竞争的教师岗位，可以采用其他测评和考核办法招用，杜绝乱招乱聘。

公开招用教师工作应在区教育局和区人社局的监督指导下组织实施。

第十条 编外招用的教师由中职校按照《中华人民共和国劳动合同法》和《中华人民共和国社会保险法》进行管理，不纳入机构编制实名制管理。

招用到专任教师岗位的，应具备法定教师资格，其专业技术职务晋升按有关职称政策规定办理，其工资福利待遇参照中职校在编相同职称相同教龄教师的标准执行，社会保险按照企业职工的标准执行。

招用到兼职教师岗位的，每月按课时计发工资，计发标准参照本地区相关规定与兼职教师协商。

人员经费核拨按区财政预算管理相关规定办理。

第十一条 中职校应加强招用教师师德师风管理，强化队伍建设，建立招用教师管理制度，在劳动合同期内实行年度责任目标考核，考核结果作为招用教师续签（解除）劳动合同的依据。

中职校应建立招用教师个人档案。

第十二条 中职校编外招用教师花名册和人员工资名册应报区编委办、区人社局、区财政局、区教育局备案，签订的《劳动合同书》应报区人社局、区教育局备案。

解除劳动合同时，应书面报送相关部门备案。

区编委办、区人社局、区财政局、区教育局应建立中职校编外招用教师台账。

第十三条 为保持中职校教师岗位总体平衡，编制内新增教师后，编外招用专任教师岗位人员相应减少。

第四章 追究责任

第十四条 违反本办法的规定，有下列情形之一的，对中职校责令限期整改、作出书面检查；造成严重后果和社会影响的，对负有直接责任的主管人员和其他直接责任人员依法给予纪律处分：

（一）在设置教师岗位时，报送备案材料中弄虚作假的（虚报学生数量和班额设置情况等）；

（二）对在编教师没有实行竞争上岗的；

（三）没有经相关部门核准，乱招乱聘的；

（四）不与编外招用教师签订劳动合同的

（五）管理松散，造成“吃空饷”的；

（六）违反本办法的其他行为。

第十五条 区编委办、区人社局、区财政局、区教育局在其职责范围管理工作中弄虚作假、玩忽职守、徇私舞弊的，对负责的领导人员和直接责任人员，根据情节轻重，给予批评教育、组织处理或者纪律处分。

第五章 附 则

第十六条 本办法由区编委办负责解释。

第十七条 本办法自公布之日起施行，有效期为5年。

红花岗区关于支持城市商业综合体建设的意见

区府发〔2018〕39号

各镇人民政府、街道办事处，区级国家机关各工作部门、工作机构：

《遵义市红花岗区关于支持城市商业综合体建设的意见（试行）》经遵义市红花岗区人民政府五届31次常务会审议通过，现予印发，请遵照执行。

2018年11月10日

遵义市红花岗区关于支持城市商业综合体建设的意见（试行）

为加快推进本区域城市商业综合体建设发展水平，进一步壮大财源、巩固税基、优化产业结构，根据遵义市委五届三次全会《关于加快第三产业发展的意见》，遵义市委五届五次全会《中共遵义市委关于建设黔川渝接合部中心城市的决定》，红花岗区委四届二次全会《关于加快第三产业发展的实施意见》和《关于制定红花岗区第三产业发展规划的建议》，红花岗区委四届四次全会《中共遵义市红花岗区委、南部新区党工委关于贯彻落实市委五届五次全会战略部署加快推进城市建设发展的决定》精神，按照"一核引领、两轮驱动、六带发力"发展战略，统筹功能聚集区建设，全力建设"三区三高地"，奋力在建设黔川渝接合部中心城市中当好排头兵，结合我区区情实际，现就加快城市商业综合体建设提出以下意见：

一、指导思想

以城市棚户区改造为抓手，以优化空间布局、明晰功能定位、加快建设城市商业综合体发展为举措，以建成全省领先、西部前列的现代服务业示范区为目标，形成特色鲜明、城市现代商业集群、功能集成、现代商业发展新格局，构建特色化、便利化的现代服务商贸体系，打造集金融、商务、地产、购物、娱乐、文化和居住功能于一体的城市现代商圈。

二、基本原则

（一）高起点规划，高标准建设。建设城市商业综合体，既是广大群众生活的需求，更是优化流通产业资源配置，促进现代化商业发展的要求。因此，要认真借鉴国内同类型商业区建设的经验，充分考虑安全、后续管理和长远发展，综合各种需求，对城市商业综合体要高起点设计、高标准建设，真正做到功能完善、质量第一，做成精品工程。

（二）政府引导，市场运作。城市商业综合体建设坚持以政策扶持为引导、市场化发展为手段，充分调动全社会参与城市商业综合体建设的积极性，吸引各种投资主体参与城市商业综合体建设，共同推动城市商业综合体建设工作。

（三）创新形式，突出特色。要充分借鉴国内外成功经验，突出特色化、专营化、规模化。要不断创新商业运作模式，不断完善城市商业综合体功能，落实各项支持政策，营造良好的发展环境，积极吸引境内外资本，激发发展活力，以特色带人气、带旅游、带繁荣，以创新促发展、促提升、促持续。

三、城市商业综合体建设空间布局

力争到2023年在红花岗区区域内建成城市商业综合体项目10个，其中大型城市商业综合体规划布局在忠庄街道与经济技术开发区接合部的产城融合区和中华路街道、延安路街道接合部的传统商贸区；中型城市商业综合体规划布局在万里路街道、迎红桥街道接合部的综合居住区。中小型城市商业特色街区规划布局在北京路街道、舟水桥街道、老城街道、长征街道、南关街道、深溪镇等城市生活区。

四、引进企业基本条件

鼓励国内外上市公司、集团公司、商业地产开发公司等企业参与开发建设我区城市商业综合体。

五、扶持政策

为促进本区域内城市商业综合体快速、持久发展，对自持商业部分达到3万平方米及以上并达到政府要求的运营标准的开发建设企业给予以下扶持：

（一）在建设开发企业依法竞得土地并签订成交确认书后，我区给予开发建设企业财政基金贡献奖，奖励企业自持商业物业所占土地款部分的30%，计算公式为：土地成交楼面价×自持商业面积×30%。

（二）在项目施工进度达到正负零或者企业全额缴纳土地款之后，对企业自持物业给予每平方米建筑面积500元人民币的开发建设补贴。

（三）为促进本区域内第三产业快速、持久发展，对于自持面积达到3万平方米并按期满铺开业的给予开发建设企业600万元人民币的满铺开业奖，每增加自持面积1万平方米再另行给予400万元人民币奖励。最高奖励不超过3000万元人民币。

（四）其他未涉及事项。对于红花岗区经济发展引领性强、带动力大的商业综合体项目采取“一事一议”的方式予以扶持。

六、其他

（一）本支持政策中城市商业综合体是指以建筑群为基础，融合商业零售、商务办公、酒店餐饮、公寓住宅、科技孵化器、综合娱乐等功能于一体的综合体，是土地集约的城市经济聚集体。

（二）为了保证城市商业综合体自持部分按期建成并满铺开业，建设开发企业需向我区提交不低于5000万元的自持商业综合体满铺开业履约保证金或等额银行保函并与我区签订监管协议。

（三）为保证商业综合体运营的持久性，开发企业必须承诺对商业自持部分不对外销售及变相销售。若有销售及变相销售自持商业部分行为的，没有按约定达到政府要求的运营标准的，我区将收回全部扶持资金，由此造成的经济损失由开发企业方自行承担。

（四）符合本政策的企业可同时享受国家、省、市其他奖励政策。如与区级原有产业政策重复的，按照就高不就低原则享受扶持，扶持政策均不重复享受。

（五）本政策中所涉及资金，从红花岗区第三产业发展专项资金中列支。

（六）本政策与国家现行法律、法规、规章政策有相抵触的，按国家现行法律、法规、规章政策执行。

（七）本意见自2018年11月10日起试行，由红花岗区第三产业发展办公室负责解释。

2018年领导干部名录

姓名后面带有"＊"的，是在2018年内因提职、调职、免职、换届、机构调整和离退休及其他原因而去职的；没有注号的，为年内仍在职（不含挂职）。同时，部分单位和内设机构未列入。

中国共产党遵义市红花岗区委员会

书　记　管礼伦
副书记　游劲松
　　　　邹小莉（女）
常　委　管礼伦
　　　　游劲松
　　　　邹小莉（女）
　　　　许　平
　　　　陈　灿
　　　　赵正军
　　　　李　堂
　　　　王　斌＊
　　　　高　见（女）＊
　　　　王　翱
　　　　张　械（女）
　　　　张治国

红花岗区人民代表大会常务委员会

主　任　周远霞（女）
副主任　关云丽（女）
　　　　徐浩然
　　　　杨　艳（女）
　　　　王远勋
　　　　龚明钊
　　　　黎　明

常委会办公室

主　任　张能飞

教科文卫民工作委员会

主　任　饶大圣

内务司法工作委员会

主　任　袁顾君

财政经济工作委员会

主　任　孙　昕（女）＊
　　　　唐　莉（女）

城建环保资源工作委员会

主　任　张　翼

选举任免联络工作委员会

主　任　卢　丹（女）

红花岗区人民政府

区　长　游劲松
副区长　陈　灿
　　　　袁建平
　　　　卢　霜
　　　　王成英（女）
　　　　张云桥
　　　　李茂双＊

政协遵义市红花岗区委员会

主　席　余江平
副主席　刘贵南（女）
　　　　李明先（女）
　　　　丁有弘
　　　　朱永平（女）
　　　　徐廷洪
秘书长　陈正勋＊
　　　　祝忠勇

宣教文卫体与学习文史委员会

主　任　李　勇

提案与委员（界别）委员会

主　任　涂　静（女）

经济与人资环委员会
主 任 张劲松
社会法制与联谊委员会
主 任 周乐强
智力支边办公室
主 任 黄 芸（女）
党派联系办公室
主 任 唐宝莲（女）

中国共产党红花岗区纪律检查委员会

书 记 许 平
副书记 罗莉超
王 泾
常 委 王建华
杨 艳（女）
钱玮烨（女）
夏 松

遵义市红花岗区监察委员会

主 任 许 平
副主任 罗莉超
王 泾
委 员 王建华
钱玮烨（女）
夏 松
宋朝春

政法委

书 记 李 堂
副书记 张羽政
张大文
社会治安综合治理办公室
主 任 （缺）
维护社会稳定办公室
主 任 张大文
国家安全领导小组办公室
主 任 张羽政
政工科
科 长 刘志兵

人民检察院（反渎局、反贪局2017年12月划到区监察委）

党组书记 任炳强
检察长 任炳强
副检察长 龚光军
袁 可（女）
政工科科长 张洪笑

人民法院

党组书记 顾占雷
院 长 顾占雷
副院长 黄 琦
刘俊森
刘奇俊
罗 韬
执行局局长 代清华
政工科科长 王志强

区委办公室

主 任 王 翱
督查局
局 长 杨 芳（女）
政策研究室
主 任 秦子健

组织部

部 长 王 斌*
张 棫（女）
副部长 朱 军
童爱军（女）*
马丰民（兼）
高 杰（兼）*
冉 捷（兼）

宣传部

部 长 高 见（女）*
何 波
副部长 朱昌果*
何 钧
梅本丽（女）

精神文明建设指导委员会办公室

主　任　朱昌果*

新闻图片社

社　长　（缺）

统战部

部　长　赵正军

副部长　王　琪（兼工商联党组书记）

黄　辉

王鸿远

李嘉骅

李　兵

台湾工作办公室（2018年6月后不再单设）

主　任　黄　辉*

直属机关工作委员会

书　记　李　林

机要局

局　长　冯永黔

保密局

局　长　洪　红（女）

编委办公室

主　任　邓玉龙

离退休干部工作局

局　长　韩新生*

童爱军

老年大学

校　长　罗　涛

党校（行政学校）

党委书记　章小多

校　　长　张　械（女）

行政学校

校　　长　陈　灿

党史研究办公室

主　任　董志毅

信访局

局　长　陈华茂*

安　然

总工会

党组书记　袁遵立

主　　席　徐浩然

共青团

书　记　张舒雁（女）

妇女联合会

党组书记　谌　红（女）*

宋元娣（女）

主　　席　谌　红（女）*

宋元娣（女）

文学艺术界联合会

党组书记　杨　莹（女）

主　　席　杨　莹（女）

科学技术协会

党组书记　钟　明

主　　席　笪沛文

残疾人联合会

党组书记　陈建军*

高　杰

理事长　陈建军*

高　杰

红十字会

专职副会长　蒲　萍（女）

计生协会

专职副会长　冉　捷*

许祥礼

政府办公室

主　任　李　涛

法制办公室
主　任　张晓燕（女）
国防教育办公室
主　任　肖　琳
应急管理办公室
主　任　李　涛（兼）
外事侨务办公室
主　任　童爱军（女）*
三产办公室（2018年设立）
主　任　李　涛（兼）

司法局
党组书记　冯　义（女）
局　　长　冯　义（女）

公安分局
政　委　谢明江*
局　长　李　堂
副局长　蒋桂平
　　　　周遵学

消防大队
教导员　郑仕江
大队长　邓政碧

民政局
党委书记　冯　超
局　　长　冯　超

发展和改革局
党组书记　陈正勋
局　　长　陈正勋

档案局（地方志办公室）
党组书记　董志毅
局　　长　董志毅

机关服务中心
主　任　廖翠兰（女）

人力资源和社会保障局
党委书记　马丰民
局　　长　马丰民

统计局
党组书记　唐　莉（女）*
　　　　　何洪波
局　　长　唐　莉（女）*
　　　　　何洪波
乡镇统计管理办公室
主　任　余德均

审计局
党组书记　王思铭
局　　长　王思铭

住房和城乡建设局
党委书记　李　宏
局　　长　李　宏

规划分局
局　长　周承业

交通运输局
党委书记　李　宏*
　　　　　陈　健*
局　　长　李　宏*
　　　　　陈　健*
　　　　　陈栋云

综合行政执法局
党委书记　王晓艳（女）
局　　长　王晓艳（女）

财政局
党组书记　庹必彩（女）*
　　　　　罗立新
局　　长　庹必彩（女）*
　　　　　孙　昕（女）

供销合作社联合社

党委书记　陈　健＊
　　　　　王鸿远
主　　任　陈　健＊
　　　　　王鸿远
监事会主任　郑　戎（女）

投资促进局

局　长　陈　勇

市场服务中心

主　任　卢　勇

商务局

党委书记　张建新
局　　长　张建新

教育局

党委书记　冯泽强
局　　长　冯泽强

安全生产监督管理局

党组书记　张　旭
局　　长　张　旭

政务服务中心

主　任　卢　雪（女）

科学技术局

党组书记　谢　玲（女）
局　　长　谢　玲（女）

水务局

党组书记　刁翠梅（女）
局　　长　刁翠梅（女）

林业局（园林绿化局）

党委书记　袁旭东
局　　长　袁旭东

国土资源分局

党组书记　朱铁星（女）
局　　长　朱铁星（女）

农牧局

党组书记　冉龙强
局　　长　冉龙强

烟草专卖局

党组书记　何　弢
局　　长　何　弢

税务局

党委书记　王洪流＊
局　　长　王洪流＊

环保分局

局　长　张光宇

工业经济局

党委书记　於　飞
局　　长　於　飞

市场监督管理局

党委书记　田春生
局　　长　田春生

卫生和计划生育局

党委书记　吴守灿＊
　　　　　肖大强
局　　长　李良梅（女）＊

文体广电新闻出版局

党委书记　徐　刚
局　　长　徐　刚

旅游局

党组书记　王良宇＊
　　　　　陈胜奇
局　　长　王良宇＊
　　　　　陈胜奇

老城街道办事处
书　记　赵良志
主　任　李东亮 *
　　　　陈华茂

中华路街道办事处
书　记　陈凤春（女）*
　　　　刘定杰
主　任　刘定杰 *
　　　　黄　辉

延安路街道办事处
书　记　唐元礼
主　任　邓　婕（女）*

万里路街道办事处
书　记　张　惠（女）
主　任　罗　观

中山路街道办事处
书　记　赵　宇
主　任　晋羽嘉（女）

北京路街道办事处
书　记　谢红秋（女）
主　任　杨　伟

迎红街道办事处
书　记　王良宇 *
主　任　（缺）

舟水桥街道办事处
书　记　廖荣清
主　任　张冬梅（女）

长征街道办事处
党委书记　夏体君
主　　任　牟　迅 *

南关街道办事处
党委书记　张　洪
主　　任　张　洪

忠庄街道办事处
党委书记　杨　浩
主　　任　孙亚楼

海龙镇
党委书记　李度寒
镇　　长　熊明义（女）

巷口镇
党委书记　廖宗勇
镇　　长　徐文航

深溪镇
党委书记　肖大强 *
　　　　　陈　健
镇　　长　吴　波

金鼎山镇
党委书记　赵芝文
镇　　长　黄　军

（陈　琴）

红花岗区、汇川区快递企业一览表

表41

序号	企业名称	品牌	地址	发证日期
1	遵义韵达快递有限公司	韵达	红花岗区怡和花园小区2栋12~13号门面	2015年10月4日
2	遵义申通快递有限公司	申通	红花岗蔺家坡34栋3~4号门面	2015年10月4日
3	遵义市中豪快递有限公司	全一快递	红花岗区桃溪寺七组团馨桃园A~3栋1~2号	2015年11月15日
4	遵义茂源物流有限责任公司	中通	红花岗区外环路口瑞金大厦	2016年10月19日
5	遵义国通物流服务有限公司	国通	红花岗区长征镇沙坝村186号6号门面	2015年7月21日
6	遵义市汇汇通物品代购服务有限公司	汇通	汇川区添阳小区A1栋3号门面	2014年8月20日
7	遵义苏宁易购商贸有限公司	苏宁	红花岗区北京路36号佳宇公司内	2014年3月18日
8	贵州源信幸福快递有限公司	其他（自主）	汇川区大连路枫桥韵泊小区15~18栋212号	2015年7月2日
9	贵州富强全丰快递有限责任公司	全峰	汇川区香港路湖滨一路8号楼2层77号	2015年10月8日
10	贵州物易快通物流有限公司	汇通	汇川区广州西路构皮滩四栋1号门面	2015年11月6日
11	遵义文堉通汇快递有限公司	汇通	汇川区上海路荷花苑F栋1层10号	2015年10月8日
12	遵义圆顺通电子商务有限公司	汇通	新蒲新区新蒲镇新蒲术白沙组17号	2016年5月6日
13	遵义日益通物流有限责任公司	北京日益通速递	汇川区沿红村官厅组与加油站相邻门面1~4号门面	2016年4月19日
14	遵义市美驿通物流有限公司	东骏	汇川区汇川大道延长线亿易通大楼一层3号	2018年11月6日

说明：至2018年11月23日，全市许可企业89家，其中红花岗区、汇川区14家

红花岗区、汇川区邮政普遍服务营业场所名录

表42

序号	区域	营业场所名称	地址	开办业务	联系电话	邮政编码
1	红花岗区分局	遵义市团泽邮政代办所	红花岗区团泽镇街上	信件、印刷品、包裹、报刊订阅、义务兵信函、盲人读物、烈士遗物包裹、特快专递、集邮	0851-28396288	563099
2	红花岗区分局	遵义市金鼎邮政代办所	红花岗区金鼎山镇街上	信件、印刷品、包裹、报刊订阅、义务兵信函、盲人读物、烈士遗物包裹、特快专递、集邮	0851-28956788	563099
3	红花岗区分局	遵义市新蒲邮政支局	红花岗区新蒲镇街上	信件、印刷品、包裹、邮政汇兑、报刊订阅、义务兵信函、盲人读物、烈士遗物包裹、邮政储蓄、特快专递、集邮	0851-28656198	563099
4	红花岗区分局	遵义市深溪邮政代办所	红花岗区深溪镇街上	信件、印刷品、包裹、报刊订阅、义务兵信函、盲人读物、烈士遗物包裹、特快专递、集邮	0851-28455911	563099
5	红花岗区分局	遵义市东欣大道支局	红花岗区东欣大道	信件、印刷品、包裹、报刊订阅、义务兵信函、盲人读物、烈士遗物包裹、特快专递、集邮	0851-27636323	563099
6	红花岗区分局	遵义市新店子邮政代办所	红花岗区南舟路33号	信件、印刷品、包裹、报刊订阅、义务兵信函、盲人读物、烈士遗物包裹、特快专递、集邮	—	563099
7	红花岗区分局	遵义市南宫山邮政代办所	红花岗区南舟路166号	信件、印刷品、包裹、报刊订阅、义务兵信函、盲人读物、烈士遗物包裹、特快专递、集邮	0851-28461938	563099
8	红花岗区分局	遵义市舟水桥邮政代办所	红花岗区南舟路69号	信件、印刷品、包裹、报刊订阅、义务兵信函、盲人读物、烈士遗物包裹、特快专递、集邮	—	563099

续表42

序号	区域	营业场所名称	地址	开办业务	联系电话	邮政编码
9	红花岗区分局	遵义市106邮政代办所	红花岗区106地质队门口	信件、印刷品、包裹、报刊订阅、义务兵信函、盲人读物、烈士遗物包裹、特快专递、集邮	0851-28459318	563099
10	红花岗区分局	遵义市海龙邮政代办所	红花岗区海龙镇街上	信件、印刷品、包裹、报刊订阅、邮政汇兑、义务兵信函、盲人读物、烈士遗物包裹、特快专递、集邮	0851-28911922	563099
11	红花岗区分局	遵义市长征路邮政代办所	红花岗区蔺家波34栋5号门面	信件、印刷品、包裹、报刊订阅、义务兵信函、盲人读物、烈士遗物包裹、特快专递、集邮	0851-28478304	563099
12	红花岗区分局	遵义市凉水井邮政代办所	红花岗区东联线89号	信件、印刷品、包裹、报刊订阅、义务兵信函、盲人读物、烈士遗物包裹、特快专递、集邮	—	563099
13	红花岗区分局	遵义市内沙路邮政代办所	红花岗区内沙路23号	信件、印刷品、包裹、报刊订阅、义务兵信函、盲人读物、烈士遗物包裹、特快专递、集邮	0851-28703143	563099
14	红花岗区分局	遵义市海丰井邮政代办所	红花岗区海尔大道永泰物业13号门面	信件、印刷品、包裹、报刊订阅、义务兵信函、盲人读物、烈士遗物包裹、特快专递、集邮	0851-28421542	563099
15	红花岗区分局	遵义市官井路邮政代办所	红花岗区官井路27号	信件、印刷品、包裹、报刊订阅、义务兵信函、盲人读物、烈士遗物包裹、特快专递、集邮	0851-28210348	563099
16	红花岗区分局	遵义市内环路邮政代办所	红花岗区内环路7号	信件、印刷品、包裹、报刊订阅、义务兵信函、盲人读物、烈士遗物包裹、特快专递、集邮	0851-28820140	563099
17	红花岗区分局	遵义市海尔大道邮政支局	红花岗区海尔大道东方星城1号门面	信件、印刷品、包裹、邮政汇兑、报刊订阅、义务兵信函、盲人读物、烈士遗物包裹、邮政储蓄、特快专递、集邮	0851-28428506	563099
18	红花岗区分局	遵义市南门关邮政支局	红花岗区南门关	信件、印刷品、包裹、邮政汇兑、报刊订阅、义务兵信函、盲人读物、烈士遗物包裹、邮政储蓄、特快专递、集邮	0851-28436055	563099
19	红花岗区分局	遵义市中华北路邮政所	红花岗区中华北路12号	信件、印刷品、包裹、报刊订阅、义务兵信函、盲人读物、烈士遗物包裹、特快专递、集邮	0851-28834867	563099
20	红花岗区分局	遵义市会议会址邮政所	红花岗区子尹路110号	信件、印刷品、包裹、报刊订阅、义务兵信函、盲人读物、烈士遗物包裹、特快专递、集邮	0851-28228126	563099
21	红花岗区分局	遵义市忠庄邮政代办所	红花岗区海尔大道忠庄客运站对面	信件、印刷品、包裹、报刊订阅、义务兵信函、盲人读物、烈士遗物包裹、特快专递、集邮	0851-28428928	563099
22	红花岗区分局	遵义市万里邮政所	红花岗区万里路23号	信件、印刷品、包裹、报刊订阅、义务兵信函、盲人读物、烈士遗物包裹、特快专递、集邮	0851-28238025	563099
23	红花岗区分局	遵义市中华南路邮政所	红花岗区中华南路69号	信件、印刷品、包裹、报刊订阅、义务兵信函、盲人读物、烈士遗物包裹、特快专递、集邮	0851-28223060	563099
24	红花岗区分局	遵义市八七厂邮政代办所	红花岗区桃溪路47号	信件、印刷品、包裹、报刊订阅、义务兵信函、盲人读物、烈士遗物包裹、特快专递、集邮	0851-28403780	563099
25	红花岗区分局	遵义市大兴路邮政所	红花岗区大兴路24号	信件、印刷品、包裹、报刊订阅、义务兵信函、盲人读物、烈士遗物包裹、特快专递、集邮	0851-28257560	563099
26	红花岗区分局	遵义市沙坝邮政代办所	红花岗区外环沙坝	信件、印刷品、包裹、报刊订阅、义务兵信函、盲人读物、烈士遗物包裹、特快专递、集邮	0851-27623405	563099
27	红花岗区分局	遵义市瑞安邮政代办所	红花岗区碧云路瑞安小区	信件、印刷品、包裹、报刊订阅、义务兵信函、盲人读物、烈士遗物包裹、特快专递、集邮	—	563099
28	红花岗区分局	遵义市子尹路邮政代办所	红花岗区子尹路	信件、印刷品、包裹、报刊订阅、义务兵信函、盲人读物、烈士遗物包裹、特快专递、集邮	—	563099
29	红花岗区分局	遵义市电厂邮政代办所	红花岗区电厂2号大门旁	信件、印刷品、包裹、报刊订阅、义务兵信函、盲人读物、烈士遗物包裹、特快专递、集邮	0851-28451628	563099
30	红花岗区	巷口邮政代办所	红花岗区巷口镇街上	信函、印刷品、包裹、代收费	—	563099
31	汇川区分局	遵义市板桥邮政支局	汇川区板桥镇街上	信件、印刷品、包裹、邮政汇兑、报刊订阅、义务兵信函、盲人读物、烈士遗物包裹、邮政储蓄、特快专递、集邮	0851-28320258	563099

续表42

序号	区域	营业场所名称	地址	开办业务	联系电话	邮政编码
32	汇川区分局	遵义市双江邮政支局	汇川区高坪镇双江村	信件、印刷品、包裹、邮政汇兑、报刊订阅、义务兵信函、盲人读物、烈士遗物包裹、邮政储蓄、特快专递、集邮	0851-28203555	563099
33	汇川区分局	遵义市高坪邮政支局	汇川区高坪镇老街	信件、印刷品、包裹、邮政汇兑、报刊订阅、义务兵信函、盲人读物、烈士遗物包裹、邮政储蓄、特快专递、集邮	0851-28391002	563099
34	汇川区分局	遵义市医学院邮政代办所	汇川区大连路医学院大门口	信件、印刷品、包裹、报刊订阅、义务兵信函、盲人读物、烈士遗物包裹、特快专递、集邮	0851-28635106	563099
35	汇川区分局	遵义市北京路邮政代办所	汇川区北京路与中华路交叉口	信件、印刷品、包裹、报刊订阅、义务兵信函、盲人读物、烈士遗物包裹、特快专递、集邮	0851-28837271	563099
36	汇川区分局	遵义市南京路邮政所	汇川区南京路与珠海交叉口	信件、印刷品、包裹、报刊订阅、义务兵信函、盲人读物、烈士遗物包裹、特快专递、集邮	0851-28624136	563099
37	汇川区分局	遵义市杭州路邮政支局	汇川区杭州路	信件、印刷品、包裹、邮政汇兑、报刊订阅、义务兵信函、盲人读物、烈士遗物包裹、邮政储蓄、特快专递、集邮	0851-28973644	563099
38	汇川区分局	遵义市大连路邮政代办所	汇川区大连路与昆明路交叉口	信件、印刷品、包裹、报刊订阅、义务兵信函、盲人读物、烈士遗物包裹、特快专递、集邮	—	563099
39	汇川区分局	遵义市老街邮政代办所	汇川区董公寺镇老街（210国道）	信件、印刷品、包裹、报刊订阅、义务兵信函、盲人读物、烈士遗物包裹、特快专递、集邮	0851-28641888	563099
40	汇川区分局	遵义市零六一邮政代办所	汇川区北京路航天机关大院内	信件、印刷品、包裹、报刊订阅、义务兵信函、盲人读物、烈士遗物包裹、特快专递、集邮	0851-28822797	563099
41	汇川区分局	遵义市火车站邮政所	汇川区火车站旁	信件、印刷品、包裹、报刊订阅、义务兵信函、盲人读物、烈士遗物包裹、特快专递、集邮	0851-28674080	563099
42	汇川区分局	遵义市汽车城邮政代办所	汇川区大连路航天小区内	信件、印刷品、包裹、报刊订阅、义务兵信函、盲人读物、烈士遗物包裹、特快专递、集邮	0851-28974948	563099
43	汇川区分局	遵义市茅草铺邮政代办所	汇川区香港路中段加油站旁	信件、印刷品、包裹、报刊订阅、义务兵信函、盲人读物、烈士遗物包裹、特快专递、集邮	0851-28635149	563099
44	汇川区分局	遵义市澳门路邮政支局	汇川区澳门路	信件、印刷品、包裹、邮政汇兑、报刊订阅、义务兵信函、盲人读物、烈士遗物包裹、邮政储蓄、特快专递、集邮	0851-28631710	563099
45	汇川区分局	遵义市广州路邮政代办所	汇川区广州路社保局对面	信件、印刷品、包裹、报刊订阅、义务兵信函、盲人读物、烈士遗物包裹、特快专递、集邮	0851-28646908	563099
46	汇川区分局	遵义市上海路邮政所	汇川区上海路中段	信件、印刷品、包裹、报刊订阅、义务兵信函、盲人读物、烈士遗物包裹、特快专递、集邮	0851-28621773	563099
47	汇川区分局	遵义市高桥邮政支局	汇川区洗马路	信件、印刷品、包裹、邮政汇兑、报刊订阅、义务兵信函、盲人读物、烈士遗物包裹、邮政储蓄、特快专递、集邮	0851-28927596	563099
48	汇川区分局	遵义市雨水路邮政所	汇川区上海路师院对面	信件、印刷品、包裹、报刊订阅、义务兵信函、盲人读物、烈士遗物包裹、特快专递、集邮	0851-28920863	563099
49	汇川区分局	遵义市高九路邮政代办所	汇川区天津路天仪厂门口	信件、印刷品、包裹、报刊订阅、义务兵信函、盲人读物、烈士遗物包裹、特快专递、集邮	0851-23111745	563099
50	汇川区分局	遵义市宁波路邮政代办所	汇川区深圳路	信件、印刷品、包裹、报刊订阅、义务兵信函、盲人读物、烈士遗物包裹、特快专递、集邮	0851-27732652	563099
51	汇川区分局	遵义市康海邮政代办所	汇川区洗马路办事处（康海花园）	信件、印刷品、包裹、报刊订阅、义务兵信函、盲人读物、烈士遗物包裹、特快专递、集邮	—	563099
52	汇川区分局	遵义市长沙路邮政代办所	汇川区长沙路	信件、印刷品、包裹、报刊订阅、义务兵信函、盲人读物、烈士遗物包裹、特快专递、集邮	0851-28622754	563099
53	汇川区分局	遵义市贵阳路邮政代办所	汇川区贵阳路	信件、印刷品、包裹、报刊订阅、义务兵信函、盲人读物、烈士遗物包裹、特快专递、集邮	0851-28628106	563099

续表42

序号	区域	营业场所名称	地址	开办业务	联系电话	邮政编码
54	汇川区分局	遵义市体育馆邮政代办所	汇川区南京路体育馆对面	信件、印刷品、包裹、报刊订阅、义务兵信函、盲人读物、烈士遗物包裹、特快专递、集邮	0851-28621174	563099
55	汇川区分局	遵义市河北井邮政代办所	汇川区外环路沃尔玛超市旁	信件、印刷品、包裹、报刊订阅、义务兵信函、盲人读物、烈士遗物包裹、特快专递、集邮	0851-28827012	563099
56	汇川区分局	遵义市深圳路邮政支局	汇川区佛山路	信件、印刷品、包裹、邮政汇兑、报刊订阅、义务兵信函、盲人读物、烈士遗物包裹、邮政储蓄、特快专递、集邮	0851-28681259	563099
57	汇川区分局	遵义市珍珠路邮政代办所	汇川区珍珠路中段	信件、印刷品、包裹、报刊订阅、义务兵信函、盲人读物、烈士遗物包裹、特快专递、集邮	—	563099
58	汇川区分局	遵义市海狮路邮政代办所	汇川区汇川大道	信件、印刷品、包裹、报刊订阅、义务兵信函、盲人读物、烈士遗物包裹、特快专递、集邮	0851-28620517	563099
59	汇川区分局	遵义市泗渡邮政支局	汇川区泗渡镇泗兴路	信件、印刷品、包裹、邮政汇兑、报刊订阅、义务兵信函、盲人读物、烈士遗物包裹、邮政储蓄、特快专递、集邮	0851-28327540	563099
60	汇川区分局	遵义市董公寺邮政支局	汇川区董公寺镇街上	信件、印刷品、包裹、邮政汇兑、报刊订阅、义务兵信函、盲人读物、烈士遗物包裹、邮政储蓄、特快专递、集邮	0851-28671507	563099
61	汇川区分局	遵义市松庄邮政代办所	汇川区香港路珠海路	信件、印刷品、包裹、报刊订阅、义务兵信函、盲人读物、烈士遗物包裹、特快专递、集邮	0851-28635599	563099
62	汇川区分局	遵义市成都路邮政代办所	汇川区成都路	信件、印刷品、包裹、报刊订阅、义务兵信函、盲人读物、烈士遗物包裹、特快专递、集邮	0851-28626370	563099
63	汇川区分局	遵义市坪丰邮政代办所	红花岗区银杉路	信件、印刷品、包裹、报刊订阅、义务兵信函、盲人读物、烈士遗物包裹、特快专递、集邮	0851-27553522	563099

2018年红花岗区公共服务事项一览表

续表43

序号	实施机关	分序号	项目名称	依 据	承诺时限（工作日）
1	区教育局	1	生源地助学贷款	《国家助学贷款操作规程》（2016版）	1个工作日
2	区民政局	2	社会福利机构设置审批	1.《社会福利机构管理暂行办法》（民政部令〔第19号〕）第七条 2.《社会福利机构管理暂行办法》（民政部令〔第19号〕）第十条 3.《社会福利机构管理暂行办法》（民政部令〔第19号〕）第十三条	30个工作日
		3	补领离婚登记	1.《婚姻登记条例》（国务院令387号）第十七条 2.《婚姻登记档案管理办法》（民政部、国家档案局令32号）第四条 3.《婚姻登记条例》（国务院令387号）第十条 4.《婚姻法》第八条 5.《婚姻法》第十一条 6.《婚姻法》第三十一条 7.《婚姻登记条例》（国务院令387号）第二条 8.《婚姻登记条例》（国务院令387号）第四条 9.《民政部关于印发〈婚姻登记工作规范〉的通知》第五十五条	1个工作日
		4	补领结婚登记	1.《婚姻法》第八条 2.《婚姻法》第十一条 3.《婚姻法》第三十一条 4.《婚姻登记条例》（国务院令387号）第二条 5.《婚姻登记条例》（国务院令387号）第四条 6.《婚姻登记条例》（国务院令387号）第十条 7.《婚姻登记条例》（国务院令387号）第十七条 8.《婚姻登记档案管理办法》（民政部、国家档案局令32号）第四条 9.《婚姻登记工作规范》第二十八条	1个工作日
3	区消防大队	5	消防设计备案	1.《中华人民共和国消防法》第十一条 2.《建设工程消防监督管理规定》第十三条	10个工作日
4	区道路运输管理所	6	道路运输从业资格证诚信考核	1.《道路运输管理工作规范》第十一章第三节第一项、第二项、第三项 2.《道路运输管理工作规范》第十一章第三节第四项	1个工作日

续表43

序号	实施机关	分序号	项目名称	依据	承诺时限（工作日）
5	区旅游局	7	旅行社服务网点备案登记	《旅行社条例实施细则》第二十一条	15个工作日
		8	旅行社分社备案登记	《旅行社条例实施细则》第十八条、第十九条、第二十条	15个工作日
6	区市场监督管理局	9	第二类医疗器械产品备案	《医疗器械监督管理条例》第三十条	5个工作日
		10	特种设备使用登记（10台以内）	1.《中华人民共和国特种设备安全法》第三十三条 2.《市质监局关于下放行政许可事项的通知》附件2第一项	2个工作日
		11	特种设备使用登记（10–50台）	1.《中华人民共和国特种设备安全法》第三十三条 2.《市质监局关于下放行政许可事项的通知》附件2第一项	7个工作日
		12	特种设备使用登记（50台以上）	1.《中华人民共和国特种设备安全法》第三十三条 2.《市质监局关于下放行政许可事项的通知》附件2第一项	14个工作日
		13	特种设备安装（维修、改造）告知（10台以内）	1.《中华人民共和国特种设备安全法》第二十三条 2.《特种设备安全监察条例》第十七条	5个工作日
		14	特种设备安装（维修、改造）告知（10–50台）	1.《中华人民共和国特种设备安全法》第二十三条 2.《特种设备安全监察条例》第十七条	7个工作日
		15	特种设备安装（维修、改造）告知（50台以上）	1.《中华人民共和国特种设备安全法》第二十三条 2.《特种设备安全监察条例》第十七条	14个工作日
		16	企业名称预先核准	1.《企业名称登记管理规定》第三条 2.《企业名称登记管理实施办法》第三条、第四条 3.《中华人民共和国公司登记管理条例》第十七条	1个工作日
		17	营业执照的换发、副本的增办	1.《中华人民共和国公司登记管理条例》第五十七条 2.《个人独资企业登记管理办法》第三十一条 3.《中华人民共和国合伙企业登记管理办法》第三十三条 4.《中华人民共和国企业法人登记管理条例施行细则》第五十六条	1个工作日
		18	营业执照的补办	1.《中华人民共和国公司登记管理条例》第六十条 2.《个人独资企业登记管理办法》第三十一条 3.《个体工商户登记管理办法》第二十七条 4.《中华人民共和国合伙企业登记管理办法》第三十四条	1个工作日
		19	司法协助	1.《最高人民法院　国家工商总局关于加强信息合作规范执行与协助执行的通知》（法〔2014〕251号） 2.《注册资本登记制度改革方案》	1个工作日
		20	市场主体的迁移登记	《中华人民共和国企业法人登记管理条例施行细则》第四十二条	1个工作日
		21	企业集团章程等有关事项备案	《企业集团登记管理暂行规定》第十七条	1个工作日
		22	个人独资企业分支机构等有关事项备案	1.《中华人民共和国个人独资企业法》第十四条 2.《个人独资企业登记管理办法》第二十七条	1个工作日
		23	合伙企业清算组成员名单等有关事项备案	《中华人民共和国合伙企业登记管理办法》第二十一条	1个工作日
		24	企业法人章程、主管部门变动等有关事项备案	1.《中华人民共和国企业法人登记管理条例》第三十六条 2.《中华人民共和国企业法人登记管理条例施行细则》第四十三条 3.《企业法人法定代表人登记管理规定》第九条	1个工作日
		25	股权出质设立、变更、注销登记	1.《中华人民共和国物权法》第二百二十三条、第二百二十六条 2.《工商行政管理机关股权出质登记办法》第三条	1个工作日
7	区林业园林绿化局	29	国家保护的有益的或者有重要经济、科学研究价值的陆生野生动物驯养繁殖备案登记	《中华人民共和国陆生野生动物保护实施条例》	7个工作日
8	区工业经济局	30	企业技术改造投资项目备案	遵义市工业和能源委员会《遵义市企业技术改造投资项目备案管理实施办法》	3个工作日
9	区教育局	31	学生学籍注册登记审核	《中小学生学籍管理办法》	1个工作日

续表43

序号	实施机关	分序号	项目名称	依 据	承诺时限（工作日）
10	区水务局	32	农村饮水安全项目实施方案办理	《防洪法》第十七条；国务院第六批合并目录2、3项	10个工作日
		33	水库（水电站）汛期调度运用计划防御洪水方案和在建水库工程汛期安全度汛方案审批	《贵州省防洪条例》	10个工作日
11	区环境保护局	34	建设项目竣工环境保护验收备案	《关于印发〈“十三五”环境影响评价改革实施方案〉的通知》	1个工作日
12	区国土资源分局	35	建设用地预审	《中华人民共和国土地管理法实施条例》第二十二条	10个工作日
13	区水务局	36	水利建设安全施工措施备案	《建设工程安全生产管理条例》第十条	10个工作日
		37	水能资源使用权延期审批	《建设工程安全生产管理条例》第十条	10个工作日
		38	取水许可证延续	《中华人民共和国水法》第四十八条	7个工作日
		39	水利水电工程防洪规划、流域综合规划审批	《防洪法》第十七条；国务院第六批合并目录2、3项	10个工作日
		40	兴建水库大坝是否符合国家技术标准审批	《贵州省水库大坝安全管理办法》第七条	10个工作日
		41	水库大坝改建、扩建安全鉴定结论审批	《水库大坝安全管理条例》第十六条	10个工作日
		42	水利旅游项目审批	《水利旅游项目管理办法》（2006年3月30日水利部水综合〔2006〕102号文件公布，自2006年5月1日实行）第二条	10个工作日
14	区住房和城乡建设局	43	建筑工程施工安全监督备案	建设工程安全生产管理条例	5个工作日
15	区民宗局	44	宗教固定处所、寺观教堂设立、变更、合并、分立、终止登记	《宗教事务条例》第十五条	20个工作日
16	区环境保护局	45	建设项目环境影响登记表备案	贵州省环境保护厅关于印发《贵州省建设项目环境影响评价文件分级管理目录（2015年版）的通知》（黔环通〔2015〕269号）	1个工作日
17	区公安分局	46	户口出生入户登记	《中华人民共和国户口登记条例》第七条	1个工作日
		47	申领（换、补）居民身份证	《中华人民共和国居民身份证法》第二章	15个工作日
		48	户口登记项目变更更正审批登记	《中华人民共和国户口管理条例》第十七条	1个工作日
		49	申领贵州省居住证	《贵州省流动人口服务管理条例》第二章	3个工作日
		50	户口迁出注销登记	《中华人民共和国户口管理条例》第十条	1个工作日
		51	户口迁入登记	《中华人民共和国户口管理条例》第十三条	1个工作日
		52	户口死亡注销登记	《中华人民共和国户口管理条例》第八条	1个工作日

2018年红花岗区企业设立后经营许可目录（区级）

续表44

序号	项目名称	实施机关（审批部门）	设定依据	备注
1	经营性养老机构设立许可	区民政局	《中华人民共和国老年人权益保障法》（主席令24号，2015年修正）第四十四条　设立公益性养老机构应当向县级以上人民政府民政部门申请行政许可；经许可的，依法办理相应的登记。设立经营性养老机构应当在工商行政管理部门办理登记后，向县级以上人民政府民政部门申请行政许可。县级以上人民政府民政部门负责养老机构的指导、监督和管理，其他有关部门依照职责分工对养老机构实施监督。	第十二届全国人民代表大会常务委员会第十四次会议修改通过，改为后置审批
2	假肢和矫形器（辅助器具）生产装配企业资格认定	区民政局	《国务院对确需保留的行政审批项目设定行政许可的决定》（国务院令412号）第六十七项　假肢和矫形器（辅助器具）生产装配企业资格认定 省级人民政府民政部门。 《贵州省人民政府关于2013年度取消和调整行政许可项目的决定》（省政府令146号）附件2第三项 市级人民政府民政部门。 《遵义市人民政府公告2015年1号》——（遵义市人民政府决定下放管理层级的行政审批事项目录109项）第十七项	国务院关于"先照后证"改革后加强事中事后监管的意见（国发〔2015〕62号）附件外审批项目
3	中介机构从事会计代理记账业务审批	区财政局	《中华人民共和国会计法》（2017年修正）第三十六条第一款　各单位应当根据会计业务的需要，设置会计机构，或者在有关机构中设置会计人员并指定会计主管人员；不具备设置条件的，应当委托经批准设立从事会计代理记账业务的中介机构代理记账。 《代理记账管理办法》（财政部令27号）第三条　除会计师事务所以外的机构从事代理记账业务应当经县级以上地方人民政府财政部门（以下简称审批机关）批准，领取由财政部统一规定样式的代理记账许可证书。具体审批机关由省、自治区、直辖市、计划单列市人民政府财政部门确定。会计师事务所及其分所可以依法从事代理记账业务	《国务院关于取消和调整一批行政审批项目等事项的决定》（国发〔2014〕50号）改为后置审批
4	人力资源服务机构设立审批（含设立职业中介机构许可和设立人才中介服务机构及其业务范围审批）	区人力资源和社会保障局	《中华人民共和国就业促进法》（主席令24号，2015年修正）第四十条第二款　设立职业中介机构应当在工商行政管理部门办理登记后，向劳动行政部门申请行政许可。 《国务院对确需保留的行政审批项目设定行政许可的决定》（国务院令412号）附件第八十八项明确职业介绍机构资格认定的实施机关为地方人民政府劳动保障行政主管部门。 《就业服务与就业管理规定》（劳动保障部令28号，2015年修改）第四十七条第一款：职业中介实行行政许可制度。设立职业中介机构或其他机构开展职业中介活动，须经劳动保障行政部门批准，并获得职业中介许可证。 《国务院对确需保留的行政审批项目设定行政许可的决定》（国务院令412号）附件第八十六项设立人才中介服务机构及其业务范围审批由县级以上人民政府人事行政主管部门负责。 《人才市场管理规定》（人事部、工商总局令1号，2015年修改）第八条第一款　设立人才中介服务机构应当依据管理权限由县级以上政府人事行政部门（以下简称审批机关）审批	第十二届全国人民代表大会常务委员会第十四次会议修改通过，将设立职业中介机构许可改为后置审批、《国务院关于取消和调整一批行政审批项目等事项的决定》（国发〔2014〕50号）将设立人才中介服务机构及其业务范围审批改为后置审批

续表44

序号	项目名称	实施机关（审批部门）	设定依据	备注
5	劳务派遣行政许可	区人力资源和社会保障局	《中华人民共和国劳动合同法》（2012年修正）第五十七条 【劳务派遣单位的设立】经营劳务派遣业务应当具备下列条件：（一）注册资本不得少于人民币200万元；（二）有与开展业务相适应的固定的经营场所和设施；（三）有符合法律、行政法规规定的劳务派遣管理制度；（四）法律、行政法规规定的其他条件。经营劳务派遣业务，应当向劳动行政部门依法申请行政许可；经许可的，依法办理相应的公司登记。未经许可，任何单位和个人不得经营劳务派遣业务。 《劳务派遣行政许可实施办法》（人社部19号令）第八条 申请经营劳务派遣业务的，申请人应当向许可机关提交下列材料：（一）劳务派遣经营许可申请书；（二）营业执照或者《企业名称预先核准通知书》；（三）公司章程以及验资机构出具的验资报告或者财务审计报告；（四）经营场所的使用证明以及与开展业务相适应的办公设施设备、信息管理系统等清单；（五）法定代表人的身份证明；（六）劳务派遣管理制度，包括劳动合同、劳动报酬、社会保险、工作时间、休息休假、劳动纪律等与劳动者切身利益相关的规章制度文本；拟与用工单位签订的劳务派遣协议样本。 第十三条 申请人的申请符合法定条件的，许可机关应当依法作出准予行政许可的书面决定，并自作出决定之日起5个工作日内通知申请人领取《劳务派遣经营许可证》。申请人的申请不符合法定条件的，许可机关应当依法作出不予行政许可的书面决定，说明不予行政许可的理由，并告知申请人享有依法申请行政复议或者提起行政诉讼的权利	国务院关于“先照后证”改革后加强事中事后监管的意见（国发〔2015〕62号）附件外审批项目
6	人力资源服务机构设立审批	区人力资源和社会保障局	《人才市场管理规定》（2015年修订）第八条 设立人才中介服务机构应当依据管理权限由县级以上政府人事行政部门（以下简称审批机关）审批。 《国务院对确需保留的行政审批项目设定行政许可的决定》（国务院令412号）第八十八项 职业介绍机构资格认定的实施机关为地方人民政府劳动保障行政主管部门	国务院关于“先照后证”改革后加强事中事后监管的意见（国发〔2015〕62号）附件外审批项目
7	从事城市生活垃圾经营性清扫、收集、运输、处理服务审批	区综合行政执法局（区城管局）	《国务院对确需保留的行政审批项目设定行政许可的决定》（国务院令412号）附件第一百零二项 从事城市生活垃圾经营性清扫、收集、运输、处理服务审批由所在城市的市人民政府市容环境卫生行政主管部门负责。 《城市生活垃圾管理办法》（建设部令157号）第十七条 从事城市生活垃圾经营性清扫、收集、运输的企业，应当取得城市生活垃圾经营性清扫、收集、运输服务许可证。未取得城市生活垃圾经营性清扫、收集、运输服务许可证的企业，不得从事城市生活垃圾经营性清扫、收集、运输活动。 第二十五条 从事城市生活垃圾经营性处置的企业，应当向所在地直辖市、市、县人民政府建设（环境卫生）主管部门取得城市生活垃圾经营性处置服务许可证。未取得城市生活垃圾经营性处置服务许可证，不得从事城市生活垃圾经营性处置活动	《国务院关于取消和调整一批行政审批项目等事项的决定》（国发〔2014〕50号）明确为后置审批

续表44

序号	项目名称	实施机关（审批部门）	设定依据	备注
8	道路运输站（场）经营业务许可证核发	区交通运输局	《中华人民共和国道路运输条例》（国务院令第666号）第三十六条　申请从事道路运输站（场）经营的，应当具备下列条件：（一）有经验收合格的运输站（场）；（二）有相应的专业人员和管理人员；（三）有相应的设备、设施；（四）有健全的业务操作规程和安全管理制度。　第三十九条　申请从事道路运输站（场）经营、机动车维修经营和机动车驾驶员培训业务的，应当在依法向工商行政管理机关办理有关登记手续后，向所在地县级道路运输管理机构提出申请，并分别附送符合本条例第三十六条、第三十七条、第三十八条规定条件的相关材料。县级道路运输管理机构应当自受理申请之日起15日内审查完毕，作出许可或者不予许可的决定，并书面通知申请人	《国务院关于取消和调整一批行政审批项目等事项的决定》（国发〔2014〕50号）改为后置审批
9	机动车驾驶员培训业务许可证核发	区交通运输局	《中华人民共和国道路运输条例》（国务院令第666号）第三十八条　申请从事机动车驾驶员培训的，应当具备下列条件：（一）取得企业法人资格；（二）有健全的培训机构和管理制度；（三）有与培训业务相适应的教学人员、管理人员；（四）有必要的教学车辆和其他教学设施、设备、场地。　第三十九条　申请从事道路运输站（场）经营、机动车维修经营和机动车驾驶员培训业务的，应当在依法向工商行政管理机关办理有关登记手续后，向所在地县级道路运输管理机构提出申请，并分别附送符合本条例第三十六条、第三十七条、第三十八条规定条件的相关材料。县级道路运输管理机构应当自受理申请之日起15日内审查完毕，作出许可或者不予许可的决定，并书面通知申请人	《国务院关于取消和调整一批行政审批项目等事项的决定》（国发〔2014〕50号）改为后置审批
10	道路客运经营许可证核发	区交通运输局	《中华人民共和国道路运输条例》（国务院令第666号）第八条　申请从事客运经营的，应当具备下列条件：（一）有与其经营业务相适应并经检测合格的车辆；（二）有符合本条例第九条规定条件的驾驶人员；（三）有健全的安全生产管理制度。申请从事班线客运经营的，还应当有明确的线路和站点方案。　第十条　申请从事客运经营的，应当依法向工商行政管理机关办理有关登记手续后，按照下列规定提出申请并提交符合本条例第八条规定条件的相关材料：（一）从事县级行政区域内客运经营的，向县级道路运输管理机构提出申请；依照前款规定收到申请的道路运输管理机构，应当自受理申请之日起20日内审查完毕，作出许可或者不予许可的决定。予以许可的，向申请人颁发道路运输经营许可证，并向申请人投入运输的车辆配发车辆营运证；不予许可的，应当书面通知申请人并说明理由	《国务院关于取消和调整一批行政审批项目等事项的决定》（国发〔2015〕11号）改为后置审批
11	对从事危险货物运输经营以外的货运经营的许可	区交通运输局	《中华人民共和国道路运输条例》（国务院令第666号）第二十一条　申请从事货运经营的，应当具备下列条件：（一）有与其经营业务相适应并经检测合格的车辆；（二）有符合本条例第二十二条规定条件的驾驶人员；（三）有健全的安全生产管理制度。　第二十四条　申请从事货运经营的，应当依法向工商行政管理机关办理有关登记手续后，按照下列规定提出申请并分别提交符合本条例第二十一条、第二十三条规定条件的相关材料：从事危险货物运输经营以外的货运经营的，向县级道路运输管理机构提出申请；依照前款规定收到申请的道路运输管理机构，应当自受理申请之日起20日内审查完毕，作出许可或者不予许可的决定。予以许可的，向申请人颁发道路运输经营许可证，并向申请人投入运输的车辆配发车辆营运证；不予许可的，应当书面通知申请人并说明理由	《国务院关于取消和调整一批行政审批项目等事项的决定》（国发〔2015〕11号）改为后置审批

续表44

序号	项目名称	实施机关（审批部门）	设定依据	备注
12	兽药经营许可证核发	区农牧局	《兽药管理条例》（国务院令第666号，2016年修订）第二十二条　经营兽药的企业，应当具备下列条件：（一）与所经营的兽药相适应的兽药技术人员；（二）与所经营的兽药相适应的营业场所、设备、仓库设施；（三）与所经营的兽药相适应的质量管理机构或者人员；（四）兽药经营质量管理规范规定的其他经营条件。符合前款规定条件的，申请人方可向市、县人民政府兽医行政管理部门提出申请，并附具符合前款规定条件的证明材料；经营兽用生物制品的，应当向省、自治区、直辖市人民政府兽医行政管理部门提出申请，并附具符合前款规定条件的证明材料。县级以上地方人民政府兽医行政管理部门，应当自收到申请之日起30个工作日内完成审查。审查合格的，发给兽药经营许可证；不合格的，应当书面通知申请人。 《省人民政府关于第一批取消、下放管理层级、转变管理方式的行政许可事项的决定》附件2第三项	《国务院关于取消和调整一批行政审批项目等事项的决定》（国发〔2014〕27号）改为后置审批
13	动物诊疗许可证（核发）	区农牧局	《中华人民共和国动物防疫法》（2015年修正）第五十一条　设立从事动物诊疗活动的机构，应当向县级以上地方人民政府兽医主管部门申请动物诊疗许可证。受理申请的兽医主管部门应当依照本法和《中华人民共和国行政许可法》的规定进行审查。经审查合格的，发给动物诊疗许可证；不合格的，应当通知申请人并说明理由。 《省人民政府关于第一批取消、下放管理层级、转变管理方式的行政许可事项的决定》附件2第二项	第十二届全国人民代表大会常务委员会第十四次会议修改通过，改为后置审批
14	动物防疫条件合格许可兴办动物饲养场（养殖小区）和隔离场所，动物屠宰加工场所，以及动物和动物产品无害化处理场所审批	区农牧局	《中华人民共和国动物防疫法》（2015年修正）第二十条　兴办动物饲养场（养殖小区）和隔离场所，动物屠宰加工场所，以及动物和动物产品无害化处理场所，应当向县级以上地方人民政府兽医主管部门提出申请，并附具相关材料。受理申请的兽医主管部门应当依照本法和《中华人民共和国行政许可法》的规定进行审查。经审查合格的，发给动物防疫条件合格证；不合格的，应当通知申请人并说明理由。动物防疫条件合格证应当载明申请人的名称、场（厂）址等事项。经营动物、动物产品的集贸市场应当具备国务院兽医主管部门规定的动物防疫条件，并接受动物卫生监督机构的监督检查	第十二届全国人民代表大会常务委员会第十四次会议修改通过，改为后置审批

续表44

序号	项目名称	实施机关（审批部门）	设定依据	备注
15	除国务院畜牧兽医行政主管部门审批外的其他种畜禽生产经营的许可（种畜禽、蜂、蚕种生产经营许可证核发）	区农牧局	《中华人民共和国畜牧法》（2015年修正）第二条　在中华人民共和国境内从事畜禽的遗传资源保护利用、繁育、饲养、经营、运输等活动，适用本法。本法所称畜禽，是指列入依照本法第十一条规定公布的畜禽遗传资源目录的畜禽。蜂、蚕的资源保护利用和生产经营，适用本法有关规定。　第二十二条　从事种畜禽生产经营或者生产商品代仔畜、雏禽的单位、个人，应当取得种畜禽生产经营许可证。申请人持种畜禽生产经营许可证依法办理工商登记，取得营业执照后，方可从事生产经营活动。申请取得种畜禽生产经营许可证，应当具备下列条件：（一）生产经营的种畜禽必须是通过国家畜禽遗传资源委员会审定或者鉴定的品种、配套系，或者是经批准引进的境外品种、配套系；（二）有与生产经营规模相适应的畜牧兽医技术人员；（三）有与生产经营规模相适应的繁育设施设备；（四）具备法律、行政法规和国务院畜牧兽医行政主管部门规定的种畜禽防疫条件；（五）有完善的质量管理和育种记录制度；（六）具备法律、行政法规规定的其他条件。 《贵州省人民政府关于第二批取消、下放管理层级、转变管理方式、合并的行政许可事项的决定》（贵州省人民政府令129号）附件2第十六项	第十二届全国人民代表大会常务委员会第十四次会议修改通过，改为后置审批
16	权限内农作物种子生产经营许可证审核、核发	区农牧局	《中华人民共和国种子法》（主席令第35号，2015年修正）第三十一条　从事种子进出口业务的种子生产经营许可证，由省、自治区、直辖市人民政府农业、林业主管部门审核，国务院农业、林业主管部门核发。从事主要农作物杂交种子及其亲本种子、林木良种种子的生产经营以及实行选育生产经营相结合，符合国务院农业、林业主管部门规定条件的种子企业的种子生产经营许可证，由生产经营者所在地县级人民政府农业、林业主管部门审核，省、自治区、直辖市人民政府农业、林业主管部门核发。前两款规定以外的其他种子的生产经营许可证，由生产经营者所在地县级以上地方人民政府农业、林业主管部门核发。只从事非主要农作物种子和非主要林木种子生产的，不需要办理种子生产经营许可证。 《农作物种子生产经营许可管理办法》第十三条　种子生产经营许可证实行分级审核、核发。（一）从事主要农作物常规种子生产经营及非主要农作物种子经营的，其种子生产经营许可证由企业所在地县级以上地方农业主管部门核发；（二）从事主要农作物杂交种子及其亲本种子生产经营以及实行选育生产经营相结合、有效区域为全国的种子企业，其种子生产经营许可证由企业所在地县级农业主管部门审核，省、自治区、直辖市农业主管部门核发；（三）从事农作物种子进出口业务的，其种子生产经营许可证由企业所在地省、自治区、直辖市农业主管部门审核，农业部核发。	国务院关于“先照后证”改革后加强事中事后监管的意见（国发〔2015〕62号）附件外审批项目

续表44

序号	项目名称	实施机关（审批部门）	设定依据	备注
17	单位和个人从事农业转基因生物生产、加工批准	区农牧局	《农业转基因生物安全管理条例》（国务院令第687号，2017年修订）第二十一条　单位和个人从事农业转基因生物生产、加工的，应当由国务院农业行政主管部门或者省、自治区、直辖市人民政府农业行政主管部门批准。具体办法由国务院农业行政主管部门制定。 《农业转基因生物加工审批办法》第三条　在中华人民共和国境内从事农业转基因生物加工的单位和个人，应当取得加工所在地省级人民政府农业行政主管部门颁发的《农业转基因生物加工许可证》）。 《贵州省人民政府关于2013年度取消和调整行政许可项目的决定》（省政府令146号）附件2——省人民政府决定下放的行政许可项目目录（31项）——第十项 市（州）、省直管县（市）人民政府农业行政部门。 《遵义市人民政府公告2015年1号》——〔遵义市人民政府决定下放管理层级的行政审批事项目录（109）项〕第五十四项	国务院关于“先照后证”改革后加强事中事后监管的意见（国发〔2015〕62号）附件外审批项目
18	生鲜乳收购许可	区农牧局	《乳品质量安全监督管理条例》（国务院令第536号）第二十条　生鲜乳收购站应当由取得工商登记的乳制品生产企业、奶畜养殖场、奶农专业生产合作社开办，并具备下列条件，取得所在地县级人民政府畜牧兽医主管部门颁发的生鲜乳收购许可证：（一）符合生鲜乳收购站建设规划布局；（二）有符合环保和卫生要求的收购场所；（三）有与收奶量相适应的冷却、冷藏、保鲜设施和低温运输设备；（四）有与检测项目相适应的化验、计量、检测仪器设备；（五）有经培训合格并持有有效健康证明的从业人员；（六）有卫生管理和质量安全保障制度。生鲜乳收购许可证有效期2年；生鲜乳收购站不再办理工商登记。禁止其他单位或者个人开办生鲜乳收购站。禁止其他单位或者个人收购生鲜乳。国家对生鲜乳收购站给予扶持和补贴，提高其机械化挤奶和生鲜乳冷藏运输能力。 《生鲜乳生产收购管理办法》第十八条　取得工商登记的乳制品生产企业、奶畜养殖场、奶农专业生产合作社开办生鲜乳收购站，应当符合法定条件，向所在地县级人民政府畜牧兽医主管部门提出申请，并提交以下材料：（一）开办生鲜乳收购站申请；（二）生鲜乳收购站平面图和周围环境示意图；（三）冷却、冷藏、保鲜设施和低温运输设备清单；（四）化验、计量、检测仪器设备清单；（五）开办者的营业执照复印件和法定代表人身份证明复印件；（六）从业人员的培训证明和有效的健康证明；（七）卫生管理和质量安全保障制度。　第十九条　县级人民政府畜牧兽医主管部门应当自受理申请材料之日起20日内，完成申请材料的审核和对生鲜乳收购站的现场核查。符合规定条件的，向申请人颁发生鲜乳收购许可证，并报省级人民政府畜牧兽医主管部门备案。不符合条件的，书面通知当事人，并说明理由	国务院关于“先照后证”改革后加强事中事后监管的意见（国发〔2015〕62号）附件外审批项目

续表44

序号	项目名称	实施机关（审批部门）	设定依据	备注
19	出售、收购国家二级保护野生植物审批	区农牧局	《野生植物保护条例》（2017年修正）第十八条　禁止出售、收购国家一级保护野生植物。出售、收购国家二级保护野生植物的，必须经省、自治区、直辖市人民政府野生植物行政主管部门或者其授权的机构批准。 《农业野生植物保护办法》第十九条　出售、收购国家二级保护野生植物的，应当填写《出售、收购国家重点保护二级野生植物申请表》，省级农业行政主管部门或其授权的野生植物保护管理机构自收到申请之日起20日内完成审查，作出是否批准的决定，并通知申请者。由野生植物保护管理机构负责批准的，野生植物保护管理机构在做出批准或者不批准的决定之前，应当征求本部门业务主管单位的意见。 《贵州省人民政府关于第二批取消、下放管理层级、转变管理方式、合并的行政许可事项的决定》（贵州省人民政府令第129号）——附件2《省人民政府决定下放管理层级的行政许可事项目录（117项）》第十四项 《遵义市人民政府公告2015年1号》——市人民政府决定下放管理层级的行政审批事项目录（109项）第五十八项	国务院关于“先照后证”改革后加强事中事后监管的意见（国发〔2015〕62号）附件外审批项目
20	农药经营许可证核发	区农牧局	《农药管理条例》（国务院令第677号，2017年修订）第二十四条　国家实行农药经营许可制度，但经营卫生用农药的除外。农药经营者应当具备下列条件，并按照国务院农业主管部门的规定向县级以上地方人民政府农业主管部门申请农药经营许可证：（一）有具备农药和病虫害防治专业知识，熟悉农药管理规定，能够指导安全合理使用农药的经营人员；（二）有与其他商品以及饮用水水源、生活区域等有效隔离的营业场所和仓储场所，并配备与所申请经营农药相适应的防护设施；（三）有与所申请经营农药相适应的质量管理、台账记录、安全防护、应急处置、仓储管理等制度。经营限制使用农药的，还应当配备相应的用药指导和病虫害防治专业技术人员，并按照所在地省、自治区、直辖市人民政府农业主管部门的规定实行定点经营。县级以上地方人民政府农业主管部门应当自受理申请之日起20个工作日内作出审批决定。符合条件的，核发农药经营许可证；不符合条件的，书面通知申请人并说明理由	国务院关于“先照后证”改革后加强事中事后监管的意见（国发〔2015〕62号）附件外审批项目

续表44

序号	项目名称	实施机关（审批部门）	设定依据	备注
21	动物以及动物产品检疫合格证明	区农牧局	《中华人民共和国动物防疫法》（2015年修正）第四十二条　屠宰、出售或者运输动物以及出售或者运输动物产品前，货主应当按照国务院兽医主管部门的规定向当地动物卫生监督机构申报检疫。动物卫生监督机构接到检疫申报后，应当及时指派官方兽医对动物、动物产品实施现场检疫；检疫合格的，出具检疫证明、加施检疫标志。实施现场检疫的官方兽医应当在检疫证明、检疫标志上签字或者盖章，并对检疫结论负责。 《贵州省动物防疫条例》（2017）第十七条　动物卫生监督机构负责对动物和动物产品实施检疫，实施检疫的人员应当为官方兽医。动物卫生监督机构的官方兽医在执行动物防疫、监督检查任务时，应当穿着工作服装，佩戴统一标志，出示行政执法证件。第十八条　屠宰、出售、运输动物以及出售、运输动物产品前，货主应当在规定时限内向所在地县级人民政府动物卫生监督机构申报检疫。 《省人民政府关于第一批取消、下放管理层级、转变管理方式的行政许可事项的决定》（贵州省人民政府令126号）附件2第十项	国务院关于“先照后证”改革后加强事中事后监管的意见（国发〔2015〕62号）附件外审批项目
22	单位和个人使用国家规划确定用于养殖业的全民所有的水域、滩涂的养殖许可	区农牧局	《中华人民共和国渔业法》（主席令第8号，2013年修正）第十一条　国家对水域利用进行统一规划，确定可以用于养殖业的水域和滩涂。单位和个人使用国家规划确定用于养殖业的全民所有的水域、滩涂的，使用者应当向县级以上地方人民政府渔业行政主管部门提出申请，由本级人民政府核发养殖证，许可其使用该水域、滩涂从事养殖生产。核发养殖证的具体办法由国务院规定。集体所有的或者全民所有由农业集体经济组织使用的水域、滩涂，可以由个人或者集体承包，从事养殖生产	国务院关于“先照后证”改革后加强事中事后监管的意见（国发〔2015〕63号）附件外审批项目
23	水产苗种生产许可	区农牧局	《中华人民共和国渔业法》（主席令第8号，2013年修正）第十六条　国家鼓励和支持水产优良品种的选育、培育和推广。水产新品种必须经全国水产原种和良种审定委员会审定，由国务院渔业行政主管部门公告后推广。水产苗种的进口、出口由国务院渔业行政主管部门或者省、自治区、直辖市人民政府渔业行政主管部门审批。水产苗种的生产由县级以上地方人民政府渔业行政主管部门审批。但是，渔业生产者自育、自用水产苗种的除外。 《水产苗种管理办法》第十一条第一款　单位和个人从事水产苗种生产，应当经县级以上地方人民政府渔业行政主管部门批准，取得水产苗种生产许可证。但是，渔业生产者自育、自用水产苗种的除外	国务院关于“先照后证”改革后加强事中事后监管的意见（国发〔2015〕62号）附件外审批项目

续表44

序号	项目名称	实施机关（审批部门）	设定依据	备注
24	列入国家水产苗种进口名录和出口名录Ⅲ类的水产苗种的进口、出口审批	区农牧局	《中华人民共和国渔业法》（主席令第8号，2013年修正） 第十六条　国家鼓励和支持水产优良品种的选育、培育和推广。水产新品种必须经全国水产原种和良种审定委员会审定，由国务院渔业行政主管部门公告后推广。水产苗种的进口、出口由国务院渔业行政主管部门或者省、自治区、直辖市人民政府渔业行政主管部门审批。水产苗种的生产由县级以上地方人民政府渔业行政主管部门审批。但是，渔业生产者自育、自用水产苗种的除外。 《水产苗种管理办法》第二十条　单位和个人从事水产苗种进口和出口，应当经农业部或省级人民政府渔业行政主管部门批准。第二十一条　农业部会同国务院有关部门制定水产苗种进口名录和出口名录，并定期公布。水产苗种进口名录和出口名录分为Ⅰ、Ⅱ、Ⅲ类。列入进口名录Ⅰ类的水产苗种不得进口，列入出口名录Ⅰ类的水产苗种不得出口；列入名录Ⅱ类的水产苗种以及未列入名录的水产苗种的进口、出口由农业部审批，列入名录Ⅲ类的水产苗种的进口、出口由省级人民政府渔业行政主管部门审批。 《省人民政府关于2012年度取消和调整行政许可项目的决定》（省政府令138号）—省人民政府决定下放的行政许可项目目录（附件2第四项）—列入国家水产苗种进口名录和出口名录Ⅲ类的水产苗种的进口、出口审批—县级人民政府农业行政部门	国务院关于“先照后证”改革后加强事中事后监管的意见（国发〔2015〕62号）附件外审批项目
25	营业性演出许可	区文体广电新闻出版局	《营业性演出管理条例》（ 国务院令第666号，2016年修订） 第六条　文艺表演团体申请从事营业性演出活动，应当有与其业务相适应的专职演员和器材设备，并向县级人民政府文化主管部门提出申请；演出经纪机构申请从事营业性演出经营活动，应当有3名以上专职演出经纪人员和与其业务相适应的资金，并向省、自治区、直辖市人民政府文化主管部门提出申请。文化主管部门应当自受理申请之日起20日内作出决定。批准的，颁发营业性演出许可证；不批准的，应当书面通知申请人并说明理由。　第七条　设立演出场所经营单位，应当依法到工商行政管理部门办理注册登记，领取营业执照，并依照有关消防、卫生管理等法律、行政法规的规定办理审批手续。演出场所经营单位应当自领取营业执照之日起20日内向所在地县级人民政府文化主管部门备案。第八条　文艺表演团体变更名称、住所、法定代表人或者主要负责人、营业性演出经营项目，应当向原发证机关申请换发营业性演出许可证，并依法到工商行政管理部门办理变更登记。演出场所经营单位变更名称、住所、法定代表人或者主要负责人，应当依法到工商行政管理部门办理变更登记，并向原备案机关重新备案	《国务院关于取消和调整一批行政审批项目等事项的决定》（国发〔2014〕27号）改为后置审批
26	港、澳服务提供者在内地设立内地方控股合资演出团体审批	区文体广电新闻出版局	《内地与香港关于建立更紧密经贸关系的安排》（CEPA）补充协议九附件10“娱乐、文化和体育服务”中具体承诺，允许香港服务提供者在内地设立内地方控股的合资演出团体。 《内地与澳门关于建立更紧密经贸关系的安排》（CEPA）补充协议九附件10“娱乐、文化和体育服务”中具体承诺，允许澳门服务提供者在内地设立内地方控股的合资演出团体	《国务院关于取消和调整一批行政审批项目等事项的决定》（国发〔2014〕50号）改为后置审批

续表44

序号	项目名称	实施机关（审批部门）	设定依据	备注
27	设立内资娱乐场所审批	区文体广电新闻出版局	《娱乐场所管理条例》（国务院令第666号，2016年修订）第九条　娱乐场所申请从事娱乐场所经营活动，应当向所在地县级人民政府文化主管部门提出申请；中外合资经营、中外合作经营的娱乐场所申请从事娱乐场所经营活动，应当向所在地省、自治区、直辖市人民政府文化主管部门提出申请。娱乐场所申请从事娱乐场所经营活动，应当提交投资人员、拟任的法定代表人和其他负责人没有本条例第五条规定情形的书面声明。申请人应当对书面声明内容的真实性负责。受理申请的文化主管部门应当就书面声明向公安部门或者其他有关单位核查，公安部门或者其他有关单位应当予以配合；经核查属实的，文化主管部门应当依据本条例第七条、第八条的规定进行实地检查，作出决定。予以批准的，颁发娱乐经营许可证，并根据国务院文化主管部门的规定核定娱乐场所容纳的消费者数量；不予批准的，应当书面通知申请人并说明理由。有关法律、行政法规规定需要办理消防、卫生、环境保护等审批手续的，从其规定	《国务院关于取消和调整一批行政审批项目等事项的决定》（国发〔2014〕27号）改为后置审批
28	设立互联网上网服务营业场所经营单位审批	区文体广电新闻出版局	《互联网上网服务营业场所管理条例》（国务院令第666号，2016年修订）第四条　县级以上人民政府文化行政部门负责互联网上网服务营业场所经营单位的设立审批，并负责对依法设立的互联网上网服务营业场所经营单位经营活动的监督管理；……。　第七条　国家对互联网上网服务营业场所经营单位的经营活动实行许可制度。未经许可，任何组织和个人不得从事互联网上网服务经营活动。　第十条　互联网上网服务营业场所经营单位申请从事互联网上网服务经营活动，应当向县级以上地方人民政府文化行政部门提出申请，并提交下列文件：（一）企业营业执照和章程；（二）法定代表人或者主要负责人的身份证明材料；（三）资金信用证明；（四）营业场所产权证明或者租赁意向书；（五）依法需要提交的其他文件。第十一条　文化行政部门应当自收到申请之日起20个工作日内作出决定；经审查，符合条件的，发给同意筹建的批准文件。 ……。 申请人持公安机关批准文件向文化行政部门申请最终审核。文化行政部门应当自收到申请之日起15个工作日内依据本条例第八条的规定作出决定；经实地检查并审核合格的，发给“网络文化经营许可证”。对申请人的申请，文化行政部门经审查不符合条件的，或者公安机关经审核不合格的，应当分别向申请人书面说明理由	《国务院关于取消和调整一批行政审批项目等事项的决定》（国发〔2014〕27号）改为后置审批

续表44

序号	项目名称	实施机关（审批部门）	设定依据	备注
29	印刷经营、兼营或者变更从事包装装潢刷品及其他印刷品印刷经营许可	区文体广电新闻出版局	《印刷业管理条例》（ 国务院令第676号，2017年修订）第十条　设立从事出版物印刷经营活动的企业，应当向所在地省、自治区、直辖市人民政府出版行政部门提出申请。申请人经审核批准的，取得印刷经营许可证，并持印刷经营许可证向工商行政管理部门申请登记注册，取得营业执照。企业申请从事包装装潢印刷品和其他印刷品印刷经营活动，应当持营业执照向所在地设区的市级人民政府出版行政部门提出申请，经审核批准的，发给印刷经营许可证。个人不得从事出版物、包装装潢印刷品印刷经营活动；个人从事其他印刷品印刷经营活动的，依照本条第二款的规定办理审批手续。　第十一条　出版行政部门应当自收到依据本条例第十条提出的申请之日起60日内作出批准或者不批准的决定。批准申请的，应当发给印刷经营许可证；不批准申请的，应当通知申请人并说明理由。印刷经营许可证应当注明印刷企业所从事的印刷经营活动的种类。印刷经营许可证不得出售、出租、出借或者以其他形式转让。 《国务院关于第六批取消和调整行政审批项目的决定》（国发〔2012〕52号）附件1《国务院决定取消的行政审批项目目录》第八十四项取消设立专门从事名片印刷的企业审批。 《国务院关于第六批取消和调整行政审批项目的决定》（国发〔2012〕52号）附件2《国务院决定调整的行政审批项目目录》（一）下放管理层级的行政审批项目第69项将设立从事包装装潢印刷品和其他印刷品印刷经营活动的企业审批下放至设区的市级人民政府出版行政部门。 《关于市新闻出版局行政权力下放工作的通知》（遵市文体广发〔2013〕128号）：（一）设立从事包装装潢印刷品和其他印刷品印刷经营活动审批。（二）印刷业经营者兼营包装装潢和其他印刷品印刷经营活动审批。（三）从事包装装潢印刷品和其他印刷品印刷经营活动的企业变更印刷经营活动审批。（四）印刷业经营者兼并其他印刷业经营者审批。（五）印刷业经营者因合并、分立而设立新的印刷业经营者审批	《国务院关于取消和调整一批行政审批项目等事项的决定》（国发〔2014〕50号）改为后置审批
30	从事出版物零售业务许可	区文体广电新闻出版局	《出版管理条例》（国务院令第666号，2016年修订）第三十五条　单位从事出版物批发业务的，须经省、自治区、直辖市人民政府出版行政主管部门审核许可，取得《出版物经营许可证》。单位和个体工商户从事出版物零售业务的，须经县级人民政府出版行政主管部门审核许可，取得《出版物经营许可证》。　第三十七条　从事出版物发行业务的单位和个体工商户变更《出版物经营许可证》登记事项，或者兼并、合并、分立的，应当依照本条例第三十五条的规定办理审批手续。从事出版物发行业务的单位和个体工商户终止经营活动的，应当向原批准的出版行政主管部门备案	《国务院关于取消和调整一批行政审批项目等事项的决定》（国发〔2014〕50号）改为后置审批

续表44

序号	项目名称	实施机关（审批部门）	设定依据	备注
31	电影放映单位设立、变更业务范围或者兼并、合并、分立审批	区文体广电新闻出版局	《电影管理条例》（2001）第三十八条　设立电影放映单位，应当向所在地县或者设区的市人民政府电影行政部门提出申请。所在地县或者设区的市人民政府电影行政部门应当自收到申请书之日起60日内作出批准或者不批准的决定，并通知申请人。批准的，发给《电影放映经营许可证》，申请人持《电影放映经营许可证》到所在地工商行政管理部门登记，依法领取营业执照；不批准的，应当说明理由。 《国务院关于第六批取消和调整行政审批项目的决定》（国发〔2012〕52号）附件2《国务院决定调整的行政审批项目目录》（一）下放管理层级的行政审批项目第六十五项将电影放映单位设立、变更业务范围或者兼并、合并、分立审批下放至县级人民政府广播电影电视行政部门	《国务院关于取消和调整一批行政审批项目等事项的决定》（国发〔2014〕27号）改为后置审批
32	经营高危险性体育项目许可	区文体广电新闻出版局	《全民健身条例》（国务院令第666号，2016年修订）第三十二条　企业、个体工商户经营高危险性体育项目的，应当符合下列条件，并向县级以上地方人民政府体育主管部门提出申请： （一）相关体育设施符合国家标准；（二）具有达到规定数量的取得国家职业资格证书的社会体育指导人员和救助人员；（三）具有相应的安全保障制度和措施。 县级以上地方人民政府体育主管部门应当自收到申请之日起30日内进行实地核查，做出批准或者不予批准的决定。批准的，应当发给许可证；不予批准的，应当书面通知申请人并说明理由。 国务院体育主管部门应当会同有关部门制定、调整高危险性体育项目目录，经国务院批准后予以公布。《第一批高危险性体育项目目录公告》（2013年5月1日国家体育总局、人力资源和社会保障部、国家工商行政管理总局、国家质量监督检验检疫总局、国家安全生产监督管理总局公告16号发布）	《国务院关于取消和调整一批行政审批项目等事项的决定》（国发〔2015〕11号）改为后置审批
33	举办健身气功活动及设立站点审批	区文体广电新闻出版局	《国务院对确需保留的行政审批项目设定行政许可的决定》（国务院令第412号）附件第三百三十六项　明确举办健身气功活动及设立站点审批由县级以上人民政府体育行政主管部门负责。 《健身气功管理办法》（国家体育总局令第9号）第五条　举办健身气功活动或设立健身气功站点，应当获得体育行政部门的批准。体育行政部门收到举办健身气功活动或设立健身气功站点的申请后，应当于二十个工作日内做出批准或不批准的决定，并书面通知申请人。二十个工作日内不能做出决定的，经体育行政部门负责人批准，可以延长十个工作日，并将延长期限的理由告知申请人	《国务院关于取消和调整一批行政审批项目等事项的决定》（国发〔2014〕50号）明确为后置审批

续表44

序号	项目名称	实施机关（审批部门）	设定依据	备注
34	内资娱乐场所经营许可	区文体广电新闻出版局	《娱乐场所管理条例》（国务院令第666号，2016年修订）第九条　娱乐场所申请从事娱乐场所经营活动，应当向所在地县级人民政府文化主管部门提出申请；中外合资经营、中外合作经营的娱乐场所申请从事娱乐场所经营活动，应当向所在地省、自治区、直辖市人民政府文化主管部门提出申请。娱乐场所申请从事娱乐场所经营活动，应当提交投资人员、拟任的法定代表人和其他负责人没有本条例第五条规定情形的书面声明。申请人应当对书面声明内容的真实性负责。受理申请的文化主管部门应当就书面声明向公安部门或者其他有关单位核查，公安部门或者其他有关单位应当予以配合；经核查属实的，文化主管部门应当依据本条例第七条、第八条的规定进行实地检查，作出决定。予以批准的，颁发娱乐经营许可证，并根据国务院文化主管部门的规定核定娱乐场所容纳的消费者数量；不予批准的，应当书面通知申请人并说明理由。有关法律、行政法规规定需要办理消防、卫生、环境保护等审批手续的，从其规定。第十二条　娱乐场所改建、扩建营业场所或者变更场地、主要设施设备、投资人员，或者变更娱乐经营许可证载明的事项的，应当向原发证机关申请重新核发娱乐经营许可证，并向公安部门备案；需要办理变更登记的，应当依法向工商行政管理部门办理变更登记	国务院关于“先照后证”改革后加强事中事后监管的意见（国发〔2015〕62号）附件外审批项目
35	有线电视站、共用天线系统设计（安装）许可	区文体广电新闻出版局	《有线电视管理暂行办法》（国务院令第588号，2011年修订）第七条第二款　工程设计、安装单位承担有线电视站、共用天线系统的设计、安装任务的，必须经县级广播电视行政管理部门批准，由县级广播电视行政管理部门发给“有线电视站、共用天线系统设计（安装）许可证”	国务院关于“先照后证”改革后加强事中事后监管的意见（国发〔2015〕62号）附件外审批项目
36	开办视频点播业务（乙种）批准	区文体广电新闻出版局	《广播电视视频点播业务管理办法》（2015年修订）第十二条　申请《广播电视视频点播业务许可证（乙种）》，应向当地县级以上广播电视行政部门提出申请，并提交符合第十条规定的申报材料。经逐级审核后，报省级广播电视行政部门审批。省级广播电视行政部门对申报材料进行审核，审核合格的，申办机构可以安装视频点播设备。设备安装完毕，省级广播电视行政部门组织验收，根据验收结论做出决定，符合条件的，颁发“广播电视视频点播业务许可证（乙种）”，并在九十日内报广电总局备案；不符合条件的，书面通知申办机构并说明理由。 《贵州省人民政府关于2013年度取消和调整行政许可项目的决定》（贵州省人民政府令146号）下放第二十七项	国务院关于“先照后证”改革后加强事中事后监管的意见（国发〔2015〕62号）附件外审批项目

续表44

序号	项目名称	实施机关（审批部门）	设定依据	备注
37	部分公共场所的卫生许可〔除公园、体育场（馆）、公共交通工具、饭馆、咖啡馆、酒吧、茶座外〕	区卫生和计划生育局	《公共场所卫生管理条例》（国务院令第666号，2016年修订）第四条　国家对公共场所以及新建、改建、扩建的公共场所的选址和设计实行“卫生许可证”制度。“卫生许可证”由县以上卫生行政部门签发。第八条　除公园、体（馆）、公共交通工具外的公共场所，经营单位应当及时向卫生行政部门申请办理“卫生许可证”。“卫生许可证”两年复核一次。 《公共场所卫生管理条例实施细则》（2017年修订）第二十二条　国家对除公园、体育场馆、公共交通工具外的公共场所实行卫生许可证管理。公共场所经营者取得工商行政管理部门颁发的营业执照后，还应当按照规定向县级以上地方人民政府卫生计生行政部门申请卫生许可证，方可营业。公共场所卫生监督的具体范围由省、自治区、直辖市人民政府卫生计生行政部门公布。 《国务院关于整合调整餐饮服务场所的 公共场所卫生许可证和食品经营许可证的决定》（国发〔2016〕12号）一、取消餐饮服务场所公共场所卫生许可证取消地方卫生部门对饭馆、咖啡馆、酒吧、茶座4类公共场所核发的卫生许可证，有关食品安全许可内容整合进食品药品监管部门核发的食品经营许可证，由食品药品监管部门一家许可、统一监管	《国务院关于取消和调整一批行政审批项目等事项的决定》（国发〔2014〕27号）改为后置审批
38	营利性医疗机构设置审批	区卫生和计划生育局	《医疗机构管理条例》（国务院令第666号，2016年修订） 第九条　单位或者个人设置医疗机构，必须经县级以上地方人民政府卫生行政部门审查批准，并取得设置医疗机构批准书。　第十条　申请设置医疗机构，应当提交下列文件：（一）设置申请书；（二）设置可行性研究报告；（三）选址报告和建筑设计平面图。第十一条　单位或者个人设置医疗机构，应当按照以下规定提出设置申请：（一）不设床位或者床位不满100张的医疗机构，向所在地的县级人民政府卫生行政部门申请；（二）床位在100张以上的医疗机构和专科医院按照省级人民政府卫生行政部门的规定申请。　第十二条　县级以上地方人民政府卫生行政部门应当自受理设置申请之日起30日内，作出批准或者不批准的书面答复；批准设置的，发给设置医疗机构批准书。 《卫生部、国家中医药管理局、财政部、国家发展计划委员会关于印发〈关于城镇医疗机构分类管理的实施意见〉的通知》（卫医发〔2000〕233号）第二条　医疗机构分类的核定程序：医疗机构按《医疗机构管理条例》进行设置审批、登记注册和校验时，需要书面向卫生行政部门申明其性质，由接受其登记注册的卫生行政部门会同有关部门根据医疗机构投资来源、经营性质等有关分类界定的规定予以核定，在执业登记中注明“非营利性”或“营利性”。取得《医疗机构执业许可证》的营利性医疗机构，按有关法律法规还需到工商行政管理、税务等有关部门办理相关登记手续。医疗机构改变其性质，须经核发其《医疗机构执业许可证》的卫生行政部门和有关部门批准并办理相关变更手续	《国务院关于取消和调整一批行政审批项目等事项的决定》（国发〔2014〕50号）改为后置审批

续表44

序号	项目名称	实施机关（审批部门）	设定依据	备注
39	饮用水供水单位卫生许可	区卫生和计划生育局	《中华人民共和国传染病防治法》（主席令第17号，2004年修正）第二十九条第二款 饮用水供水单位从事生产或者供应活动，应当依法取得卫生许可证。 《国务院对确需保留的行政审批项目设定行政许可的决定》（国务院令412号）附件第二百零四项 明确供水单位卫生许可的实施机关为县级以上地方人民政府卫生行政主管部门。 《国务院关于第六批取消和调整行政审批项目的决定》（国发〔2012〕52号）附件2《国务院决定调整的行政审批项目目录》（一）下放管理层级的行政审批项目第48项将饮用水供水单位卫生许可下放至设区的市级、县级人民政府卫生行政部门	《国务院关于取消和调整一批行政审批项目等事项的决定》（国发〔2014〕50号）明确为后置审批
40	消毒产品（卫生用品类）生产企业卫生许可	区卫生和计划生育局	《传染病防治法》（主席令第5号，2013年修正）第二十九条第三款 生产用于传染病防治的消毒产品的单位和生产用于传染病防治的消毒产品，应当经省级以上人民政府卫生行政部门审批。具体办法由国务院制定。 《消毒管理办法》（2017年修正）第二十条 消毒剂、消毒器械和卫生用品生产企业取得工商行政管理部门颁发的营业执照后，还应当取得所在地省级卫生计生行政部门发放的卫生许可证，方可从事消毒产品的生产。第二十一条 省级卫生计生行政部门应当自受理消毒产品生产企业的申请之日起二十日内作出是否批准的决定。对符合《消毒产品生产企业卫生规范》要求的，发给卫生许可证；对不符合的，不予批准，并说明理由。 《国务院对确需保留的行政审批项目设定行政许可的决定》（国务院令第412号）第二百项 消毒产品生产企业（一次性使用医疗用品的生产企业除外）卫生许可明确由省级人民政府卫生行政主管部门负责。 《省人民政府关于2012年度取消和调整行政许可项目的决定》（省政府令第138号）下放 第十项 消毒产品（卫生用品类）生产企业卫生许可 县级人民政府卫生行政部门	国务院关于“先照后证”改革后加强事中事后监管的意见（国发〔2015〕62号）附件外审批项目
41	从事碘盐加工的盐业企业卫生许可	区卫生和计划生育局	《贵州省食盐管理条例》（2017年修正）第十六条 小包装食盐的加工，必须符合国家质量和卫生标准，并取得县级人民政府卫生行政部门核发的卫生许可证。小包装食盐的加工业务由各级盐业公司负责，其他任何单位和个人不得从事小包装食盐的加工业务。 《贵州省人民政府关于2013年度取消和调整行政许可项目的决定》（省政府令第146号）下放目录第二十项 从事碘盐加工的盐业企业卫生许可，县级人民政府卫生行政部门。 《食盐加碘消除碘缺乏危害管理条例》（国务院令676号，2017年修订）第七条 从事碘盐加工的盐业企业，应当由省、自治区、直辖市人民政府盐业主管机构指定，并取得同级人民政府卫生行政部门卫生许可后，报国务院盐业主管机构批准	国务院关于“先照后证”改革后加强事中事后监管的意见（国发〔2015〕62号）附件外审批项目

续表44

序号	项目名称	实施机关（审批部门）	设定依据	备注
42	母婴保健技术服务许可	区卫生和计划生育局	《母婴保健法》（主席令第81号，2017年修正）第三十二条　医疗保健机构依照本法规定开展婚前医学检查、遗传病诊断、产前诊断以及施行结扎手术和终止妊娠手术的，必须符合国务院卫生行政部门规定的条件和技术标准，并经县级以上地方人民政府卫生行政部门许可。严禁采用技术手段对胎儿进行性别鉴定，但医学上确有需要的除外。 《母婴保健专项技术服务许可及人员资格管理办法》第二条　凡开展《中华人民共和国母婴保健法》规定的婚前医学检查、遗传病诊断、产前诊断、施行结扎手术和终止妊娠手术技术服务的医疗保健机构，必须符合本办法规定的条件，经卫生行政部门审查批准，取得《母婴保健技术服务执业许可证》。　第三条　施行结扎手术、终止妊娠手术的审批，由县级卫生行政部门负责；婚前医学检查的审批，由设区的市级以上卫生行政部门负责；遗传病诊断、产前诊断以及涉外婚前医学检查的审批，由省级卫生行政部门负责。　第五条　申请婚前医学检查、遗传病诊断、产前诊断以及施行结扎手术和终止妊娠手术许可的医疗保健机构，必须向审批机关，提交《母婴保健技术服务执业许可申请登记书》并交验下列材料：（一）《医疗机构执业许可证》及其副本；（二）有关医师的《母婴保健技术考核合格证书》；（三）审批机关规定的其他材料。申请母婴保健专项技术服务应向审批机构交纳审批费。收费标准由各省、自治区、直辖市卫生行政部门会同当地物价管理部门规定	国务院关于“先照后证”改革后加强事中事后监管的意见（国发〔2015〕62号）附件外审批项目
43	药品经营许可	区市场监督管理局	《中华人民共和国药品管理法》（主席令第27号，2015年修订）第十四条　开办药品批发企业，须经企业所在地省、自治区、直辖市人民政府药品监督管理部门批准并发给《药品经营许可证》；开办药品零售企业，须经企业所在地县级以上地方药品监督管理部门批准并发给《药品经营许可证》。无《药品经营许可证》的，不得经营药品。《药品经营许可证》应当标明有效期和经营范围，到期重新审查发证。药品监督管理部门批准开办药品经营企业，除依据本法第十五条规定的条件外，还应当遵循合理布局和方便群众购药的原则	第十二届全国人民代表大会常务委员会第十四次会议修改通过，改为后置审批
44	食品生产经营许可	区市场监督管理局	《中华人民共和国食品安全法》（主席令第21号，2015年修订）第三十三条　食品生产经营应当符合食品安全标准，并符合下列要求：（一）具有与生产经营的食品品种、数量相适应的食品原料处理和食品加工、包装、贮存等场所，保持该场所环境整洁，并与有毒、有害场所以及其他污染源保持规定的距离；（二）具有与生产经营的食品品种、数量相适应的生产经营设备或者设施，有相应的消毒、更衣、盥洗、采光、照明、通风、防腐、防尘、防蝇、防鼠、防虫、洗涤以及处理废水、存放垃圾和废弃物的设备或者设施；（三）有专职或者兼职的食品安全专业技术人员、食品安全管理人员和保证食品安全的规章制度；（四）具有合理的设备布局和工艺流程，防止待加工食品与直接入口食品、原料与成品交叉污染，避免食品接触有毒物、不洁物。　第三十五条　国家对食品生产经营实行许可制度。从事食品生产、食品销售、餐饮服务，应当依法取得许可。但是，销售食用农产品，不需要取得许可。县级以上地方人民政府食品药品监督管理部门应当依照《中华人民共和国行政许可法》的规定，审核申请人提交的本法第三十三条第一款第一项至第四项规定要求的相关资料，必要时对申请人的生产经营场所进行现场核查；对符合规定条件的，准予许可；对不符合规定条件的，不予许可并书面说明理由	《国务院关于取消和调整一批行政审批项目等事项的决定》（国发〔2014〕50号）改为后置审批

续表44

序号	项目名称	实施机关（审批部门）	设定依据	备注
45	食品生产加工小作坊、小餐饮生产经营登记	区市场监督管理局	《贵州省食品安全条例》（2017）第三十条　食品生产加工小作坊、小餐饮实行登记管理，县级人民政府食品药品监督管理部门负责核发食品生产加工小作坊、小餐饮登记证。设立食品生产加工小作坊、小餐饮，应当向其生产经营场所所在地食品药品监督管理部门提出书面登记申请。县级人民政府食品药品监督管理部门应当对申请材料进行审核，必要时对申请人的生产经营场所进行现场核查。对符合规定条件的，在20日内予以登记；对不符合规定条件的，以书面形式告知并说明理由	国务院关于“先照后证”改革后加强事中事后监管的意见（国发〔2015〕62号）附件外审批项目
46	国家规定范围内的重要工业产品生产许可证核发	区市场监督管理局	《中华人民共和国工业产品生产许可证管理条例》（国务院令第440号）第五条　任何企业未取得生产许可证不得生产列入目录的产品。任何单位和个人不得销售或者在经营活动中使用未取得生产许可证的列入目录的产品。第十一条第一款　企业生产列入目录的产品，应当向企业所在地的省、自治区、直辖市工业产品生产许可证主管部门申请取得生产许可证。 《中华人民共和国工业产品生产许可证管理条例实施办法》（国家质量监督检验检疫总局令第156号）第二条　国家对生产重要工业产品的企业实行生产许可证制度。第十一条　企业生产列入目录产品，应当向企业所在地省级质量技术监督局提出申请。 《省人民政府关于取消和调整一批行政审批项目的决定》（第155号令）附件2第十六项。 《省人民政府关于取消和调整一批行政审批项目的决定》（第164号令）附件2第二项　国家规定范围内的重要工业产品（包含食品相关产品）生产许可证核发。 《遵义市人民政府公告》（2016年1号）附件6第三项	内容为：1.耐火材料；2.电力整流器；3.电热毯；4.助力车；5.汽车制动液；6.建筑钢管脚手架扣件；7.电力调度通讯设备；8.水文仪器；9.岩土工程仪器；10.摩托车乘员头盔；11.橡胶制品；12.餐具洗涤剂；13.工业和商用电热食品加工设备；14.食品用塑料包装、容器、工具等制品；15.食品用纸包装、容器等制品；16.压力锅；17.泵；18.化肥；19.特种劳动防护用品；20.输水管；21.建筑防水卷材。

续表44

序号	项目名称	实施机关（审批部门）	设定依据	备注
47	为社会出具具有证明作用的数据和结果的检验检测机构资质认定	区市场监督管理局	《中华人民共和国计量法》（2017年修正）第二十二条　为社会提供公证数据的产品质量检验机构，必须经省级以上人民政府计量行政部门对其计量检定、测试的能力和可靠性考核合格。 《中华人民共和国计量法实施细则》（2018年修正）　第二十九条　为社会提供公证数据的产品质量检验机构，必须经省级以上人民政府计量行政部门计量认证。 《中华人民共和国认证认可条例》（2016年修正）第十六条　向社会出具具有证明作用的数据和结果的检查机构、实验室，应当具备有关法律、行政法规规定的基本条件和能力，并依法经认定后，方可从事相应活动，认定结果由国务院认证认可监督管理部门公布。 《检验检测机构资质认定管理办法》第八条　国务院有关部门以及相关行业主管部门依法成立的检验检测机构，其资质认定由国家认监委负责组织实施；其他检验检测机构的资质认定，由其所在行政区域的省级资质认定部门负责组织实施。第九条　申请资质认定的检验检测机构应当符合以下条件：（一）依法成立并能够承担相应法律责任的法人或者其他组织；（二）具有与其从事检验检测活动相适应的检验检测技术人员和管理人员；（三）具有固定的工作场所，工作环境满足检验检测要求；（四）具备从事检验检测活动所必需的检验检测设备设施；（五）具有并有效运行保证其检验检测活动独立、公正、科学、诚信的管理体系；（六）符合有关法律法规或者标准、技术规范规定的特殊要求。 《省人民政府关于取消和调整一批行政审批项目的决定》（第155号令）附件2第十五项。 《遵义市人民政府公告》（2016年1号）附件6第一项	《检验检测机构资质认定证书》 注：申请人为企业时，需提供营业执照
48	权限内授权计量检定机构审批	区市场监督管理局	《中华人民共和国计量法》（2017年修正）第二十条第一款　县级以上人民政府计量行政部门可以根据需要设置计量检定机构，或者授权其他单位的计量检定机构，执行强制检定和其他检定、测试任务。 《贵州省计量监督管理条例》第二十二条　县以上质量技术监督行政部门根据需要，可以授权有关计量检定机构或者技术机构，在规定的范围内执行强制检定和其他检定、测试任务。申请计量授权的单位应当具备下列条件：（一）计量标准经质量技术监督行政部门考核合格；（二）具有与开展业务相适应的计量保证体系和公正性保证措施；（三）配备经考核合格的计量检定、测试人员。 《省人民政府关于取消和调整一批行政审批项目的决定》（第155号令）附件2第十三项 。 《遵义市人民政府公告》（2016年1号）附件6第六项	《法定计量检定机构计量授权证书》 注：申请人为企业时，需提供营业执照

续表44

序号	项目名称	实施机关（审批部门）	设定依据	备注
49	国家规定范围内特种设备安装、改造、维修单位资格认可	区市场监督管理局	《中华人民共和国特种设备安全法》（主席令第4号）第十八条　国家按照分类监督管理的原则对特种设备生产实行许可制度。特种设备生产单位应当具备下列条件，并经负责特种设备安全监督管理的部门许可，方可从事生产活动：（一）有与生产相适应的专业技术人员；（二）有与生产相适应的设备、设施和工作场所；（三）有健全的质量保证、安全管理和岗位责任等制度。 《特种设备安全监察条例》（2009修订）第十四条第一款　锅炉、压力容器、电梯、起重机械、客运索道、大型游乐设施及其安全附件、安全保护装置的制造、安装、改造单位，以及压力管道用管子、管件、阀门、法兰、补偿器、安全保护装置等（以下简称压力管道元件）的制造单位和场（厂）内专用机动车辆的制造、改造单位，应当经国务院特种设备安全监督管理部门许可，方可从事相应的活动。第十六条　锅炉、压力容器、电梯、起重机械、客运索道、大型游乐设施、场（厂）内专用机动车辆的维修单位，应当有与特种设备维修相适应的专业技术人员和技术工人以及必要的检测手段，并经省、自治区、直辖市特种设备安全监督管理部门许可，方可从事相应的维修活动。 《关于调整改革特种设备行政许可工作的公告》（国家质检总局2009年67号）。 《省人民政府关于取消和调整一批行政审批项目的决定》（第155号令）附件2第十二项。 《遵义市人民政府公告》（2016第1号）附件6第二项	内容：锅炉、压力容器、压力管道、电梯、起重机械、大型游乐设施安装改造维修。
50	移动式压力容器、气瓶充装单位资格许可	区市场监督管理局	《中华人民共和国特种设备安全法》（主席令4号）第四十九条第一款　移动式压力容器、气瓶充装单位，应当具备下列条件，并经负责特种设备安全监督管理的部门许可，方可从事充装活动：（一）有与充装和管理相适应的管理人员和技术人员；（二）有与充装和管理相适应的充装设备、检测手段、场地厂房、器具、安全设施；（三）有健全的充装管理制度、责任制度、处理措施。 《贵州省气瓶充装监督管理办法》第三条。 《移动式压力容器充装许可规则》（TSG R4002-2011）第四条。 《气瓶充装许可规则》（TSG R4001-2006）第三条。 《省人民政府关于取消和调整一批行政审批项目的决定》（155号令）附件2第十项。 《遵义市人民政府公告》（2016年1号）附件6第十一项	国务院关于“先照后证”改革后加强事中事后监管的意见（国发〔2015〕62号）附件外审批项目
51	烟花爆竹零售许可	区安全生产监督管理局	《烟花爆竹安全管理条例》（国务院令第666号，2016年修订）第十九条第二款　申请从事烟花爆竹零售的经营者，应当向所在地县级人民政府安全生产监督管理部门提出申请，并提供能够证明符合本条例第十八条规定条件的有关材料。受理申请的安全生产监督管理部门应当自受理申请之日起20日内对提交的有关材料和经营场所进行审查，对符合条件的，核发《烟花爆竹经营（零售）许可证》；对不符合条件的，应当说明理由。 《烟花爆竹经营（零售）许可证》，应当载明经营负责人、经营场所地址、经营期限、烟花爆竹种类和限制存放量。第十八条　烟花爆竹零售经营者，应当具备下列条件：（一）主要负责人经过安全知识教育；（二）实行专店或者专柜销售，设专人负责安全管理；（三）经营场所配备必要的消防器材，张贴明显的安全警示标志；（四）法律、法规规定的其他条件	《国务院关于取消和调整一批行政审批项目等事项的决定》（国发〔2014〕50号）改为后置审批

续表44

序号	项目名称	实施机关（审批部门）	设定依据	备注
52	粮食收购资格认定	区商务局	《粮食流通管理条例》（国务院令第666号，2016年修订）第九条　依照《中华人民共和国公司登记管理条例》等规定办理登记的经营者，取得粮食收购资格后，方可从事粮食收购活动。申请从事粮食收购活动，应当向办理工商登记的部门同级的粮食行政管理部门提交书面申请，并提供资金、仓储设施、质量检验和保管能力等证明材料。粮食行政管理部门应当自受理之日起15个工作日内完成审核，对符合本条例第八条规定具体条件的申请者作出许可决定并公示。《国务院关于进一步深化粮食流通体制改革的意见》（国发〔2004〕17号）（二十）严格市场准入制度，既要坚持多渠道经营，又要严格资质标准。凡从事粮食收购的企业，须经县级或县级以上粮食行政管理部门审核入市资格，并在工商行政管理部门注册登记后，方可从事粮食收购和经营活动。省级人民政府要规定粮食收购企业在经营资金、仓储设施、经营规模、检验储存技术等方面应具备的条件，并规定其在遵守法律法规和粮食收购方面应承担的义务。粮食行政管理部门要切实加强对粮食市场的指导和监督，对取得粮食收购资格的企业要进行定期审核	《国务院关于取消和调整一批行政审批项目等事项的决定》（国发〔2014〕50号）改为后置审批
53	权限内林木种子生产经营许可	区林业局	《中华人民共和国种子法》（主席令第35号，2015年修正）第三十一条　从事种子进出口业务的种子生产经营许可证，由省、自治区、直辖市人民政府农业、林业主管部门审核，国务院农业、林业主管部门核发。从事主要农作物杂交种子及其亲本种子、林木良种种子的生产经营以及实行选育生产经营相结合，符合国务院农业、林业主管部门规定条件的种子企业的种子生产经营许可证，由生产经营者所在地县级人民政府农业、林业主管部门审核，省、自治区、直辖市人民政府农业、林业主管部门核发。前两款规定以外的其他种子的生产经营许可证，由生产经营者所在地县级以上地方人民政府农业、林业主管部门核发。只从事非主要农作物种子和非主要林木种子生产的，不需要办理种子生产经营许可证	国务院关于“先照后证”改革后加强事中事后监管的意见（国发〔2015〕62号）附件外审批项目

续表44

序号	项目名称	实施机关（审批部门）	设定依据	备注
54	权限内取水许可	区水务局	《中华人民共和国水法》（主席令第48号，2016年修正）第七条　国家对水资源依法实行取水许可制度和有偿使用制度。但是，农村集体经济组织及其成员使用本集体经济组织的水塘、水库中的水除外。国务院水行政主管部门负责全国取水许可制度和水资源有偿使用制度的组织实施。第四十八条第一款　直接从江河、湖泊或者地下取用水资源的单位和个人，应当按照国家取水许可制度和水资源有偿使用制度的规定，向水行政主管部门或者流域管理机构申请领取取水许可证，并缴纳水资源费，取得取水权。但是，家庭生活和零星散养、圈养畜禽饮用等少量取水的除外。 《取水许可和水资源费征收管理条例》（国务院令第676号，2017年修订）第二条　本条例所称取水，是指利用取水工程或者设施直接从江河、湖泊或者地下取用水资源。取用水资源的单位和个人，除本条例第四条规定的情形外，都应当申请领取取水许可证，并缴纳水资源费。本条例所称取水工程或者设施，是指闸、坝、渠道、人工河道、虹吸管、水泵、水井以及水电站等。 《贵州省取水许可和水资源费征收管理办法》第六条　取水许可实行分级审批。下列取水由省人民政府水行政主管部门审批：（一）在本省行政区域内属于长江流域的乌江、三岔河、六冲河、清水河、芙蓉江、赤水河、清水江、舞阳河和珠江流域的黄泥河、北盘江、濛江、都柳江、南盘江、红水河的干流河段取水的；（二）在市（州、地）边界河流、湖泊和跨市（州、地）行政区域河流、湖泊取水的；（三）由省审批、核准、备案的建设项目的取水；（四）取用地下水日取水量在5000立方米以上的。下列取水由市（州、地）人民政府（行署）水行政主管部门审批：（一）在市（州、地）人民政府（行署）水行政主管部门管理的河道取水的；（二）在县（市、区）边界河流、湖泊和跨县（市、区）行政区域河流、湖泊取水的；（三）由市（州、地）审批、核准、备案的建设项目的取水（四）取用地下水日取水量在1000立方米至5000立方米的。其他取水，由取水口所在地的县级人民政府水行政主管部门审批。国家规定由流域管理机构审批的取水，从其规定。　第七条　县级以上人民政府水行政主管部门应当按照《条例》规定的条件、程序、期限和本办法规定的分级审批权限实施取水许可。第八条　申请取水的单位或者个人，应当向具有审批权限的水行政主管部门提出申请。取水审批机关应当自受理取水申请之日起45个工作日内作出决定。决定批准的，核发取水许可证；决定不批准的，作出不予行政许可的书面决定并说明理由	国务院关于“先照后证”改革后加强事中事后监管的意见（国发〔2015〕62号）附件外审批项目

续表44

序号	项目名称	实施机关（审批部门）	设定依据	备注
55	公章（机构）刻制业特种行业许可证核发	遵义市公安局红花岗分局	《国务院对确需保留的行政审批项目设定行政许可的决定》（国务院令第412号）第三十七项　公章刻制业特种行业许可证核发由县级以上地方人民政府公安机关负责。 《国务院关于第三批取消和调整行政审批项目的决定》（国发〔2004〕16号）附件1 《国务院决定取消的行政审批项目目录》第四十一项　取消非机构印章刻制单位审批。 《印铸刻字业暂行管理规则》（1951年8月15日公安部发布）第三条　凡经营印铸刻字业者，须先向该管县（县）人民政府公安局或分局申请登记，办理以下手续：一、详细填写特种营业登记表两份，附申请人最近二寸半身免冠相片三张，并觅具可靠非同业铺保两家。二、造具该业股东、职工名册，建筑设备及四邻平面略图（露天刻字摊免缴平面略图）。三、将填妥之申请登记表，连同相片、略图、名册等送公安局或分局，经核准发给许可证后，须另向该管工商机关申请，领得营业执照后始准营业	《国务院关于取消和调整一批行政审批项目等事项的决定》（国发〔2015〕11号）改为后置审批
56	旅馆业特种行业许可证核发	遵义市公安局红花岗分局	《国务院对确需保留的行政审批项目设定行政许可的决定》（国务院令第412号）第三十七项　公章刻制业特种行业许可证核发由县级以上地方人民政府公安机关负责。 《国务院关于第三批取消和调整行政审批项目的决定》（国发〔2004〕16号）附件1 《国务院对确需保留的行政审批项目设定行政许可的决定》（国务院令412号）附件第三十六项　旅馆业特种行业许可证核发由县级以上地方人民政府公安机关负责。 《旅馆业治安管理办法》（1987年11月10日公安部发布，2011年1月8日经国务院令588号修改）第四条　申请开办旅馆，应经主管部门审查批准，经当地公安机关签署意见，向工商行政管理部门申请登记，领取营业执照后，方准开业。经批准开业的旅馆，如有歇业、转业、合并、迁移、改变名称等情况，应当在工商行政管理部门办理变更登记后3日内，向当地的县、市公安局、公安分局备案	《国务院关于取消和调整一批行政审批项目等事项的决定》（国发〔2015〕11号）改为后置审批
57	典当业特种行业许可证核发	遵义市公安局红花岗分局	《国务院对确需保留的行政审批项目设定行政许可的决定》（国务院令第412号）附件第三十五项　典当业特种行业许可证核发由县级以上地方人民政府公安机关负责。 《典当管理办法》（商务部、公安部令2005年8号）第十六条　申请人领取《典当经营许可证》后，应当在10日内向所在地县级人民政府公安机关申请典当行《特种行业许可证》，并提供下列材料：（一）申请报告；（二）《典当经营许可证》及复印件；（三）法定代表人、个人股东和其他高级管理人员的简历及有效身份证件复印件；（四）法定代表人、个人股东和其他高级管理人员的户口所在地县级人民政府公安机关出具的无故意犯罪记录证明；（五）典当行经营场所及保管库房平面图、建筑结构图；（六）录像设备、防护设施、保险箱（柜、库）及消防设施安装、设置位置分布图；（七）各项治安保卫、消防安全管理制度；（八）治安保卫组织或者治安保卫人员基本情况。　第十七条　所在地县级人民政府公安机关受理后应当在10日内将申请材料及初步审核结果报设区的市（地）级人民政府公安机关审核批准，设区的市（地）级人民政府公安机关应当在10日内审核批准完毕。经批准的，颁发《特种行业许可证》。设区的市（地）级人民政府公安机关直接受理的申请，应当在20日内审核批准完毕。经批准的，颁发《特种行业许可证》。设区的市（地）级人民政府公安机关应当在发证后5日内将审核批准情况报省级人民政府公安机关备案；省级人民政府公安机关应当在5日内将有关情况通报同级商务主管部门。申请人领取《特种行业许可证》后，应当在10日内到工商行政管理机关申请登记注册，领取营业执照后，方可营业	《国务院关于取消和调整一批行政审批项目等事项的决定》（国发〔2015〕11号）改为后置审批

续表44

序号	项目名称	实施机关（审批部门）	设定依据	备注
58	危险废物收集经营许可（含从事医疗废物集中处置经营许可）	遵义市环境保护局红花岗区分局	《中华人民共和国固体废物污染环境防治法》第五十七条　从事收集、贮存、处置危险废物经营活动的单位，必须向县级以上人民政府环境保护行政主管部门申请领取经营许可证；从事利用危险废物经营活动的单位，必须向国务院环境保护行政主管部门或者省、自治区、直辖市人民政府环境保护行政主管部门申请领取经营许可证。具体管理办法由国务院规定。禁止无经营许可证或者不按照经营许可证规定从事危险废物收集、贮存、利用、处置的经营活动。禁止将危险废物提供或者委托给无经营许可证的单位从事收集、贮存、利用、处置的经营活动。 《危险废物经营许可证管理办法》（2016年修订）第二条　在中华人民共和国境内从事危险废物收集、贮存、处置经营活动的单位，应当依照本办法的规定，领取危险废物经营许可证。第三条第一款　危险废物经营许可证按照经营方式，分为危险废物收集、贮存、处置综合经营许可证和危险废物收集经营许可证。　第四条　县级以上人民政府环境保护主管部门依照本办法的规定，负责危险废物经营许可证的审批颁发与监督管理工作。　第七条　国家对危险废物经营许可证实行分级审批颁发。医疗废物集中处置单位的危险废物经营许可证，由医疗废物集中处置设施所在地设区的市级人民政府环境保护主管部门审批颁发。危险废物收集经营许可证，由县级人民政府环境保护主管部门审批颁发。 《国务院关于取消和下放一批行政审批项目的决定》（国发〔2013〕44号）附件第十九项　将由国务院环境保护行政主管部门负责的危险废物经营许可下放至省级人民政府环境保护行政主管部门。 《医疗废物管理条例》（国务院令第588号，2011年修订）第二十二条　从事医疗废物集中处置活动的单位，应当向县级以上人民政府环境保护行政主管部门申请领取经营许可证；未取得经营许可证的单位，不得从事有关医疗废物集中处置的活动	《国务院关于取消和调整一批行政审批项目等事项的决定》（国发〔2014〕50号）改为后置审批
59	污染物排放许可证核发	遵义市环境保护局红花岗区分局	《中华人民共和国环境保护法》（主席令第9号，2014年修订）第四十五条　国家依照法律规定实行排污许可管理制度。实行排污许可管理的企业事业单位和其他生产经营者应当按照排污许可证的要求排放污染物；未取得排污许可证的，不得排放污染物。 《贵州省污染物排放申报登记及污染物排放许可证管理办法》第十二条　省内一般污染源单位应向当地县级环境保护行政主管部门申请办理排污许可证。县级环境保护行政主管部门应在接到申请之日起20日内对是否核准颁发作出决定。对达到规定要求的，予以颁发，并报上一级环境保护行政主管部门备案；对不符合规定条件的，予以退回并说明理由。 第十四条　县级以上环境保护行政主管部门对不超过排污总量控制指标的排污者颁发排污许可证；对超出排污总量控制指标的排污者颁发临时排污许可证，并限期削减污染物排放量。排污者在持有临时排污许可证期间，应按规定向相应的环境保护行政主管部门报告污染物削减排放量的进度情况。达到排污总量控制指标的，可申请排污许可证	国务院关于"先照后证"改革后加强事中事后监管的意见（国发〔2015〕62号）附件外审批项目

续表44

序号	项目名称	实施机关（审批部门）	设定依据	备注
60	采矿权许可	遵义市国土局红花岗区分局	《中华人民共和国矿产资源法》（主席令第18号，2009年修正）第十五条　设立矿山企业，必须符合国家规定的资质条件，并依照法律和国家有关规定，由审批机关对其矿区范围、矿山设计或者开采方案、生产技术条件、安全措施和环境保护措施等进行审查；审查合格的，方予批准。 《矿产资源开采登记管理办法》（国务院令653号，2014年修订）第三条　开采下列矿产资源，由国务院地质矿产主管部门审批登记，颁发采矿许可证：（一）国家规划矿区和对国民经济具有重要价值的矿区内的矿产资源；（二）领海及中国管辖的其他海域的矿产资源；（三）外商投资开采的矿产资源；（四）本办法附录所列的矿产资源。开采石油、天然气矿产的，经国务院指定的机关审查同意后，由国务院地质矿产主管部门登记，颁发采矿许可证。开采下列矿产资源，由省、自治区、直辖市人民政府地质矿产主管部门审批登记，颁发采矿许可证：（1）本条第一款、第二款规定以外的矿产储量规模中型以上的矿产资源；（2）国务院地质矿产主管部门授权省、自治区、直辖市人民政府地质矿产主管部门审批登记的矿产资源。开采本条第一款、第二款、第三款规定以外的矿产资源，由县级以上地方人民政府负责地质矿产管理工作的部门，按照省、自治区、直辖市人民代表大会常务委员会制定的管理办法审批登记，颁发采矿许可证。矿区范围跨县级以上行政区域的，由所涉及行政区域的共同上一级登记管理机关审批登记，颁发采矿许可证。县级以上地方人民政府负责地质矿产管理工作的部门在审批发证后，应当逐级向上一级人民政府负责地质矿产管理工作的部门备案。	国务院关于“先照后证”改革后加强事中事后监管的意见（国发〔2015〕62号）附件外审批项目
61	烟草专卖零售许可证核发	区烟草专卖局	《中华人民共和国烟草专卖法》（主席令第26号，2015年修正）第十六条　经营烟草制品零售业务的企业或者个人，由县级人民政府工商行政管理部门根据上一级烟草专卖行政主管部门的委托，审查批准发给烟草专卖零售许可证。已经设立县级烟草专卖行政主管部门的地方，也可以由县级烟草专卖行政主管部门审查批准发给烟草专卖零售许可证	后置审批
62	食盐零售业务许可	区工业和信息局	《贵州省食盐管理条例》第十二条　食盐的零售实行许可证制度。申请经营食盐零售业务的企业和个体工商户，应当经所在地的县（区、市）盐业主管机构审查批准，领取《食盐零售许可证》，方能从事食盐零售业务。零售食盐的单位和个人必须从当地盐业公司或者其批发点购进食盐，在规定的区域内销售。各级盐业主管机构要合理布局食盐零售网点，保障市场供应，防止食盐脱销。“食盐零售许可证”实行年检制度	国务院关于“先照后证”改革后加强事中事后监管的意见（国发〔2015〕62号）附件外审批项目

红花岗区法律服务机构名录

1. 红花岗区城南法律服务所

主任：李光明

地址：红花岗区忠庄镇政府一楼

统一社会信用代码：33520000321759480J

法律服务工作者：姜天才　姜茂春　官明月　姜方敏　陈伯彬

2. 红花岗区万里法律服务所

主任：车志忠

地址：红花岗区万里路319号

统一社会信用代码：33520302MD315386X2

法律服务工作者：谭小嫚　程刚权　袁安祥

3. 红花岗区深溪镇法律服务所

主任：王光静

地址：红花岗区深溪镇政府一楼

统一社会信用代码：33520000798828842N

4. 红花岗区巷口镇法律服务所

主任：任富国

地址：红花岗区巷口镇政府

统一社会信用代码：33520000795288174L

5. 红花岗区长征镇法律服务所

主任：田维娟

地址：红花岗区长征镇人民政府一楼

统一社会信用代码：33520000745736338M

法律服务工作者：蒲开贵　彭继友　田　军　文　华

6. 红花岗区中山路法律服务所

主任：曾建军

地址：红花岗区新华路18号

统一社会信用代码：335200007457351598

7. 红花岗区舟水桥法律服务所

主任：黄天辉

地址：红花岗区南舟路183号

统一社会信用代码：33520000750155618G

法律服务工作者：向景新　袁安刚

8. 红花岗区延安路法律服务所

主任：周锐林

地址：红花岗区中华北路451号

统一社会信用代码：33520302MD31538782

法律服务工作者：王华强

9. 红花岗区北京路法律服务所

主任：牟正伦

地址：红花岗区北京路45号

统一社会信用代码：33520302MD3152760B

法律服务工作者：刘佳鑫

10.红花岗区中心法律服务所

主任：张珣

地址：红花岗剧院后二楼

统一社会信用代码：33520302MD3152752G

法律服务工作者：杨安礼

2018年红花岗区职业技术培训机构名录

续表45

序号	学校名称	法人	培训工种	办学规模	学校地址	备注
1	红花岗区鑫物职业培训学校	高玉芹	家政服务员	100人	万里路物资集团公司2楼	—
2	遵义市蓓蕾艺术学校	黄　静	舞蹈	350人	白杨小区21号楼2层	属于素质教育，不在职业教育范畴
3	遵义市新日计算机职业培训学校	李家康	计算机文字录入处理员、会计、护士	教室160平方米，专职老师3人，兼职老师4人	新华桥招商银行5楼	—
4	遵义市卓码计算机学校	谭再勇	计算机文字录入处理员，计算机操作员	600平方米	老城碧云路捞沙巷路口	—
5	遵义市谐展职业技术学校	李　迪	电工、电焊工、中式烹饪师	200人	海尔大道区政府斜对面	—
6	红花岗区小李师职业培训学校	李秀琼	美发师、美容师、彩妆美甲师	3000人	外环路金山角A栋7楼	—
7	遵义市海威职业技术培训学校	幸定明	计算机维修员、计算机录入员、农艺工、家畜（禽）饲养工	260人	丁字口区供销大楼4楼	—
8	遵义西部狼职业技术培训学校	桂光辉	计算机维修员、计算机录入员、农艺工、家畜（禽）饲养工	100人	红花岗区中华路	—
9	远铃计算机图形设计学校	杨文丽	计算机操作员、制图员、图形设计师、室内设计师、广告设计师	30人	中华北路中新广场A2-601	—
10	遵义重美职业技术学校	王小玲	美发美容师、足疗师、保健按摩师、经营管理师、美甲师、化妆师、缝纫厨师、摄影师、家政服务员、车工、钳工	400人	职教园区	—
11	遵义市旅游职业培训学校	龚　波	营销师、企业人力资源管理人员、信息管理师、心理咨询师，前厅服务员、客房服务员	4000人	职教园区	—
12	遵义盛氏计算机职业培训学校	盛荣治	计算机文字录入处理员，计算机操作员	200人	中华南路文化宫6楼	—
13	遵义市鑫汇按摩培训学校	王兴红	按摩师	60人	新华路78号	—
14	遵义市华泰物业管理职业培训学校	宋　华	物业管理师、人力资源师、项目管理师、茶艺师	100人	东欣彩虹城	—
15	遵义市电子科技学校	兰若瑜	计算机运用及维修员、电子电工	100人	白杨洞	—
16	兰艺舞蹈培训学校	曲　艺	舞蹈、音乐	100人	万里路星力城蔺家坡12栋	属于素质教育，不在职业教育范畴
17	红花岗区佳能职业培训学校	王导业	计算机运用及维修员、电子装配工、人力资源师	200人	延安路建国中学旁	—
18	红花岗区奥唯职业培训学校	徐　迟	爆破员	2000人	区政府2小区	—
19	思达电子商务培训学校	李　梅	电子商务师	—	—	—

2018年红花岗区各类养老机构统计表

续表46

序号	单 位	机构类别	成立时间	登记类别	机构地址	床位	护理员数	入住老人数	法人	是否正常运行	备注
1	乐天颐养院	公建民营养老机构	2014年	民办非	长征街道板山	180	10	36	喻梅	是	—
2	巷口镇敬老院	公建公办养老机构	2006年	公办	巷口镇巷口村	26	1	13	陈进	是	—
3	海龙敬老院	公建公办养老机构	2011年	公办	海龙镇桂花村	17	2	12	郑小英	是	—
4	老城街道办事处府后山社区老年人日间照料中心	城市日间照料中心	2012年	民办非	法院街	10	10	—	蔡山	是	—
5	万里路街道办事处居家养老服务中心	城市日间照料中心	2009年	民办非	万里路洗花井社区	10	5	—	田辉	是	—
6	舟水桥街道办事处镇隆社区老年人日间照料中心	城市日间照料中心	2013年	民办非	舟水桥镇隆社区	12	10	—	郑燕	是	—
7	延安路街道办事处较场坝社区老年人日间照料中心	城市日间照料中心	2013年	未登记	延安路中段	12	—	—	邹莉	否	—
8	迎红街道办事处电厂社区老年人日间照料中心	城市日间照料中心	2013年	民办非	桃溪路口电厂社区	73	19	70	刘文琴	是	即馨安康养护院
9	北京路街道办事处火车站社区老年人日间照料中心	城市日间照料中心	2016年	工商登记	火车站社区	—	5	—	钟志鸿	是	百孝坊承包
10	中山路街道办事处新华桥社区老年人日间照料中心	城市日间照料中心	2016年	未登记	新华桥社区	—	2	—	曹国丕	是	—
11	鹤颜老年托管	民办养老机构	2009年	民办非	长征街道沙河医院内	80	15	48	周尚易	是	—
12	康复医院阳光养护中心	民办养老机构	2017年	民办非	桃溪路口康复医院	100	32	90	郑义强	是	—
13	馨安康养护院	公建民营养老机构	2016年	民办非	桃溪路口电厂社区	73	19	70	刘文琴	是	即电厂社区老年人日间照料中心
14	遵义百孝坊养老服务公司	民办养老机构	2015年	工商登记	红花岗区民主路2号（原轻纺大楼5楼）	—	20	—	钟志鸿	是	承包火车站社区
15	遵义市子豪养老服务有限公司	民办养老机构	2016年	工商登记	巷口镇八卦村胜利组	—	5	—	韩忠燕	未开展养老服务	商业公司
16	红花岗区一森老年人日间照料中心	民办养老机构	2018年	民办非	春天堡	50	10	—	罗智	—	—

说明：

1.机构类别指：社会福利院、社会福利中心、民办养老机构、公建民营养老机构、城市（农村）日间照料中心和居家养老服务中心；

2.登记类别指：民办非企业单位、工商登记、养老许可登记或未登记